国家社科基金特别委托项目
西夏文献文物研究（批准号：11@ZH001）

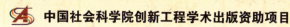
中国社会科学院创新工程学术出版资助项目

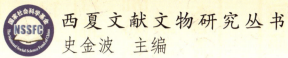
西夏文献文物研究丛书

史金波 主编

武威地区西夏遗址调查与研究

Investigation and Research on the Sites of Xixia Dynasty in Wuwei District

黎大祥　张振华　黎树科◎著

社会科学文献出版社

SOCIAL SCIENCES ACADEMIC PRESS (CHINA)

总　序

近些年来，西夏学发生了两项重大变化。

一是大量原始资料影印出版。20 世纪 90 年代以来，在西夏学界的不懈努力下，我国相继出版了俄、中、英、法、日等国收藏的西夏文献。特别是《俄藏黑水城文献》刊布了 20 世纪初黑水城遗址出土的大量文献，其中包括涵盖 8000 多个编号、近 20 万面的西夏文文献，以及很多汉文及其他民族文字资料，实现了几代学人的梦想，使研究者能十分方便地获得过去难以见到的、内容极为丰富的西夏资料，大大改变了西夏资料匮乏的状况，使西夏研究充满了勃勃生机，为西夏学的发展开辟了广阔的前景。此外，宁夏、甘肃、内蒙古等西夏故地的考古工作者不断发现大量西夏文物、文献，使西夏研究资料更加丰富。近年西夏研究新资料的激增，引起学术界的重视。

二是西夏文文献解读进展很快。自 20 世纪 70 年代以来，经过国内外专家们的努力钻研，已经基本可以解读西夏文文献。不仅可以翻译有汉文文献参照的文献，也可以翻译没有汉文资料参照的、西夏人自己撰述的文献；不仅可以翻译清晰的西夏文楷书文献，也可以翻译很多难度更大的西夏文草书文献。翻译西夏文文献的专家，由过去国内外屈指可数的几位，现在已发展成一支包含老、中、青在内的数十人的专业队伍。国内外已有一些有识之士陆续投身到西夏研究行列。近几年中国西夏研究人才的快速成长，令学术界瞩目。

以上两点为当代的西夏研究增添了新的活力，带来了难得的发展机遇。西夏文献、文物研究蕴藏着巨大的学术潜力，是一片待开发的学术沃土，成为基础学科中一个醒目的新学术增长点。

基于上述认识，我于2011年初向中国社会科学院科研局和陈奎元院长呈交了"西夏文献文物研究"重大项目报告书，期望利用新资料，抓住新的机遇，营造西夏研究创新平台，推动西夏学稳健、快速发展，在西夏历史、社会、语言、宗教、文物等领域实现新的突破。这一报告得到奎元院长和院科研局的大力支持，奎元院长批示"这个项目应该上，还可以考虑进一步作大，作为国家项目申请立项"。后经院科研局上报国家社会科学基金办公室，被国家社会科学基金领导小组批准为国家社会科学基金特别委托项目，责任单位为中国社会科学院科研局，我忝为首席专家。

此项目作为我国西夏学重大创新工程，搭建起了西夏学科学研究、人才培养、学术交流、资料建设的大平台。

项目批准后，我们立即按照国家社科规划办"根据项目申请报告内容，认真组织项目实施，整合全国相关学术力量和资源集体攻关，确保取得高质量研究成果"的要求，以中国社会科学院西夏文化研究中心和宁夏大学西夏研究院为基础，联合国内其他相关部门专家实施项目各项内容。宁夏大学西夏学研究院院长、中国社会科学院西夏文化研究中心副主任杜建录为第二负责人。为提高学术水平，加强集体领导，成立了以资深学者为成员的专家委员会，制定了项目管理办法、项目学术要求、子课题中期检查和结题验收办法等制度，以"利用新资料，提出新问题，凝练新观点，获得新成果"为项目的灵魂，是子课题立项和结项的标准。

本项目子课题负责人都是西夏学专家，他们承担的研究任务大多数都有较好的资料积累和前期研究，立项后又集中精力认真钻研，注入新资料，开拓新思路，获得新见解，以提高创新水平，保障成果质量。

这套"西夏文献文物研究丛书"将发布本项目陆续完成的专著成果。

社会科学文献出版社社长谢寿光、人文分社社长宋月华了解了本项目进展情况后，慨然将本研究丛书纳入该社的出版计划，中国社会科学院创新成果出版计划给予出版经费支持，国家社会科学基金办公室批准使用新公布的国家社会科学基金徽标。这些将激励着我们做好每一项研究，努力将这套大型研究丛书打造成学术精品。

　　衷心希望通过国家社会科学基金特别委托项目的开展和研究丛书的出版，能够进一步推动西夏学研究，为方兴未艾的西夏学开创新局面贡献力量。

史金波

2012 年 8 月 11 日

内容提要

武威在西夏兴亡中占有重要地位，也是国内西夏遗址与文物最为丰富的地区之一。武威发现的西夏遗址、文物不仅数量较多，而且独具特色，是研究西夏历史文化的珍贵资料。本书是在长期调研工作的基础上，又经过对百余处遗址的实地考察，并进行深入研究取得的研究成果。本书按照遗址性质分类，对甘肃省武威市及周边县区西夏历史文化遗存的保存现状、出土西夏文物的基本情况以及这些遗址和文物的重要价值及意义做了进一步论述，获得了新的发现和认识。本书核实了已经确认的西夏遗址，确认了一些存疑的西夏遗址；同时也新发现了一些西夏遗址及实物，对武威地区境内的西夏遗址和出土文物提出了一些新的见解，纠正了以往的一些认识误区。

本书对武威市及其周边县区的西夏文化遗址进行了一次全面而系统的梳理与普查，对这一地区的西夏文物遗址进行了认真研究，系统地建立起了武威市及其周边地区西夏遗址档案，既有个案遗址介绍、文物研究，又有对同类遗址性质及其价值的探讨论述，为深入研究西夏历史文化和地方史提供了科学的资料，也为西夏故地其他地区西夏遗址调查与研究课题的实施提供了有益的借鉴和参考。

目　　录

绪　　论

　　西夏是以党项族为主体，于公元 11 世纪至 13 世纪初，在我国西北地区建立的少数民族政权。宋宝元元年（1038），元昊称帝，定国号"大夏"，自称"大白高国""白高大夏国"。因其在宋西边，在汉籍中习惯称为西夏，另有唐古、唐兀、河西、弭药等称。与辽、北宋、金及南宋先后鼎立。传 10 代，至 1227 年被蒙古所灭。西夏极盛时，疆域包括今宁夏、内蒙古西部、陕西北部、甘肃西部、青海东部和新疆东部。其典章制度多仿唐、宋，创制了西夏文字，以儒学治国，崇信佛教，大量翻译汉文典籍和佛教经典，创造了辉煌而独特的西夏文明。但由于蒙元对西夏的毁灭性打击，文物典籍毁坏殆尽，元朝也没有为西夏修一部专史，使这个显赫一时的王朝显得格外神秘。

一　武威西夏遗存概述

　　西夏立国近两百年，丝绸之路重镇凉州作为其陪都，是其立国的基础，也是西部的政治、军事、经济、文化中心。西夏之所以能创造出辉煌而独特的文化，原因就在于立国后没有中断河西文化，而是在突出党项民族文化的基础上，从河西文化中积极吸取养分，发展儒学，弘扬佛教，使儒学和佛学成为强化其统治的两大精神支柱；对河西地区的回鹘、吐蕃等其他民族文化也是兼容并包，最终形成了多元独特的西夏文明。可以说，西夏文化不仅是对汉魏、隋唐河西文化的一种继承和创新，还极大地丰富了河西文化的内涵。对河西文化的吸收继承，尤以西凉府——武威地区为最。纵观西夏一朝，西凉府在其兴亡的历史中占有十分重要的地位，而且境内保存有极为丰富的西夏文化遗存，为揭开西夏神秘的面纱提供了珍贵的实物资料。

西夏灭亡后，建立西夏王朝的党项族，以及他们创造的文化，在历史的长河中渐渐消失得无影无踪。首先揭开西夏面纱的是清代著名学者、金石学家武威人张澍。清嘉庆九年（1804），张澍游览凉州大云寺时，在封闭的碑亭中发现了一块石碑，石碑正面的文字"乍视，字皆可识，熟视，则无一字可识"。之后，张澍根据石碑背面的汉文才知道，此碑是西夏天祐民安五年所立的护国寺感通塔碑，正面和汉字相似的方块字正是消失已久的西夏国字——西夏文。张澍也成为第一个辨识出西夏文字的学者。西夏碑的发现，使西夏王朝的身影再次进入世人的视野，从此拉开了近代西夏学研究的序幕。

就在发现西夏碑的第二年，即1805年，金石学者刘青园在武威发现了几坛钱币，其中有西夏文"大安""乾祐""天庆"以及汉文"元德、天盛、乾祐、天庆、皇建、光定诸品"。他根据西夏碑上的文字，判断出其中的梵字钱即"西夏文钱"，这是西夏钱币在考古史上第一次有明确文献记载的重大发现，使得西夏钱币在钱谱中初具规模，形成系列，成为人们进一步研究的基础。

1909年，俄国探险家科兹洛夫先后三次从黑水城遗址盗掘走了大量西夏文献和文物，仅文献就有数千卷之巨，其中绝大部分是西夏文文献，今仍藏于俄罗斯圣彼得堡东方学研究所和冬宫博物馆。1914年，斯坦因在黑水城遗址也得到了不少西夏遗物，现藏于大英博物馆。随着西夏文献、文物的大批发现，西夏学研究也逐渐兴起。在20世纪以来的近百年间，国内外西夏学研究的资料和成果大大增加，研究领域也逐渐从语言文字扩展到西夏的历史、文化、政治、经济、军事、宗教、风俗等广泛领域。经过中外学者的共同努力，基本上弄清了西夏的历史、政治、经济、文化面貌，揭开了西夏王国的神秘面纱。

在西夏文物遗址中，甘肃武威是要特别提及的。新中国成立以来，武威境内又发现了多处西夏历史文化遗存，是发现西夏遗址最多、出土西夏文物最多的地区之一。西夏遗址和大量文物的发现，成为研究西夏历史、揭示西夏文化的珍贵资料。特别是20世纪50年代以来，在武威发现了许多西夏遗址，出土了大批的西夏文物，为国内外学者研究西夏历史文化提供了丰富的实物资料。1952 年、1972 年和 1989 年，在武威天梯山石窟、张义小西沟岘修行洞遗址、新华乡亥母洞石窟寺遗址发现了大批西夏文物文献，出土西夏文、汉文社会文书，西夏文、藏文佛经，西夏文药方，唐卡，造像，印花绢帛，西夏文木牍，竹笔，木刮布刀等文物千余件，为研究西夏社会历史提供了极为重要的实物资料。特别是在武威小西沟岘修行洞遗址出土的珍贵西夏文文书和文物，数量多、内容丰富，是新中国成立后我国首次发现的大宗西夏文物。其中被认为与现代硬笔有某种亲缘关系的竹笔和木刮布刀是国内外绝无仅有的。亥母洞石窟寺遗址出土的西夏文《维摩诘所说经》，被专家认为是西夏泥活字版佛经，是我国发现的最早的泥活字印刷实物。修行洞遗址和亥母洞石窟寺遗址也因出土大批西夏文献而被学术界誉为"西夏藏经洞"。

20 世纪 70 ~ 90 年代，在武威市西郊附近先后发现 7 座西夏墓，出土文物百余件。其中出土彩色木板画 30 多幅，是西夏统治阶层生活的真实写照，也是西夏社会等级差别的缩影，画中人物的服饰、器物、兵器等都是极难得的有关西夏社会生活的实物资料。同时出土的诸多木制家具，在国内也极为罕见。葬具木缘塔更是研究西夏葬俗的珍贵实物。

1981 ~ 1994 年，甘肃省文物考古研究所和武威市文物部门在武威市古城乡塔儿湾发掘了西夏瓷窑遗址，出土了大批西夏瓷器。这些瓷器种类繁多，釉色复杂，部分瓷器上还墨书汉文和西夏文题记。这是迄今出土西夏瓷器中种类和数量最多、釉色繁杂的重大发现，证明古城乡塔儿湾瓷窑是西夏西部重要的官办瓷窑。此外，在武威城区发现十余处西夏窖藏，出土金碗、银锭、铜火炮、铜铤、瓷器、铜器、钱币等文物，以及碑刻造像、石磨等，在国内外西夏文物中独树一帜。武威出土的西夏文物，反映了其作为西夏陪都的重要历史地位。

西夏社会笃信佛教。西夏时期的河西，寺院广布，塔庙林立，是重要的佛教中心和佛经译场。据"凉州重修护国寺感通塔碑"汉文碑文记载："近自畿甸，远及荒要，山林溪谷，村落坊聚、佛宇遗址，只橼片瓦，但仿佛有存者，无不必葺。"皇家寺院凉州护国寺，规模宏大，僧侣众多，香火旺盛。寺内感通塔多有灵瑞，被称为"护国宝塔"和"凉州金塔"。

已有 900 多年历史的张掖大佛寺，是西夏修建的众多寺院中至今仅存的一座。寺内的大卧佛，基本上是西夏原塑，是全国现存最大的室内卧佛。永昌御山圣容寺等也是西夏重要的佛教寺院。西夏中后期，藏传佛教走出青藏高原，传播到河陇地区，为蒙元时期"凉州会盟"的成功举行奠定了坚实的宗教基础。莫高窟在西夏人心目是佛教的"世界众宫"。河西走廊成为西夏京畿之外最为重要的佛教中心。西夏景宗和仁宗还亲自到凉州巡察，并在此烧香礼佛。

西夏文化是华夏文明的重要组成部分。武威西夏文物遗存不仅数量众多，而且级别高、价值大，是推动西夏学深入研究的珍贵资料，更是甘肃建设华夏文明传承创新区的重要内容，是推动甘肃文化旅游事业大发展、大繁荣的特色资源。

二 武威西夏文物及遗址研究状况

对武威境内西夏遗址和文物的研究，肇始于1804年张澍在大云寺发现西夏碑。国内外对武威西夏遗址的研究状况，大体可分为三个阶段。

第一阶段：1804 年至 20 世纪初期

1804 年，著名学者武威人张澍在凉州大云寺发现了"凉州重修护国寺感通塔碑"，拉开了西夏学研究的序幕。他撰写了《西夏姓氏录》《凉州府志备考》《西夏纪年》。1805 年，武威当地发现一坛窖藏货币，金石学者刘青园从中发现了西夏"元德、天盛、乾祐、天庆、皇建、光定诸品"，他根据西夏碑文字，判断出其中的梵字钱，即"西夏文钱"，从此，西夏铸造的钱币正式列入中国钱币书谱。1898 年，法国人戴维理亚发表了《凉州西夏碑考与西夏王国的文字》，提出"凉州重修护国寺感通塔碑"的西夏文与汉文不是简单的对译关系。英国人卜士礼通过"凉州重修护国寺感通塔碑"推断出居庸关石刻为西夏文。1923 年，罗福成在《国立北平图书馆馆刊》全文发表了"凉州重修护国寺感通塔碑"的汉文和西夏文碑文，以及西夏文碑文的译文。

第二阶段：新中国成立至 20 世纪 70 年代

1953 年 3 月，浙江美术学院教授史岩先生参加中央美术学院敦煌文物考察队，1954 年 7 月对天梯山石窟的 13 个洞窟进行了调查，1955 年发表了《凉州天梯山石窟的现存状况和保存问题》，对窟内西夏时期的遗物进行了详细的记录和介绍。1952 年，天梯山石窟大佛洞发现了一批西夏文献。

1958 年，在天梯山石窟搬迁过程中，又发现了一批西夏文献和壁画。陈炳应先生《天梯山石窟西夏文佛经译释》一文对此进行了介绍和研究。1964年，日本学者西田龙雄重新翻译了"凉州重修护国寺感通塔碑"的西夏文碑文，校正了罗氏译文的多处错误。1972 年，在武威张义乡小西沟岘修行洞发现了一批西夏佛经、医药方、占卜辞、日历、请假条、竹笔、钱币等，这是新中国成立以来我国首次发现大量的西夏文物，甘肃省博物馆《甘肃武威发现一批西夏文物》对此进行了介绍，王静如、史金波、白滨先生先后撰文对其中的文献进行了详细考证研究。1977 年，在武威西郊林场发现了两座西夏墓葬，出土了大量西夏文物，宁笃学、钟长发撰写了简报，国内相关学者对其展开了研究。1978 年，武威地区文物工作队对永昌县境内后大寺西的一处遗址进行了清理发掘，发现了西夏千佛阁遗址。

第三阶段：20 世纪 80 年代至 90 年代

这一时期，随着武威城乡建设和第二次文物普查工作的开展，武威发现了许多西夏遗址。1980 年，在南营乡发现了瓷器窖藏，钟长发撰写了发掘简报；同年，在武威针织厂发现了一批西夏窖藏，出土了铜火炮、瓷器等文物，党寿山发表了相关论文；1984 年、1987 年、1992 年、1993 年，武威地市文物部门及甘肃省文物考古研究所对塔儿湾遗址进行了考古发掘，孙寿龄、党寿山、黎大祥等对其进行了介绍和研究；1984 年，史金波先生通过研究"凉州重修护国寺感通塔碑"的碑文，发表了《凉州感应塔碑西夏文校译补正》，对"凉州重修护国寺感通塔碑"的西夏文碑文进行了重新译证，使碑文的译释更准确、更全面；1987 年，新华乡缠山村村民在亥母洞发现了一批西夏文献文物，武威市博物馆对其进行了清理发掘，孙寿龄、黎大祥、史金波、陈炳应等对出土的文献文物进行了考证研究；1987 年 9 月，在武威城内署东巷发现了一批西夏窖藏文物，出土银锭、金碗、金钵、金撮、金链、宋代钱币、瓷片、铁器等文物，党寿山、黎大祥对此进行了研究；1981 年、1989年、1997 年，在武威体校、西郊十字路口、奔马饮料厂、西关武警支队家属院先后发现了五座西夏墓葬，出土了木棺、灵骨瓶、瓷器、买地券、钱币等诸多西夏文物，宁笃学、孙寿龄、朱安、姚永春等发表了清理发掘简报，陈炳应、史金波、黎大祥等专门就出土文物进行了研究。

武威境内出土的西夏文物，在全国西夏文物中占有重要的地位，为学术界解读西夏历史提供了大量的第一手资料。西夏学界都给予了相当的重视，其中陈炳应《西夏文物研究》《西夏探古》，史金波《西夏佛教史略》《西夏文化》《西夏社会》，牛达生《西夏遗迹》，陈育宁、汤晓芳《西夏艺术史》，黎大祥《武威文物研究文集》《武威文物精粹》对武威境内西夏遗址和文物研究着力最多。但是，总体而言，目前学界的研究，还没有从整体上全面、系统地把握武威境内的西夏遗址和文物。

三　武威地区西夏遗址调查研究

武威在西夏兴亡中占有重要地位。迄今为止，在武威发现的西夏遗址、文物不仅在数量上全国最多，而且独具特色，是研究西夏历史文化的珍贵资料。所以，对西夏西凉府境内的西夏遗址进行一次彻底的调查与研究，有助于全面掌握西夏遗址的概况，有助于学术界进行西夏历史、地理、经济、政区、宗教、葬俗等各个方面的深入研究。2011 年，由中国社会科学院史金波先生担任首席专家的国家社科基金特别委托项目"西夏文献文物研究"获准立项。鉴于武威丰富的西夏文化遗存及其在西夏历史上的重要地位，武威市西夏遗址、文物、文献研究受到项目组关注。后经宁夏大学西夏学研究院院长杜建录教授提议推荐，武威市博物馆黎大祥馆长、武威市文物考古研究所张振华所长作为项目负责人联合申报的"武威地区西夏遗址调查与研究"，经专家委员会评审，作为国家社科基金特别委托项目"西夏文献文物研究"重点项目子课题予以立项资助。

"武威境内西夏遗址调查与研究"立项后，课题组根据过去武威考古发掘情况、西夏文物的出土情况，并在以往三次文物普查资料的基础上，全面梳理了武威市所辖凉州区、民勤县、古浪县、天祝藏族自治县及武威周边的金昌市永昌县、白银市景泰县境内的西夏文化遗存及考古资料。课题组几经讨论，先后数次修改课题大纲及方案，自 2012 年 5 月开始，在相关文博单位的配合下，历时两年多，实地考察了百余处遗址，核实了已经确认的西夏遗址，确认了一批存疑的西夏遗址，同时也新发现了一些西夏遗址，进一步丰富了武威西夏历史和西夏文化遗存，系统地建立起了武威市及周边地区西夏遗址档案，为以后深入研究武威境内的西夏历史文化提供了科学的考察资料。

在考察报告的基础上,本课题按照遗址性质分类,对文化遗存的保存现状、出土西夏文物的基本情况、遗址和文物对于揭示西夏历史文化的重要价值及意义进行了深入的论述。总之,"武威地区西夏遗址调查与研究"既是迄今为止对武威及其周边地区西夏文化遗址最为全面而系统的梳理与普查,又是对这一地区西夏文物遗址的科学研究。经过课题组的努力,取得了新的发现和研究成果。

一是发现了一批新的西夏遗址。在本次调查中,课题组对一些疑似西夏时期的遗址进行了详细的实地考察,结合出土文物,确认并新发现了一批以往没有确认的西夏遗址。如在古浪县古丰乡西山堡村寺儿山调查时,发现了一处大型西夏寺院建筑遗址。该处遗址以剔刻花瓷器残件、黑釉或白釉瓷碗残件、绿釉建筑构件等为代表的西夏文化特征明显,规模较大,是近年来武威地区西夏考古研究中的又一重大发现。特别是在文化层中发现的一佛二弟子瓦当,为研究西夏建筑艺术提供了新的材料,填补了西夏建筑艺术的空白。新发现的"敏公讲主江南求法功德碑",为研究元代武威西夏遗民提供了新资料。通过实地勘察、走访耆老,结合出土遗物,提出由原武威市政府大院搬迁至现武威海藏寺的凉州府衙署大堂,是西夏时期西凉府大堂建筑遗存,为研究西夏官府建筑提供了实物材料。

二是确认了一批西夏遗址。武威地区西夏遗存中,古城遗址以往都没有受到关注。如,在历次的文物普查和研究中,凉州区的高沟堡城址和团庄营儿城址,民勤县的东安城址和红沙堡城址,古浪县的干城古城,以及天祝县的松山古城等,都被定为明清时期的军事营堡。但通过课题组的实地调查,结合古城地表遗存和地方志记载,上述古城应该是西夏时期修建、明清时期再次被利用的。特别是凉州区团庄营儿城址、高沟堡城址,民勤县红沙堡、东安堡的西夏、元代文化遗存较为丰富。这些古城遗址的确认或发现,填补了武威西夏遗址中的空白,为研究西夏时期武威及其周边地区的军事防御和聚落遗址提供了新材料。对永昌县花大门石刻遗址的首次全面调查研究,确认其是一处西夏、元、明时期的藏传佛教石刻塔群遗址,纠正了以往地方文博部门认为其是元代遗址的观点。在梳理文献资料的基础上,结合建筑遗存特点,提出现存的武威文庙是在西夏西凉府圣庙的基础上扩建而来。

三是对主要或尚未研究的西夏文物进行了详细考论。如,"凉州重修护国寺感通塔碑"是西夏学研究中的重要碑刻资料，以往的研究都集中在对碑文的考释及其价值上，但碑座独特的天马、麒麟、双狮、莲花浮雕艺术却被忽略。这次的研究，在介绍碑座发现过程与图案的基础上，还进一步讨论了浮雕图案的艺术价值和文化内涵，同时还对"感通塔"的名称源流进行了详细考论，丰富了"凉州重修护国寺感通塔碑"研究的内容。为使学术界全面了解西夏护国寺的全貌，还详细梳理了凉州护国寺的沿革变迁。

总之，"武威地区西夏遗址调查与研究"课题的开展，既是对武威及其周边地区西夏文化遗址迄今为止最为全面的普查，也是对该地区西夏历史文化的系统梳理和研究，既有具体的文物研究，又有对同类遗址性质及其价值的探讨论述，为学术界进一步探究西夏历史文化提供了科学的资料，也为以后西夏故地其他地区西夏遗址调查与研究课题的实施提供了有益的借鉴和参考。

第一章　碑刻造像

　　半个多世纪以来，从考古出土的西夏文献以及相关的史籍记载来看，西夏的碑刻造像种类几乎与中原王朝一样齐全，特别是考古发现的一些碑刻造像，已成为西夏社会发展各个方面最为原始和真实的记录，十分珍贵。西夏文字碑刻，始于1036年西夏颁布文字。西夏亡国（1227）以后，西夏文字仍为党项族所使用。明末仍有西夏文石刻。20世纪初，大批西夏文献出土，引起中外学者的重视。西夏文字有篆书、楷书、行书、草书四种字体。篆书多用于碑额，楷书则用于石刻正文，草书只用于文献稿件等。全国现存多处西夏文石刻，保存在今甘肃、宁夏、河北、北京等地。甘肃省保存的西夏文碑刻中，保存最完整、文字最多、最有研究价值的要数武威出土的"凉州重修护国寺感通塔碑"，正面为西夏文，背面为汉译文；其次为敦煌莫高窟、榆林窟、永靖县炳灵寺石窟的西夏文题刻；此外还有莫高窟、永昌县圣容寺的元代六体文字碑刻，西夏乾祐七年（1176）立的汉、藏文碑刻张掖"黑水建桥敕碑"，以及至正二十一年（1361）立的汉、回鹘文碑刻酒泉"元肃州路也可达鲁花赤世袭之碑"等。这些碑刻和题记是西夏学研究的第一手资料。至于西夏石雕造像，甘肃境内的主要保存在敦煌莫高窟、榆林窟、张掖马蹄寺、永靖县炳灵寺等石窟群。

　　武威发现保存西夏时期的碑刻造像较多，也比较重要。近年来，通过对西夏遗址的调查，又发现了一批新资料，特别是西夏碑碑座、"敏公讲主江南求法功德碑"的发现，对杂木寺摩崖石刻造像、覆钵式石塔龛造像以及花大门藏传佛教石刻塔群的调查和研究，为西夏碑刻造像研究提供了新的历史资料，进一步确立了西夏时期石刻造像的历史地位。

第一节 凉州重修护国寺感通塔碑

"西夏碑"，全称"凉州重修护国寺感通塔碑"。清嘉庆九年（1804），金石学家张澍先生在武威城北大云寺封存的碑亭内发现该碑，引起了学术界的重视，先后有戴维理亚、罗福成、王静如、陈炳应、史金波等国内外学者对其进行了研究。该碑是目前国内所存内容最为丰富、研究应用最多的夏、汉文字对照碑刻。由于碑额汉文残缺，西夏文碑额为篆书，学术界对该碑称呼不一。张澍依据汉文碑文中的年号，称其为"天祐民安五年碑"，学界也称其为"凉州重修护国寺感应塔碑"。史金波、陈炳应先生根据汉文内容和西夏文铭文的译释，将其校正为"凉州重修护国寺感通塔碑"。根据汉文和西夏文碑文内容，西夏天祐民安三年，凉州发生大地震，将皇家寺院护国寺内的感通塔及其他寺院建筑震毁，西夏崇宗和皇太后梁氏发愿，调拨大量人力物力对其进行了大规模修复，竣工后举行了盛大法会，并立碑庆赞，这就是著名的凉州西夏碑。

一 国内外西夏碑研究进展

1804 年，张澍在大云寺发现了西夏碑，湮没已久的西夏王朝和神秘的西夏文字重新被世人关注。

西夏碑的发现激发了张澍对西夏历史文化探索研究的热情，"此碑自余发之，乃始见于天壤。金石家又增一奇书矣！"他先后撰写了《书西夏天祐民安碑后》《又书西夏天祐民安碑后》两篇跋文，还致力于编纂一部西夏专史。其著作《凉州府志备考》首次收录了西夏碑汉文碑文，并整理撰写了《西夏纪年序》。[①]

1805 年，金石学者刘青园在武威发现了几坛窖藏钱币，从中找到了西夏"元德、天盛、乾祐、天庆、皇建、光定诸品"。他根据西夏碑文字，判断出其中的梵字钱，即"西夏文钱"。这是西夏钱币考古史上第一次有明确

---

① 崔永胜：《张澍研究》，天津古籍出版社，2009。

文献记载的重大发现。①

1896 年，在英国驻华军事使团任职的卜士礼发表了《唐古特的西夏王朝，其钱币和奇特的文字》，他依据西夏碑拓片，断定居庸关石刻上的文字是西夏文。他还通过将汉文与西夏文对照，解读出了西夏文"大安二年""大安八年""三宝""宝塔""千缗钱""天祐民安甲戌五年正月十五戊子日""八万四千舍利""黄金十五两""白金五十两""二""三""四""五""六""七""八""九""十""百""千""万""八百二十""年"，并根据西夏文碑文，识别出其中一枚西夏文钱币是"大安宝钱"。② 1896 年，法国人戴维理亚通过法国驻中国公使热拉尔得到了一份凉州西夏碑拓片，后于 1898 年发表了《凉州西夏碑考》和《西夏或唐古特王国的文字》两篇论文。他根据凉州西夏碑正面的文字，也认为居庸关石刻上那种尚未解读的文字是西夏文。除此之外，他还指出了凉州西夏碑的西夏文和汉文碑文不是简单的对译关系。③

1932 年，罗福成对西夏碑上的西夏文和汉文进行了抄录，根据已公布的俄藏黑水城文献《番汉合时掌中珠》，首次在《国立北平图书馆馆刊》（4 卷 3 号）上全文发表了西夏碑的汉文和西夏文碑文，以及西夏文碑文的译文。④ 1964 年，日本西田龙雄在其所著的《西夏国语研究》上卷中对西夏碑的西夏文也进行翻译，对罗氏译文多有纠正。⑤ 20 世纪 80 年代，我国著名西夏学专家史金波在《西夏佛教史略》⑥一书中对西夏的碑文进行了系统全面的录文、翻译、考释，对前人研究中的错误进行了纠正。其有关西夏碑的论述，成为学术界研究、引用西夏碑最为权威的资料。陈炳应的《西夏文物研究》在史金波译释的基础上，纠正了录文和译释文的部分错误，并从社

---

① 于光建：《略论武威西夏钱币考古的重要价值》，《河西学院学报》2010 年第 6 期。

② 〔英〕卜士礼：《唐古特的西夏王朝，其钱币和奇特的文字》，载孙伯君编《国外早期西夏学论集（一）》，民族出版社，2005，第 42～56 页。

③ 〔法〕戴维理亚：《凉州西夏碑考》，载孙伯君编《国外早期西夏学论集（一）》，民族出版社，2005，第 57～66 页。

④ 罗福成：《重修护国寺感应塔碑》，《国立北平图书馆刊》4 卷 3 号（西夏文专号），1932。

⑤ 〔日〕西田龙雄：《西夏文凉州感应塔碑文解读》，《西夏研究》第 7 辑，中国社会科学出版社，2008，第 157～176 页。

⑥ 史金波：《西夏佛教史略》，宁夏人民出版社，1988，第 244～252 页。

会历史、官阶制度、语言文字、土地制度、民族关系、宗教信仰等诸方面对西夏碑进行了全面的研究。① 黎大祥对发现西夏碑的重要意义进行了论述。②

通过对西夏碑研究成果的回顾，可以发现，西夏碑的研究源于学者对西夏文字的解读。晚清至民国时期，主要是借助西夏碑夏汉文字对照的优势，来辨识其他西夏文金石碑刻。俄藏黑水城出土的夏汉对照字典《番汉合时掌中珠》公布以来，西夏学学者开始对西夏碑的汉文、西夏文进行全面录文、校对、翻译工作。20 世纪 80 年代以来，随着西夏学研究的深入，西夏碑所蕴含的丰富信息开始被学术界所重视。学术研究转向西夏碑所反映的西夏社会历史、宗教信仰、皇帝尊号、国号纪年、职官制度、语言文字、土地制度、民族关系、社会经济、地震等重要信息。可以说，学术界对西夏碑碑文的解读和研究，已经取得了丰硕的成果，全面揭示了西夏碑碑文的价值。但是，西夏碑是由碑身和碑座构成的，对碑座的研究还没有展开，而且对碑座图像等问题的认识还有诸多误区。西夏碑碑座的浮雕艺术和构图意境，目前还没有专门的解读和研究。

二　西夏碑发现的重大意义

（一）西夏碑的发现

1804 年，著名学者武威人张澍先生与朋友同去凉州（今武威）大云寺参观游览，在大殿后院左边无意中发现一座被砖封闭的建筑，不知里面有什么东西。张澍感到奇怪，就问寺内和尚。他们都说：不清楚，听说很早以前就是这样，谁也不敢打开，否则，将会招来风、雹等灾祸。张澍不相信鬼神，又求知心切，一再要求拆砖看看，并表示自己愿意承担由此产生的后果。和尚们为他的真诚所感动，也为自己的好奇所驱使，才允许打开。拆掉前面封闭的砖块，原来是一块大石碑。清除碑上厚厚的尘土，去看碑文，猛一看，跟汉字楷书体一模一样，都是大家熟悉的方块字；可是仔细一看，却一个字都不认识。张澍命人拆除后面的封砖，看到汉文碑文，才知道这是西夏天祐民安五年（1094）的"凉州重修护国寺感通塔碑"。碑一面不认识的

---

① 陈炳应：《西夏文物研究》，宁夏人民出版社，1985，第 105～138 页。
② 黎大祥：《武威西夏碑的发现对西夏学研究的重大意义》，《发展》2008 年第 9 期。

文字，就是西夏自己创造的文字——西夏文。因此，以后也将此碑称为"西夏碑"。1927 年，武威发生大地震，大云寺内古代建筑被震毁，西夏碑亭倒塌。20 世纪 30 年代，贾坛、唐发科等人将此碑从大云寺移至武威文庙（现武威市博物馆）保存。1961 年，西夏碑被国务院公布为第一批全国重点文物保护单位。

（二）西夏碑的发现使世人知道西夏创有文字

西夏文是记录党项羌语言的文字。在元昊称帝前，野利仁荣便受命创制了西夏文，时称番文、番书。大庆元年（1036），为了巩固民族语言文化，增强民族意识，元昊将野利仁荣等仿汉字创的 6000 多字，颁行境内，并尊为国字，广泛使用，"凡国内文艺诰牒尽易蕃书"。西夏曾用这种文字大量编纂字书和韵书，编写历史和法典，创作文学作品，翻译佛经和汉文典籍，从事文移往来。目前所看到的西夏文献文物就有：佛经、儒家典籍、文学作品、历史著作、字典辞书、官府文书、民间契约、杂记便条、法律典籍、兵法兵书、历日、占卜辞、医药处方和医书、官印、符牌、钱币、铜镜、瓷器、石窟题记、碑刻木牍、审判记录等。总之，社会生活的各个方面无所不包，凡是需要使用文字的地方，都有西夏文字的踪迹。可以看出，由于统治者的重视，西夏短时间内创造出来的新文字，很快在西夏统治地区普遍应用。

蒙古族兴起后，成吉思汗率领的蒙古铁骑攻灭西夏。因为他的死与攻西夏都城兴庆府（今银川）有关，西夏遭到了征服者更加残酷的镇压，西夏的文化典籍被毁坏殆尽。加之西夏地处边陲，作为丝绸之路上的神秘王国，中原学者对其了解甚少。西夏灭亡后，元人没有为西夏修一部专门的史书，而是在宋、辽、金三史内附以传。

从西夏灭亡到元代亡国的 140 多年中（1227～1368），由于元朝统治者把党项人划入社会地位比较高的色目人，党项人也多聚族而居，得以继续使用自己的语言文字。元代曾大量印施西夏文佛经，元末北京居庸关六体石刻、敦煌莫高窟六体文字石碑，均刻有西夏文字，明代尚有西夏文经幢。但随着时间的推移和商品经济的发展，一部分党项民族分散而居，还有一些与当地的其他民族通婚，关系密切，因而民族特性逐渐消失，与其他民族融合。独特的西夏文字也逐渐远离人们的生活。明代中叶以后，西夏文字停止了使用。人们已经不认识西夏文字，甚至不知道历史上还有西夏文字的存在。西夏文字逐渐失传，成为无人能识的死文字。19 世纪初，在武威大云寺发现了西夏碑，世人才知道西夏有自己的文字，史学界才看到了西夏文字，进而开始对西夏的历史和文化产生兴趣，从而展开西夏学的研究。

（三）西夏碑的发现揭开了西夏学研究的序幕

武威西夏碑立于天祐民安五年（1094）。西夏末年，由于蒙古灭西夏战争的残酷，寺院内的僧人为避免灾祸，才将西夏碑封闭起来。封闭了几百年的西夏碑，被张澍先生发现，不仅使人们看到了西夏文字的原貌，更重要的是为近代人确认、辨识和重新认识西夏文字提供了第一手实物资料，从而揭开了西夏学研究的序幕。在西夏碑发现之前，当人们看到北京居庸关云台门洞内元代至正五年（1345）所刻六种文字中的西夏文时，还误认为是"女真文字"；敦煌莫高窟六体文石碑中的西夏文以及西夏铜钱的铭文，人们都不认识。西夏碑是西夏文和汉文合璧碑，使人们认识了西夏文，这些问题就得到了解决。

西夏碑的发现，是西夏学研究的重大收获。张澍在《书西夏天祐民安碑后》中自豪地说："按史言，夏国字其臣野利仁荣所造。或云元昊作之，未知其审。此碑自余发之，乃始见于天壤。金石学家又增一种奇书矣！"从此他开始了西夏学的研究。他把当时发现的西夏碑汉文内容收录于《凉州府志备考》一书中。他著有《夏书》（有手稿 5 捆，可惜未能传世），还著有《西夏姓氏录》《西夏纪年》等。《西夏姓氏录》收集了西夏的各种人物姓名、事迹等，有的还略加考释，是一部研究西夏历史、民族学的珍贵史籍，被罗振玉先生收入《雪堂丛刊》。《西夏姓氏录》为张澍先生所著的《姓氏五书》之一，《清史稿》还称"姓氏五书，尤为绝学"，可见此书的价值。《西夏纪年》全书共有两卷，详细记述考释了西夏党项羌拓跋思恭到元昊称帝后几代君主的历史纪年、重大事件等，收入张澍所著的《凉州府志备考》。以上都是张澍在发现西夏碑之后，在西夏学研究领域取得的成果。西夏碑发现之后，他还作了四首诗，以记事咏怀。其中的一首为："昔我曾编夏国书，未成而废感焚如。摩碑今日排尘土，译字何人辨鲁鱼？野利仁荣为作者，曩霄兀卒亦参诸。艺林从此添新录，却笑兰泉箧未储。"① 张

---

① 张澍：《养素堂诗集》卷 10，《中国西北文献丛书》，兰州古籍书店，1990。

澍不仅发现了迄今所知全国乃至全世界唯一保存完整的西夏文碑刻，而且他是近代确认、辨识西夏文字和西夏学研究的第一人，他的发现和研究，为以后西夏学的兴起奠定了基础。今天，西夏学能在国内外取得这么大的成就，张澍先生的功劳是很大的，武威也应为此而感到自豪。可以毫不夸张地说，如果没有武威西夏碑的发现和张澍先生的研究，在中国乃至世界，西夏学的研究可能要推迟一个多世纪（从1804年发现西夏碑到1908年科兹洛夫在我国内蒙古黑水城发现西夏文字典《番汉合时掌中珠》）。在这百年当中发现的西夏文文籍和史料，有可能因无法识读而得不到足够重视，可能会有失传的危险。

（四）西夏碑的发现为西夏学研究提供了极为珍贵的实物资料

西夏碑高2.5米，宽1米，厚0.3米，两面撰文。一面为西夏文篆书题铭，两行八字，意为"敕感应塔之碑铭"；正文为西夏文楷书，28行，每行65字。一面为汉文小篆题铭，3行12字，全称为"凉州重修护国寺感通塔碑铭"；正文为汉文楷书，26行，每行70字。题铭两侧各有一线刻伎乐菩萨，作翩翩起舞状；题铭上端为云头宝盖；碑文四周以线刻卷草文装饰。西夏碑现存西夏文和汉文各1800多字，是世界上保存最完整的、唯一的、西夏文和汉文对照文字最多的碑刻。西夏碑的大部分篇幅记载了一个神奇的故事。故事的大意是：印度阿育王起普天下造塔八万四千奉安舍利，武威郡塔即其数也，自周至晋已有一千余载，中间兴废，经典莫记。前凉张轨修宫殿，正修在此塔遗址上。到张天锡时，宫中多现灵瑞，天锡很诧异，有人告诉他：今天的宫殿修

图1-1　"凉州重修护国寺感通塔碑"西夏文碑文

在了阿育王造的故塔基之上。张天锡遂舍宫置寺,复建其塔。西夏统治凉州时,经历了800多年的古塔已倾斜,正要加以修缮,当夜风雨大作,周围的人听到有斧凿声,第二天一看,宝塔已经直立如初;先后之朝(西夏惠宗时期,1069～1086年),西羌攻打凉州,夜里亦有雷电,在昏暗中,塔上现出瑞灯,羌人一看,非常惊骇,慌忙退兵。天祐民安四年(1093)冬天,凉州大地震,又把宝塔震倾,西夏崇宗下令修缮,还未动工,塔又自行恢复原状。西夏崇宗对佛教十分重视,他会集工匠,修饰佛塔,使之焕然一新。碑文歌颂了皇帝、皇太后"发菩提心,大作佛事"的善举,还记载了塔修成后所举办的各种活动,以及当时西夏境内佛塔林立的盛况和书写碑文、篆额、主持或负责修饰塔寺人员的职务和姓名等。

碑文的西夏文部分,描述更加详尽,更富有民族特色。碑文开始用对仗工整的语句,宣扬了佛教的教义,接着叙述了凉州护国寺的兴废经过。在记述感应故事时,记载了具体时间,情节上比较详细、生动。在描绘塔修成后的景象时,更显得多姿多彩,美丽庄严。修辞上用对偶句式宣扬佛法,赞美重修宝塔的功用,如行云流水。

图1-2 "凉州重修护国寺感通塔碑"碑头

西夏碑碑首呈半圆形,两面正中用汉文和西夏文篆额,两边阴刻对称的伎乐舞女,体态丰满,翩翩起舞,动作优美,造型生动;舞女胸和手腕上有饰物,赤露上身、双肢,下着长裙,婀娜多姿,具有同敦煌飞天一样的艺术特色。碑上的云头宝盖、卷草纹图案,线条流畅,刻工精细;西夏文楷书、篆书结构严谨,书体工整,与生动活泼的伎乐舞女和谐地融合在一起,都是不可多得的西夏线刻和书法艺术珍品。碑座长98厘米,宽80厘米,底沿宽98厘米,高59厘米,石材为当地易风化砂石。四面均采用高浮雕技法,表现了四幅不同主题的画面,正面是双狮舞绣球,背面为缠枝莲花,碑座右侧为麒麟,左侧为飞马,画面形式独特,具有极强的象征性和独特的民族地域性。

西夏碑内容丰富,涉及面广,在19世纪初到20世纪中叶的一百多年中，是国内外学者了解西夏文字、探索和研究西夏学的唯一的实物资料。1908 年苏联探险队成员科兹洛夫在我国内蒙古黑水城遗址发现西夏文字典《番汉合时掌中珠》之前，要了解和认识西夏文，西夏碑是唯一的资料。因此，西夏碑当时被人们称为了解和研究西夏文字的"活字典"。19 世纪，法国人毛里斯（M. G. Morlsse）发现了西夏文《妙法莲华经》，通过西夏碑，他知道了 300 个西夏字的读音和含义，并总结了西夏语语法的某些规则。中国人鹤龄就通过西夏碑推断一些西夏文字的意义，并用以译注西夏文《妙法莲华经》的一页。这一时期，中国发现的西夏文资料、铜钱等也都是通过西夏碑来解读的。

西夏碑的拓片传世后，国内外专家学者更加重视对西夏碑的翻译和研究。对西夏碑进行过著录的有：清《凉州府志备考》《筠清馆金石记》《铁桥金石跋尾》《八琼室金石补正》《金石续编》《西垂石刻录》《语石》《陇右金石录》等。从 1898 年法国学者戴维理亚的论文《西夏国字研究》开始，研究者络绎不绝，几乎所有的西夏学论文、著作都要引用它、提及它，可见它在西夏学研究中的价值。

1908 年发现西夏文字典《番汉合时掌中珠》后，1912 年，我国学者罗振玉在日本会见当时苏联彼得堡大学教授伊凤阁，得见《番汉合时掌中珠》一页。罗振玉深知该书的重大价值，次年即向伊凤阁借得《番汉合时掌中珠》9 页，付诸影印，始在学术界流传。1922 年伊凤阁到天津，罗氏又借得全书照片，命其子罗福成抄写，1924 年由贻安堂经籍铺刊行。1932 年，罗福成根据《番汉合时掌中珠》，首次把西夏碑的西夏文译成汉文，在《国立北平图书馆馆刊》全文发表西夏碑的汉文和西夏文，以及从西夏文翻译的汉文。其后学术界始知西夏文的意义和读音。学术界称《番汉合时掌中珠》是一把打开西夏学研究大门的钥匙。1964 年，日本西田龙雄在其所著的《西夏国语研究》上卷中对西夏碑的西夏文也进行了翻译，对罗氏译文多有纠正。此后，著名西夏学专家史金波的《西夏佛教史略》、陈炳应的《西夏文物研究》都对西夏碑进行过全面的翻译、考释，对前人研究中的错误进行过纠正，对西夏碑的历史价值进行过详尽的论述。西夏碑在研究西夏的社会经济、土地制度和阶级关系，西夏国名、帝后尊号、纪年和官制方面，当时的民族关系、佛教盛况方面以及西夏的语言文字、文学方面等，都是丰富而珍贵的资料。

随着西夏学研究的兴起和旅游业的发展，西夏碑越来越受到世人的关注和学者的重视。20 世纪 80 年代以来，西夏碑拓片作为西夏文物的重要组成部分，曾多次出国展出；宁夏西夏博物馆、甘肃兰州碑林、武威市博物馆复制仿刻了西夏碑，以满足游人参观及西夏学研究的需要。

三 护国寺"感通塔"的名称源流

通过西夏碑，可以知道凉州大云寺是西夏的皇家寺院护国寺，而且在该寺内还有一座七级木塔——感通塔。那么，感通塔的名称是怎么来的呢？

（一）"感通"源于护国寺的前身：隋代凉州"感通下寺"

《魏书·释老志》载："有王阿育，以神力分佛舍利，役诸鬼神，造八万四千塔，布于世界，今洛阳、姑臧（今武威）、临淄皆有阿育寺，盖称其遗迹焉。"[1] 这与武威博物馆所藏"唐景云二年凉州大云寺功德碑"和"凉州重修护国寺感通塔碑"碑文记载相同。"凉州重修护国寺感通塔碑"汉文碑文记载："阿育王起八万四千宝塔，奉安舍利，报佛恩重，今武威郡塔即其数也……张轨称制……天锡宫中，数多灵瑞，天锡异其事，时有人谓天锡曰：'昔阿育王奉佛舍利起塔，遍世界中，今之宫乃塔之故基之一也。'天锡遂舍其宫为寺，就其地建塔。"由此可知，凉州大云寺最早为建有佛舍利塔的阿育王寺。前凉时的宫殿就建在塔寺遗址之上。张天锡执政时，弃宫建塔修寺，是为宏藏寺。

1980 年 5 月，在武威城东北角城墙下发现了一块唐天宝元年（742）刻立的"凉州御山瑞像因缘记碑"，碑文记载：隋大业五年（609），隋炀帝西征返回长安时，曾前往凉州番禾县瑞相寺（今永昌县圣容寺）朝拜，遂改名为感通寺。碑文称："驾还幸之，改为感通寺"，一个"还"字，把隋炀帝至寺的时间讲得非常清楚，这和史书的记载是基本一致的。据唐释道宣撰《续高僧传·释慧达传》记载：大业五年隋炀帝西征，"躬往礼敬厚施，重增荣丽，因改旧颜为感通寺"（也有写作感通道场的），故令模写传形。因此碑残缺，在碑最后还载"□初止此地后，便以此处为白马寺。至宇文灭

---

[1] 《魏书·释老志》，中华书局，1974，第 3028 页。

法，其地之俗居者不多安，遂复施为感通下寺"。据专家研究，此碑的出土地（今武威北城壕附近）原为武威古感通下寺，碑为寺内之物，原置于"感通下寺"中，亦即隋唐时的"凉州大云寺"内。其依据是："碑发现地和唐大云寺东南角的钟楼相对，并隔后期城墙形成的一线，组成一个寺院。在出土物中，有汉到魏晋，以至隋唐时期的陶瓷残片，至今在该处还随时可得，说明古代人们在此活动的时间久长。同时据碑记载，唐代僧人元明，先曾为御山谷中感通寺僧，后为凉州大云寺僧，居于大云寺；又从御山瑞相的组成，有凉州七里涧的佛首运往。如此等等，我们认为碑文所说的'感通下寺'当即为唐时的大云寺"。① 由此可见，隋大业五年炀帝西巡，到凉州番禾县的瑞像寺，御笔题额为感通寺之后，更令天下"模写传形"，使凉州瑞像寺成为海内外名寺，因此出现了许多神话故事。随后，将前凉时的宏藏寺改为感通下寺。到唐代，又将《凉州御山石佛像因缘记》的神话故事勒石刻碑，置于感通下寺内。由此可知，西夏护国寺在隋代时称为"感通下寺"，"凉州重修护国寺感通塔碑"的"感通"之名，最早来自隋炀帝御笔题写之"感通寺"。

（二）"感通"源于"凉州御山瑞像因缘"故事

隋炀帝为何将其易名为"感通寺"呢？这还与凉州御山瑞像的预言故事有关。《续高僧传》记载：

> 至元魏太武太延元年，（刘萨诃）流化将讫，便事西返。行及凉州番禾郡东北，望御谷而遥礼之。人莫有晓者，乃问其故，（慧）达云："此崖当有像者现。若灵相圆备，则世乐时康；如其有阙，则世乱民苦。"迭行至肃州酒泉县城西七里石涧中死……尔后八十七年，至正光初，忽大风雨，雷震山裂，挺出石像。举身丈八，形相端严，惟无有首。即选石命工雕镌别头，安讫还落，因遂任之。魏道陵迟，其言验矣！逮周元年，治凉州城东七里涧，忽有光现，彻照幽显。观者异之，乃像首也，便奉至山岩安之，宛然符会。仪容雕缺四十余年，身首异所二百余里，相好还备，太平斯在。保定元年，置为瑞像寺焉。乃有灯光

---

① 孙修身、党寿山：《〈凉州御山石佛瑞像因缘记〉考释》，《敦煌研究》1983 年第 3 期。

流照，钟声飞响，相继不断，莫测其由。建德初年，像首频落，大冢宰及齐王躬往看之，乃令安处，夜落如故，历经数十，便以余物为头，终坠于地。后周灭佛法，仅得四年，邻国殄丧，识者察之，方知先鉴。虽遭废除，像犹特立。①

北魏太武帝太延元年（435），高僧刘萨诃西行弘法，至凉州番禾郡御山时，预言此山以后当有像现，宝像出现时，若身首完备，预示着世乐时康；若宝像残缺，预示着天下离乱，黎民饥馑。他一路西行，到达肃州酒泉县城西圆寂了。正光初年（约520），忽然天降暴雨，雷震山裂，番禾御山岩崖上挺出一尊石像，身高一丈八尺，形象端庄威严，只是没有佛头。当地官员和居士选择石料，请工匠雕塑一个佛头。佛头安装在佛像上，不久就掉了下来，人们只好听任佛像无头。此时北魏政道衰颓，世乱民苦，刘萨诃的预言应验了。到了北周保定元年（561），凉州城东七里涧忽然有神光出现，昼夜通明。看到的人觉得很奇异，就前往看看究竟，却是一个佛像头，僧俗把佛头迎送到番禾县御谷山进行安装，结果"飞而暗合，无复差殊"，于是官民"悲欣千里"，从此，天下太平，人民安居乐业。这正好又应验了刘萨诃"宝像身首俱全，预示着世乐时康"的预言。到了北周末年，石佛的佛首多次跌落，僧俗惊恐，朝廷知道后，派齐王亲自前往调查。过了不长时间就出现了饥荒、兵乱和北周武帝禁寺灭佛的事。这就又证实了刘萨诃"若宝像残缺，预示着天下离乱，黎民饥馑"的预言。敦煌莫高窟第72窟南壁通壁绘有《刘萨诃因缘变相》，即以刘萨诃预言凉州番和郡御山谷出像为主，反映了刘萨诃的其他事迹，画面就有石佛像出现、僧俗另制佛首安装复落、凉州七里涧出现佛首、僧俗抬送佛首到御山安装等场景，画面上有"圣者刘萨诃和尚""盘和都督府御谷山番和县北圣容瑞像"等题记30多处。凉州御山瑞像的故事在吐蕃占领时期开凿的第231窟和第237窟佛龛录顶东坡，画中有两个画像，榜题："盘和都督府仰御山圣容像"。在五代初归义军节度使曹议金开凿的莫高窟第98窟、五代末曹元忠及其妻翟氏开凿

① 释道宣：《续高僧传》，《大正新修大藏经》第50册，（日本）大藏出版株式会社，1988，第644~645页。

的第 61 窟、第 55 窟北屏的后面，都画有以上内容。而在武威第十陆军医院
附近出土的《御山石佛瑞像因缘记》石碑就明确记载了这一故事。此外，
在莫高窟藏经洞发现的绢画中，也有以番禾御谷山中石佛瑞像故事为内容的
画面。莫高窟彩塑雕像中，还有几个窟是以番禾御谷山中石佛瑞像作为窟室
主尊佛像而雕造的，如莫高窟第 300 窟等。根据"凉州御山石佛瑞像因缘
记碑"碑文记载，隋大业五年（609），崇信佛教的隋炀帝西巡至凉州御山
瑞相寺时，闻听了刘萨诃预言御山瑞像故事后，有感于御山瑞像的感应神
灵，遂将寺名改为"感通寺"，并令天下"模写传形"，凉州宏藏寺也随之
改名为"感通下寺"，武周时期又更名为大云寺，西夏统治时期则为皇家寺
院护国寺。

（三）"感通塔"之名来源于佛塔数次显灵

据西夏碑记载，凉州护国寺之感通塔，前身
是阿育王分佛舍利在中国所建佛舍利塔之一。前
凉王张轨执政时，将其宫殿建在凉州佛舍利塔之
上，其孙张天锡登基后，"宫中数多灵瑞，天锡异
其事。时有人谓天锡曰：昔阿育王奉佛舍利起塔，
遍世界中，今之宫乃塔之故基之一也。天锡遂舍
其宫为寺，就其地建塔，造七级宝塔"。北周保定
元年（561），凉州七里涧出现御山谷中佛像之首。
吐蕃统治时期，"塔属番地，常为修治，求福供
养，乃现瑞像，可为国土支柱。"西夏大安二年
（1075），"塔基欹仄。识净皇太后，珍陵城皇帝
等，供给种种，命遣监、匠等。每欲荐整，至夕
皆风大作，塔首出现圣灯，至天明自然已正如
前。"西夏大安八年（1081），"东袭汉，心体具
备，大军一发，包围□□。""羌军来攻凉州，其

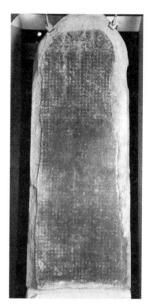

图 1 - 3　"凉州重修护国
寺感通塔碑"
汉文碑文

时，黑风漠漠，伸手相执莫辨，（忽然）灯光煌煌绕塔，二军自然败走，由
此莫敢窥视。"天安礼定二年（1086），"频频烧香，布施愿文等，令载不
绝。再巡汉地，皇太后所乘坐骑一出，尔时夜灯光大放，一出一灭，光明如
过午日，乃深入汉之地望。"西夏天祐民安三年（1092）冬天，"武威地震，

塔又震仄，凌云势挠，欲治工亿，龙天护持，何假人力。"凉州大地震，又把塔震斜了，西夏崇宗下令修缮，还未动工，塔又自行恢复原状。崇信佛教的西夏崇宗和其母梁太后听闻凉州护国寺金塔种种灵瑞神异之后，认为"所作大瑞，前前后后多所现者，皆此不可思议"，这是一座护国宝塔，随即于天祐民安四年下诏，调拨工匠和财物，对凉州护国寺的感通塔进行了一次彻底的维修。竣工后举行了盛大的佛事庆典活动，并将凉州护国寺感通塔的历史渊源、显瑞事迹以及这次的重修经过立碑纪念。

感通塔名称由来的一个重要原因就在于自宝塔建成以来，"灵瑞数起，应感既彰"，前凉张天锡改宫建寺、刘萨诃预言凉州瑞相、隋炀帝御笔题名"感通寺"，以及西夏时期感通塔的数次护佑功德，都与凉州大云寺宝塔的感通灵瑞有关，正所谓"塔之感应，不可殚记"。所以，西夏占领凉州后，鉴于该塔数次显瑞，佑护西夏军队击退宋、吐蕃对凉州的进攻，保佑西夏梁太后两次率军深入宋朝境内，大败宋军，遂将凉州大云寺更名为"护国寺"，寺内金塔命名为"感通塔"。天祐民安五年所立重修庆赞碑的名称为"凉州重修护国寺感通塔碑"。

四 西夏碑碑座图像的构图意境

（一）碑座的发现

2004 年 6 月，新建成的武威市西夏博物馆开始文物陈列布展，为充实展览内容，提升展览效果，经报请国家文物局，计划将原在文庙石刻展厅陈列的西夏碑搬迁至西夏博物馆展览。在搬迁过程中，发现在地表以下还深埋着碑座。碑座的发现，展现了西夏碑的全貌，为研究西夏艺术提供了弥足珍贵的实物资料。历史上，西夏碑立于武威东北隅的凉州大云寺，它又是什么时候搬迁到武威文庙的呢？

1925 年，北京大学的陈万里随美国哈佛大学旅行团到敦煌考古，根据其《西行日记》记载，4 月 19 日，陈万里西行考察到凉州，在参观完罗什寺后，还专门到清应寺去考察著名的西夏碑。"寻西夏天祐民安碑不得，询之居民，谓在大云寺，始知嘉庆间张澍氏所记在武威城内北隅清应寺者，误也。其所以误大云寺为清应寺者，以清应紧邻大云，且均有十三层之古塔一，坐是易致错误耳。遂至大云寺，于大殿后院见碑屋二，在左者，西夏碑赫然在焉。"① 说明 1925 年时，西夏碑还在大云寺。吴峰天认为，西夏碑是在 1927 年武威大地震后从清应寺搬运到武威文庙的。②

据原武威市文物管理委员会主任党寿山回忆，1934 年，为保护武威文物遗迹和"亦都护高昌王世勋碑"等文物，时任武威县副县长的唐发科和地方贤达人士贾坛等人将西夏碑等文物搬入当时的武威群众教育馆（武威文庙）保存。陈列在武威文庙石刻展厅中的"亦都护高昌王世勋碑"的侧面有几行石刻题记，记载了贾坛等人发现高昌王碑并搬运至文庙的经过。其文如下：

> 此元亦都护高昌王世勋碑也，为虞仁寿集奉撰文，康里文忠夔夔书丹，赵文忠世延篆额，三公皆元代名臣大儒。而康里字体道劲，峻整在率更、清臣之间，洵可宝也。碑文详《道园学古录》及《元文类碑》，则于清季被土湮没之地中，后复凿其半为碾磨。癸酉秋，始于高昌乡石碑沟访得其处，掘出之移置教育馆。夫是碑既遭摧残，又复湮没，不幸甚矣！今得其半，意者犹有鬼神守护欤，抑物之可珍者，显晦有时，不终埋没欤！愿后之学者永护惜之，以存国粹，岂第为一乡荣光哉。
>
> 　　　　民国二十三年嘉平月邑人贾坛、唐发科敬跋，赵士达敬观
>
> 　　　　　　　　　　　　　　　　　　　　　　石工周兆平镌字

由此可知，西夏碑的确是在 1934 年从凉州大云寺搬迁至武威文庙的。20 世纪 70 年代末，武威发生特大暴雨，当时文庙没有地下排水系统，倒灌进许多雨水。为了加固保护西夏碑，原武威文管会党寿山等人用数片薄铁片镶嵌在碑身与碑座连接处的卯榫凹槽内，使碑身与碑座严丝合缝，更加稳固，而并不是有些人所说的"西夏人当时为加固碑身塞入了铁片"。西夏碑的碑座是在 1934 贾坛等人将西夏碑搬运至文庙后埋入地下的。一直以来，人们只看到碑身，而忽略了地表以下的碑座。2004 年，西夏碑由文庙石刻展厅搬入新建成的武威西夏博物馆展览时，碑座才在深埋地下 70 多年后重见天日。

---

① 陈万里：《西行日记》，甘肃人民出版社，2002。
② 吴峰天：《"凉州重修护国寺感通塔碑铭"再认识》，《西夏学》2011 年第 8 期。

（二）碑座内容

西夏碑碑座由灰白色粗砂岩石整体雕刻而成。束腰，方形，四角削成斜坡状，边沿杀角。碑座长 98 厘米，宽 80 厘米，底沿宽 98 厘米，高 59 厘米，基础部分高 7 厘米。座体右后脚和左后脚有残缺。碑座四面采用高浮雕技法表现了四幅不同主题的画面。座体正面为双狮舞绣球，双狮后爪着地，前爪紧握绣球，相对站立，体态雄健厚实，似嬉戏，似争夺，动感十足。座体背面雕刻着三朵硕大的缠枝莲花。座体左面为带翅飞奔的天马，走对侧步，似踏祥云，呈现出天马行空的意境。座体右侧为一麒麟造型。碑座上部四边亦雕刻缠枝莲花和卷草纹装饰。由于西夏碑碑座浮雕技法古朴，加之年代久远，部分有残损，有学者将正面的双狮舞绣球解读为"双猴顶灯"，误也。① 碑座浮雕构图简洁明快，层次分明，形式独特，图案内容具有极强的象征性和独特的民族地域性。

（三）碑座图像的意境

碑刻文化在我国具有悠久的历史和丰富的文化内涵，碑文对研究当时的历史文化、社会经济、宗教民俗等具有重要的史料和文献价值，碑刻的装饰图案也是研究古代文化艺术的珍贵实物资料。我们通常见到的古代碑刻的碑座，大多是传说中的龙的第九子赑屃的造型，西夏碑这种前狮后莲，左右两侧分别饰以天马、麒麟造型的碑座，在古代碑刻艺术文化中极为少见，较为特殊。那么，这种浮雕造像究竟有什么内涵呢？

1. 狮子

狮子造型艺术与佛教的传播息息相关。狮子本不是中原腹地的产物，但自从张骞出使西域将狮子引进，它便与佛教一起成为中国文化的一部分。西夏人十分崇信佛教。现有的史料表明，早在西夏第一代皇帝嵬名元昊（1003～1048）统治期间，广泛的佛教建置便已具雏形了。佛教建置在 12 世纪兴盛起来，并且在仁宗（1124～1193）及其继承者的扶植下明显

图 1-4　西夏碑碑座

① 梁继红：《新发现的西夏碑碑座介绍》，《陇右文博》2008 年第 1 期。

地得以扩大。① 在佛教的发源地印度，狮子被称为"百兽之王"，是威严勇猛的象征，并把帝王比喻为威武迅猛的雄狮。佛教经典中，释迦牟尼有多种称号，其中，"人中师（狮）子""人中人师（狮）子""人雄师（狮）子""大师（狮）子王"等都是将释迦牟尼比作狮子。② 佛教传入汉地之后，融合了儒家包容、内敛的文化，狮子的形象有了许多变化，由勇猛凶悍逐渐转变为慈眉善目的形象。古代陵墓及门前的蹲狮，大都以威严祥和的面目出现，显得柔媚温驯；③ 双狮舞绣球中的狮子则演变为喜庆、祥和的象征。也有学者认为，双狮舞绣球图案中的狮子为一雌一雄，在相互嬉戏中，狮毛缠绕结出毛球，小狮子由此诞生。所以，双狮舞绣球也有多子多孙的寓意。

碑座上的双狮舞绣球是中国传统美学中的对称图案，两只狮子左右各一只，前肢向着正中上方，围绕着中间的绣球戏耍，狮子与绣球形成一个拱形，在视觉上仿佛将西夏碑托举起来。作为西夏碑正面的图案，这样的对称构图一方面显得庄重大气，另一方面又利用了狮子的形象来祝祷国家太平祥和，人民富庶长乐。如此恰好呼应了碑文中"二圣临御，述继先烈，文昭武肃，内外大治，天地裡祀，必庄必敬，宗庙祭享，以时以思。"④

2. 莲花

相对于《诗经》与《楚辞》中的原型，荷花（即莲花）的佛教寓意是外来的、后起的，但随着佛教在中国的普及化、世俗化，荷花的佛教寓意日益深入人心，成为荷花内涵中不可分割的组成部分。⑤ 莲花在佛教中有诸多的寓意，如洁净、慈悲以及智慧。

印度多莲花，佛经中常用莲花作比，如《大智度经·释初品中尸罗波罗蜜下》："譬如莲花出自淤泥，色虽鲜好，出处不

图 1-5 西夏碑碑座

① 〔美〕邓如萍、聂鸿音、彭玉兰译《党项王朝的佛教及其元代遗存》，《宁夏社会科学》1992 年第 6 期。
② 白化文：《狮子与狮子吼——纪念佛教传入中国两千年》，《文史知识》1998 年第 12 期。
③ 贾璞：《狮子造型艺术与佛教的传播》，《中国文物报》2012 年 9 月 12 日。
④ 陈炳应：《西夏文物研究》，宁夏人民出版社，1985，第 108 页。
⑤ 刘彩文：《荷花意象的宗教意义》，《群文天地》2011 年第 12 期。

净";《无量寿经》:"……清白之法最具圆满,犹如莲花,于诸世间,无染污故。"① 以莲喻佛,除佛祖诞生之初足下步步生莲之外,还因莲花的品质符合佛教教义。莲花出于污泥,却洁净姣好,象征人们从俗世苦海到达幸福彼岸的过程。佛教强调怀慈悲心去帮助身处苦海的人,同时保持自身洁净,不与苦海之人同流。佛祖怀有拯救众生的慈悲之心,因此莲花又是慈悲的象征。人要达到出尘浊而不染的境界,就要增强自己的佛性。佛祖生在苦海,却以自身冥思苦想的智慧到达了极乐世界。因此,莲花又是智慧的象征,能够出淤泥而不染。

在主流文化的影响之下,凉州西夏碑的雕刻,始终将佛教文化融入其中。碑座莲花的数量也具有佛教内涵。

释迦牟尼认为世间有"三毒":贪、嗔、痴。这"三毒"是世间痛苦的源泉。佛祖在菩提树下顿悟之后,发现了免除人间痛苦的方法,即"三学":戒、定、慧。从"三毒"和"三学"中可以窥见,数字"三"在佛教中有着不同寻常的意义。因此,笔者认为,西夏碑碑座上的三朵缠枝莲花,正是佛家"三学":戒、定、慧的象征。莲花具有佛教中一切美好的品德。其洁身自好体现了"戒",其慈悲为怀体现了"定",其极高的觉悟则体现了"慧"。西夏碑碑文中有:"三界昏暗,智灯一举皆见显;众生乐海,更作慧桥悉渡运。"西夏碑碑座将莲花的直观形象与佛教教义结合,使莲花图案与碑文内容相呼应。

将三朵莲花设计成缠枝状,也能从中国传统文化中找到一定根据。枝繁叶茂的缠枝牡丹在传统文化中是富贵吉祥的象征,同时也寓意多子多孙、长命百岁。西夏崇宗是西夏第四位皇帝。1086 年,西夏惠宗去世,3 岁的崇宗嗣位。其舅舅国相梁乙逋把持军政大权,连年发兵与宋朝交战,导致民怨四起。皇帝年幼,后党专权,对皇权形成极大威胁。1093 年重修护国寺时,西夏崇宗刚满 10 岁。西夏的第二代皇帝毅宗、第三代皇帝惠宗、第四代皇帝崇宗都是幼冲嗣位,且毅宗、惠宗皆在弱冠之年早亡,所以,西夏崇宗和其母梁太后发愿重修护国寺,也是希望多次显瑞的宝塔能够保佑西夏崇宗健康长命、皇位永固。因此,可以推断缠枝莲花也和缠枝牡丹具有相同寓意,

---

① 俞香顺:《荷花佛教寓意在唐宋的演变》,《南京师范大学学报》2003 年第 4 期。

祈愿西夏皇脉枝繁叶茂。正如西夏碑汉文碑文中所载："五彩复焕，金碧增丽，旧物唯新，所谓胜利，我后我皇，累叶重光，虔奉竺典，必恭必庄，诚因内积，胜果累彰，觉皇妙荫，万寿无疆。"① 而在西夏文碑文中也有同样的发愿："人身不珍，潮湿如浮泡芭蕉；人命无常，瞬间如秋露夏花。施舍殊妙，三轮体空义悉解；志念坚固，二边不执证彼岸。愿王座坚秘，如东方修竹永生长；御意旺盛，如银坡金海常盈涨。"②

3. 天马

历史上，河西走廊是有名的放马场，历朝历代多为皇家马场所在地。自从汉武帝时期设郡辖县以来，河西走廊地区一直是中原王朝的马匹供应地。由此形成的马文化也是河西文化的一部分。

图 1 - 6　西夏碑碑座

《史记·大宛列传》中有关于天马的记载："初，得乌孙马，好，名曰天马。及得大宛汗血马，益壮，更名乌孙马曰西极，名大宛马曰天马。"③ 到汉武帝时，就有了天马的定称。魏晋时期屡次出现于史书中的凉州兵马以及前凉张轨献马助战等事，足以说明凉州的马匹和骑兵之众。④ 在西夏碑的出土地甘肃武威，还出土了天马铜雕像，名曰"马踏飞燕"。可见天马形象对凉州文化影响之深。

西夏碑碑座上的天马，马尾高扬，马腹浑圆，背部生有两翼。图案右下方有水纹，右上方有云纹，可以看出，天马飞腾在大海与天空之间，更加凸显了天马的矫健身姿。党项人以游牧为生，马对于他们的重要性不言而喻。天马是西夏人祈求年年六畜兴旺的动物神，又是希望战无不胜的战神。西夏碑中记载："羌军来攻凉州，其时，黑风漠漠，伸手相执莫辨，（忽然）灯光煌煌绕塔，二军自然败走，由此莫敢窥视。"羌军来战，看到佛塔的灯火，因而逃之夭夭，西夏不战而胜的传奇，使人们不但更加笃信佛法，也更希望和

① 陈炳应：《西夏文物研究》，宁夏人民出版社，1985，第 110 页。
② 史金波：《西夏佛教史略》，宁夏人民出版社，1988，第 244～252 页。
③ 《史记·大宛列传》，中华书局，1963，第 3170 页。
④ 孙彦：《天马图像考》，《文物世界》2007 年第 3 期。

平安定局面能够持续，天马的形象出现在西夏碑上也就不足为奇了。而在保存下来的西夏佛教艺术中，也不乏天马的艺术形象，如瓜州榆林窟第 10 窟是西夏洞窟，其窟室顶部就有天马纹饰。马侧身也有彩色羽翼，作飞翔态，马身俯冲而下，周围云气因天马冲击而向后，增加了画面的动感。

图 1 - 7　西夏碑碑座

4. 麒麟

麒麟是我国古代文献中的"四灵"之一，像龙和凤一样，都是人们创造出来的神物，一直作为祥瑞的象征被崇拜。麒麟的传统造型为双角似鹿、龙头、鳞身、背鳍、狮尾、马蹄。它具有鹿的温顺灵巧，龙的威严霸气，狮子的庄重喜庆，马的敦厚忠诚，如同龙凤一样，是中华文化中一切美德的集合体。作为神物，自然有其神性，麒麟的神性可用体仁、秉德、兆瑞、显贵、送子来概括。

麒麟兼具仁德和宽厚的美德。世人认为，它头上长着肉质的犄角，虽有利器，却只是作为有效的威慑，而不危害他人，恰恰彰显了中国文化中"仁"的理念。由于麒麟的仁德与儒家所提倡的基本理念相同，麒麟的形象不断出现在与儒家文化有关的事物中。传说孔子的母亲生孔子前曾见到麒麟现身。李白"绝笔于获麟"的诗句，源于孔子与麒麟的典故。

麒麟被视为天下太平之兆，是吉祥、和谐的象征。太平盛世和有圣人在世之时，麒麟才会显现于世。麒麟也被视为送子的神兽，这源于孔子的母亲生孔子前曾有麒麟现身的传说。宋代开始，就有麒麟送子图流传。①

西夏碑碑座上的麒麟造型十分简单明快，麒麟身体重心向下，呈下蹲状，仰首张口吐舌，尾巴上扬，仿佛在向上天祈求将无尽的祥瑞降至人间。西夏碑的产生，缘于当时凉州护国寺感通塔在地震中被震斜，而后塔身竟然自行恢复原样。如此神奇之事，自然被认为是祥瑞之兆，正如麒麟于太平盛世下凡人间。如上所述，麒麟兆瑞与立碑之本意、石碑之内容高度一致，除了希望佛光普照，君王仁德，风调雨顺，国运昌隆，还着意祈愿年幼的皇帝健康长寿，西夏皇室王脉繁盛。

---

① 廖建福、盛律平：《论麒麟神性》，《大庆师范学院学报》2007 年第 3 期。

（四）新增的西夏碑碑座浮雕构图意境是碑文内容的艺术表现方式

西夏碑碑座的四幅图画——双狮舞绣球、缠枝莲花、天马、麒麟都是祥瑞之兆，这些祥瑞图案与碑文所言的护国寺感通塔的神通灵瑞相呼应，与西夏崇信佛教的情况一致，与西夏第二、三、四代皇帝幼冲即位，外戚专权、皇权危机的政治现实吻合。凉州护国寺塔"所作大瑞，前前后后多所现者，皆此不可思议"。而感通塔名称由来的一个重要原因，就是自宝塔建成以来，"灵瑞数起，应感既彰"，正所谓"塔之感应，不可殚记"。所以，西夏统治者将感通塔的神通灵瑞与佛法无边联系起来，试图通过崇信佛教、弘扬佛教来达到稳定统治、维护皇权的目的。只有结合西夏碑的历史背景，才能更好地理解碑座构图的独特意境。这种将碑文与碑座、政治历史与文化艺术有机结合的碑刻文化，不仅是独特而神秘的西夏文化的写照，更体现了古人的艺术创造性和中华文化的多样性，因而具有极高的研究价值。西夏碑碑文除记述感通塔的历史渊源及沿革外，还记载了感通塔数次显瑞的神奇故事，意在说明佛法无边以及西夏皇室对佛教的尊崇，通过修缮寺院、赏赐、大作水陆法会等功德，来祈愿西夏国祚延绵，国泰民安。正如碑文所言"风雨时降，宝谷永成，地境安靖，民庶乐安"①。

第二节　敏公讲主江南求法功德碑

在武威市博物馆的石刻展厅中，有一块元代"敏公讲主江南求法功德碑"，碑高 124 厘米，宽 70 厘米，厚 13 厘米，碑额残缺。碑文上下分四栏，每栏 21 行，每行 9～13 字不等，分别用楷书、行书和草书阴刻而成。背面满碑横书"通化门"三个大字，右侧边缘阴刻一行行书小字"凉州卫指挥司立"。由此可知，该碑在明代时曾是"通化门"的券石。据现有资料还无法确定明代的"通化门"到底是凉州城的哪个门，或者是象征门的一个什么地方。据《武威金石录》载，该碑原嵌于武威北城门，1939 年从北城门拆下后移至文庙保存。碑四周边缘有被裁截痕迹，边缘文字残损较为严重，部分文字漫漶不清。该碑长期放置于武威市博物馆石刻展厅，未能引起学界

① 陈炳应：《西夏文物研究》，宁夏人民出版社，1985，第 113 页。

图1-8 敏公讲主江南求法功德碑

重视，近期在整理武威地区西夏遗址调查研究项目资料时，才引起课题组注意，并对其进行研究整理。

一 录文

根据碑文内容，此碑是赞颂元代初期西凉州西夏遗僧敏公不畏艰辛，远赴杭州求取大藏经的功德碑。因原碑额残缺，笔者拟将其定名为"敏公讲主江南求法功德碑"。为便于学界研究，兹据原碑将碑文录文如下。□表示残损难辨之字，/表示原碑文另起行。

公□敬跋/敏公讲主大师之西夏/蜕骨长□春□□雄壮气凌云/汉掣开金□□玄朱文如光□□/岸恢吾宗赤□□生涛风□吾/教吼石翰金多变豹从夜习梵每/喧天规布绵绵声浩浩音哉旦□龙/门客去住烦参□□□□□□□□□/春风花雨溟涛在然临□□□□□/随月天有月远生西照古照今子/光升维时丙戌□□冬后一日

古□紫川福俗□书/佛法本由西方出/敏公却来南方求□应/王□载将□开学西凉人/未休西凉人者其佛性/列陵□神□□□中间一字/涉诸讹一大□□解不尽/解得尽万□森罗自作证/右送/敏公讲主之西凉西南继规园中

西凉①敏讲主□千里□/江南求赎大藏经文如谓/持决定志其决定信

---

① 西凉：地名，即今甘肃省武威市。西凉这一地名最早出现于宋初。1028年，元昊攻取凉州，1038年建大夏国，定都兴庆府，将凉州升为西凉府，定为西夏辅郡。蒙元占领凉州后，阔端王子镇守西凉。至元九年（1272）诸王只必帖木儿筑新城成，赐名永昌府，至元十五年，以永昌王宫殿所在，立永昌路，降西凉府为州，隶属永昌路。元永昌路故城在今武威市城北13公里处今凉州区永昌镇政府所在地，现遗址仅存西南墙角一段。碑文中的西凉当指元代西凉州。

成就/决定境界中事□□决定信/奉故为大地众生尘梵烦恼/泛入生死苦
海中发为膏/肓瘤疾故五千四十八卷□/渐权实□落伦园如□医/瘤病
□药□处众生病去/药除返事号为病滋□浸道/始后鹿野以□终至跋提
河/求其二□□未尝说一字如/惜寿药能也镕作金□□/练于□□得□见
结□□青/道□文字非□□刘□/不能解慎勿勒印□打成/黄卷赤轴为寿
宜兴□主/库内茹好是□/至元廿三年元宵浙东/雁宕山人精堂□益/书于
灵隐西轩

西凉曾未□□□□藏/灵文已放梵具眼宗师/轻峰侣珠回玉转寿吾皇/
敏公讲主远奉/圣旨及/国师法旨特取大藏经回/见其忍苦捍梦□知/洞山
之大藏只是今之/□□又僧问云门如何是一/代时教□对一说又僧□/五
祖睦州送一藏教只是/不扚脚且道扚什么字祖云入/罗娘君前三大者怎么
提/持若识得□亲扚处便见/大梵如藏不在内不在外若是/伶利讲主聊闻
峰着便乃知/扚大振屯宗竖法幢然法矩告/天祝寿报佛恩□绰绰然有/余
裕哉因其行信笔书□

初见敏公讲主……□置心取三乘□实圣/之恒□贵金言之常/住持伴
将沉之佛日重/使欲灭之惠灯□□□/殊勋硕保/皇基之永固以此无□/弘
正法之流通虽然如□/藏即今在什么处远知/道出息入息阴界众□/百万
亿卷文大隋□□/得半藏且可如何得全/□漂入眼将地出远游/大经卷量
等三千界□/一切尘悉然有一聪慧/经卷且同何者是此□/眺听恩讲试辩
看/远涉归程驿路长临/忙昔年具禁虽西域/出古杭倚岸如金堤/似锦野花
芳情如此去

二 相关问题及释读

(一) 西夏遗僧敏公

该碑记载了高僧敏公远赴江南求法的经历。那么，敏公是何许人呢？
从碑文的第一部分，可知他大约是元代初期西凉州的西夏遗僧，其生活的
年代大约在西夏晚期至元代初期。碑文多次以"讲主"称呼敏公。"讲
主"一词为佛教专用名词，指专门开坛升座为众生讲经说法，演绎佛法，
能够对佛经进行注疏翻译的高僧。在出土的西夏文献中，有些法师高僧有

"讲经律论"的尊号。又如《圣妙吉祥真实名经》的翻译者释智就被称为"元讲经律论习密教土番译主聂崖",结尾缀文者沙门道圆的称谓是"元讲经律论出家功德司判使"。①故敏公应该是西夏晚期至元代初期,西凉州某寺院一位著名的高僧大德。碑文提到,敏公讲主讲经说法之处为"西凉西南继规园"。关于敏公的更多信息,缺乏相应的资料。其讲经场所"西凉西南继规园"究竟是元代武威的哪个寺院,在检索武威地方文献志书及实地走访当地寺院后,亦未有发现。这为我们进一步了解敏公的详细资料留下了诸多遗憾。

(二) 远奉圣旨及国师法旨的解读

依据碑文,敏公到达江南求法之地为古杭,即今浙江省杭州市。第二部分的赞颂为浙东雁宕山人于至元二十三年元宵书写于灵隐寺之西轩,据此可知,大约在至元二十三年(1286)敏公讲主就已抵达杭州,游历了灵隐寺,拜访了诸多高僧大德。敏公从西凉州出发的时间当早于此。

碑文第二部分提到,"敏公讲主远奉圣旨及国师法旨,特取大藏经"。敏公讲主是奉皇帝圣旨和国师法旨远赴江南求赎大藏经的。那么,这位皇帝是谁?又是哪位国师呢?如前所述,敏公到达杭州至迟在至元二十三年,这一时期元朝的皇帝为元世祖忽必烈(1260~1294年在位),故其应当是奉元世祖忽必烈圣旨去求赎大藏经的。

由上所述,敏公讲主是奉元世祖圣旨及国师法旨,前往杭州求赎大藏经的。皇帝旨意和国师法旨的结合,说明本次求法赎经是中央政府发出的旨令,这位国师必定不是一般的国师,而是执掌玉印、总领全国佛教事务的最高机构宣政院的国师。1286年,敏公讲主已经抵达了杭州,说明在是年之前,远在西凉的敏公讲主已收到圣旨和法旨。因凉州到杭州路途遥远,加上圣旨从元大都到达凉州的时间,敏公在凉州收到赴杭州的旨意的时间,至少应在1286年抵达杭州前二三年。故推测,圣旨和法旨发出的时间大约在1283年或1284年。那么,当时掌玉印、统领全国释教的国师是谁呢?首先就要理清元代初期的国师袭承情况。

国师是元朝中央政府对佛教高僧大德的封号。据《元史·释老志》记

---

① 释智译:《圣妙吉祥真实名经》,《大正藏》密教部。

载：中统元年，元世祖即位，尊八思巴为国师，授以玉印，统领释教，[①] 当时的玉印为"国师之印"。1264 年，忽必烈又在中央政府中设立总制院，以国师八思巴统领院事，掌管全国佛教事务，[②] 八思巴成为全国佛教的最高领袖和最高僧官。至元八年建立大元国号后，又颁赐八思巴"统领释教大元国师印"。[③] 至元十七年（1280），八思巴示寂。在至元十一年（1274）八思巴返回萨迦后，其同父异母的弟弟亦怜真接替八思巴袭任国师，掌管全国释教事务，至元十九年（1282）病逝。至元十九年，"诏立帝师答耳麻八剌剌吉答，掌玉印，统领诸国释教"。[④] 答耳麻八剌剌吉答为八思巴弟弟恰那多吉之子，自幼由八思巴抚养长大，并教授佛法，将其定为萨迦派的继承人。"掌玉印，统领诸国释教"，即为承袭执掌"统领释教大元国师印"，答耳麻八剌剌吉答于至元二十三年（1286）圆寂，时年 20 岁。通过对这一时期的统领释教之大元国师的梳理，笔者蠡测，1283 年或 1284 年发出法旨命敏公赴杭州求法的国师应该是八思巴之侄答耳麻八剌剌吉答国师，他也是元代第三任帝师。

（三）杭州求法的原因

碑文记载："佛法本由西方出，敏公却来南方求。"西凉敏公讲主为什么要历经艰险，远赴杭州去求赎大藏经呢？

自佛法东降以来，杭州历来为佛教中心之一。尤其是宋代以来，随着政治经济中心的南移，江南地区成为政治经济文化的中心。南宋政权又以杭州为都，并且在杭州印刷大藏经。元朝建立后，佛教得到了空前的发展，特别是藏传佛教被定为国教，萨迦派佛教首领八思巴被任命为元世祖忽必烈的帝师以来，萨迦派一直世袭元朝皇帝帝师，执掌大元释教国师之玉印，掌管管理全国佛教事务的宣政院。虽然都城在大都，但元朝政府延续了南宋在杭州印刷大藏经的传统，自 1277 年至 1321 年，先后多次在杭州地区刊印了《普宁藏》、河西字（即西夏文）《大藏经》、补版《碛砂藏》三部大藏经，向全国寺院施印颁赐。有元一代，杭州成为全国官方佛

---

① 《元史·释老志》，中华书局，1976，第 4518 页。
② 《元史·百官志·宣政院》，中华书局，1976，第 2193 页。
③ 蔡美彪：《元代吐蕃国师帝师玉印及白兰王金印考释》，《文史》2002 年第 3 期。
④ 《元史·世祖本纪》，中华书局，1976，第 249 页。

经印刷的中心。西凉敏公讲主之所以赴杭州求赎大藏经，一个重要原因就在于此。那么，敏公此次求赎的大藏经是哪一部呢？

《普宁藏》是至元十四年（1277）至至元二十七年（1290）在杭州路余杭县白云宗南山大普宁寺，由僧俗二众募缘，历时 14 年完成而刊刻的大藏经。《普宁藏》是由当时浙西道杭州路白云宗僧录道安两次奔走大都，得到西夏遗民江淮诸路释教总摄永福大师杨琏真加引荐，转呈给胆八上师，得到皇帝准许才得以雕印。①

元刊西夏文大藏经即《河西藏》，是元代在江南浙西道杭州路大万寿寺雕刻刊印的藏经。目前学界根据国内外公布的西夏文佛教文献题记和发愿文，先后有王国维②、石滨纯太郎③、王静如④、史金波⑤、聂鸿音⑥、孙伯君⑦、段玉泉⑧、王晗⑨等诸多先生对其进行了较为深刻的探讨研究，在此不赘述。根据诸先贤的研究成果，元代西夏文大藏经的雕刻是在至元三十年至大德六年完成，先后于大德六年（1302）、大德六年夏至大德九年底（1302～1305）、大德十一年（1307）、至大年间（1308～1311）及皇庆元年（1312）分别印制 10 部、30 部、50 部、50 部、50 部，凡 190 部西夏文大藏经，施于西夏故地的宁夏、永昌等路寺院。

《碛砂藏》在南宋时曾刊刻，元代大德初年至大德十年（1297～1306），为该藏在元代补刊时期。这本是民间行为，但到大德十年，由于松江府僧录管主八的支持，补刊工作有了新进展。

由上通过对元代三部大藏经雕刻刊印时间的爬梳，结合西凉敏公讲主到

---

① 崔红芬：《僧人慧觉考略——兼谈西夏的华严信仰》，《世界宗教研究》2010 年第 4 期。
② 王国维：《元刊本西夏文华严经残卷跋》，《观堂集林》第 4 期，中华书局，1959。
③ 聂斯克、石滨纯太郎：《西夏语译大藏经考》，《国立北平图书馆馆刊》西夏文专号。
④ 王静如：《河西字藏经雕版考》，《西夏研究》第 1 辑。
⑤ 史金波：《西夏文〈过去庄严劫千佛名经〉发愿文译证》，《史金波文集》，上海辞书出版社，2005。
⑥ 聂鸿音：《西夏文过去庄严劫千佛名经发愿文中的两个年号》，《固原师专学报》2004 年第 5 期。
⑦ 孙伯君：《元代白云宗译刊西夏文文献综考》，《文献》2011 年第 2 期；《元刊河西藏补考》，《民族研究》2011 年第 2 期。
⑧ 段玉泉：《管主八施印河西字大藏经新探》，《西夏学》第 1 辑，宁夏人民出版社，2006；《元刊西夏文大藏经的几个问题》，《文献》2009 年第 1 期。
⑨ 王晗：《元代杭州刊刻〈大藏经〉与西夏的关系》，《文献》2005 年第 1 期。

达江南的时间（1286）来看，元代雕刻西夏文大藏经即《河西藏》始于至元三十年，第一次刊印是在大德六年，晚于敏公到达杭州 16 年之久，所以求赎西夏文大藏经不大可能，更不用说更晚雕印的《碛砂藏》了。虽然《普宁藏》刊印完毕于至元二十七年（1290），亦晚于敏公抵杭时间 4 年，但这部经书开版于至元十四年（1277），在敏公赴杭州求法的时间段内。据此推测，在《普宁藏》刊印过程中，元世祖和掌管释教事务的宣政院国师给远在西北的凉州下发圣旨和法旨，敏公讲主赴杭州求取的大藏经即《普宁藏》。

（四）"敏公讲主江南求法功德碑"的价值

通过对"敏公讲主江南求法功德碑"的初步解读，我们梳理出了淹没于史乘之中的武威西夏遗僧敏公，他曾在至元二十三年前奉元世祖忽必烈圣旨远赴杭州求取大藏经。此圣旨早已湮没于历史的尘埃中，只有这块碑忠实地记载了这一事件，为元初西凉州佛事之盛提供了证据。元代敏公江南求法，在凉州的史籍中不见记载，此碑有助于充实这方面的资料。敏公在江南求法时还游历了杭州的灵隐寺等佛教胜迹，其求法行动得到了江南高僧的敬佩，为其功德撰写了赞颂。敏公求取大藏经返回凉州后，江南雁宕山人等四位高僧为其所作的赞颂被勒石刻碑。尽管该碑在明代被用为凉州"通化门"的券石，部分字迹残损漫漶不清，但它是目前武威境内发现的唯一一件有关元代西夏遗民的碑刻资料，为揭示西夏灭亡后武威境内的西夏遗民问题和元代初期武威佛教的发展提供了重要的实物资料。

第三节 杂木寺摩崖石刻造像

杂木寺遗址位于距武威市凉州区东南 20 千米处的古城乡八五村兰家庄。寺院 1927 年毁于地震，现残存一塔基。近年来，当地居民在塔基之上重新修建了一座十一级砖塔。根据当地年老者叙述，塔底原为圆形，上面也是圆形。据此推测，此遗址应为佛教喇嘛塔。塔高约 20 米。在残存的塔基之下，有一处石刻佛像遗存。为保护该处石刻造像，当地村民在此处修建了简易房屋。

一 石刻造像介绍

图 1-9 杂木寺摩崖石刻造像

石刻造像整体画面残损，长约 1.7 米，宽 1.5 米，分为上、下二组。上组存五尊造佛，下组存四佛；上、下组之间以联珠纹相隔。上排五佛左手施与愿印，右手施说法印于胸前。着袒右袈裟，跏趺坐于仰莲座上，莲座置于工字形法台之上，工字形法台左右浮雕一对相背的马。一组佛像坐具的相背马与另一组相背马相对视，远处观看时易形成马首相对的"吻唇马"的错觉。"工"字形座背有线刻的兽纹排列，最上部正中阴刻有金翅鸟形象，位于"工"字形靠背上方的是左右对称的简单摩羯，下方是位于佛像左右背对而立的狮羊，图案清晰可见，其头部没有回扭之势，两腿之间也不见上翘的尾巴。狮羊所处的位置是"工"字形靠背的两块横木之间，双足下的横木不再有动物纹样，这种造型应该是佛座挲具中的兽面、摩羯、狮羊三种。据《佛说造像量度经》，完整的挲具包括：大鹏、鲸鱼、龙、童子、兽、象等六挲具，而杂木寺石刻佛像挲具清楚者只有金翅鸟、摩羯、狮羊。

下组四佛双手施禅定印，着右袒袈裟，亦跏趺坐于仰莲工字形法台，工字形法台左右浮雕一对相背的马，有桃形头光和背光。另外在左边下部还残存两尊佛像，但不清楚。整个石刻共残存十一尊佛像。右下有一行阴刻藏文。石刻造像表面有泥土附着，清理后清楚地发现佛像发髻彩绘有宝石蓝，身体及袈裟涂有红色彩绘，莲座上也涂有宝石蓝彩绘。

从遗址整体情况来看，该处覆钵式塔是利用山体一块较大岩石作为塔基而建造的。塔基四周应该雕刻有千佛造像，但由于地震破坏以及多年人为破坏，大部分已经不存在，现仅存上述十一身佛造像。

二 时代特点

（一）关于该处石刻佛像的年代

20 世纪 80 年代，著名考古学家宿白教授来武威考察后，认为此处石刻造像较为特别，特别是擎具组合和以双马驮佛座具还属国内仅见，造像风格极有可能属于西夏时期。国家博物馆美术部李翎研究员从佛像擎具演变的角度，认为武威杂木寺与藏传佛教的噶举派关系不大，而主要与汉地的传统有关。杂木寺佛像的擎具与 6～8 世纪隋代敦煌第 405 窟、唐代西安宝庆寺所存擎具属于同一时间，可能早于流行藏传佛教的西夏历史后期，而属于西夏历史的早期，相当于北宋时期。[①]

（二）周围分布的遗址

杂木寺摩崖石刻位于武威绿洲六大内陆河之一的杂木河出山口，周围分布有大量的西夏时期遗址。该遗址往南是著名的西夏瓷窑遗址——塔儿湾。20 世纪 80 年代以来，这里出土了大量西夏各类瓷器、窑具、钱币、铁器等文物；向东约 5 千米的新华乡亥母洞，曾出土了大量西夏文佛经、藏文佛经、西夏文社会文书、佛造像、唐卡、丝织品等珍贵文物。西夏时期，这里曾是西凉府南部通往吐蕃的重要通道，附近是西夏人生活的重要场所，经济、文化比较发达。西夏信奉佛教，在这里修建寺院、雕刻造像是在情理之中的。

（三）相关的文献记载

在黑水城出土的元代汉文文书中，有一件土地案文书，记载了因海都叛乱，战火殃及亦集乃路，亦集乃路附籍站户西夏遗民也火汝足立嵬的祖父石革立嵬于至元二十四年抛弃了原土地家产，举家迁徙到永昌路西凉州杂木寺口，重新购买土地耕种，投住在杜善善社下生活，并担任永昌路孔剌尔站户。到至正十一年，也火汝足立嵬又举家搬迁到亦集乃路，但此时他们家的土地已被政府当作无主土地分配给其他居民耕种，因此向总管府呈状要求返还其家族土地。[②] 从这一资料可以看出，元代时杂木寺附近还生活着许多西夏党项遗民。古城塔儿湾出土的西夏瓷器上，还发现了墨书的西夏文字。因

[①] 李翎：《杂木寺石刻——兼谈佛座擎具的演变》，《中国历史文物》2006 年第 5 期。

[②] 李逸友：《黑水城出土文书》（汉文文书卷），新华出版社，1991，第 157～164 页。

此，从西夏到元代，这里是西夏党项民族居住生活的主要地区。

综合杂木寺造像风格特征以及出土文献资料、文物分析，这处珍贵的千佛浮雕造像所在地，应该是西夏时期一处重要的佛教寺院遗址。

三 杂木寺摩崖石刻造像的价值

杂木寺摩崖石刻造像是目前为止西夏摩崖石刻中唯一一处佛教造像。摩崖，就是在天然形成的、比较平整的悬崖上刻文记事的一种石刻。学界认为"所谓摩崖是指利用天然的石壁以刻文纪事的石刻，所以，有人称之为'天然之石'，为刻石的一种"。[①] "摩崖一般选择一片较平直的石壁，在上面直接刻铭。汉代有些摩崖也在石壁上加以整修，凿出一块规整的平面后，再在上面铭刻。甚至有些摩崖是在石壁上凿成一个碑的外形平面后刻写上铭文。"[②] 有关西夏的摩崖石刻并不是很多。现存的西夏摩崖石刻主要有以下几种：贺兰山岩画西夏文题刻、大麦地岩画西夏文题刻、阴山岩画西夏文题刻等。[③] 这些摩崖石刻均没有佛教造像题材的。因此，杂木寺摩崖石刻造像为西夏摩崖石刻增添了新内容，为研究西夏时期的佛教信仰、造像、雕刻艺术提供了珍贵的实物资料。

杂木寺摩崖石刻造像利用寺院塔的基座——山体岩石雕造而成，塔基四周应该均有雕刻的佛造像，当为国内发现的西夏时期唯一的摩崖佛教造像。这为研究西夏时期的佛教艺术提供了珍贵的实物资料。

第四节 覆钵式石塔龛造像

一 塔龛介绍

2013 年 4 月，武威市北城区一建筑工地在施工时，发现了一件石刻覆钵式喇嘛塔龛造像。塔为砂岩石质，由塔基、塔座、塔身、塔相和塔顶组成。

---

① 徐自强、吴梦麟：《古代石刻通论》，紫禁城出版社，2003，第 22 页。
② 赵超：《中国古代石刻概论》，文物出版社，1997，第 4 页。
③ 史金波、陈育宁等主编《中国藏西夏文献》第 18 册，甘肃人民出版社、敦煌文艺出版社，2005，第 173～175 页。

通高 89 厘米。塔基高 22 厘米，饰云纹图案；塔座高 10 厘米，饰莲花瓣图案；塔身为覆钵式，高 28 厘米，正中开佛龛，龛高 19 厘米，宽 16 厘米，深 7 厘米。内刻佛造像三尊，中间为佛祖说法像，两边各站一弟子，均高 7 厘米；塔相高 22 厘米，有 5 层叠涩相轮；塔顶圆形，高 7 厘米，直径 13 厘米，相轮粗壮，给人以庄严稳固的感觉。塔体的装饰花纹都是密教流行的纹饰，体现了藏传佛教独特的密宗艺术。

图 1-10 覆钵式喇嘛塔龛

二 时代考证

塔，又称为佛塔，起源于印度，俗称宝塔，梵文为 Stupa，译为窣堵波或浮图。塔的本身，用以藏舍利和经卷。喇嘛塔直接脱胎于印度窣堵波，后传入吐蕃。安史之乱后，凉州（今武威）被吐蕃占据，随着藏传佛教的传入，到西夏时，覆钵式喇嘛塔也逐渐传入西凉府广大地区。

1004 年，党项首领德明杀死六谷吐蕃首领西凉王潘罗支，占领凉州。1038 年，德明的儿子元昊称帝，建立了大夏王国，因地处西部，史称西夏。西夏立国后，在凉州建立西凉府。西夏笃信佛教，与吐蕃关系密切，请藏传佛教高僧到西夏讲经传法，主持寺院。西凉府国佛院（今亥母洞寺）就供奉有噶玛噶举派第二祖师米拉日巴讲经说法塑像（现藏于武威市博物馆）。后期，萨迦派第三祖师扎巴坚赞的大弟子迥巴瓦被聘为国师，在西凉府国佛院任主持。正由于这种特殊关系，西夏时的覆钵式喇嘛塔，在绘画资料与地面建筑中都占主要地位。因此，遗存下来的实物资料也不少。1909 年俄国人科兹洛夫从原西夏黑水镇燕军司驻地撰去的八臂观音曼荼罗木板画和圣三世明王唐卡中皆绘有覆钵式塔；宁夏贺兰县宏佛塔刹顶及天宫内小木塔、青铜峡的一百零八塔、须弥山石窟的 13 相轮石刻塔、石嘴山涝坝口石刻塔均为覆钵式喇嘛塔。在武威也多有发现。如 1977 年武威西郊林场出土的西夏天庆五年刘氏墓中木缘塔，亥母洞西夏石窟寺遗址的一、二号洞窟中的多座覆钵式喇嘛塔，金昌市永昌县花大门覆钵式喇嘛塔等。这次发现的石刻覆钵式喇嘛塔龛造像，与以上所述的覆钵式喇嘛塔多有相似之处。因此，它是西夏时期遗留的典型覆钵式喇嘛塔龛造像。

此次发现的覆钵式喇嘛塔龛造像，在塔身正中开佛龛，内刻一佛二弟子造像，这是石窟造像中经常出现的佛教造像题材。一般来说，佛塔中都建有龛，供奉佛像者叫佛龛，装藏者叫塔龛。不同类型的塔，建有不同数量的龛。由于时代不同，塔龛的造型亦有别，佛龛中供奉的佛祖与弟子的数量也不一样。塔龛的造型，概括起来有圆形、方口形、敞口形、穹隆顶等多种形式。一般方口龛形较多见，它的特征是龛口为长方形或正方形，四角呈圆弧形，佛龛内通常供一佛二弟子像。这种龛形从十六国晚期一直延续到元代，盛行于北朝时期，西夏时期也普遍流行。

早期的佛龛内只供一尊佛像，弟子或菩萨像立于龛外。北周时，弟子像开始供奉在龛内，龛的深度也不断加深。随着龛的加深，所供佛像有所增加。西夏龛形基本沿用北周至隋的方口龛，以双层龛为主，即内有二层龛台，佛祖坐于二层台上，弟子站立在左右两侧。到西夏晚期，有的覆钵式塔已不开塔龛，仅有相轮及刹盖顶。

2013 年 4 月发现的石刻塔龛造像与武威西郊林场西夏墓出土的木缘塔，亥母洞西夏石窟寺遗址的一、二号洞窟覆钵式喇嘛塔，金昌市永昌县花大门石刻塔群西夏时期覆钵式喇嘛塔，造型极为相似。这种形式在同一地区多次出现，说明这是西夏时期佛教流行的一种艺术表现形式。它的发现，为研究西夏佛教文化艺术和佛龛造像提供了非常重要的第一手实物资料。

第五节　永昌县花大门石刻塔群及佛龛

花大门石刻塔群位于永昌县西北约 20 千米处永昌县城关镇金川西村北面的龙首山余脉。该处断崖长约 500 米，整个山体似一尊卧佛，头东脚西，山体的每一部分又像是一尊尊立佛，浑然天成，十分神似。因两山夹峙，相距不足百米，山体为红色，形似大门，故名"花大门"。

一　石刻塔群的概况

花大门石刻塔群的断崖南段，有保存较为完整的汉代壕堑、明代长城，自东向西绵延，经暗门村、毛不喇村至山丹峡口界。在北部山崖离地面1～10米的崖面上，雕刻有50余座塔浮雕藏传佛教塔群。各塔大小不一，造型有覆钵式喇嘛塔、阁楼式石刻塔、檐式砖砌塔，其中以覆钵式喇嘛塔为多。遗址周围竖立着永昌县重点文物保护单位"花大门石刻——元代"的文物保护标志碑。

（一）覆钵式喇嘛塔

此种石刻塔形态大体相同，由塔座、塔身、塔顶三部分组成。刻塔为三层须弥座，塔座第三层的中间开龛，可能是用于供奉或安放僧人骨灰。塔体呈覆斗形，外侧用阴刻线勾画出背光。最大的刻塔通高2.66米，底宽1.6米，最小者高约0.5米，底宽0.7米。保存最为完整的为崖壁东南端的第一座石刻塔，塔高1.6米，宽1.2米，底部为5层须弥座。塔身中间开一石龛，石龛高0.27米，宽0.25米，为安置僧侣骨灰之所。塔顶由刹座、刹身和刹顶三部分组成。宝珠衬托天盘刹座，上置三重宝珠相轮为刹身，刹顶为十三天相轮。此类石刻塔造型与宁夏青铜峡一百零八塔风格相近。[①] 在西部崖壁还有一种较为特殊的覆钵式塔，塔顶没有宝珠相轮，塔刹不是宝瓶形，而是桃形。

图1-11　甘肃省永昌县花大门石刻塔群遗址

---

① 韩小忙、孙昌盛、陈悦新：《西夏美术史》，文物出版社，2001。

（二）阁楼式塔

图1-12　花大门石刻塔群遗址（局部）

图1-13　西夏文"佛"及汉文题记

阴刻阁楼式塔集中于崖壁西部，体型比覆钵式喇嘛塔小，有十余座，线条阴刻勾勒出简易型阁楼塔，有7层、11层、13层。高者约有1米，小者仅0.2米，阁楼中部也没有开凿石龛。此外，在花大门西约1千米处的另一处山体崖面上，也阴刻有一处阁楼塔，旁边阴刻汉字"郭□"，西侧崖面处为附近农户用石块垒砌的羊圈，羊圈上端崖面阴刻有一简单的阁楼塔和一老虎形象。此类石刻塔在内蒙古百眼泉石窟也有发现，为13层，高约1.6米。①

（三）檐式砖砌塔

在崖壁正中部较为密集的塔群中，有一类石刻塔较为特殊。此类塔使用线条阴刻出砖砌塔的造型，塔为7层密檐式砖塔，塔身没有开凿石龛。

（四）佛龛

在崖面正中有一较大石龛，洞窟宽2.4米，进宽2.2米，高1.5米，深2.1米，顶部为方形，顶前部宽1.9米，顶后部宽1.7米，门高1.5米，宽1.2米。洞窟内正壁阴刻一西夏文"佛"字，下方阴刻三行汉文题记，自右向左依次为"二十九年万□□/李林中卜/山出□人"，石龛

① 汤晓芳、陈育宁：《西夏艺术》，宁夏人民出版社，2003。

右壁阴刻两匹奔跑状马，前方为一小马，前蹄腾空，回望后面大马，后面大马后蹄着地，前蹄腾空，马背上刻有马鞍，旁边阴刻一朵莲花和一只小动物。在此石窟西部的一小型浮雕塔下部，又发现一处汉文阴刻题记"永昌卫王"，题记为楷书，高 32 厘米，宽 6 厘米。整个石刻所在山脉是第四纪砂岩，山体为红色，因长期暴露，加上人为破坏，大部分石刻塔风化严重，表面剥落甚多，仅有几座保存较为完整清楚。

二　石刻塔群的考察认识

2013 年 3 月 25 日，《光明日报》刊载了《甘肃金昌发现国内首处塔龛悬葬遗址》，介绍了甘肃省金昌市永昌县境内圣容寺附近花大门发现的西夏塔龛悬葬遗址，认为该类型遗址是国内首次发现的、国内唯一的塔龛悬葬遗址，并将其时代属性定在西夏时期。3 月 20 日的《金昌日报》《兰州晚报》《西部商报》等也刊载了《永昌县西夏遗址考察又有新发现》《甘肃发现国内首个西夏塔龛悬葬遗址》，介绍了该石刻塔群遗址。

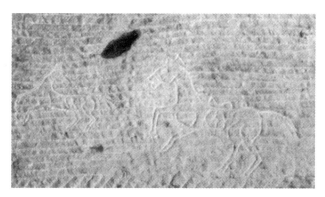

图 1 – 14　石窟内的阴刻马图像

那么，该遗址究竟是一处什么遗址？到底属于什么时代？果真是国内首次发现和目前国内唯一的西夏石刻塔群吗？针对以上问题，课题组于 2012 年 8 月、2013 年 10 月先后两次对该处遗址进行了详细的考察和测量。考察认为，上述文章对该处遗址的判定存在一定的错误。实际上，早在 20 世纪 90 年代，宁夏、内蒙古文物考古工作者就发现了此类石刻塔群遗址。根据相关资料，此类遗址在宁夏贺兰山滚坝口、大枣沟、贺兰山各沟口、固原县城西北约 55 千米处的须弥山东麓、内蒙古百眼泉石窟等处都有发现，这些石刻塔因造型和宋代、西夏佛塔一致，专家都将这些遗址的时代定为西夏。① 青海省门源县的岗龙石窟寺也有覆钵式藏传佛教石刻塔，石刻塔腹部亦开凿有一小型石龛。② 摩崖石刻塔数量最为集中、规模最大、保存较为完整的应该是甘肃省肃南裕固族自治县境内的马蹄寺石窟之千佛洞，有 500 多个摩崖石刻佛塔窟龛，石刻塔造型亦多为覆钵式藏密塔，塔身开凿有小石龛。马蹄寺石窟也有西夏石窟及壁画艺术。在俄藏黑水城文献中有一部西夏文写本的《宫廷诗集》，其中有一首《严驾西行烧香歌》，记载了西夏仁宗皇帝曾从都城兴庆府出发，经凉州护国寺、御山圣容寺、甘州卧佛寺，最后到达马蹄寺石窟，一路西巡礼佛的经历。③ 说明西夏时期马蹄寺石窟是一处规模较大、级别较高的石窟寺，应该有西夏国师级别的高僧常驻。数量如此庞大的安放僧侣骨灰的石刻塔窟，进一步说明石窟寺曾经僧人众多。

以上所说的这些佛塔窟龛，都是类似于永昌县花大门佛塔石刻，已有专门的报道，也进行过一些研究。

三 石窟群的时代属性

根据实地考察，结合周围其他遗址来看，该处遗址应该属西夏至明代的石刻塔群。

（一）遗址中有西夏时期的遗存

在永昌县花大门佛塔石刻群西侧约 2 千米处，为北魏时始建的佛教圣地凉州御山圣容瑞像寺，也是西夏时期的著名寺院圣容寺。圣容寺南北两山山顶各建有一座唐代砖塔，北塔大，南塔小。北塔内部墙壁上有唐代及西夏时期的墨书题记。向西约 1 千米处为西夏千佛阁遗址。20 世纪 70 年代，武威地区文物考古工作者对该遗址进行了初步清理发掘，发现其内部塔基墙体上有西夏天盛、大德年间信徒礼佛题记。④ 从周围所存遗址来看，以圣容寺为

---

① 陈育宁、汤晓芳：《西夏艺术史》，上海三联书店，2010。
② 郭晓芸：《岗龙石窟寺——丝路上的西夏文明》，《西海都市报》2012 年 10 月 26 日，第 62 版。
③ 梁松涛、杨富学：《西夏圣容寺相关问题考证》，《内蒙古社会科学》（汉文版）2012 年第 5 期。
④ 党寿山：《被埋没的西夏千佛阁遗址》，《西夏学》第 7 辑，上海古籍出版社，2011，第 225 页。

中心的金川西村附近保存有许多西夏时期的佛教遗址。同时，在崖壁中部石窟中刻有西夏文"佛"字，说明该处石刻塔群也有可能是西夏时期的遗址。

（二）遗址中也有元代遗存

在该遗址东约 1 千米处的圣容寺对面东南部山体上刻有元代汉文、西夏文、八思巴文、蒙古文、回鹘文、藏文六体文字六字真言。除此处题记外，石刻所在山崖中部洞窟内还刻有汉文题记，其中"二十九年"的题记较为清楚。但西夏所有皇帝的年号中没有长达二十九年的，有可能为元代某个年号。而在元代皇帝年号中，只有元世祖忽必烈的至元年号超过二十九年，所以，此处的二十九年有可能是至元二十九年。阴刻西夏文"佛"字笔画较粗，而阴刻汉字题记笔画较细，二者显然不是同一人所刻题记，而是不同的人在不同时期所刻。

（三）石刻塔群还有明代石刻题记

在中部石窟稍西侧的崖壁上还阴刻有一处汉字"永昌卫王"题记，题记较为清楚。"永昌卫"是明代在今永昌县所设置的一个军事卫所，据《明史·地理志》，"永昌卫元永昌路，属甘肃行省，至正三年七月改永昌等处宣慰司。洪武初废。十五年三月置卫，属陕西都司，后来属"。[1]"王"字有可能是刻写此处题记之人的姓氏。所以，此处石刻塔有部分应该是明代所刻。

四　花大门石窟群的性质

学者原多认为永昌花大门石刻塔群遗址是埋葬僧侣的西夏塔龛悬葬遗址。据实地考察，石刻塔群遗址可分为三类。一类是腹部开小型石龛的石刻塔，此类石刻塔数量较多，有可能是安葬僧侣的一种舍利塔。崖壁还有部分是没有开龛的石刻塔，这类塔有大型的，也有较小的，有阴刻的，也有浮雕形态的，整个石刻塔面没有可以放置僧侣舍利的地方，应该是僧侣和佛教徒所刻的功德塔。第三类就是人工开凿的洞窟。此类洞窟仅有一处，窟内除刻有一西夏文"佛"字外，还阴刻有莲花、马等动植物形象，石窟内正壁前有一开凿出的高约 30 厘米石台，该洞窟应该是僧侣修行坐禅的禅窟，或是

---

① 《明史·地理志》，中华书局，1974，第 1015 页。

僧侣坐化圆寂后安置遗骨的瘗窟。由于石窟仅距地面 2 米多，容易攀爬，里面已被后人活动所破坏，没有发现尸骨等有价值文物，窟内还有今人放置供奉的石膏佛像和红绸缎。关于僧侣瘗窟，此处也并非国内唯一所存。1988～1995 年，经国家文物局批准，敦煌研究院彭金章领队对莫高窟北区先后进行了 6 次考古发掘。在敦煌莫高窟北区考古中，出土了纸质文书、钱币、丝绸等各类文物 1400 多件，其中仅汉文、西夏文、蒙古文等多种民族语言的文书资料就有 500 多件。另外，通过现场考古，还发现北区洞窟的性质是多样的，有禅窟、僧房窟、廪窟、礼佛窟等，供僧人修禅、日常起居、储藏物品、举行佛事等。此外，在北区石窟还发现有人尸骨，应该是瘗埋僧人遗骨的瘗窟，共有 25 座瘗窟。[①]

综上所述，永昌花大门石刻塔群遗址，并非国内首次发现和唯一的西夏石刻塔。该遗址当为一处西夏至明代时期集安置圣容寺僧侣骨灰之石刻舍利塔、瘗窟以及圣容寺僧侣和佛教信徒所刻画的功德石刻塔为一体的藏传佛教石刻遗址。永昌花大门石刻塔群遗址为研究西夏至明代河西地区藏传佛教的发展提供了重要的参考。

---

① 彭金章、王建军：《敦煌莫高窟北区石窟》，文物出版社，2004。

第二章　建筑遗存

　　西夏时期遗留的建筑类型较多，有城市建筑、佛教建筑遗址等。城市建筑又分为都城和地方城市两种，都城建筑即夏州、西平府和兴庆府。城市类型遗址多在城内或近郊。佛寺与宫殿建筑风格较一致，布局规整对称，整饬严肃。如兴庆府偏西的承天寺，寺中心有高达 60 余米的佛塔，佛殿修建于四周，整齐对称。地方性城市众多，如银州、凉州、甘州、灵州等。其中有沿用前代旧有城址的，也有西夏构筑的新城。如黑水城、省嵬城、韦州城等，据考证为西夏时新筑，其城址保存较好，这在中国古城的建筑中是罕见的，具有独特的艺术特征和研究价值。佛教寺庙建筑是供举行宗教活动之用，其建筑高大庄严，富丽堂皇。寺内所供奉的佛、菩萨千姿百态，造型各异，能使人产生一种震慑和敬畏之感，进而产生一种对佛的崇拜，其意在沟通宗教世界与世俗信奉者之间的感情。西夏王朝曾大规模地修建寺庙，使其境内塔寺林立，成为西夏建筑艺术的主流。西夏佛教建筑可分为三类：佛寺、佛塔和石窟寺。西夏石窟寺建筑是在继承前代的基础上发展起来的，自己开凿的洞窟较少，主要重新修饰前代石窟。举世闻名的敦煌莫高窟、安西榆林窟、东千佛洞西夏洞窟及西夏壁画中的经变图，描绘了大量西夏佛殿建筑造型，是研究西夏建筑的珍贵资料。但是，西夏土木结构房屋建筑的实物，保存至今的却是凤毛麟角。近年来，随着对西夏遗址的考古发掘、研究调查不断深入，以及对历史资料的深入挖掘和研究整理，武威地区对原保存在武威市城区大什字东北角的清代凉庄道署道台府大堂、武威文庙、永昌县西夏千佛阁，在考古发掘、调查研究的基础上，进行了研究整理，取得了一定成果。

第一节　武威西凉府署大堂建筑

图 2 - 1　西凉府署大堂

武威西凉府署大堂建筑，即凉庄道署大堂，俗称道台府大堂。原为清代凉庄道署，位于武威市城区大什字东北角（今市政府院内）。1986 年 6 月，因在此修建办公大楼，为保护古迹，将大堂搬迁至今武威城西北 2.5 公里的海藏寺公园北湖畔。大堂前后新挂匾额两块，称"滨湖厅""湖光耀金"，为公园内一大景观，供人们观赏游览（图 2 - 1）。

一　建筑结构

大堂建筑有台基。台基在建筑物中属重要组成部分，凉庄道署大堂因经过搬迁，原台基已经不复存在。据参加过搬迁的郭廷明先生回忆，当时能看出明显不高的台基，堂内以青方砖铺地，整个台基也是用青方砖铺地。

大堂建筑坐北向南，平面呈长方形，面阔五间，通面阔 22.05 米，进深四间，通进深 12.2 米。总面积为 269.01 平方米。其中当心间阔 5.25 米，次间阔 4.85 米，稍间阔 3.55 米。檐柱到金柱深，前为 2 米，后为 2.2 米，金柱到中柱前后各深 3.9 米。门窗、墙体均在搬迁时改动，现已无墙体，四面都为玻璃格门窗。

柱与柱础：堂内金柱与中柱的布置上采用减柱法，即两稍间山柱与角柱之间省去金柱，为三柱两间；当心间与两次间之间省去中柱，为四柱三间。仅两次间与两稍间之间不减柱，为五柱四间。如果都按面阔五间、进深四间不减柱，即为三十柱，现在减去四金柱、二中柱，大堂就为二十四柱。二十四柱中，中柱（山柱）高 6 米、内金柱高 3.85 米，外金柱高 3.33 米。

檐柱下径 0.6 米，高 3.33 米。所有檐柱的上端部微向内倾，内倾度各不相同，多向内倾斜 0.05 厘米，有显著的生起。当心间两根金柱格外粗壮，柱径达 0.5 米。

柱础为灰白色石灰岩所制。下部呈方形，现已被水泥地平覆盖，高约 15 厘米。柱础中间凸起覆盆，高 13 厘米（图 2 - 2）。

梁架：大堂采用七檩前廊式梁架。当心间支撑屋顶的两根大梁（三步梁），由内金柱经外金柱直通前檐柱。大梁浑厚坚实，下边削去两角，整体呈方形，宽 52 厘米，高 50 厘米。三步梁一端及内金柱之上置平板枋，并用横向的枋，连接内外金柱的上端。为了保持梁的水平，三步梁与外金柱之上不置平板枋，而是置与平板枋等高的驼峰支撑双步梁。双步梁较三步梁稍小，宽 44 厘米，高 46 厘米。双步梁两端插枋，梁与枋之上，架有檩子。在双步梁两边置驼峰，承担单步梁，梁上架枋、架檩。单步梁中间，置驼峰，峰上安置一个斗，斗上又置峰，承托顶部枋、檩（图 2 - 3）。

图 2 - 2　西凉府署大堂平面图

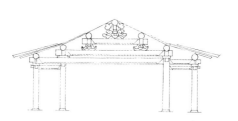

图 2 - 3　西凉府署大堂梁架

由于减柱的原因，当心间的用材比较厚重、比较多；而两次间和稍间的用材就较小而少。三道梁的高度逐次缩小：两次间为 34 ~ 38 厘米，稍间为 31 ~ 34 厘米。金柱和三步梁头上不再接平板枋和金枋，两次间三步梁插入中柱，通过内外金柱支撑，与檐柱相接（图 2 - 4）。两稍间三步梁由山柱直接通向檐柱。因梁变细的缘故，三步和双步梁上的驼峰加高了，双步梁上增加了八

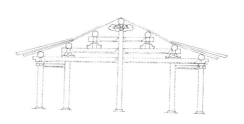

图 2 - 4　西凉府署大堂梁架

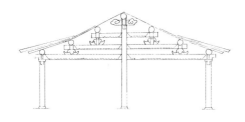

图 2 - 5　西凉府署大堂梁架

图 2 - 6　西凉府署大堂檐柱局部

棱形瓜柱（侏儒柱）。承担顶部枋檩的不再是驼峰、栌斗，而是中柱和山柱（图 2 - 5）。

檐柱上除有檐檩、檐垫板和檐枋外，抱头梁与檐柱之间还有一层平板枋，平板枋下与内外金柱之间，除稍间角柱外，原来有穿插枋，后被截去，现只存卯榫。搬迁时檐柱也有相互错位的现象（图 2 - 6）。

屋顶：为两面坡硬山顶。据当时参与搬迁的郭廷明先生介绍，搬迁时，顶上有脊，两面铺青方砖，现改为青瓦。

二　建筑时代

武威西凉府署大堂建筑，采用七檩前廊式梁架，其梁柱构架木材粗壮稳健，具有我国古代建筑雄宏庄重的特点，使人一看上去，就产生古老而悠久的厚重感。现作如下研究考述。

（一）凉庄道署即两汉武威郡署所在地

今武威市政府所在地，两千多年来，一直是历代州、郡治所。据张澍《二酉堂丛书·西河旧事》记载，今武威城最早为匈奴所筑的盖臧城，后音讹为姑臧城。两汉时期，姑臧城是武威郡治和姑臧县治。清代曾在道署院井中挖出张芝书"澄华井"石碣。张澍《闲居杂咏》第五首云："可惜澄华碑已失，未探修绠一秤量。"自注："道署内有井，康熙初，井中掘出石碣，镌'澄华井'三字，系张芝隶书，并有铭。某观察迁任，载之去。"[①] 张奂任武威太守时，在东汉桓帝延熹间，武威郡署内"澄华井"的石碣就是他的长子、著名书法家张芝写的。张澍的同里好友张美如曾亲自看到这块石碣，并作

---

① 张澍：《养素堂诗集》卷 10，《中国西北文献丛书》，兰州古籍书店，1990。

《澄华堂观张芝古井碑阴残字》七律四首，其第一首云：“斯邈鸿文播艺林，伯英健笔自森森。奇峰怪石云离合，春蚓秋蛇草浅深。妙到欲仙思汉武，精能入圣忆王愔。二千年后搜遗迹，碑卧枯槐数尺阴。”[1] 张美如是清代著名书画家，看到张芝的书法艺术，自然感悟到它的绝妙之处。诗中还提到两条很有价值的资料：一是清康熙初年，不仅凉庄道署内张芝书写的“澄华井”石碣还在，而且还有以澄华井得名的“澄华观”建筑。可见人们对“澄华井”石碣的关注。二是“澄华井”石碣当时是卧在“枯槐”下面，说明“澄华井”畔有古老的槐树，已经枯萎了。但艮锋《莎车行记》却写道：咸丰元年（1851），“三月二十四日，凉州宿。……道署西偏一井，为汉澄华井，井畔有张佰英石刻，今无矣。古槐森郁，数百年物也。”从以上资料看，澄华井畔当时有古槐，这是肯定的。1962 年前井上的提水辘轳，就是安装在这棵古槐树根上的。此后，该井由辘轳提水井改为机井。1963 年，时任武威行政公署副专员赵自秀亲自指派行署四位同志，用架子车将此槐树根运至武威文庙，交由当时负责文物工作的党寿山同志接收，在文庙保管。“文革”后期，党寿山同志将其陈列在文庙崇圣祠庭院中间的水泥预制台座上，供旅游者参观。现在，古槐根仍在文庙，由武威市博物馆保管（图2－7）。

图 2 - 7　橙华井古槐根

张澍关于澄华井的这一考证，说明了一个重要问题：东汉武威郡署机关驻地，就在清凉庄道署、民国甘肃省第六行政督察专员公署、今武威市政府院内。1988 年，武威地区行政公署在行署大院内开辟花坛，澄华井被废。

（二）凉庄道署当为西凉府署所在地

从东汉武威郡机关驻地，一直延续到清的凉庄道署，在西夏时，当为西夏的西凉府署。多年来在凉庄道署周围出土的大量西夏官府遗物，可以印证这一段历史。

---

[1]　参阅李鼎文《谈东汉张奂张芝父子》，载《甘肃文史丛书》，甘肃人民出版社，1986。

一是 1987 年 10 月，武威市第三建筑公司在道署东侧（今署东巷）修建地区行署家属大楼时，于距地表 3 米以下的地层，发现一批西夏窖藏金银器和珠宝等遗物。除流散者外，收集到的有金杯 2 件，金钵、金钏各 1 件，珍珠金链 2 件，孔雀蓝石珠 16 粒，珍珠 181 粒，西夏通用铜币 9 枚，银锭 22 件①。这些物品的收藏者当与西凉府署或西夏王室有关。

西夏金器，曾在银川西夏王陵区出土过，但仅是一些装饰品残件②。较完整的是内蒙古自治区临河县高油房西夏城址中出土的金莲花盘、金碗、金佛像、金指别等③，可谓西夏文物精品，极为罕见。武威凉庄道署旁发现的金杯、金钵、金钏、金链等，为研究西夏金银制造业又增加了新的实物资料。西夏仿宋官制，在十六司中设有文思院。据吴广成《西夏书事》注文，文思院的职能为"掌造金银犀玉、金彩绘素，以供舆辇册宝之用。"这些器物当是西夏文思院为西夏统治阶级享用而制造的。西夏虽然使用银锭，但根据有关资料记载，其使用量并不大。武威署东巷一次发现的银锭，不包括已经失散的在内，就有大小二十多锭，近千两银。可见这批器物的收藏者并非一般的达官贵族，应与当时西凉府的最高长官或者西夏王室有关。

西夏占据凉州后，在凉州设立西凉府，为河西首府，其地位仅次于首都中兴府。又夏光定七年（1217），当蒙古军队逼近中兴府的时候，西夏神宗惊恐万状，将太子德任留在中兴府领兵防守，自己匆忙逃往西凉。西夏神宗逃往西凉时，携带部分金银珠宝也不无可能。这批金银器，可能是在公元 1226 年蒙古军占领凉州前夕，或西夏王室在此之前仓皇逃窜时，埋藏在府署内的。

二是 1995 年夏，武威市政府东面的今凉州区政府大院东侧，在修建施工过程中，出土了一件西夏银质符牌。符牌为长方形，长 7.5 厘米、宽 5.3 厘米。上有穿，可悬佩。四周有突边，边宽 0.3 厘米。两面均阴刻西夏文楷书，正面两行六字，为"宫门后寝待命"；背面两行四字，为"勒尚千狗"，是西夏人名④。

---

① 党寿山：《武威文物考述》，武威市光明印刷物资有限公司，2001，第 115～123 页。
② 宁夏回族自治区博物馆：《西夏八号陵发掘简报》，《文物》1978 年第 8 期。
③ 史金波、白滨、吴峰云：《西夏文物》，文物出版社，1988。
④ 黎大祥：《武威文物研究文集》，甘肃文化出版社，2008，第 235 页。

西夏符牌中，有军中传达紧急军令用的信牌，有军营中作为守御者信物标志的守御牌，有宫廷宿卫者所佩戴的宿卫牌，还有统治阶级及达官贵族作为饰物的装饰牌。武威出土的这件符牌为宿卫牌，是守卫宫廷者使用的。这种符牌由西夏国家机关内宿司或翊卫司监制和管理，因此，比一般宿卫牌形制大，文字规范，并且是银质的。从史籍记载看，宋辽金的符牌多用银质，西夏亦有使用银牌的记载，但在1988年史金波等编的《西夏文物》之前，所发现的二十多面符牌都是铜牌，尚未发现银牌。武威出土的这件银符牌，不仅是国内罕见的，同时也反映了作为西夏辅郡的西凉府署，就在清凉庄道署，这里及其附近，是西夏皇帝经常来往和住宿的地方。

三是1989年7月，在武威邮电局建设施工中发现西夏铜铤21块。均为长方形，每块大约长45厘米、宽16.5厘米、厚4厘米，重20千克（图2-8）。原武威地区文教处院内发现西夏窖藏钱币一万余枚，重42千克，其中绝大多数是宋钱，还有少量汉、唐、西夏、金等时期的钱币①。

图2-8 武威邮电局工地出土的铜铤

由于西夏境内产铁不多，宋辽、金统治者又禁止铁器输入西夏，西夏很少铸钱。据《宋史·夏国传》记载：天盛十年（1158），"始立通济监铸钱"，但也是很费周折的。戴锡章《西夏记》卷24说："自茶山铁冶入于中国，国中乏铁，常以青白盐易陕西大铁钱为用。及金人据关右，置兰州等处榷场，若以中国钱贸易，价辄倍增，商人苦之。仁孝乃立通济监，命监察御史梁维忠掌之，铸天盛永（元）宝之钱，与金正隆元宝钱并用，金主禁之，仁孝再表请，乃许通行。"

武威邮电局和原地区文教局（今中国农业银行）都在今市政府旁边。前者在其后，仅隔一道墙；后者在其前，仅隔一条路。上述西夏铜铤、钱币

---

① 陈炳应：《西夏文物研究》，宁夏人民出版社，1982，第417页。

的出土，无不与西凉府署的库存有关。其他机关和私人是很难积存如此大量的铜铤和钱币的。

（三）凉庄道署大堂建筑即西夏西凉府署大堂建筑

凉庄道署大堂因多次改换门窗，并将大堂分割为单间，大家多以为是清代建筑，虽经多次文物普查，并未引起人们的重视。1986 年 6 月，搬迁至海藏寺公园后，曾参与搬迁的公园美术设计师、著名书画家丁二兵先生告诉我们：大堂柱下发现的全是宋代以前的铜钱，并未发现后代货币。宋代的武威，实际上主要是由西夏统治，而西夏主要使用的还是宋钱。所以，道署大堂当是西夏时期修建的西凉府大堂建筑，元、明、清时期沿用。因此，其修建时放在柱基下的铜钱一直未动。

我们就此问题请教了曾在武威市博物馆工作的年逾七旬的于竹山老先生，他的回答也是肯定的。并且还补充说：年幼时上学，经常经过凉庄道署，门前有牌楼，上书"西凉府"三个大字。西凉府为西夏时河西首府，进一步证明大门外的"西凉府"牌楼和府署内的大堂应是西夏建筑。

西夏占领凉州后，为加强凉州的防御能力，对抗吐蕃的进攻，于熙宁元年（1068）五月，对凉州城垣及周围寨堡进行了修建。在此期间，修建政权机关西凉府署，也是完全有可能的。况且西夏崇奉佛教，"佛宇遗址，只椽片瓦，但仿佛有存者，无不必葺"，在重修凉州护国寺感通塔时"众匠率职，百工效能"①，反映出西夏时武威有很多能工巧匠，建筑业是很发达的，大兴土木，修建官府衙署，也在情理之中。凉庄道署内"澄华井"畔的古槐，传说为宋槐，即西夏槐，可能就是当年修建西凉府署时栽植的。

三　西凉府署大堂是西夏建筑

以上叙述的是一些见闻和社会背景资料，只能是道署大堂为西夏西凉府署大堂的旁证，而真正能够说明问题的还是大堂建筑本身。

（一）大堂的建造，符合当时衙署建筑的规格

在中国封建社会中，对建筑工程的等级是非常重视的，在规模和形制方

---

① "凉州重修护国寺感通塔碑"汉文碑文。

面有很多不可逾越的规章制度。唐代《营缮令》规定：三品以上堂舍不得过五间九架，厅厦两头，门屋不得过三间五架；四、五品舍不得过五间七架，门屋不得过三间两架；六、七品以下堂舍不得过三间五架，门屋不得过一间两架。西夏立国之后，仍然沿用这个制度，因此，绝大多数四合院的正房只有三开间。作为西夏辅郡的西凉府，地位非常重要，建造五间七架梁的大堂，既是衙署官第中比较高的规格，又不违背等级制度。

西夏受宋制影响，在城市里坊的布局上，府第建于大道两侧，即"门面大街者曰第"，衙署的建筑形制也是采取"前朝后寝"的格局，有二进院。西凉府署就是这种格局。据知情者讲：西凉府署以审理案件的大堂为中心，前有大门，大门前有牌楼，面向今武威东大街，大门内为前院，两侧为东西厢，是衙役办公地。后院北有寝卧室，两厢有库房、侍佣居住室。可惜这座完整的衙署建筑，除大堂外，其他建筑均已不存在。

（二）大堂采用减柱法，与辽、金建筑的特点很相似

"减柱法"是辽金建筑中比较流行的方法，形成了辽金建筑的独特风格。如山西省大同市的辽华严寺大雄宝殿、雁北地区的金善化寺三圣殿以及辽宁省义县的辽奉国寺大雄殿等，都使用了"减柱法"，以最大限度地利用空间，让大殿前部开阔，便于宗教活动。西夏受辽、金影响，武威道署大堂内省去当心间中柱和稍间前后金柱，既扩大了堂中间的面积，以利审理案件和处理民事纠纷，又使结构更为牢固。

（三）大堂内外檐柱之间都用阑额，与宋式建筑广泛运用阑额的特征一致

阑额，即檐枋，是柱头与柱头之间左右联系的枋，清代称额枋。大堂檐枋高40厘米，厚35厘米。檐枋上置平板枋，宽38厘米，厚30厘米，二者断面呈丁字形（图2-9）。檐枋与平板枋之上加垫板，与抱头梁相交，承托檐檩。抱头梁伸

图2-9 西凉府署大堂檐柱（局部）

图 2-10　西凉府署大堂檐柱（局部）

出柱头部分的下面四分之一处被直接截割，不施任何雕饰（图 2-10）。

（四）大堂平梁上的驼峰与敦煌莫高窟第 445 窟北壁盛唐"修建图"有相似之处

梁思成先生曾说：由汉朱鲔石室，日本法隆寺回廊，以至佛光寺大殿，我们都看见平梁之上安放着人字形对倚的"叉手"，与平梁合成三角形的构架。至五代前后，三角形之内出现了直立的"侏儒柱"，其后侏儒柱逐渐加大，叉手日见缩小，至明清时，叉手完全消失，只用侏儒柱。修建图中所见，既非侏儒柱，亦非叉手，却是一个驼峰，峰上安置一个斗，以承托脊檩。但是驼峰事实上是一个实心的叉手[①]。

图 2-11　西凉府署大堂屋顶梁架（局部）

大堂平梁上安置的驼峰与"修建图"上的驼峰大体是一致的，既非侏儒柱，又非叉手，既有驼峰，又有斗。然而，这里的驼峰，不仅形体硕大，而且是驼峰上置驼峰，在下面驼峰上穿拱，拱两面安斗，两斗之上又安置较小的驼峰，承托脊檩（图 2-11）。这种层层加驼峰的方法，既继承唐代建筑风格，又有新的创造，反映了西夏武威工匠高超的建筑才能。

（五）大堂建筑展示了西夏建筑精美华丽、结构严谨的特征

大堂外观粗犷豪放，堂内当心间两根后金柱挺拔粗壮，柁梁厚重坚实（图 2-12）；而梁枋上外露的棱角，所有枋下安置的雀替，以及梁上放的侏

---

① 梁思成：《敦煌壁画中所见的中国古代建筑》，《文物参考资料》1951 年第 5 期，第 26 页。

儒柱、驼峰等，都精心雕饰，尤其是
驼峰，虽然都以云头纹雕饰，由于安
置的位置不同，大小、姿态各异，纹
饰也有变化（图2-13、图2-14、图
2-15）。特别是当心间的两组驼峰，
不仅上下两层峰相互叠压支撑，左右
穿插的斗拱上又置峰，显得格外丰满，
并且所雕饰的云纹，线条流畅，上下

图2-12　西凉府署大堂当心间柁梁

翻动，富于变化，大有雍容华贵、富丽堂皇之感（图2-16）。

图2-13　西凉府署大堂驼峰（局部）

图2-14　西凉府署大堂驼峰（局部）

图2-15　西凉府署大堂驼峰（局部）

图2-16　西凉府署大堂当心间驼峰

　　建筑整体虽然很简朴，但内部梁架结构布局合理，处理得很精巧细致。
当心间虽然减柱，由于内金柱和柁梁的加粗加厚，分担了大堂前面的重量；
稍间虽然减柱，次间则不减柱，减轻了两边的压力。各部分的衔接很清楚，
穿插紧凑，有条不紊（图2-17）。因此，虽历经八百多年，特别是1927年
5月，武威绝大多数明清古建筑都毁于地震，县署被夷为平地，而早于明清

图 2-17 西凉府署大堂内部

的西夏西凉府署大堂却能奇迹般地幸存下来，让人不能不赞叹西夏武威建筑工匠的高超水平。

西夏建筑，国内保存下来的寥寥无几，尤其是西夏衙署官第建筑，只能从文献、图像和出土的建筑构件中得到一些概括的了解，真正的木构建筑，至今尚未发现。武威西夏西凉府署大堂，是迄今为止我们所知的唯一一处西夏衙署建筑，是研究中国古代建筑，特别是西夏建筑十分珍贵的实物资料。

第二节　武威文庙

武威文庙位于武威市城东南隅，本由儒学、圣庙、文昌宫三组建筑组成。现存建筑有儒学部分的忠烈祠、节孝祠和圣庙、文昌宫两组建筑。整个建筑群布局匀称，结构严谨，占地面积 3 万多平方米，具有我国古代建筑庄严雄伟的特点。

一　现存建筑布局及碑文记载

文庙东南设有正门。影壁两侧为两道边门，东为"礼门"，西为"义路"。由礼门进入圣庙，影壁北面就是半月形的泮池，泮池中间原筑木构拱形桥，名曰"状元桥"，因木桥年久残损，现以石拱桥代替。再北为明正统四年所建主体建筑之一的棂星门。棂星门是一座牌楼式的木构建筑，四根粗壮的通天柱，将它分作三间门楼，门楼间又通过额枋等构件，巧妙地相互结合起来，翘檐飞角。正中走马板上正面书"棂星门"，背面书"太和元气"的金色大字，圆润遒劲。

棂星门迎面是朱红色戟门，戟门两侧为东西相向的乡贤、名宦祠，是供奉社会贤达和清官牌位的地方。大成殿建在 1 米多高宽阔的砖包台基上，雄伟而庄严，建筑尚存宋元风格。殿内原是供奉孔子牌位的地方。过了大成门，便见大成殿后的尊经阁，是一座规模宏大的重楼建筑，重檐歇山顶，坐落在 2 米多高的砖包台基上，是武威现存最高大的古代重楼建筑。清乾隆碑中就有"尊经阁飘摇尤甚"的记载。

坐落在大成殿东面的文昌宫桂籍殿是供奉文昌帝君的地方。建筑自成一组，古朴庄重。最引人注目的是殿内悬挂的从清康熙年间一直到民国时期二百多年间的几十块巨型匾额，形式多样，内容丰富，书法潇洒秀丽，堪称艺术珍品。武威文庙历经明成化、清顺治、康熙、乾隆、道光以及民国年间重修扩建，逐渐完整，其"规模宏大，气象雄壮，知非府县所及"①，"壮伟宏耀，为陇右学宫之冠"②。

文庙内保存有历代重修文庙碑刻，其中最早的为明正统四年"凉州卫儒学记碑"。碑文记载，明正统二年至四年（1437～1439），朝廷待命行在兵部右侍郎徐晞镇守凉州，"睹将校子弟，多明秀好学，而未设学舍以为讲肄之所，遂请于朝，得命，以农隙令军士取陶甓而经营之"，"晞至，相地鸠工，中为明伦堂，左右为存诚、敬德二斋，外建重门，后为教官之居。续创大成殿于堂之东，殿以崇计二丈有九尺，深几倍于崇，广则几倍于深。东西为两庑，前为棂星门，中为泮池，池之东为文昌祠，祠之东、池之西具为门，外为崇教门……兹丁巳夏经始，至落成，凡二载，壮伟宏耀，为陇右学宫之冠。"且明清时期的历次重修碑刻，皆言明正统四年徐晞创建，学术界都认为武威文庙始建于明正统四年。

二　明代修建的文庙是在西夏原建筑及遗址基础上重修扩建

据明正统四年"凉州卫儒学记碑"记载，"凉州，河西胜地，初尝有学，然废已久已。"说明在明正统四年徐晞重修之前，凉州就有文庙，只是原文庙荒废已久。且后文又言"续创大成殿于堂之东，殿以崇计二丈有九尺，深几倍于崇，广则几倍于深。"更进一步说明，徐晞的这次维修，是在原文庙遗址上续修了大成殿，增建了棂星门、泮池，以及东面的文昌祠。

对于武威文庙创建的时间，民国时期的《重修武威文庙碑记》也提出

---

① 民国《武威县志稿》之《重修武威文庙碑记》。
② 明正统四年"凉州卫儒学记碑"，现存武威文庙内。

了质疑，认为有可能是前凉或西夏时期创建。"武威自汉武开郡，始见历史，而文庙创始何代，言人人殊，莫衷一是。今观其规模宏大，气象雄壮，知非府县文庙所及。自读前凉《载记》及《西夏书事》，称其崇儒术，国中大修孔子庙，复尊为帝，并证诸父老传闻，谓肇建于前凉张氏及元昊科举时者近是。历元明清三朝，踵事增华，赓续修葺，载在碑志。"①

西夏灭亡后，凉州进入元朝统治时期，为窝阔台之子西凉王阔端封地。元初仍沿袭西夏行政建制，设西凉府。至元十五年（1278）"以永昌王宫殿所在，立永昌路，降西凉府为州隶焉。"② 西凉王阔端去世后，其三子只必帖木儿承袭王位，受封为永昌王。元政府将永昌王宫殿所在地（即今武威市凉州区永昌镇）设立永昌路，并在此筑了新城，方圆7里，即永昌路故城。将原西凉府降为州，隶属于永昌路，行政中心北移。

又据虞集《道园学古录》记载，元至元年间，西夏中书宰相斡道冲的曾孙云南廉访使斡道明奉旨视察西夏故地，经过凉州时，在文庙殿庑见到了其曾祖父斡道冲的遗像，甚为伤感，让人将其临摹了下来，以为纪念。元代大学士虞集知晓后，专门撰写了《西夏相斡公画像赞》。其文曰："公姓斡氏……公讳道冲，字宗圣。……夏人尝尊孔子为至圣文宣帝，是以画公像列诸从祀，其国郡县之学，率是行之。夏亡，郡县废于兵。庙学尽坏，独甘州仅存其迹。兴州有帝庙，门榜及夏主灵芝歌石刻。凉州有殿及庑。至元间，公之曾孙云南廉访使道明，奉诏使过凉州，见殿庑有公从祀遗像，歆歆流涕不能去。求工人摹而藏诸家。延祐间，荆王修庙学，尽彻其旧而新之，所像亡矣。"③

从虞集的该段文字记载可知，西夏灭亡后，西夏故地的孔庙被战乱破坏殆尽，唯有都城中兴府、陪都西凉府以及甘州的孔庙留存有遗迹。特别是凉州的孔庙保存还较为完整，留存有殿及庑。此殿当指圣庙之大成殿，庑当指大成殿东西两侧之廊房。元至元年间，西夏番汉教授斡道冲的后人路过凉州时，拜访了凉州圣庙，在大成殿中发现其曾祖父斡道冲的遗像与孔子圣像同

---

① 民国《武威县志稿》之《重修武威文庙碑记》。

② 《元史·地理志》甘肃等处行中书省条，中华书局，1974，第1450页。

③ 虞集：《道园学古录》卷4《西夏相斡公画像赞》，四部丛刊本涵芬楼影印。

祀，并请画工临摹了斡道冲的画像。此时，西夏所修的凉州孔庙还保存完整。至元仁宗延祐年间（1314～1320），荆王对其进行了重修。据《元史·诸王表》，元代的荆王即西凉王阔端之后，即永昌王只必帖木儿之子也速尔不干，后由其子脱脱木尔承袭。而元代延祐年间荆王的这次大规模维修，彻底改变了西夏所建凉州孔庙的原貌，"尽彻其旧而新之，所像亡矣。"此处所载凉州孔庙即为元西凉州孔庙、西夏西凉府孔庙。

1368年，朱元璋派大将徐达北伐，元朝势力被逐出北京，结束了对中原89年的统治。同时，由西平公冯胜所率领的西征军，也将盘踞于河西的元朝残余势力平定。明朝在元西凉州设立军事性质的凉州卫，重新将行政中心从永昌路（今永昌镇）转移到凉州，并对凉州城进行了大规模营建，其中就包括对元西凉府孔庙的维修。从以上史料来看，明代凉州卫城就是元代的西凉州城，也是西夏时期的西凉府城，即现武威市政府驻地。明代正统四年徐晞所修文庙，是在荒废多年的元代西凉州孔庙的基础上扩建的，而元代西凉州孔庙正是西夏时期西凉府的孔庙。由此可知，明代正统四年所建孔庙，实际上就是在原西夏所建孔庙旧址上重建的。只是西夏时期的孔庙仅有大成殿及两庑，规模没有如今宏敞，且是圣庙和儒学合一的庙学之制。明代不仅扩建了大成殿，而且还增修了尊经阁、戟门、棂星门、状元桥、名宦祠、先贤祠、东路的文昌宫以及西路的儒学院，将圣庙与儒学分建，奠定了现在文庙的基本建筑格局。所以说，如今全国重点文物保护单位——武威文庙应始建于西夏时期。

三 西夏修建文庙的历史原因

西夏是由党项族建立的少数民族政权。为了标榜其民族的独特性，西夏创立了本民族的语言文字，设立蕃学，实行蕃礼，但为了维护其统治，统治阶级也十分重视对中原儒学的吸收，提倡尊孔读经，并仿照中原开科取士，发展儒学，培养治国兴邦之人才。西夏儒学的发展，在西夏仁宗时期达到了顶峰，"西夏盛强之时，宋人莫之能御也。学校列都邑，设进士科以取人，尊信仲尼以'素王'之名号，为未极于褒崇，则文风也赫然昭著矣哉。"[1] 特别

---

① 虞集：《道园类稿》卷25，《元人文集珍本丛刊》，台湾新文丰出版公司，1985。

是在 1144 年，西夏仁宗下令"州县各立学"①；1146 年，"尊孔子为文宣帝"②。仁宗尊孔崇儒、发展儒学的另一表现，就是建立孔庙，"令州郡悉立庙祀，殿庭宏敞，并如帝制。"③ 至此，西夏境内州县纷纷建立圣庙，祭祀孔子。西夏设立孔庙、奉祀孔子之制，尽管也是仿照中原庙学，但其孔庙殿庑中并非完全像中原圣庙中仅祭祀先师、先圣等像，还绘有如斡道冲等西夏自己的儒学贤圣之像，予以祭拜。这也是西夏孔庙与中原孔庙的一大区别，这可能"在于追求党项的民族特色，突出西夏国的独立性。"④ 由于西夏尊奉孔子为"文宣帝"，境内各州圣庙殿庭宏敞，犹如帝王宫殿一般，其规格之高，可见一斑。武威孔庙的创建，当也是在西夏仁宗时期，即公元 1146 年。

图 2 - 18　文庙大成殿柱础

综上所述，通过对西夏至明朝历代对武威文庙重建资料的梳理，武威文庙的前身，可追溯至西夏仁宗下令境内州县建立圣庙奉祀孔子之时。只是西夏时期武威仅有孔庙，且庙学合一。元代至元年间，西凉州孔庙还保存着西夏时期的格局。延祐时期，阔端之孙荆王对西凉州孔庙进行了一次彻底的维修，才改变了西夏时期的面貌。这次维修之后 30 多年，蒙古退居漠北。现存文庙大成殿的四个柱础，从雕刻花纹和风格来看，很多专家认为是西夏时期雕刻。明正统四年，兵部右侍郎徐晞镇守凉州卫时，见庙学残破，荒废已久，才上书中央，在元代西凉州孔庙遗址上，再次进行了规模宏大的扩建重修活动。这次的重建不仅是对孔庙的扩建，而且还在孔庙西侧单独修建了凉州卫儒学院，东侧修建了供奉文昌帝君的文昌宫，完善了中路孔庙的状元桥、棂星门、戟门、忠烈祠、先贤祠以及尊经阁等建筑，奠定了现在武威文庙东路文昌宫、中路孔庙、西路儒学院的

① 吴广成撰，龚世俊等校证《西夏书事校证》，甘肃文化出版社，1995，第 412 页。
② 《宋史·夏国传下》，中华书局，1977，第 14025 页。
③ 吴广成撰，龚世俊等校证《西夏书事校证》，甘肃文化出版社，1995，第 417 页。
④ 刘再聪：《西夏时期河西走廊的教育》，《宁夏社会科学》2005 年第 5 期。

建筑格局和规模。尽管以后又对文庙进行了数次维修，但基本没有改变明正统四年的建筑布局。

第三节　永昌县千佛阁遗址

在甘肃省永昌县城北 10 千米的龙首山脉崇山峻岭之间，有一处北魏、北周时期就驰名河西，隋唐时期声震江南、誉满西域的古番和郡石佛瑞像和瑞像寺院。在寺院西约 1 千米处的毛卜拉台地上，有一座高大的圆形封土堆，高 7.8 米，直径 20 米左右。站在封土堆上向西南方向望去，是一片辽阔的荒漠；与此相反，距此东北 2 千米，则是"柳暗花明又一村"，农田村舍，绿树成荫，郁郁葱葱，那里为毛卜拉新队，一股清澈的细流从那里涓涓流出，经过这片台地，向东流入圣容寺前的山谷中。这座封土堆是不是高昌王墓？近二百年来，甘肃武威、永昌两地的方志学者一直各执己见，争论不休（图 2-19）。

图 2-19　西夏千佛阁

一　考古发掘揭开高昌王墓之谜

这里说的高昌王，名纽林的斤，他父亲叫火赤哈儿的斤，元世祖时为亦都护。当时的火赤哈儿的斤受命守卫火州（今新疆吐鲁番）。后来这里遭受叛军围攻，由于他守卫有力，保护了城池，最后战死在这里，为元朝建立了功勋。火赤哈儿的斤死后，纽林的斤继承父志，保境安民。后来他率兵北征，行至永昌，看到这里土地肥沃，岁多丰稔，以为乐土，遂定居下来。元仁宗封他为高昌王。

高昌王去世后，葬于"永昌"。然而，究竟葬在哪个"永昌"呢？说法有两种：一说在甘肃武威县永昌府。清乾隆刊本《武威县志》记载："永昌路，城北三十里，元置。今永昌堡有高昌王碑，嶙嶙书。"一说在甘肃永昌县。清乾隆刊本《永昌县志》记载："高昌王墓在县北二十五里圣容寺之次。旧有残碑数截，即虞集所撰世勋碑也，今为樵牧者掠去，片石无存。"清宣统刊本《甘肃通志》记载："亦都护高昌王世勋碑在永昌县，虞集奉敕撰。"清嘉庆年间及民国时期编纂的《永昌县志》仍依此说。两志中各附录乾隆年间方毓伦、光绪年间王裕基的《访高昌王墓》诗一首。

方毓伦的《访高昌王墓》一诗是这样写的：

> 谒冢大夫归国后，长抛坏土傍空林。
> 骨寒无复抒亲愤，地隔还余翊主心。
> 欹侧残碑埋蔓草，苍凉逝水发哀吟。
> 此来不为封藩贵，吾邑当年被泽深。

王裕基的《访高昌王墓》写道：

> 岿然古冢亦流芳，碑勒世勋姓字香。
> 狐枕丘陵沙漠漠，龙蟠斗谷草茫茫。
> 忠魂常贮金山路，寒骨空埋雪岭旁。
> 记得封藩邀国典，当年省墓有荣光。

为了证实高昌王墓的所在地，1978年8月25日，武威地区文教局组织的文物工作队在对全区文物进行普查的同时，赴永昌县今北海子乡金川西村的圣容寺旁，对所谓的高昌王墓进行了考古勘探与发掘。

8月28日，队员们在这座封土堆的东侧，小心地打开一条探沟，试图探明墓道，以便顺利地进入墓室。然而，勘探的结果出乎大家的意料：探沟中随处都是木炭、灰烬和大量的瓦砾，根本不像一般墓葬的封土堆，却酷似被焚毁的地面建筑堆积物。次日下午，随着探沟的继续深入，果然发现了建筑墙壁的断面，并在东壁有汉文题记："大德己未五年二月二十九日灵务人巡礼到千佛阁。"中国历史上用"大德"纪年者，一是西夏崇宗，一是元成宗。元大德五年为公元1301年，干支辛丑，与此不符。而西夏大德五年为公元1139年，干支己未，与题记相符。说明这是一座被掩埋了八百多年的西夏建筑遗址——千佛阁。队员们欣喜若狂，想不到短短几天时间，既揭开了高昌王墓之谜，又新发现了一处难得的西夏佛教建筑遗址——千佛阁。

二 考古发掘整理简况

从 8 月 28 日开始，到 9 月 4 日结束，考古队员们仅用了 8 天时间，就将千佛阁遗址清理出来。尽管这座建筑已遭火焚，破坏严重，但根据遗留的残垣断壁、零星壁画、部分题记，还可以探寻出千佛阁的基本结构、绘画风格及当时的宗教信仰和民族间的相互交往。

（一）建筑遗存、遗物

1. 方形土塔

顺着已发现的建筑墙壁断面，向两个不同的方向扩张延伸，中间清理出一座正方形土塔，残高 2.7 米。方塔底层边长 12.55 米，高 1.27 米。底层四角各有一条、四边各有五条竖直的等距离柱痕，直径约 30 厘米，其下有柱石。底层之上，又残存三级塔层，逐级内收。第一层边长 9.91 米，第二层 8.82 米，第三层 7.83 米，第一、二层高 0.8 米左右，第三层高已残，当与第一、二层同高。以现存三层高度及敦煌莫高窟第 285 窟北壁西侧小龛内所绘方塔①推测，这是一座 11 层土塔，上方有较大的椭圆形刹，刹顶当有尖锥形宝盖，高约 14.2 米。塔底层处理很坚固。生土层上用大块石料铺地，上砌黄黏土块（37 厘米×23 厘米×12 厘米），周围用石料包边，中间空隙处用黄土垫实。底层之上叠涩层用黄黏土块衬砌。整个土塔外表，全用草泥作底，白灰抹面。塔身层次分明，简洁庄重（图 2-20、图 2-21）。

2. 方形木构建筑

在方形土塔底层边沿的半圆形柱痕上，被烧毁的圆柱形木炭还残留在那里。塔基外围为墙体，中间空出 2.4 米的距离。每面墙体四角各有一条、中间各有七条等距离半圆形柱痕，柱痕直径也为 30 厘米左右，每条柱痕下有边长 40 厘米、高约 10 厘米的正方形柱石。墙体的柱痕、柱石与塔底层的柱痕、柱石相对应。从这些遗迹中可以看出，墙体的柱痕，当为檐柱的位置；塔底层的柱痕，当为内柱的位置。说明这可能是一座平面呈正方形，面宽、进深均

---

① 史金波、白滨、吴峰云：《西夏文物》图版 405，文物出版社，1988。

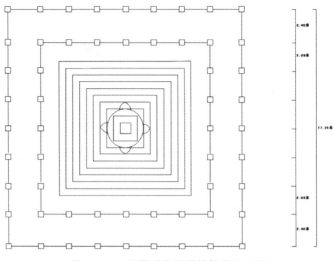

图 2 - 20　西夏千佛阁原构推定平面图

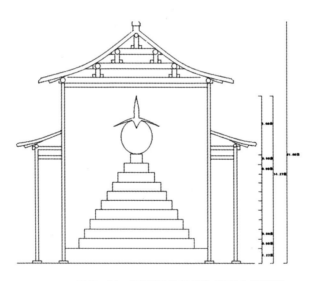

图 2 - 21　西夏千佛阁原构推定立剖面图

为六间，周围绕廊，高约 21 米的楼阁式建筑（图 2 - 20、图 2 - 21）。

　　3. 砖瓦

　　砖有长方形和正方形两种，长方形长 32 厘米、宽 16 厘米、厚 5 厘米；正方形边长 34 厘米、厚 6 厘米。

瓦有板瓦和筒瓦两种，板瓦平面呈梯形，高 36 厘米、上宽 21 厘米、下宽 18 厘米。筒瓦与板瓦同长。

瓦当，圆形，直径 15 厘米、厚 1.5 厘米。中间为兽面纹图案，周边饰半圈圆点纹，外围三道弦纹。兽面眉目竖起，龇牙咧嘴，形象生动，神态凶猛（图 2-22）。

图 2-22　瓦当

（二）壁画

壁画绘制在廊内墙体和土塔底层以上的塔身表面，然而，廊内除南墙存留部分断壁，上有残损壁画外，其余三面墙体基本上倒塌，壁画自然也不存在了。中间内柱之间的土塔，由于有 2.7 米的高度，底层之上的三层塔周围壁画基本上保存了下来。以第一层为例，每面绘坐佛 17 身，每身高 65 厘米、宽 57 厘米。壁画因时间先后不同，经多次绘制，有两层画和三层画之分。廊内壁画分两层，而塔身壁画除第二层东面和南北两面各绘两层外，第一、第三层和第二层西面均绘三层。壁画题材虽然很单一，完全是千佛，但表现形式和绘画技法各不相同。有的身着袒胸红色袈裟，结跏趺坐在橘红色莲座上（图 2-23）；有的身着灰绿色袈裟，裹身绕足，直接端坐在白色莲瓣上（图 2-24）。有的神态生动，色泽艳丽，线条流畅自然；有的则神态平常，用色滞塞，线条呆板。这些壁画中，廊内画比塔身画生动；下层画比上层画优美。

图 2-23　千佛阁廊内南墙壁画（临摹）

图 2-24　千佛阁廊内南墙壁画（临摹）

（三）题记

建筑墙壁上除有壁画外，还有多处不同文字的题记。有汉、藏、回鹘、西夏文字，大多墨书在土塔底层四边壁上。现就汉文题记分述如下，其他文字题记，另有专文研究。

汉文题记有十四题，有些已很模糊，较清楚者九题。

1. 题在塔底层东壁的有六题

（1）"大德己未五年二月二十九日灵务人巡礼到千佛阁，然愿普伏兹仁慈之德，普济愚达！速证 薏 提记。鲍翁王大男鲍惠迪、第二鲍甘□浪□□男□□□。"

灵务，即今宁夏回族自治区灵武县。这一题很重要，既有巡礼者的姓名、身份、籍贯和来千佛阁巡礼的时间，又记了一条发愿文。"大男鲍惠迪、第二鲍甘□"应该是鲍翁王的两个儿子。鲍翁王，不见史册，地位当很显赫，不然，不会在这里特意留下题记。

（2）"……三日净信弟子巡礼到于此处，前 立 □□福哥偏但□和妻王氏、钊戒安、康年、康契丹埋、康闰埋、康小埋。大都督府。"

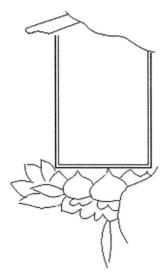

图 2－25 塔底层东壁"大都督府"题记栏

这则题记，有两点值得注意。一是巡礼者的族姓。包括党项族在内的西夏人的名字是复杂的、多元的。各民族聚居在一起，既有本民族语言的痕迹，又受其他民族的影响。题记中的"福哥偏但"，当为西夏语的音译；康年、康契丹埋、康闰埋、康小埋，则既有西夏语，又以昭武九姓中的"康"为姓。武威塔儿湾出土的豆绿釉瓷瓮上墨书汉文"光定四年四月卅日郭善狗家瓮"，郭善狗，就是西夏语和汉语的混合名。二是巡礼者的职官。题记最后在明显位置书"大都督府"四字。据《天盛改旧新定律令》，大都督府与殿前司、御史等均属二品（次品）。第四品（下品）"边中转运司"下也有大都督府。此处的大都督府属二品还是四品，不敢断言。但从题记周围规整的双线边框、盛开的莲花底座及带有曲线的顶盖中（图 2-25），可以看出巡礼者的身份十分特殊，可能为次等大都督府。

（3）"……圣容 佛 至 千佛阁记"。

圣容佛，即千佛阁附近的圣容瑞像。

（4）"今月廿四日 德 宝巡礼千佛阁记"。

（5）"……六年八月廿三日……思学"。

（6）"……丘一行人……爱二人因看千佛阁……"

2. 题在塔底层南壁的有二题

（1）"丁 酉 七年八月十六日……净信弟子四人巡礼到来，王绎 遂 娘、王 遇、的成、由成。"

西夏建立后，有干支丁酉七年者，只有公元 1117 年。此年一为西夏雍宁四年，与七年不符；一为北宋政和七年和辽天庆七年，都是干支丁酉。若为天庆七年，巡礼者的姓名又不像辽境内契丹、奚、渤海、女直等民族。因此，这里的"丁酉七年"，当为北宋政和七年。北宋政和七年，王绎遂娘一行四人巡礼千佛阁。从王绎 遂 娘、王 遇、的成、由成的名字来看，这些人当为党项族。

（2）"赵阿山巡礼……"

3. 题写在塔底层北壁的有一题

"天 盛 五年廿七日巡礼到……"

天盛，为西夏仁宗年号，从 1149 年至 1169 年，共 21 年。天盛五年即公元 1153 年。

三 几点认识和收获

（一）解决了对高昌王墓地的误解

高昌王墓本来就在武威县永昌府石碑村，为什么清乾隆五十年（1785）《永昌县志》却记载："高昌王墓在县北二十五里圣容寺之次"呢？这主要是因为《明史·地理志》和《读史方舆纪要》把元永昌路治所和明代的永昌卫治所混同了起来。

清修《明史·地理志》记载："永昌卫，元永昌路，属甘肃行省。至正三年七月改永昌等处宣慰司。洪武初废。十五年三月置卫，属陕西都司。后来属陕西行都指挥使司。"

清初顾祖禹《读史方舆纪要》永昌卫条记载："永昌卫，在（甘肃）镇东南三百十里，东至凉州卫百五十里，西至山丹卫一百九十里。……元初仍属西凉府。至元十五年置永昌路，以永昌王宫殿所在而名。明初改置永昌卫，卫城周七里有奇，门四，今因之。"

这两部著作刊行后，《大清一统志》《甘肃省通志稿》等后来的许多著作都沿用此说。由于高昌王世勋碑碑文中有"遂留永昌""昔其父葬永昌""奔父丧于永昌"的记载，清代的方志学者就把高昌王墓从元武威永昌府误载为明永昌卫了。

元占领凉州初期，仍沿袭宋夏旧制，以凉州为西凉府。至元九年（1272），元分封在凉州的只必帖木儿为永昌王。他筑了一座新城，名为永昌府。至元十五年（1278），元又以永昌王宫殿所在地，设立永昌路，降西凉府为州，隶属永昌路。至今，与高昌王属同一王族、同一时期葬于"永昌""西凉州之先茔"的西宁王忻都公神道碑仍然立在今武威市凉州区永昌镇石碑村。高昌王世勋碑（残）1934 年由该地移置武威县教育馆（今武威市博物馆）。1964 年，在石碑沟村发掘出高昌王碑的蟠螭碑首一段①，与高昌王残碑陈列在一起。所以，永昌县千佛阁遗址的发现，使近二百年来史学界对永昌路和高昌王墓所在地的悬念和误会迎刃而解。

（二）确定了千佛阁的建造和使用时间

1. 千佛阁的汉文题记中，有三处涉及年代。一处是塔底层东壁"大德己未五年灵务人巡礼千佛阁"；一处是塔底层北壁"天盛五年廿七日巡礼"；还有一处是塔底层南壁"丁酉七年八月十六日……净信弟子四人巡礼"。大德己未五年（1139）是西夏崇宗年号，而天盛五年（1153）是西夏仁宗年号，前距大德五年（1139）仅有 14 年。丁酉七年是哪年？"大德五

---

① 党寿山：《亦都护高昌王世勋碑考》，《考古与文物》1983 年第 1 期。

年"之前 22 年（1117）丁酉，为西夏雍宁四年，与七年不合；"大德五年"之后 38 年（1177）丁酉，为西夏乾祐八年，与七年也不合。这一时期，只有北宋徽宗政和七年（1117）丁酉，与此相符。除上述这些年号外，再未发现更早或更晚的年号。因此，这座千佛阁和方塔的建造和使用时间，最晚当从西夏雍宁四年（1117）开始，直至西夏灭亡（1227）这一百多年之间。

2. 阁内土方塔为单层叠涩尖锥顶。此种类型土塔见于敦煌莫高窟壁画。莫高窟第 285 窟北壁西侧禅窟后壁绘四位西夏供养人，正捧花礼拜一方塔。方塔底层正中设门，底层之上递次窄短叠涩十层，十层叠涩上方有刹，刹顶有宝盖。塔下墨书西夏文题记十行。汉译文略云："雍宁乙未二年（1115）九月二十三日，麻尼则兰、嵬立盛山……一行八人，同来行愿。"① 雍宁，系西夏崇宗年号。千佛阁遗址单层叠涩残方塔，与敦煌莫高窟第 285 窟壁画方塔极其相似，塔和阁的建造时间也应不晚于此。

3. 兽面纹灰陶瓦当上的兽面纹图案，额头生角，双眸圆睁，胡须上卷，面目狰狞，周边又饰圆点纹。这种图案形象，与银川市西夏陵区八号陵出土的瓦当有许多相似之处，但格调却原始古拙，粗犷厚实。如果西夏八号陵推断为西夏末期，那么，千佛阁建筑当为西夏早、中期遗址。

四　千佛阁的时代特点及价值

（一）千佛阁是一座在楼阁中又建塔的建筑

西夏时期的建筑，因迭经战乱、地震的损毁，存世者寥寥无几。甘肃张掖的卧佛寺是河西地区最大的古建筑之一。虽为西夏创建，而在历代，特别是清乾隆年间又重建，已不是原有的建筑。未经重修的西夏建筑，要数宁夏贺兰山拜寺口双塔、贺兰县宏佛塔和拜寺沟方塔等。这些古塔都是西夏非常重要的佛教建筑，大多比较高大，修建在露天的佛寺禅院，可供朝拜，有的还可供登临眺望。而这座千佛阁的方塔，虽不算矮小，却建在楼阁里面，只供巡礼，不宜攀登。这种形制的建筑，在河西地区，乃至全国也是罕见的，是研究西夏建筑的重要资料。

---

① 史金波、白滨、吴峰云：《西夏文物》图版 405，文物出版社，1988。

（二） 千佛阁的佛塔当是一座单层叠涩尖锥顶佛塔

西夏佛塔形制繁杂，宿白先生在《西夏佛塔的类型》一文①中举出多层楼阁型、多层密檐型、单层亭榭型、覆钵型、复合变体型、莲花藏世界型以及单层叠涩尖锥顶型共七型四十例。这七型中，其他各型除图像外，还有实物，而单层叠涩尖锥顶塔虽有八例，但均为图像，即前已提到的敦煌莫高窟第 285 窟所绘一例，贺兰山韭菜沟西崖上雕刻七例，唯独没有实物可以佐证。千佛阁遗址佛塔尽管已残，却是西夏佛塔中已知的唯一一座单层叠涩尖锥顶佛塔的实物例证。

（三） 千佛阁建造形制独特

佛教得道者皆称佛。石窟中有关佛的塑像、壁画比较多，所以人们通常把石窟也称为千佛洞。敦煌莫高窟就俗称千佛洞，还有敦煌西千佛洞、安西东千佛洞都是如此。其实，石窟中塑像、壁画的内容是很广泛的。"千佛"只是其主题之一，并没有专门的"千佛"洞窟。敦煌莫高窟第 432 窟也是在前室东北角有西夏千佛和团花图案。而这座千佛阁除方塔下层外，其余塔层的四面以及楼阁内四壁墙面上都绘有千佛。西夏千佛阁这种专门供奉千佛画像的楼阁建筑，在西夏以及其他时代也是很难见到的，这也许是西夏开创的一种新的礼佛形式。

（四） 千佛阁的发现对周围西夏遗址的研究具有重要价值

西夏信奉儒学和道教，"至于释教，尤所崇奉。近自畿甸，远及荒要，山林溪谷，村落坊聚，佛宇遗址，只椽片瓦，但仿佛有存者，无不必葺；况名迹显敞，古今不泯者乎！"② 千佛阁建造在历史悠久、闻名遐迩的佛教圣地——御山峡谷圣容寺旁。千佛阁塔底层东壁题记《圣容佛至千佛阁记》中所说的"圣容佛"，即千佛阁遗址东约 1 千米、北魏时依山雕造的圣容瑞像。北周时在此建成瑞像寺，隋大业五年（609）炀帝西巡时，诣寺礼佛，改名感通寺，中唐吐蕃统治河西时，改名圣容寺。在此期间，这里佛教兴盛，从寺后山头上现存唐塔中所见"番僧一千五百人"的题字中，可知其建筑规模之大，僧众人数之多。西夏千佛阁遗址的发现，以及遗址中各族佛

---

① 宁夏回族自治区文物管理委员会办公室：《西夏佛塔》，文物出版社，1995。

② "凉州重修护国寺感通塔碑"汉文碑文。

教信徒的题记，可见西夏时期，这里仍然香火不断。这对研究西夏佛教的发展和圣容寺的变迁，具有十分重要的价值。

（五）题记从一个侧面反映了西夏时期的社会关系

西夏是以党项羌为主体，包括汉、吐蕃、回鹘等民族的多民族政权，辖境包括今宁夏回族自治区和甘肃省大部、陕西省北部、内蒙古自治区西部毗连的广大地区。在千佛阁遗址中题记的，不仅有西凉州和甘肃省地区的巡礼者，还有今宁夏回族自治区的灵武人；不仅有庶民百姓，还有如大都督府、鲍翁王这样的达官贵族；不仅有西夏境内的信教徒，还有如政和七年由北宋来此朝拜的净信弟子。虽然在北宋的百余年间，夏宋双方断断续续的战争几乎没有停止过，但在经济、文化上的联系和民间的往来还是不间断的。由此可以看出，各民族不分贫富贵贱，打破地域和政权割据界线，友好往来，和睦相处。共同的宗教信仰，把他们紧密地联系在一起。

第三章　瓷窑遗址与瓷器窖藏

　　中国是瓷器的故乡，瓷器的发明，是中华民族对世界文明的伟大贡献。发展到宋代，制瓷业已达到了极其辉煌灿烂的历史时期，堪称中国瓷坛百花争艳、竞相斗妍的时代。但是，历来的瓷器收藏家和瓷论，在对宋瓷的鉴赏与评论上，却往往只是以官窑器为代表，而对民窑器采取一种不公正的态度，视民窑器为粗野而不屑一顾，至于西夏的瓷器以及瓷窑，更是无人涉足和提及。半个多世纪以来，国内外学者对宋瓷以及同时期的辽瓷、金瓷也进行了深入研究，但对西夏瓷器却探知甚少，1982 年出版的《中国陶瓷史》甚至没有列入西夏瓷，说明西夏瓷曾在很长的一段时间内不为人知，不被认可。1984～1986 年，中国社会科学院考古研究所对宁夏回族自治区灵武县东磁窑堡进行了调查和发掘，出土了大量的器物日用瓷、雕塑瓷、文具及窑具等。中国社会科学院考古研究所内蒙古工作队整理了《宁夏灵武县磁窑堡瓷窑址发掘简报》，详细记录了灵武窑出土的西夏瓷器。马文宽先生所著的关于西夏瓷窑及西夏瓷器的第一本专著《宁夏灵武窑》，肯定了西夏瓷窑和西夏瓷器的存在。

第一节　国内西夏瓷器的出土及研究状况

　　西夏地处西北，多高山与荒漠，地理环境恶劣，金属矿藏相对中原要贫乏。为摆脱这一困境，西夏大力发展制瓷业。西夏的陶瓷手工业不见于文献记载。20 世纪初，西夏瓷器最早被俄国探险家科兹洛夫发现于内蒙古额济纳旗黑水城遗址，其将出土的一批陶瓷器运回俄国。20 世纪 50 年代，在内蒙古伊金霍洛旗出土两件黑釉剔刻花瓶，曾被推测与西夏有关。在上海博物馆的藏品中，有一件黑釉瓶上腹部刻有西夏文字①。20 世纪 70 年代末至 80年代初期，在甘肃省武威市青嘴喇嘛湾、宁夏银川市西夏陵区、石嘴山省嵬城址、内蒙古额济纳旗黑水城等地陆续发现了一些与宋、辽、金瓷器特征有别的瓷器。但直到 1983 年发现宁夏灵武磁窑堡窑址，西夏瓷器才始为人所知。20 世纪 90 年代，又陆续发现了武威古城乡塔儿湾窑址和宁夏灵武回民巷西夏窑址。各地遗址出土的西夏瓷器资料日益丰富，同时，大量的考古发掘工作使得人们对西夏时期的制瓷手工业有了一定的认识。

　　宁夏、内蒙古、青海及甘肃等省区是西夏瓷器的主要出土地。西夏王陵发现瓷器数量较多，绝大多数出土于陵区北端建筑址②，主要是胎质粗糙、外壁无釉、内底有涩圈的白釉和青釉碗、盘，白釉瓶、钵、高足碗数量较少，但胎釉均细致，内外施釉。石嘴山市庙台乡城址是始建于 1024 年的省嵬城，出土的瓷器有褐釉玉壶春瓶、双系瓶、砚、白釉碗、盘等。该城址还出土了一件瓷质秃发人头像，头顶施褐釉，其余为白釉。类似的秃发人塑像在灵武磁窑堡窑出土过多件。灵武市崇兴乡窖藏出土数量多达 112 件③，均为白釉器，器形有碗、盘、高足碗，内底都有涩圈。灵武县回民巷、灵武县磁窑堡均发现窑址，其中磁窑堡发掘出土各类瓷器、窑具、模具共计 2300余件④，回民巷发掘出土各类瓷器、窑具、模具共计 2000 余件⑤。

　　内蒙古伊金霍洛旗是西夏瓷器出土较为集中的地区。早在 20 世纪 50 年代，该旗敏盖乡就出土过黑釉剔刻牡丹纹瓶⑥，造型与纹饰同灵武磁窑堡窑址所出者极为相似。20 世纪 80 年代中期，又陆续发现了白圪针、瓦尔吐沟

---

①　耿宝昌：《中国文物精华大辞典·陶瓷卷》，上海辞书出版社，（香港）商务印书馆，1995，图 528。

②　许成、杜玉冰：《西夏陵》，东方出版社，1995。

③　钟侃：《宁夏灵武县出土的西夏瓷器》，《文物》1986 年第 1 期。

④　中国社会科学院考古研究所：《宁夏灵武窑发掘报告》，中国大百科全书出版社，1995。

⑤　宁夏回族自治区文物考古研究所：《宁夏灵武市回民巷西夏窑址的发掘》，《考古》2002 年第 8 期。

⑥　汪宇平：《伊盟郡王旗发现黑釉刻花瓶》，《文物参考资料》1958 年第 5 期。

等窖藏①，出土的酱釉剔花罐、瓶、壶、盆及白釉瓷碗等均为典型的西夏瓷器。额济纳旗出土的酱釉剔花瓮②，被推测是酿造用器。这种近底部开孔、用于酿造的大型瓮、罐，在武威市古城乡塔儿湾窑址发现甚多③。准格尔旗准格尔召乡窖藏出土的21件瓷器中④，酱釉花口瓶的形制及剔花装饰技法均见于灵武西夏窑址，但碗、盘的内底均有4～6枚支钉痕，不同于西夏窑址的沙圈或涩圈，圈足处理也非"挖足过肩"。绘草叶纹的白地黑花盘亦不见于西夏窑址。准格尔旗周家壕遗址出土的青釉碗盘⑤，圈足"挖足过肩"，内底均有涩圈，具有磁窑堡窑址产品的特征。伊金霍洛旗苏布尔嘎苏木阿日雅布鲁1988年窖藏，出土酱釉小口壶、黑釉罐、盆、碗等。内蒙古鄂尔多斯市塔拉壕乡旧庙东沟出土了黑釉瓷缸、黑釉四系罐、黑釉碗等。伊金霍洛旗喇嘛敖包、霍洛湾、阿拉善湾、忽蝉塔、武家坡、西沙梁等地出土了黑釉碗、罐、白釉碗、盆、四系罐、黑釉剔花罐、小口壶、瓮等器物。另外，内蒙古鄂托克旗阿尔巴斯苏木陶斯图、城川古城、马鞍桥、大湾沟等地也出土了鼓腹罐、兽面纹瓦当、滴水、筒瓦、板瓦、褐釉剔花瓶、白釉碗、褐釉罐等⑥。

甘肃境内最早于20世纪70年代后期，在武威地区发现了西夏瓷器。1978年，武威市南营乡青嘴喇嘛湾西夏时期窖藏遗址一次出土各类西夏瓷器40余件，主要是白釉碗、盘，有多件碗的内壁饰点状的釉下黑花，此外还有绿釉扁壶、黑釉双耳罐、黑釉瓷钩等，这些器物在造型与釉色上与宁夏地区出土的西夏瓷器略微不同。武威西郊林场墓葬出土了西夏天庆年间的白瓷碗1件⑦。武威市体校院内西夏墓出土了白瓷高足碗、黑釉经瓶等⑧。在武威西郊及市区的其他西夏墓葬⑨，也出土过白釉高足盘、黑釉瓶等瓷器。在武威城区针织厂、建国街发现了瓷器窖藏，且武威市古浪县，天祝县，民

① 高毅、王志平：《内蒙古伊金霍洛旗发现西夏窖藏文物》，《考古》1987年第12期。

② 耿宝昌：《中国文物精华大辞典·陶瓷卷》，上海辞书出版社，（香港）商务印书馆，1995。

③ 孙寿龄：《武威发现大批西夏瓷器》，《中国文物报》1992年第42期。

④ 伊克昭盟文物工作站：《准格尔旗发现西夏窖藏文物》，《文物》1987年第8期。

⑤ 内蒙古文物考古研究所：《准格尔旗周家壕与马家圪旦西夏元代遗址发掘》，《内蒙古文物考古文集》第1辑，中国大百科全书出版社，1994。

⑥ 郭素新：《中国文物地图集·内蒙古自治区分册》，西安地图出版社，2003。

⑦ 宁笃学、钟长发：《甘肃武威西郊林场西夏墓清理简报》，《考古与文物》1980年第3期。

⑧ 宁笃学：《武威西郊发现西夏墓》，《考古与文物》1984年第4期。

⑨ 孙寿龄：《西夏的葬俗》，《陇右文博》1996年第1期。

勤县，凉州区古城乡、长城乡都有西夏瓷器出土，还征集到绿釉火蒺藜，平底球形，器表有逆刺，中空为药室①。类似的褐釉蒺藜，在灵武磁窑堡窑址出土过。甘肃肃南裕固族自治县大河区出土的黑釉瓷缸②，器形硕大，腹壁剔刻莲花、石榴花，纹饰饱满，口沿刻有汉字。甘肃靖远县东升乡也出土过白釉、褐釉高足碗③。甘肃灵台县百里镇窖藏瓷器虽以耀州窑青瓷为主，但也出土了酱釉四系扁壶等西夏瓷器④。

在青海省也发现了西夏瓷器，其中互助土族自治县发现了窖藏的白釉高足碗、白釉瓷盘、白釉瓷碗、黑釉剔花瓷罐等⑤。在湟中县维新乡窖藏出土了白釉高足碗、白釉盘、白釉曲腹碗、黑釉罐、多耳瓶、瓷罐等⑥。在大通县新城乡窖藏出土了白釉碗、酱釉双耳罐、酱釉剔花罐、酱釉扁壶等⑦。以上窖藏出土的器物造型与纹饰，同甘肃武威、宁夏灵武等地窑址出土的近似，均为西夏瓷器。

这些西夏瓷器的出土，有力地推动了其研究进程，不仅《考古》《文物》等专业刊物刊登了西夏瓷器和窑址的发掘简报，《西夏史稿》《西夏陵园》《西夏文物研究》等著作也对西夏瓷进行了论述。专家们通过对已出土和传世的大量西夏瓷器的系统研究，将西夏瓷器分为生活用器、文房娱乐、宗教用具、雕塑、建筑材料、窑具和工具等。釉色主要以褐釉、白釉、黑釉、黄釉为主。绝大部分烧制粗糙的生活器物均为普通百姓使用，一些器形规整、釉泽光亮、胎质细腻的器物则供西夏皇室和贵族使用。可见西夏不仅能烧制民用瓷，也能烧制供统治者使用的高级瓷器，说明当时西夏王国有着高度发达的制瓷手工业，其生产规模、产品质量并不亚于同时代辽、金的瓷器。另外，杭天《西夏瓷器》、金韵《西夏瓷器的民族艺术特色》、李进兴《西夏陶模》《新石

---

① 黎大祥：《武威发现西夏瓷制火蒺藜》，《陇右文博》1999 年第 1 期。

② 唐延青：《西夏黑釉剔花缸》，《陇右文博》2003 年第 2 期。

③ 陈炳应：《新发现的西夏文物述论》，《西夏文化论丛》（一），宁夏人民出版社，1992。

④ 刘得桢：《甘肃灵台百里镇出土一批宋代文物》，《考古》1987 年第 4 期。

⑤ 许新国：《青海互助土族自治县发现宋代窖藏》，《文物资料丛刊》第 8 辑，文物出版社，1983。

⑥ 贾洪键：《青海湟中下马申出土的一批文物》，《青海考古学会会刊》1985 年第 7 期。

⑦ 陈荣：《大通新城乡出土宋代瓷器》，《青海文物》总第 4 期；李智信：《浅谈青海宋代时期瓷器的文化归属》，《青海文物》总第 5 期。

器彩陶制作风格对西夏制瓷工艺的影响》《试论西夏故地三期瓷器的烧造年代》等文章，都对西夏瓷器有过不同角度的论述。

随着武威西夏瓷器的大量发现，甘肃武威文物工作队于 1981 年在《文物》第 9 期发表了《武威出土一批西夏瓷器》；孙寿龄先生在《文物天地》1993 年第 1 期发表了《武威地区新发现的西夏瓷器》；之后，甘肃省考古研究所武威塔儿湾遗址考古发掘领队王辉将发掘概况发表于《中国考古学年鉴·1994 年》。这些均为介绍考古发现的报道，篇幅较短。陈炳应著《西夏文物研究》《西夏探古》，黎大祥著《武威文物研究文集》《文物精粹》等书中，也有对甘肃武威地区出土西夏瓷器的简短介绍与少量研究，但较为零散，仍是以介绍考古发现为主。2001 年，党寿山所著《武威文物考述》一书中，有专门研究武威出土西夏瓷器的章节，但此书并未正式出版。2005 年出版的《中国古陶瓷研究论文专辑》（第 11 辑）中，朱跃岭《甘肃武威西夏瓷初探》一文对武威地区的西夏瓷器特点、装饰技法、烧造工艺等进行了初步论述。2008 年出版的《中国出土瓷器全集·16·甘肃、青海、宁夏、新疆、云南、贵州、西藏》卷中，收录并刊登了甘肃武威塔儿湾遗址及其周围出土的各类西夏瓷器的照片 30 余幅，第一次以图录的形式将塔儿湾出土的瓷器进行了正式公布。

第二节　西夏瓷窑遗址与瓷器窖藏

一　塔儿湾瓷窑遗址发掘及出土瓷器

（一）地理位置及考古发掘

塔儿湾位于武威市城南 35 千米的古城乡上河村一组。这里地处杂木河上游，两岸依山。遗址分布在南岸的山坡和一片台地上，其中部分辟为农田，现已耕种。遗址东西长约 500 米，南北宽 260 米，以西为草木茂盛的山区牧场，以东杂木河两岸是开阔的农田。早在新石器时代，这里就有人类居住。在西夏时期，这里是党项族放牧、从事手工业生产和居住的地方。

20 世纪 80 年代初期，这里仅居住着 10 多户人家，道路失修，交通不便。当地群众在农田基本建设和修建住宅、羊圈等过程中，曾出土一批新石器时

代的素面红陶罐、夹砂陶罐及各
种彩陶罐等，是新石器时代人类
在此居住的实物证据。同时出土
数量较多的为一批西夏时期烧制
的各种瓷器和大量瓷片，被文物
工作者征集到博物馆保存。1984
年、1987年，武威地、市文物普
查时，在此又征集到出土的部分
西夏瓷器和采集到的各种瓷器标

图 3 - 1　塔儿湾瓷窑遗址

本等，并发现大量的瓷片和灰层堆积物。1990~1993年武威市文管会和甘肃
省文物考古研究所在对古城乡塔儿湾遗址进行考古发掘时，出土了大量的瓷
器。因出土和发现的西夏遗物较多，当时被文物工作者认定为一处西夏时期
的遗址，并兼有新石器时代的遗址。共出土了西夏时期的瓷器、瓷片及窑具
近200件，其中复原物有140余件，釉色有白釉、黑釉、褐釉、酱釉、黄釉、
绿釉，器形有瓷碗、双耳瓷罐、瓷缸、瓷碟、瓷尊、玉壶春瓶、瓷壶、瓷瓶、
扁壶、瓷蒺藜，还有很多纺轮、窑具、瓷片等。自20世纪80年代以来，当地
出土了大量瓷器及少量窑具，部分瓷器及残片上写有汉文、西夏文纪年和姓
名。其胎质、烧制技术显示出了与宁夏灵武窑不同的技术风格。就出土物来
看，塔儿湾窑以烧造生活用具为主；从釉色看，白釉器最多，但较粗糙，釉
色偏黄，黑釉、褐釉器也较多，复色釉器也有一些；从装饰工艺看，素色无
纹者占大多数，有少量印花、白底绘黑褐花、黑釉剔划花等。最大的如褐釉
四系瓷罐，高达62厘米，底径16厘米，口径16.5厘米。最小的如白瓷碟，
高仅1.8厘米，口径9.5厘米，底径5厘米。罕见的是火蒺藜，器形为半球形
状，里面为空心药室、内装小铁块、火药，是当时杀伤敌军人马的有效武器。
虽并未发现窑炉、作坊等遗迹，但从出土的器物和瓷片以及大量的窑具来看，
可知此处为西夏时期的瓷窑遗址。塔儿湾遗址的发掘资料尚待整理。

　　塔儿湾瓷窑遗址在1992~1993年的发掘，虽未发现用于烧制瓷器的瓷
窑窑炉，但出土了"工"字形支垫、匣钵等窑具，以及烧粘连接的残次瓷
器。从发掘资料来看，清理出了房屋遗址。房屋以夯土筑墙或以石块垒墙，
因山体滑坡，墙体多被破坏。房屋为硬土地面，内有灶和炕。炕均为石板

炕，长 2.54 米，宽 2 米左右，有两条火道，以石板覆盖成炕面，一般高出地面 0.5 米左右，石板上敷泥抹平。灶的形制有数种，大多是在地面起建，以石块和土坯垒成，有双眼和单眼之分；另一种是在地面挖成的，有火道、灶门及灶坑的灶；还有在地面直接以三块或更多的石块垒成圈状或三角形状的灶。清理的房址内有灶和铺有石板的烘干台，可能与烘坯作坊有关①。这里出土的西夏瓷器，数量大，器形多样，色彩丰富。1992 年 9 月～1993 年，经国家文物局批准，甘肃省考古研究所对塔儿湾遗址进行了考古发掘，但是至今尚未正式公布考古发掘报告。

（二）瓷器的分类介绍

塔儿湾出土的西夏瓷器，不仅数量较大，而且器形多样，色彩丰富。除大宗瓷片尚待继续复原外，完整和已经复原的瓷器有 115 件。器物主要有碗、碟、壶、罐、瓮、瓶、釜、钵、灯、流、钩等。装饰技法，主要有素釉、复色釉、印花、彩绘、剔刻釉等。

一、素釉。99 件。釉色主要有白、黑、褐、酱、豆绿等。

（一）白釉 45 件。器物主要有碗、碟、罐、瓶、钵等。

1. 碗。10 件。分高圈足、矮圈足两种。

（1）高圈足碗。4 件。可分Ⅱ型。

Ⅰ型 2 件。敞口，坦心，深弧腹，腹壁较直。外壁施半釉，底有砂圈。高 6 厘米，口径 11.5 厘米，足径 4.5 厘米，足高 1.5 厘米（图 3 - 2）。

Ⅱ型 2 件。敞口，坦心，弧腹，腹壁较斜直。外壁施半釉，底有砂圈。高 6 厘米，口径 12 厘米，足径 4 厘米，足高 1.5～2 厘米（图 3 - 3）。

（2）矮圈足碗。6 件。可分Ⅱ型。

Ⅰ型 1 件。敞口，坦心，深弧腹。内满釉，外壁仅口沿施釉，底有砂圈。高 7.2 厘米，口径 18.2 厘米，足径 6.7 厘米（图 3 - 4）。

Ⅱ型 5 件。敞口，坦心，浅弧腹。内满釉，外壁仅口沿施釉，底有砂圈。高 4.3～6.5 厘米，口径 11.7～15 厘米，足径 4.5～5.7 厘米（图 3 - 5）。

---

① 孙寿龄：《武威新发现的西夏瓷器》，《文物天地》1993 年第 1 期；王辉：《武威塔湾西夏——元代城址》，《中国考古学年鉴》，文物出版社，1996；甘肃省文物考古研究所：《新中国考古五十年·甘肃省文物考古工作五十年》，文物出版社，1999；党寿山《武威文物考述》，甘新出 063 字总 054 号，2001。

2. 碟。30 件。分高圈足、矮圈足两种。

（1）高圈足碟。6 件。可分Ⅲ型。

Ⅰ型　4 件。敞口，坦心，腹壁及高足较斜直。内外施釉，底有砂圈。高 5 ~ 5.5 厘米，口径 9.5 ~ 10.4 厘米，足径 3.8 ~ 4.5 厘米，足高 2 ~ 2.4 厘米（图 3 - 6）。

Ⅱ型　1 件。敞口，坦心，腹壁外沿稍直，逐渐向内斜收。内外施釉，底有砂圈。足残，口径 8.4 厘米（图 3 - 7）。

图 3 - 2　白釉高圈足碗　　图 3 - 3　白釉高圈足碗　　图 3 - 4　白釉矮圈足碗

图 3 - 5　白釉矮圈足碗　　图 3 - 6　白釉高圈足碟　　图 3 - 7　白釉高圈足碟

Ⅲ型　1 件。敞口，坦心，弧腹，足向外曲伸。内外施釉，底有砂圈。高 4.6 厘米，口径 10 厘米，足径 4.3 厘米，足高 2 厘米（图 3 - 8）。

（2）矮圈足碟。24 件。可分Ⅵ型。

Ⅰ型　2 件。敞口，坦心，弧腹，腹外壁内收。内壁施满釉，外壁半釉，底有砂圈。高 3 ~ 5 厘米，口径 14.5 ~ 15.2 厘米，足径 6 ~ 6.8 厘米（图 3 - 9）。

Ⅱ型　1 件。敞口，坦心，腹外壁斜直。内壁满釉，外壁口沿施釉，底有砂圈。高 3 厘米，口径 14 厘米，足径 5.8 厘米（图 3 - 10）。

Ⅲ型　10 件。敞口，坦心，浅弧腹，腹外沿外撇。内壁施釉，底有砂圈。高 2.7 ~ 4.1 厘米，口径 13.5 ~ 15.5 厘米，足径 5.7 ~ 6.5 厘米（图 3 - 11）。

Ⅳ型　3 件。敞口，坦心，折腹，腹壁较直。内满釉，外半釉，底有砂圈。高 2.9~4.1 厘米，口径 13.2~16 厘米，足径 5.5~6.3 厘米（图 3-12）。

Ⅴ型　1 件。敞口，坦心，与Ⅳ型基本同，唯内壁折腹明显。内满釉，外半釉，底有砂圈。高 2 厘米，口径 9.8 厘米，足径 4.7 厘米（图 3-13）。

Ⅵ型　7 件。敞口，坦心，外折宽沿，腹内斜直，腹底折平。内满釉，外半釉，底有砂圈。高 2~2.2 厘米，口径 9.5~10.5 厘米，足径 4.4~4.7 厘米（图 3-14）。

3. 罐。1 件。直口，外折厚唇，高颈，鼓腹，溜肩，肩腹交界处两边各置双股带形鋬，圈足。内外壁皆施釉。高 7.5 厘米，口径 5 厘米，腹径 6.6 厘米，足径 3.5 厘米（图 3-15）。

4. 玉壶春瓶。1 件。喇叭口，长颈，长圆腹，腹残，圈足。内外施釉，颈部釉色泛青，腹部泛黄，釉色光亮。高 24 厘米，口径 6.5 厘米，足径 8 厘米（图 3-16）。

图 3-8　白釉高圈足碟

图 3-9　白釉矮圈足碟

图 3-10　白釉矮圈足碟

图 3-11　白釉矮圈足碟

图 3-12　白釉矮圈足碟

图 3-13　白釉矮圈足碟

图 3-14　白釉矮圈足碟

图 3-15　白釉瓷罐

图 3-16　白釉瓷玉壶春瓶

5. 钵。2件。敛口，腹壁较直，上腹较小，下腹宽，圈足。内外满釉，釉色泛黄。高6.5～17厘米，口径6～18厘米，腹径7～19厘米，足径4.3～9厘米（图3－17）。

6. 羊头。1件。形象简练生动，颈部有残断痕迹，当为器物装饰部分。全长4厘米（图3－18）。

（二）黑釉。10件。器物主要有碟、壶、罐、瓮、瓶、灯等。

1. 碟。1件。敞口，唇沿外撇，坦心，平底。内壁施半釉，口沿部分露胎。高3.5厘米，口径9厘米，底径4.5厘米（图3－19）。

2. 壶。4件。可分Ⅳ型。

Ⅰ型　1件。敞口，口沿残，斜颈，溜肩，鼓腹，圈足。肩颈一侧置流，流外侧圆，上部较直，逐渐向下内收；内侧斜直敞开，为流口。流左侧置双股带形鋬，与流成90度，使用十分方便。内外满釉，釉色晶莹。高9.5厘米，口径7.5厘米，腹径9.7厘米，足径7.5厘米（图3－20）。

Ⅱ型　1件。直口，曲颈，溜肩，鼓腹，圈足。肩一侧置流，向外直伸，流外侧圆，内侧方，半封口。流对侧置带形鋬（残）。内外满釉，釉色光亮。高8厘米，口径6厘米，腹径8.9厘米，足径5.3厘米（图3－21）。

Ⅲ型　1件。瓢状流口，曲颈，溜肩，长圆腹，腹部有轮纹，颈腹交界处置四股带形鋬，圈足。内外壁施半釉，釉色润泽。高14.7厘米，口径6.5厘米，足径6.3厘米（图3－22）。

图3－17　白釉瓷钵

图3－18　白釉瓷羊头

图3－19　黑釉瓷碟

图3－20　黑釉瓷壶

图3－21　黑釉瓷壶

图3－22　黑釉瓷壶

Ⅳ型　1件。形状与Ⅲ型壶基本同，唯颈高且直，折肩，双股带形鋬。高14.2厘米，口径6.5厘米，足径6.3厘米（图3-23）。

3. 罐。2件。分Ⅱ型。

Ⅰ型　1件。直口平唇，双棱沿，溜肩，鼓腹，腹部有轮纹数道，腹上部较宽，下部瘦削，底部较小，暗圈足。内外施釉，腹下部一圈刮釉。口、肩部稍残。高51厘米，口径25.8厘米，腹径41厘米，足径15厘米（图3-24）。

Ⅱ型　1件。直口，圆唇，双棱沿，溜肩，肩小，长鼓腹（残），腹下部细小，暗圈足，腹足衔接处有弦纹一道。内外施釉，唇沿刮釉，腹下部露胎，釉色透明。高41厘米，口径18厘米，腹径29厘米，足径12厘米（图3-25）。

4. 瓮。1件。喇叭口，外折厚唇沿，唇沿残。长曲颈，溜肩，肩部四系，颈肩部有堆塑纹装饰一圈，腹部有轮纹数道。内外釉，肩部一圈刮釉，腹下部露胎。高60厘米，口径15.5厘米，腹径36厘米，足径14.4厘米（图3-26）。

5. 玉壶春瓶。1件。与白釉玉壶春瓶器形、大小相同。内外满釉，下部及圈足露胎，釉色明快。

6. 灯。1件。直口，折沿宽平，深腹，高圈足。内外满釉。高18.5厘米，口沿外径14.2厘米，足径10厘米（图3-27）。

（三）褐釉。21件。器物主要有碗、碟、壶、罐、瓮、流、钩等。

1. 碗。3件。分Ⅱ型。

Ⅰ型　1件。残。敞口，曲腹，高足。内满釉，外半釉，腹内偏上两道划釉弦纹，心内一圈刮釉。器形高大，高18厘米，口径34厘米，足径11.5厘米（图3-28）。

Ⅱ型　2件。残。盘口，斜直腹，圈足。内满釉，外半釉，心内一圈刮釉，一件足心涂釉。器形较大，高11.5~13.5厘米，口径30~32厘米，足径9.5~10厘米（图3-29）。

2. 碟。1件。造型、大小与黑釉平底碟同。

3. 壶。9件。可分Ⅶ型。

Ⅰ型　1件。与黑釉Ⅰ型壶同，唯流稍短，由肩颈部直上，器形较小。高9厘米，口径5厘米，足径5厘米。

Ⅱ型　1件。直口，口沿残，高颈，宽折肩，弧腹，圈足。肩一侧置流，流斜直。流左侧置带形錾（残），与流成 90 度。内外釉，足部露胎，釉色亮。高 8.5 厘米，口径 4.5 厘米，足径 4.6 厘米（图 3 - 30）。

Ⅲ 型　2 件。与黑釉Ⅲ型同。高 14.5 ~ 15 厘米，口径 5.5 厘米，腹径 9.5 厘米，足径 6 厘米。

Ⅳ 型　2 件。与黑釉Ⅳ型同。高 14 厘米，口径 6 厘米，足径 6.5 厘米，腹径 9 厘米。

Ⅴ 型　1 件。喇叭口，口沿残，细长颈，长鼓腹，圈足，颈腹间置双股带形錾（残）。除有带形錾外，其余与玉壶春瓶相似。内外满釉。高 10 厘米，口径 3 厘米，腹径 6.8 厘米，足径 5 厘米（图 3 - 31）。

图 3 - 23　黑釉瓷壶

图 3 - 24　黑釉瓷罐

图 3 - 25　黑釉瓷罐

图 3 - 26　黑釉瓷瓮

图 3 - 27　黑釉瓷灯

图 3 - 28　褐釉瓷碗

图 3 - 29　褐釉瓷碗

图 3 - 30　褐釉瓷壶

图 3 - 31　褐釉瓷壶

Ⅵ型 1件。小口，斜唇，束颈，肩部两侧有系（残），扁圆腹。满釉。高12.5厘米，腹径10厘米（图3-32）。

Ⅶ型 1件。直口，矮颈，溜肩，鼓腹，圈足，肩部置流（残），对侧肩腹部置带形鋬（残）。内外釉。高8.5厘米，口径7.5厘米，腹径11厘米，足径6厘米（图3-33）。

4. 罐。4件。可分Ⅲ型。

Ⅰ型 1件。与黑釉Ⅰ型罐基本同，所不同者有二：①最大腹径不在腹上，而在腹中；②不是暗圈足，而是明圈足，并且足外接近腹部有突棱。高43厘米，口径21厘米，腹径37厘米，足径15.5厘米。

Ⅱ型 2件。与黑釉Ⅱ型罐基本同，唯圈足与腹外壁衔接处区别明显，圈足内切去边棱，以减少接触面，使器物更为平稳。高38~42厘米，口径19厘米，腹径30~31厘米，足径11.5~12厘米。

Ⅲ型 1件。与白釉罐同。高35厘米，口径19厘米，腹径26.5厘米，足径12厘米。

5. 瓮。1件。与黑釉瓮同，唯肩部六系，腹下部有流口，内外满釉。高60厘米，口径15.3厘米，腹径37厘米，足径15.5厘米。

6. 瓶。1件。敛口，圆腹，最大腹径接近足部，圈足。满釉，足部露胎。高7厘米，口径3.5厘米，足径3厘米（图3-34）。

7. 流。1件。折形圆管（残）。口径1.6厘米，一边长4.6厘米，一边长3.5厘米。当为瓮下流口外配件，作为导流管用（图3-35）。

8. 钩。1件。吊钩形，上面有穿孔，穿孔部位露胎。长4厘米（图3-36）。

（四）酱釉。15件。器物主要有碗、碟、壶、罐、瓮、瓶、釜等。

1. 碗。1件。除足稍矮外，其余与褐釉Ⅰ型碗同。碗内偏下有划釉弦纹两道，碗心一圈刮釉。高17厘米，口径36厘米，足径9.5厘米。

2. 碟。1件。与黑、褐釉平底碟同。

3. 壶。5件。分Ⅱ型。

Ⅰ型 3件。与黑、褐釉Ⅲ型壶同。高13~17厘米，口径5.4~6厘米，腹径8.8~10厘米，足径5.5~6.6厘米。

Ⅱ型 2件。与黑、褐釉Ⅳ型壶同。高14厘米，口径6~6.5厘米，足径6厘米。

4. 罐。5件。分Ⅲ型。

Ⅰ型　1件。同白釉罐、褐釉Ⅲ型罐，大小介于白、褐釉罐之间。高23.5厘米，口径14厘米，腹径19厘米，足径9厘米。

Ⅱ型　3件。与黑、褐釉Ⅱ型罐同。高37～42厘米，口径20厘米，腹径30～32厘米，足径12～13.5厘米。其中一件足底墨书"吕□通"三字，当为工匠或物主名。

Ⅲ型　1件。敞口，圆唇沿，矮曲颈，圆鼓腹，圈足。内外满釉。高7厘米，口径5厘米，腹径7厘米（图3-37）。

图3-32　褐釉瓷壶　　　　图3-33　褐釉瓷壶（残）　　　图3-34　褐釉瓷瓶

图3-35　褐釉瓷流　　　　图3-36　褐釉瓷钩　　　　图3-37　酱釉瓷罐

5. 瓮。1件。喇叭口，卷唇沿，细颈，溜肩，长鼓腹，圈足。内外满釉，口部及肩部刮釉。肩部刮釉处墨书"郭卢"二字，当为物主名。肩部左右二系，刮釉部分有明显的支垫粘着痕迹。高51.5厘米，口径15厘米，腹径38厘米，足径17厘米（图3-38）。

6. 瓶。1件。斜唇小口，束颈，折肩，直腹修长，下部稍小，平底。满釉，肩部刮釉，足部露胎。高18.2厘米，口径3.5厘米，底径7.5厘米（图3-39）。

7. 釜。1件。敛口，直颈，宽平肩，弧腹，圆底。内满釉，腹下及底部露胎。高3厘米，口径5厘米（图3-40）。

3 - 38　酱釉瓷瓮　　　图 3 - 39　酱釉瓷瓶　　　图 3 - 40　酱釉瓷釜

（五）豆绿釉。8 件。器物有碟、壶、罐、瓮、瓶。

1. 碟。1 件。残。坦心敞口，圈足。碟心一圈刮釉，圈外有划釉弦纹两道，腹外下及圈足露胎。高 3 厘米，口径 19.5 厘米，足径 7.5 厘米（图 3 -41）。

2. 壶。2 件。分 Ⅱ 型。

Ⅰ型　1 件。与黑、褐釉Ⅲ型壶同。高 13 厘米，口径 6 厘米，腹径 8.5 厘米，足径 6.5 厘米。

Ⅱ型　1 件。与黑、褐釉Ⅳ壶同。高 13 厘米，口径 5.5 厘米，腹径 9 厘米，足径 6 厘米。

3. 罐。2 件。分 Ⅱ 型。

Ⅰ型　1 件。直口，圆唇，溜肩，圆鼓腹，下部渐小。内外釉，腹外下部露胎，釉色灰暗，无光泽。高 48 厘米，口径 25 厘米，腹径 39.5 厘米，足径 14 厘米（图 3 -42）。

Ⅱ型　1 件。直口，圆唇，溜肩，圆鼓腹，圈足，与酱釉Ⅲ型罐基本同，唯前者腹为圆形，此罐腹为椭圆形。内外满釉。高 8 厘米，口径 8.2 厘米，腹径 9.6 厘米，足径 7 厘米（图 3 -43）。

4. 瓮。3 件。分 Ⅱ 型。

Ⅰ型　1 件。与黑釉瓮同。有流口，釉色偏深，色泽明亮。高 60 厘米，口径 6.5 厘米，腹径 40 厘米，足径 16 厘米。

Ⅱ型　2 件。一件颈、口部残，另一件肩部以上残。两件瓮的器形与黑釉瓮基本同，唯圈足突出于下腹外，显得较稳重。腹下部有流口。釉色，前一件偏浮浅，后一件则厚重。后者腹下露胎处墨书"光定四年四月卅日郭善狗家瓮" 13 字，当为郭善狗家定做的瓷瓮。高约 59 ~ 60 厘米，腹径 38.8 ~ 41

厘米，足径 15～16 厘米，足高 1～1.8 厘米（图 3－44、3－45）。

二、复色釉。5 件。有白、褐，白、酱，褐、豆绿二色釉，有黑、酱、豆绿，黑、紫、豆绿三色釉等。

（一）白、褐二色釉碗。1 件。敞口，卷沿，曲腹，圈足。内白釉，外褐釉；内满釉，外半釉，外口沿下二色釉衔接处露胎。白釉泛灰，夹杂斑点，碗心有砂圈。高 13.5 厘米，口径 31.5 厘米，足径 11 厘米（图 3－46）。

图 3－41 豆绿釉瓷碟

图 3－42 豆绿釉瓷罐

图 3－43 豆绿釉瓷罐

图 3－44 墨书豆绿釉瓷
瓮（残）

图 3－45 墨书豆绿釉
瓷瓮（残）

图 3－46 白褐釉瓷碗

（二）白、酱二色釉碗。1 件。敞口，唇沿呈葵花瓣状，弧腹，圈足。内白釉，外褐釉；内满釉，外半釉，外口沿下二色釉衔接处露胎，未露胎处有砂粒。器形较大，高 15 厘米，口径 30 厘米，足径 9.8 厘米（图 3－47）。

（三）褐、豆绿二色釉壶。1 件。与黑、褐釉 I 型壶同。内外釉，外壁上部褐釉，下部豆绿釉，两釉衔接处釉色重叠而厚重。高 8 厘米，口径 5 厘米，足径 5.3 厘米。

（四）黑、酱、豆绿三色釉壶。1 件。底部残。喇叭口，外折厚重沿，曲颈，颈部饰轮纹，溜肩，肩部四系，长鼓腹，腹下部瘦削。肩部刮釉，内外满釉，颈口部酱釉，腹上部黑釉，腹下部豆绿釉。高约 54 厘米，口径 14.5 厘米，腹径 34.5 厘米，足径约 17 厘米（图 3－48）。

（五）黑、紫、豆绿三色釉瓮。1 件。喇叭口，外折厚重沿，曲颈，溜肩，肩部四系，长鼓腹，腹下部细小，圈足突出腹外。内外满釉，口颈部为黑色，肩部豆绿色，腹部紫色，釉色涂布不匀，紫色上流有黑釉，呈泪痕状。高 60 厘米，口径 16.5 厘米，腹径 39 厘米，足径 15 厘米（图 3－49）。

图 3－47　白酱釉瓷碗　　　图 3－48　瓷壶　　　图 3－49　瓷瓮

三、印花。3 件。黑釉色，器形均为壶。分Ⅲ型。

Ⅰ型　1 件。小口（残），扁圆体，肩有二系。足呈长方形，外撇，中空，左右各有一圆孔，为系带之用。腹面施黑釉，釉色润泽光亮。釉下用陶范在胎体上翻印花纹，两面均以单线卷草纹装饰周边，中间主题印纹为飘带缠缚的图书、卷釉之类图案。高约 14 厘米，腹径 11 厘米，足底长 5.2 厘米，宽 3.4 厘米（图 3－50）。

Ⅱ型　1 件。直口，矮颈，溜肩平缓，鼓腹，腹下部平直，圈足。腹一侧置流，流对侧置鋬，流与鋬残，鋬下弯曲。内外满黑釉，釉色光亮。肩、腹部突起印纹，肩部两面各为一组弯曲线条组成的连环纹饰，近流口处有对称的卷叶纹，鋬下及腹两侧各印云雷纹，线条流畅。高 8 厘米，口径 5 厘米，腹径 9.8 厘米（图 3－51）。

Ⅲ型　1 件。直口，矮颈，平折肩，颈肩部二重沿，重沿上印卷枝纹。腹部呈八边，每边分上、下两层模印花卉、太极及云雷纹，多少不等，线纹突出，格调粗犷自然。腹底部折平，两侧各置流和鋬（均残），圈足。内外满釉，釉色较亮。高 7.8 厘米，口径 4.5 厘米，腹径 8.8 厘米，足径 5.2 厘米（图 3－52）。

图 3－50　黑釉印花瓷壶　　图 3－51　黑釉印花瓷壶　　图 3－52　黑釉印花瓷壶

四、彩绘。3件。均在白釉上加彩绘，有白釉黑彩、白釉褐彩两种。

（一）白地黑花瓮。1件。盘口，束颈，溜肩，长鼓腹，肩两侧各有二系，足残。肩颈间有堆塑纹一圈，下腹有轮纹数道，足底露胎。腹部外壁施白釉，釉上有黑色彩绘，颈部绘卷草云纹，腹部绘上下翻转的四朵缠枝绕叶牡丹，用笔豪放，线条流畅，是不可多得的一件艺术品。高61厘米，口径17厘米，腹径36厘米（图3－53）。

（二）白地褐花。2件。器物有罐、瓮等。

1. 罐。1件。直口，平唇，双棱沿，溜肩，鼓腹，圈足。腹外施白釉，釉中泛黄。平唇刮釉，腹外下部露胎。白釉上有褐色彩绘，肩部绘卷草云纹，腹部绘缠枝西番莲四朵，风格稚拙粗犷，很有民族特色。腹下露胎处用墨横书西夏文草字，汉译为"芦五"，当为工匠或器物主姓名。罐高46厘米，口径22厘米，足径15厘米（图3－54）。

2. 瓮。1件。喇叭口，卷唇沿，束颈，宽肩，弧长腹，最大腹径靠近肩部，肩腹部六系，圈足。腹外施白釉，釉色泛黄，肩部、口沿刮釉，腹外下部露胎。白釉地上褐色彩绘，肩腹部六系间绘七朵卷瓣莲，系下饰莲瓣。腹部绘十一只仙鹤，展翅高飞，神态生动，排列自然，或单或双。仙鹤间衬以云头纹，疏密得当，更显示出群鹤在空中飞动的气势。瓮高58厘米，口径17厘米，腹径43厘米，足径17厘米（图3－55）。

五、剔刻釉。5件。在各种不同釉色的器物上剔刻掉部分釉层，露出胎体，形成花饰。釉色有黑、褐、酱、豆绿等多种，除褐釉剔刻花外，其余剔刻花釉色器均为残片。褐釉剔刻花器有罐、瓮等。

图 3 – 53　白釉黑彩牡丹纹　　图 3 – 54　白釉褐彩墨书　　图 3 – 55　白釉褐彩天鹅
　　　　　 二系瓷瓮　　　　　　　　　 西夏文瓷罐　　　　　　　　 纹六系瓷瓮

（一）罐。3 件。分Ⅲ型。

Ⅰ型　1 件。直口，圆唇，双棱沿，矮颈，溜肩，圆鼓腹，最大腹径靠近肩部，腹下收，圈足。内外釉，口沿刮釉，腹下部露胎。肩腹上剔刻花纹，肩部一周为连续花叶纹，腹部为两朵缠枝绕叶西番莲。剔刻技法纯熟，线条流畅。画面随意豪放，不拘泥细枝末节，只注意大的块面，剔刻部分随处可见残存釉色，使画面显得更加协调自然。罐高 43 厘米，口径 12.5 厘米，腹径 38 厘米，足径 15 厘米（图 3 – 56）。

Ⅱ型　1 件。直口，双棱圆唇，矮颈，溜肩，圆鼓腹，最大腹径在中部，腹下较肥大，圈足突出。内外釉，口沿刮釉，腹下部露胎。肩部剔刻卷叶纹连续图案作装饰，腹部为缠枝绕叶向上开放的五朵西番莲，肩、腹间以带状纹相隔。制作精细，布局谨严，惜烧制时腹部裂口，一侧变形。罐高 47.5 厘米，口径 14 厘米，腹径 40 厘米，足径 16 厘米（图 3 – 57）。

Ⅲ型　1 件。直口，平唇，矮颈，溜肩，长圆腹，下内收，最大腹径在中部，肩、颈部置四系，圈足。内外釉，口沿刮釉，腹下部露胎。肩部剔刻花叶纹连续图案，腹部为四朵向上开放的缠枝绕叶牡丹，中间用带状纹相隔，构图活泼，剔刻简练。罐高 46 厘米，口径 22 厘米，腹径 37 厘米，足径 15 厘米（图 3 – 58）。

图 3-56　褐釉剔花罐　　图 3-57　褐釉莲花纹剔花罐　　图 3-58　褐釉牡丹纹剔花罐

（二）瓮。2件。分Ⅱ型。

Ⅰ型　1件。喇叭口，斜唇外撇，唇饰两道弦纹，束颈，溜肩，肩颈间饰堆塑纹，长圆腹，下内收，腹上部置四系，暗圈足，足腹间有流口。内外满釉，肩部刮釉。腹两侧剔刻有菱形开光，开光内剔刻折枝牡丹，开光两侧刻有花瓣浅纹作装饰，由于涂釉稍有下流，使釉色有浓淡之分，画面产生晕染效果，更加自然生动，质感很强。此瓮也是这里已出土的大型瓮、罐中最完整者。高57厘米，口径15厘米，腹径40厘米，足径16厘米（图3-59）。

Ⅱ型　1件。已残。对照此地出土的其他瓷瓮及现存颈腹部分复原，此瓮当为喇叭口，卷沿，束颈，溜肩，肩、颈部饰堆塑纹，圆鼓腹，颈腹部置二系，圈足。内外釉，肩部刮釉，腹下部露胎。肩部剔刻花叶纹连续图案，腹部当为五朵向上开放的缠枝绕叶莲花，肩腹上下饰带状纹，中间以弦纹相隔。图案活泼流畅，盘绕花卉的花叶叶脉处理得十分简洁别致，绘画技法娴熟，应是西夏时的上乘之作，是武威发现的西夏剔刻花瓷器中所仅见者。在腹部露胎的花、叶之间，用墨竖书西夏文四行九字："𗫴𗠉□𗤶𗰜𘁨𗏇𗗚"，汉译为"斜毁，有（裂）伤，下速斜，小"。意思是："这件小酝酿瓮，因为有裂伤，下部严重倾斜，是报废品。"瓮当高51厘米，口径15厘米，腹径38厘米，足径17厘米（图3-60、图3-61）。

（三）瓷器作坊遗址和窑具的发现

在出土瓷器的山坡上，发现有以不规则的青石板为面，长约4米、宽约2米的火炕和用土坯、石条砌成的小型冶炼炉。我国北方地区制瓷所用的瓷土与南方所用的高岭土的黏度不同，加之西北地区气候干燥，不宜在室外晾坯，需要在室内用火炕将坯烘干，这里发现的火炕可能是用于烘坯的。小型冶炼炉的炉膛内结满炉渣，附近发现了大量铁块、铁渣和冶炼砂锅残件，可以看出这里不仅是一处瓷器作坊遗址，而且曾是一个小型的金属加工场所。

发现的窑具有匣钵、支垫和骨刀。

匣钵。2件。敞口，平沿，腹底斜收，小平底，中央有圆孔。口径8~12厘米，高7~10厘米（图3-62）。

支垫。5件。上下都呈圆饼状，中间以柱相连。高4~6厘米（图3-63）。

骨刀。2件。长19~21厘米，宽3.2~3.9厘米（图3-64）。

图3-59　褐釉折枝牡丹纹二系剔花瓮

图3-60　墨书西夏文褐釉剔花瓮（残）

图3-61　墨书西夏文褐釉剔花瓮（残）

图3-62　匣钵

图3-63　支垫

图3-64　骨刀

党寿山先生在《武威文物考述》中指出：塔儿湾附近出土数量较多的是西夏时期烧制的各种瓷器和大量瓷片、窑具和窑址留下的灰层堆积物，附近还产瓷土，具备烧制瓷器的必要条件。

（四）烧制年代

塔儿湾瓷窑遗址及出土的这批瓷器，从时代来看均属西夏时期。其主要根据如下。

1. 与瓷器共同出土的有西夏时期通用货币

51 枚钱币中西汉"半两"1 枚，唐"开元通宝"9 枚。北宋太宗"淳化元宝"1 枚；真宗"咸平元宝"1 枚，"景德元宝"1 枚，"祥符元宝"6 枚，"天禧通宝"1 枚；仁宗"天圣元宝"3 枚，"景祐元宝"2 枚，"皇宋通宝"4 枚，"嘉祐通宝"1 枚；英宗"治平元宝"2 枚；神宗"熙宁元宝"3 枚，"元丰通宝"3 枚；哲宗"元祐通宝"2 枚，"绍圣元宝"2 枚，"元符通宝"3 枚；徽宗"圣宋元宝"1 枚，"崇宁通宝"1 枚，"大观通宝"1 枚，"政和通宝"1 枚。金"正隆元宝"2 枚。并有大量铁钱，因锈蚀严重，尚未剥离。

西夏自元昊称帝至末主睍出降，享国 190 年，在这期间，先后与北宋、辽、金既对抗，又依存。在货币流通方面，其前期几乎全部使用北宋所铸货币，只是到了后期，才立通济监铸钱，但始终未能代替宋钱，并且所铸"天盛元宝"，与金"正隆元宝"并用。这里除发现大量北宋货币外，也有少量汉、唐货币，联系武威多处发现的窖藏西夏货币中都有汉、唐五代货币同时出土，说明西夏不仅使用同时期的宋、金货币，而且也在使用前代货币，主要是汉、唐、五代货币。

2. 出土的瓷器具有宋、金时期的明显特征，与宁夏灵武窑等地发现的西夏瓷器几乎无甚差异

高圈足碗，流行于北宋晚期到南宋，宁夏灵武县崇兴乡和武威南营青嘴村出土的西夏文物中均有同类器物[1]；折腰盘与宁夏灵武窑西夏白釉折腰盘基本相似[2]；黑釉灯，宋、金时期窑址和墓葬中均有发现，与陕西安仁窑址出土的宋代Ⅱ型灯、宁夏灵武窑出土的青釉灯[3]，没有什么两样；白釉敛口钵、黑釉小釜与宁夏灵武西夏窑址中所出白釉剔刻敛口钵、黑釉小釜造型完全相同[4]；直口外折厚唇双耳罐、黑釉双耳扁壶、黑釉瓷钩，不仅在灵武窑

---

① 甘肃武威文物队：《武威出土一批西夏瓷器》图 6，《文物》1981 年第 9 期。
② 马文宽：《宁夏灵武窑》图版 52，紫禁城出版社，1998。
③ 马文宽：《宁夏灵武窑》图版 25，紫禁城出版社，1998。
④ 马文宽：《宁夏灵武窑》图版 7、图版 23，紫禁城出版社，1998。

西夏文物中多有发现，武威南营青嘴湾西夏窖藏中也有出土[①]。

3. 出土的瓷器上有墨书的西夏文字，并有明确的西夏纪年

图 3 - 54 白釉褐彩罐上墨书的西夏字"芦五"人名与图 3 - 60、图 3 - 61褐釉剔花罐上墨书的西夏字"斜毁"等对器物的检查验收意见，反映了西夏时党项人随处都在使用自己的文字。虽然在以后的元、明时期，西夏文字仍在使用，但像在瓷器上批注意见等这样普遍地将西夏文字运用在日常生活中，恐怕是不多见的。更为重要的是瓷器上有汉文纪年。豆绿釉Ⅱ型瓮腹下部墨书题记："光定四年四月卅日郭善狗家瓮"13 字（图 3 - 44、图 3 - 45），不仅记载了器物的名称和器物主，而且为我们提供了器物的准确年代。西夏立国 190 年（1038 ～ 1227），共 9 主，"光定"是西夏神宗的年号。西夏神宗在位 30 年（1211 ～ 1227），14 年后西夏即亡国，因此，这批瓷器大部分应为西夏晚期所制。是否有早、中期之分，还有待进一步研究。

二 古城瓷窑遗址

（一）地理位置

古城瓷窑遗址位于武威市凉州区古城镇上古城村东北 500 米处，包括现在的古城乡上古、八五、上河三村。在周围方圆数千米内的农田地头、房屋地基下面埋藏有大量的具有西夏瓷器特征的瓷片。当地村民在耕地时将散布在农田里的瓷片捡拾到地头，长年累月，形成了一座座小瓷片堆。实地调查中，在这些瓷片堆和地头还采集到了各类支垫、钳埚等烧瓷工具。这里一直以来是当地的陶瓷生产基地，当地称为古城瓷窑。1984 年、1987 年文物普查时发现了大量西夏瓷片，在距地表 3 米深处出土了大量西夏瓷片。瓷片有黑釉、白釉、褐釉等，制作较粗糙，与西南方向的塔儿湾遗址发现的大量西夏瓷片特点完全相同。从发现的大量瓷片看，此地应该是西夏时期规模较大的瓷窑遗址。

（二）遗址现状

上古城瓷窑遗址所在地，瓷土资源丰富，质量优等，森林茂密，水源

---

① 马文宽：《宁夏灵武窑》图版 4、图版 5，紫禁城出版社，1998。

充足，有一定储量的煤炭资源。烧窑用柴、用煤、用水方便，是建窑烧瓷的理想之地。据孙寿龄先生考证，此处早在一千多年前的唐代永隆年间就已开始烧制瓷器，到西夏时，烧制瓷器已发展到了鼎盛时期。相传在西夏时期，当地官府为了管理方便，在古城窑所在地头坝河南岸建窑城一座，分上窑

图 3-65　古城瓷窑

城与下窑城，专门烧造瓷器，一直延续至今。在头坝河北岸建商贸城一座，专营瓷器销售与商业贸易，当地人称其为云城。相传古城瓷窑最发达时期，建有瓷窑 48 座，每日烧窑的烟雾滚滚上升，集于城镇高空，像云朵一样笼罩了整个城镇，故名"云城"。元代古城瓷窑的瓷器制作业已渐趋衰败，从出土瓷器来看，仅限于上古城窑城之内，其他地方已经停止烧造。明清两代，古城瓷窑生产有所回升，但仍限于窑城之内。当地至今还保存着清代的一座窑，长 5.8 米，宽 5.8 米，高 6.5 米，烟囱从后背墙底部通过，长 4.8 米，宽 4.5 米，高 8 米。窑门高 2 米，宽 1 米，均用土坯砌成。窑墙壁厚 90 厘米，墙两侧烟道高 80 厘米，宽 40 厘米。火膛呈长方形，长 4 米，宽 1.2 米。灰膛坑长 4.5 米，宽 1.1 米，深 1.6 米。斜坡式灰道长 10 米，便于清灰时行走。

2011 年对上古城西夏遗址进行调查时，在瓷窑东侧一崖面距地表约 1 米处发现一石碌残件，出土的石碌为断裂后遗留的一半，沙石质，残长约 80 厘米，截面呈六边形，对角线长约 25 厘米，石碌表面凿锻出六个凸起的棱柱，截面端中心有一凿锻出的凹洞，用于安装木轴。在黑水城出土的夏汉对照字典《番汉合时掌中珠》所记载的农业生产

图 3-66　残石碌

工具中，农器下第一个工具为"礚磼"，对应的汉文为"碡碌"，① 这应该就是用于碾压平整土地和谷麦成熟后用于脱粒的石磹。石磹出土于一处瓷窑遗址，且周围山体上就蕴藏有丰富的瓷土，器物表面并不是光滑的平面，而是凹凸相间的棱柱，该石磹极有可能是西夏时期瓷窑生产瓷器时用于碾碎瓷土的工具。本次调查发现的石磹虽然为一残件，但为国内西夏文物中所仅见，为研究西夏时期的农业生产和瓷器生产工艺提供了重要的实物资料。

（三）古城瓷窑遗物特征

古城瓷窑历史久远，规模宏大，出土器物种类繁多，色彩丰富，有些瓷器在国内乃至世界也是首次发现，特别是出土了有纪年的瓷器，为研究武威古城瓷窑西夏瓷器提供了第一手实物资料，在中国瓷器研究史上是一重大贡献。古城瓷窑出土的四系、六系酿造瓮个体大，造型独特，为国内首现。这种酿造瓮鼓腹，高颈，盘口，圆唇，颈微内收呈弧形，腹底有流孔，内挂满釉，圈足外撇，耳为宽带条楞状，专为悬吊而设。酿造瓮的发现，可能与西夏时期酿造烈性白酒有关。

生活用品以高足杯、海碗扁壶、玉壶春瓶及直腹棒槌瓶和碗、碟为主。颜色有黑、白、褐、赭石、茶叶末和隐青色，其中茶叶末和隐青色是宋时才创制的。说明西夏时古城瓷窑也能烧出精致的新产品，烧造技术已很发达。

在西夏瓷器中，最能代表西夏瓷的花纹是剔花瓷，这在古城瓷窑出土比较多，有些还特别精美。通过剔刻露出原胎体，现出设计花纹，使白色胎体与黑釉色花纹形成明显对比，颜色分明，反差强烈，有很高的艺术价值，是代表西夏历史时期的时代产品。

古城瓷窑出土的碗，不论白色、黑色，都有其突出特点。一般碗壁为直壁，外挂半釉，为圈足玉璧底和鸡心小底。足心由内向外挖，低于碗底外壁。内底有些饰九珍彩点。海碗较多，有的体型大，碗沿作二重沿，有的作佛八瓣，是典型的宋式造型，既实用，又美观大方。

扁壶是西夏时期开始大量生产的，是党项族行军携带、马上驮运最理想的运水工具。扁壶有大有小，大者直径 35 厘米，小者 8 厘米，有印花、剔花、刻

---

① 骨勒茂才：《番汉合时掌中珠》，见史金波、魏同贤主编《俄藏黑水城文献》第 10 册，上海古籍出版社，1999。

花等类型。两侧壶脊有对称耳，腹上下为圈足，足为圆形或椭圆形，内外施釉，西夏始创。有些小酒壶流嘴下扁宽，上微圆，这些都是古城瓷窑的重要特点。

三　南营青嘴湾瓷器窖藏

1987 年 10 月，原武威地区文化馆文物队在原武威县南营公社青嘴大队（现武威市凉州区新华乡青嘴村）青嘴河北面山坡上的小洼地发现一座窖穴遗址。[①] 窖穴范围不大，也不规整，距地表约 1 米，口径 1 米，深 1 米。穴内整齐地按碗、碟、罐的大小层叠堆放着一批瓷器。经清理，共出土瓷碗、瓷碟、瓷扁壶、瓷罐等器物，此外还出土木筷、小石坠、黑釉瓷钩，铜笄及"开元通宝"钱等。

（一）器物介绍

1. 白褐釉梅花斑点瓷碗。1 件。侈口，斜壁，深腹，圈足。灰白色胎，胎质粗糙。内壁施白釉，并有三组褐釉梅花点纹，每组有九个小圆点，外壁施褐釉。口径 18.7 厘米，底径 6.6 厘米，高 7.2 厘米（图 3–67）。

2. 白褐釉梅花斑点瓷碗。1 件。敞口，深腹，圈足，缸胎。碗内壁及外壁上部施白釉，内壁下半部不施釉。碗内有五组褐釉梅花形斑点纹，每组九个小圆点。碗内底有叠烧的圈足痕迹。器形较为独特。口径 22.5 厘米，底径 7.5 厘米，高 11 厘米（图 3–68）。

图 3–67　白褐釉梅花斑点瓷碗

3. 褐釉二系瓷罐。1 件。敛口，卷沿，束颈，溜肩，鼓腹，底内敛，圈足。二系，系一端连于颈部，一端连于肩部。腹部有数道弦纹。灰白色缸胎。器内外壁施褐釉，釉色微泛绿。口沿内有一圈露胎，下腹部、足部不施釉。口径 12 厘米，底径 7.5 厘米，高 19 厘米（图 3–69）。

图 3–68　白褐釉梅花斑点瓷碗

---

① 钟长发：《武威出土一批西夏瓷器》，《文物》1981 年第 9 期。

4. 黄釉二系瓷罐。1 件。敛口，长颈，鼓腹，底内敛，圈足，口沿以斜面向里紧收。二系，系一端连于颈下部，一端连于腹部。腹部有数道弦纹。灰白色缸胎。器内外壁施黄釉，釉色微泛绿。口沿内有一圈露胎，下腹部、足部不施釉。口径 12.4 厘米，底径 8.5 厘米，高 24 厘米（图 3-70）。

图 3-69　褐釉二系瓷罐　　图 3-70　黄釉二系瓷罐

图 3-71　白釉高足碗

图 3-72　白釉瓷碗

5. 白釉高足碗。2 件。侈口，高圈足。胎质较粗糙。内外施白釉，外壁近底部及圈足不施釉。内底有叠烧的圈足痕迹。一件口径 12.7 厘米，底径 4.5 厘米，高 7 厘米（图 3-71）；另一件口径 12 厘米，底径 3.7 厘米，高 6.6 厘米。

6. 白釉瓷碗。16 件。分Ⅱ型。

Ⅰ型。13 件。器形较大。敞口，折沿，圈足。灰白色胎，胎质粗糙。内壁及口沿施青白釉，外壁不施釉。内底有叠烧的痕迹。口径 15~19 厘米，底径 5~7 厘米，高 6~8.3 厘米（图 3-72）。

Ⅱ型。3 件。器形较小。胎质较粗糙。敞口，圈足，内壁及口沿施白釉，外壁不施釉。内底有叠烧的圈足痕迹。口径 11.3~

12.7厘米，底径4.9～5.1厘米，高4.2～4.5厘米（图3－73）。

7. 褐釉瓷碗。2件。侈口，深腹，深圈足，平底，缸胎。碗内壁及口沿外施褐釉，腹部以下不施釉，内底有叠烧的圈足痕迹。口径23厘米，底径8厘米，高10.5厘米（图3－74）；另一件口径20厘米，底径7.8厘米，高7.5厘米。

图3－73　白釉瓷碗

图3－74　褐釉瓷碗

8. 黄釉瓷碗。2件。分Ⅱ型。

Ⅰ型，1件。侈口，深腹，圈足，平底，缸胎。碗内壁及口沿外施黄釉，腹部及以下不施釉，内底有叠烧的圈足痕迹。口径18.5厘米，底径6.7厘米，高8.2厘米（图3－75）。

Ⅱ型，1件。侈口，深腹，圈足，平底，缸胎。碗内壁及口沿处施白釉，口沿以下及腹部施黄釉，内底有叠烧的圈足痕迹。口径18.2厘米，底径6.8厘米，高8.2厘米（图3－76）。

图3－75　黄釉瓷碗

图3－76　黄釉瓷碗

9. 白釉瓷碟。5件。敞口，浅腹，圈足，胎质较粗糙。内壁及口沿施白釉，外壁不施釉，内底有叠烧的圈足痕迹。口径13.2～15.5厘米，底径5.4～6厘米，高2.5～4厘米（图3-77）。

图3-77 白釉瓷碟

图3-78 绿釉瓷扁壶

10. 绿釉瓷扁壶。1件。小口，短颈，扁腹。肩有双耳，其中一耳已残。腹两侧有矮圈足，圈中周围有数道同心圆凸起的弦纹。通体施绿釉，一侧圈足施绿釉，另一侧无釉，圈足内有叠烧的痕迹。口径5厘米，宽15厘米，高18厘米（图3-78）。

11. 木筷。3双。上粗下细，上端有凹弦纹数道，均为手工雕刻。长27厘米。

12. 黑釉瓷钩。1件。钩形，挂端有孔可以穿绳，施黑釉。长5厘米。

13. 铜笄。1件。锈蚀特别严重，两端已残缺不全。

14. 小石子。1件。青石制，磨制而成。上小下大，磨制得非常精致，应为装饰品。

15. 开元通宝铜钱。1枚。锈蚀严重，上面的字迹可辨认清楚。直径2.2厘米，重1.4克。

（二）结语

1. 这批窖藏文物瓷器数量较多，器形均为碗、碟、罐等生活用具，以白釉、褐釉、黄釉为主要釉色。其中碗的数量最多，为24件，釉色以白釉居多，其中两件瓷碗内壁饰有三组或五组褐釉梅花点纹，每组有九个小圆点。这与附近武威塔儿湾出土的西夏瓷器风格极为相似，应为塔儿湾瓷窑所烧制。这批器物与宁夏、内蒙古等地西夏时期遗址、窖藏、窑址、墓葬出土的器物相似或相同，具有明显的共性。特别是出土的白釉瓷碗数量较多，这与宁夏灵武窑、回民巷窑极为相似，应与西夏国崇尚白色有关。出土的绿釉扁壶，有别于宁夏灵武窑出土的黑釉剔刻花或剔划花扁壶，这也是武威境内出土的器物所具有的明显特色之一。此外，出土的白釉高足碗，是宋、金境内常见的器物，这也说明了武威境内西夏瓷器的风格和制瓷技术，受到了中原制瓷技术的影响。

2. 在这批窖藏文物的周围，还发现了许多碎瓷片和一些灶坑用器残片，在清理过程中还发现有草泥墙和木柱洞的痕迹，这应是一处土坯房屋的遗迹。西夏时城市平民及农业人口所居住的房屋，一般是土屋。宋曾巩所撰《隆平集》卷20记载："民居皆土屋，有官爵者，始得以覆之以瓦"。从出土遗物和草泥墙、木柱洞等痕迹推断，此处应为西夏人居住的一个遗址。①

四　城区针织厂窖藏

（一）出土情况

1980年5月，甘肃省武威县（今武威市）针织厂出土一批窖藏文物，文物工作者党寿山同志前往勘察。

县针织厂在武威城北关什字北侧，与雷台湖相邻。这里原是一片与郊区农田连接的乱葬岗，经常发现魏晋和近代墓葬。中华人民共和国成立后，辟为工商集市区。这批文物埋藏在距地表1.5米以下的沙土、卵石层中。现场已被破坏，表层为新开的长2米、宽1.2米、深2米的配电室地线坑；参与施工的该厂职工梁保元同志发现坑东侧露出铜锈痕迹，于是在坑东向下深挖1米，挖得铜器、瓷器等器物多件。据发现者介绍，器物摆放杂乱无章，似

---

① 钟长发：《武威出土一批西夏瓷器》，《文物》1981年第9期。

是在慌乱中仓促掩埋的。出土的铜器、瓷器大多锈蚀、损坏严重，坑内尚有不少瓷片，其中一件 5 厘米见方的瓷片上还刻有一西夏文字。

（二）器物介绍

1. 铜火炮。1 尊。炮身较长，通长 1 米，重 108.5 千克。由前膛、药室和炮尾三部分构成。前膛长 46.8 厘米，炮口内径 12 厘米，外沿铸固箍；药室凸起，呈椭圆形，腹围 82 厘米，上有直径 2 厘米的小孔，供装引火线；炮尾中空，口大底小，如喇叭形，两侧各有一宽 1.5 厘米的对称方孔，用来安装铁栓连接支架，并起耳轴的作用。火炮表面粗糙，铸造后未经打磨，通体留有明显的范缝，有的缝上还留有扉边（图 3 - 79）。

2. 铁弹丸。1 枚。实心，弹面周围已经蚀损，呈不规则圆形，直径约 9 厘米，重 0.35 千克。置于火炮室内（图 3 - 80）。

图 3 - 79　铜火炮

图 3 - 80　铁弹丸

3. 黑火药。0.1 千克。原在火炮室内，出土后大部分已经散失。火药有粉末和颗粒两种。经检验分析，已失去爆炸性能。

图 3 - 81　提梁铜锅

4. 提梁铜锅。2 件。红铜锻造而成。直口，鼓腹，圆底（残），素面无纹。提梁附于肩部铆嵌的"乂"叶形饰耳上，高约 20 ~ 25 厘米，口径 20 ~ 24 厘米（图 3 - 81）。

5. 瓷器。7 件。大部分瓷器损坏严重，经修复较完整的器物有豆绿釉壶、瓮、罐、瓶，黄绿釉四系瓮，褐釉剔花罐。

（1）豆绿釉。5件。

扁壶。2件。

一件，敞口，卷唇，矮颈，腹部呈扁圆形，腹两侧及腹尾均有圈足，腹部一圈内刻有符号"⊏"。肩部置带形双耳。内外豆绿釉，釉色涂布不匀，腹一侧下部呈褐色，圈足内外露胎，另一侧仅圈足外露胎。高28.5厘米，腹径25厘米，两侧足径各10厘米，腹尾足径8厘米（图3－82）。

另一件，造型别致，形似两盆口相合，衔接处以附加堆级装饰。敞口，卷唇（残），短颈，颈偏于一侧，四系，腹两侧圈足，腹部一侧膜印有阳文"⊆"。豆绿釉色中泛褐色。高33.5厘米，腹径30厘米，足径18.5厘米（图3－83）。

图3－82　豆绿釉瓷扁壶

图3－83　豆绿釉四系瓷扁壶

瓮。1件。直口，平唇，溜肩，深腹，下腹内收，暗圈足。内外施釉，釉色不匀，腹外下部露胎。高27.5厘米，口径18.5厘米，底径22.5厘米（3－84）。

罐。1件。直口，圆唇，高颈，溜肩，肩附双股带形双耳，鼓腹下收，圈足。釉色绿中泛黄，涂布较薄，腹外下部及圈足露胎。高23厘米，口径15.5厘米，足径10厘米（图3－85）。

瓶。1件。小口（残），宽肩，肩部饰弦纹两道，深腹，下腹内收，暗圈足。内外施釉，腹外下部露胎。高25.5厘米，口径5.3厘米，足径10厘米（图3－86）。

图 3 – 84　豆绿釉瓷瓮　　　图 3 – 85　豆绿釉瓷罐　　　图 3 – 86　豆绿釉瓷瓶

（2）黄绿釉瓮。2 件。口外翻，卷唇，唇内呈二层台重沿，高颈，溜肩，肩部置双股带形四系，鼓腹，平底。内外釉，口沿及上腹施米黄色釉，腹中部施豆绿釉，两色界线清晰，腹内外下部露胎，胎质粗糙。高 30 厘米，口径 12 厘米，底径 11.8 厘米（图 3 – 87）。

（3）褐釉剔花罐。1 件。直口，宽平唇，溜肩，鼓腹，暗圈足。内外满施褐釉，仅唇沿露胎。肩部及外腹壁以剔花作装饰，肩部环饰覆莲瓣，肩与腹之间为带纹，腹部主题纹样为上下仰俯的四朵缠枝牡丹，空白处饰波浪卷叶纹。整个装饰布局严谨，立体感强。高 35 厘米，口径 18 厘米，底径14.5 厘米（图 3 – 88）。

图 3 – 87　黄绿釉四系瓷瓮　　　图 3 – 88　褐釉牡丹纹剔花罐

（三）窖藏时代

出土的敞口、卷唇、腹三面和两侧圈足的二系、四系扁壶，与武威南营喇嘛湾出土的西夏褐釉扁壶①及宁夏灵武窑发现的西夏褐釉剔花扁壶②，在器形、胎质等方面十分相似。底部加一圈足，平、立均可放置的扁壶，与武威古城塔儿湾出土的三足扁壶，无论造型，还是釉色、大小完全一样，已收入《西夏文物》③（该书所标出土时间和地点误，此正之）。这类扁壶，在宁夏灵武、甘肃武威多有发现，是西夏瓷器的重要品种之一。

直口、平唇、溜肩、深腹瓮，与宁夏灵武窑出土的西夏褐釉敛口瓮极为相近④，宽平唇褐釉剔花罐与武威塔儿湾出土的西夏同类罐造型、装饰无大差别⑤。尤其覆莲瓣、波浪卷草纹，在武威西夏瓷器中多见。

卷唇、高颈、鼓腹、四系黄绿釉瓮与武威塔儿湾出土的西夏褐釉瓮十分相似⑥。特别是卷唇器物在西夏壶、瓮、碗瓷器中屡有发现。

豆绿釉小口瓶，质地、釉色以及肩部饰弦纹、腹下露胎等特征，与武威各地西夏瓷器相一致。高颈、圈足双耳罐，除口沿外，整个造型与宁夏石嘴山省崴城遗址出土的褐釉双耳罐⑦、甘肃武威南营乡喇嘛湾出土的黑釉双耳罐⑧基本相同。综上所述，这批窖藏应为西夏时期的遗物。

五　武威建国街窖藏

1971年9月，原武威县（今武威市凉州区）建国街在进行地下战备工程施工中，发现西夏窖藏，除出土白釉瓷碟1件、双耳黄釉瓷壶1件、酱釉双系瓷扁壶1件及少量北宋货币外，另出土盘口方流铜壶1件、铜观音像1件、石磨1件。街道办事处负责同志将出土文物交县文化馆收藏，在文庙（今武威市博物馆所在地）保存。

---

① 甘肃武威文物队：《武威出土一批西夏瓷器》，《文物》1981年9月。
② 马文宽：《宁夏灵武窑》图83～86，紫禁城出版社，1988。
③ 史金波、白滨、吴峰云：《西夏文物》图版283，文物出版社，1988。
④ 马文宽：《宁夏灵武窑》图92，紫禁城出版社，1988。
⑤ 孙寿龄：《武威发现西夏大批瓷器》，《中国文物报》1992年11月1日。
⑥ 孙寿龄：《武威发现西夏大批瓷器》，《中国文物报》1992年11月1日。
⑦ 史金波、白滨、吴峰云：《西夏文物》图版279，文物出版社，1988。
⑧ 史金波、白滨、吴峰云：《西夏文物》图版280，文物出版社，1988。

（一）器物介绍

1. 白釉瓷碟

图 3 – 89 白釉瓷碟

高 5 厘米，口径 10 厘米，底径 4 厘米。口沿内收，坦心，高圈足。内外壁施满釉，底有砂圈（图 3 – 89）。

2. 双耳黄釉瓷壶

高 25 厘米，口径 7 厘米，底径 9 厘米。直口，卷唇，鼓腹，圈足，条状耳附于双肩。内外施釉，肩部有宽条纹，腹部有弦纹三层，每层各两道，腹外下部与圈足露胎（图 3 – 90）。

3. 酱釉双耳瓷扁壶

高 13.5 厘米，口径 6 厘米，足径 8 厘米。敞口，卷沿，短颈，扁腹，双耳于肩，一耳已残。腹部两面各有一假圈足，内外施釉，圈足露胎（图 3 – 91）。

4. 盘口方流铜壶

高 27 厘米，口径 14 厘米，足径 8.5 厘米。盘口，高颈，弧腹，圈足，方流，錾残，肩部有一小孔，下腹留有铆接的錾残痕（图 3 – 92）。

图 3 – 90 双耳黄釉瓷壶　　图 3 – 91 酱釉双耳瓷扁壶　　图 3 – 92 盘口方流铜壶

5. 铜观音像

高 14 厘米。坐姿，两手残缺。头戴宝冠，宝冠中间有一化佛。眉目清秀，神态自若，双耳挂大耳铛，胸戴项圈、璎珞，身着通肩大衣，下着裙，腰间系带，中间打结，飘带垂于两腿间，盘腿坐于椭圆形台面上。身体比例匀称，头部、身体自然向右微微倾斜，铸造十分精致，是一件优美的艺术珍品（图 3 – 93）。

6. 石磨

厚 7 厘米，直径 38 厘米，磨眼直径 4 厘米。仅存上扇，有六组磨齿，桃形（图 3 - 94）。

 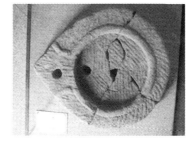

图 3 - 93　铜观音像　　　　　　图 3 - 94　石磨

（二）几点认识

1. 武威建国街出土的这几件文物，具有鲜明的时代特征，为断代提供了可靠的依据

出土的高足碟，其特征与宁夏灵武崇兴乡和宁夏灵武窑址出土的西夏同类器物同；出土的直口、外折厚唇、高颈溜肩、带形双耳罐与宁夏灵武窑出土的西夏褐釉双耳瓜棱罐器形同；出土的敞口、卷沿、腹两侧圈足、双耳扁壶与宁夏灵武窑发现的西夏褐釉剔花扁壶形制一样。由此可见，同时出土的其他几件器物也是这一时期的。

2. 武威建国街出土的铜器，反映了西夏高超的冶铜水平

冶铜是西夏手工业中重要的生产部门，《文海》"鍮"释："融铜撒药为鍮也。"鍮为黄铜（俗称红铜或紫铜）与锌的混合物，故这里的撒药当指加入锌。懂得在冶炼过程中加入锌，反映出党项人的炼铜技术已相当先进。铜器的制造方法分打、铸两种，《天盛改旧新定律令》卷 17 "物离库门"明确规定，铜鍮"为种种打事则一两耗减三钱，为种种铸事，则一两中可耗减二钱"。目前出土的西夏铜器有铜牌、铜印、铜钱、铜镜、铜刀、铜牛、铜铃、铜甲片、铜门钉泡、铜壶、铜佛像、铜塔范等。

西夏冶铜业的发展，不仅表现在炼铜技术的先进与铜制品种类的繁多，而且表现在铸造工艺的高超。武威建国街出土的铜壶、铜观音像，造型独特，铸造精美，充分体现了西夏冶铜业的先进水平。

壶，是一种酒具，有时也用来装水，主要流行于商代至汉代。由于其使用年代长，因此样式也很多，有圆形、八角形、瓠形等，如西亚的扁壶、鸡头壶、唾壶，唐代的凤头壶、皮囊壶，辽代的鸡冠壶、马镫壶等。1987年10月，在宁夏中卫红泉四眼井村出土了一件西夏铜壶。壶小口，束颈，溜肩，扁鼓腹，喇叭形高圈足。带盖，似礼帽，以子母状与器口榫合，上有球状小钮，边缘饰二周凹旋纹。壶口为盘状，腹颈的一侧置一倒流。喇叭形高圈足上下饰二组凸旋纹。

武威出土的这件西夏盘口方流铜壶，与中卫出土的铜壶相比，样式简洁古朴，壶口也为盘状，束颈，溜肩，圈足。不同的是，武威出土的铜壶，为方流，既有西方文化特色，又具有典型的地方民族特色。而且铸造和锻造并用，还采用了铆合技术，器物的造型也力求均衡稳定，又变化多姿，别具特色。

西夏人崇尚佛教，国家设有"僧众功德司、出家功德司、护法功德司"等管理宗教的专门机构，佛教在西夏境内普遍流行。武威出土了许多反映宗教信仰的文物，如武威新华乡亥母洞出土的西夏佛经、西夏木牍等，但目前世界上反映宗教信仰的西夏铜佛像甚为少见。1986年，在银川市新华东街出土了七尊窖藏青铜鎏金佛像，这些佛像尺寸高大，做工精美。宁夏回族自治区博物馆吴峰云先生撰文，提出这七尊佛像为西夏时期的佛造像，但也有人对此提出不同看法。因此，武威出土的这尊铜观音像就显得格外珍贵。

这尊屈膝盘坐的观音像，比例匀称，面目清秀，身体和头部向右微微倾斜，下颔微低，双手从手腕铆接处残损。铜像含铁质较多，表面有氧化铁红（氧化亚铁）。此铜像既有典型的中原文化因素，又有少数民族的文化特征。衣饰是明显的中原风格，衣纹线条粗犷中不乏细腻。面部丰满，鼻翼肥大，眼睑较长，双肩宽大，身体伟岸而不乏纤柔，有少数民族的外貌特点。它为西夏时期的佛像断代提供了参考根据。

3. 出土的石磨，对研究西夏的农业具有重要的价值

西夏建立后，基本上以畜牧业为主，农业生产很落后。后来随着畜牧业的发达，土地私有制的出现，特别是占领河西地区以后，党项人逐渐重视农业。河西地区原是汉、唐以来的富庶农耕地带，"地饶五谷，尤宜稻麦"，这里的居民不但食用肉类与乳制品，还食用汤面、花饼、干饼等粮食加工食品，粮食加工工具有碓（碌）、碾、碓、磨。

磨，最初叫砲，从汉代开始才称为磨。是用人力或畜力把粮食去皮或研磨成粉末的石制工具。石磨通常由两块尺寸相同的短圆柱形石块和磨盘构成。一般是架在石头或土坯等搭成的台子上，接面粉用的石或木制的磨盘上摞着磨的下扇（不动盘）和上扇（转动盘）。两扇磨的接触面上都錾有排列整齐的磨齿，用以磨碎粮食。上扇有两个（小磨一个）磨眼，供漏下粮食用。两扇磨之间有磨脐子（铁轴），以防止上扇在转动时从下扇上掉下来。

武威建国街出土的手摇石磨，应该就是用作"碾谷物为制面"的谷物加工工具。此磨为磨的上扇，有六组磨齿，形状为桃形。它与中原地区的磨形有很大的不同。中原的石磨或石碾大都为圆形，而此磨却为桃形。在出土的石磨中，这种磨形也是不曾见过的，反映了西夏人独特的思维。虽然仅存上扇，也可看出西夏人曾使用这种工具。

第三节　瓷窑遗址与瓷器窖藏研究成果

一　古城塔儿湾窑址是武威地区西夏瓷器的产地

自 1971 年以来，先后多次在武威市区、城郊、凉州区上泉、金羊、高坝、长城乡等地，天祝、古浪、民勤等县出土过零星西夏瓷器。数量较大的是 1978 年在南营青嘴湾一次出土窖藏西夏瓷器 45 件，这些瓷器究竟产自何地，因没有可靠的根据，不易判断。1984～1986 年，中国社会科学院考古所对宁夏灵武窑进行三次发掘后，对宁夏及邻省广大西北地区古瓷生产的情况，有了概括的了解，认为宁夏灵武崇兴乡、海原县，内蒙古伊金霍洛旗与甘肃武威等地出土的瓷器，与此地下层所出的器物相似，可能是本窑的产品。在新资料发现之前，这种推断不无道理。然而，随着近两年来武威塔儿湾瓷器的大量出土，特别是瓷窑遗址及窑具的发现，这批瓷器的产地，包括以前武威各地出土西夏瓷器的产地，就有必要重新分析。我们认为：这些瓷器应该主要是武威当地生产的。具体而言，武威古城塔儿湾附近有瓷窑，该窑应该是武威西夏瓷器的主要烧造地。理由如下。

（一）这里依山傍水，出产瓷土和釉料

发源于天祝藏族自治县的杂木河水，四季长流不断；距塔儿湾东南约

2 千米的白土沟、二沟、干沟等山沟里，蕴藏着大量瓷土；至于釉土，山坡上随处可见，因此可以就地取材，具备烧制瓷器的条件。

（二）这里有较长的烧造瓷器历史

清乾隆《武威县志·物产·金石类》中有"瓷器"，说明清乾隆以前武威就曾烧制瓷器。塔儿湾北约 5 千米的上古城，现在仍在烧制瓷器。瓷窑所在地，至今仍被群众称为"窑城"，相传最多时瓷窑竟达 48 座，可见当时规模之大。虽然对这处窑址尚未进行发掘，但从在该地采集的标本看，胎质、釉色和西夏瓷基本相似，只是器形、品种、釉色比较单一。今天的古城瓷窑，应该是在西夏瓷窑的基础上延续下来的。

（三）这里有大量瓷器碎片堆积，出土过较完整的瓷器，大部分也为残次品或报废品，不可能是个人或家庭收藏

1980 年以来，特别是近两年来，经常可以看到该地的渠边、路边、地头和群众取土现场，散布着大量西夏瓷器残片，已经采集到的就达数千件之多。如果这里或附近不是瓷窑遗址，不会有这么多瓷片被废弃。较完整的器物，多数都在胎、釉、彩上出现毛病。有裂伤、变形的，有粘釉、漏釉的，有剥彩、磨彩的。塔儿湾所出土的白釉黑彩牡丹纹二系瓷瓮（图 3－53）和褐釉莲花纹剔花罐（图 3－57），就明显属于窑裂和夹扁的器物。墨书西夏文褐釉剔花瓮（图 3－60、图 3－61），是一件有裂伤并倾斜的报废品，花纹以外的剔刻部分有墨书西夏文批语四行九字，其意为："斜毁，有（裂）伤，下速斜，小"。这些报废品和残次品的出现，不仅反映了这里是一处生产瓷器的作坊或窑址，同时也可以看出这里的产品是经过严格检查验收合格后，才能销售的。墨书豆绿釉瓮（图 3－44、图 3－45），现已残，瓮腹下部有"光定四年四月卅日郭善狗家瓮" 13 字，看来这是一件由郭善狗定做的瓮，烧制成后并未取走。这条记载很重要，一方面说明这里是生产定做瓷器的作坊或窑址，另外，还可据此推测这处瓷器作坊或瓷窑停产的时间，即西夏光定四年（1214）四月卅日以后。

（四）武威地区出土的西夏瓷器，制作技术、器形、釉色、纹饰、制作方法均相同，当为统一窑口制作

据考古调查资料可知，烧造西夏瓷的窑址主要集中在宁夏银川西郊贺兰山下及灵武一带；甘肃省武威古城也发现了西夏瓷窑遗址，这是目前所知中国西北边陲最远的一处古瓷窑址。武威瓷窑遗址出土的西夏瓷器数量大、种类多、内容丰富且保存完整，既有宋代风格，又有西夏党项族和凉州地方特色，在西夏制瓷业中占有不可忽视的地位。特别是古城塔儿湾遗址，从1982年以来，经武威市博物馆及甘肃省考古研究所几次考古发掘，一地出土几百件西夏瓷器，这在国内西夏瓷窑遗址中并不多见，是我国西夏考古史上迄今出土西夏瓷器数量和种类最多，釉色、花纹繁杂的一处遗址。同时，武威地处甘肃河西战略要地，是西夏经济、商贸中心，发达的制瓷业是西夏经济贸易的重要组成部分。古城塔儿湾瓷窑作为武威西夏瓷器的主要烧造地，由党项人具体经营管理，因此，其产品造型设计、纹饰题材、装饰手法均表现出较强的民族风格与特点，将这些民族风格与特点集聚在一起，便形成了西夏瓷器的特征。它的发现引起了史学界的关注，对西夏考古研究具有重要意义。

二　武威地区西夏瓷器的特点

（一）瓷器器形多样，既受宋代其他窑系影响，又有本民族、本地区的地方特色

器物以碗、碟、罐、壶、瓮、瓶等民间生活用品为主，碗、碟、罐的数量最多。每种器物中又有各种不同类型，器形各异，富有变化。由于用途不同，器物大小也很悬殊，如塔儿湾酱釉釜高仅3厘米，而黑釉、褐釉瓮竟高达60厘米。器物中的高足碗、折腰盘、黑釉灯等，如前所述，是宋代流行的器物；小口、斜唇、肩部二系的扁壶（图3-32），直口、外折厚唇、高颈双耳罐（图3-15）以及瓷钩等，不仅塔儿湾和武威各地屡有出土，宁夏灵武窑也多有发现。这些都具有鲜明的民族特色。

除此之外，塔儿湾出土的瓷器中，还发现十多种不仅具有民族特色，而且具有地方特色的新器形。如黑（褐）釉敞口、坦心、平底碟（图3-19），黑釉I型、褐釉II型短流双錾执壶（图3-20、图3-21），黑釉IV型（图3-23）、褐釉V型（图3-31）瓢状流口双錾执壶，黑釉印花I型方足扁壶，II、III型曲状流执壶（图3-50、图3-51、图3-52），黑釉外折厚唇沿罐（图3-25）、酱釉卷唇沿瓮（图3-38），褐釉敛口小瓶（图3-34）等，大多造型新颖，风格独特，具有武威地区的地方特色。即使在同一器物中，也尽量避免完全相似。像短流双錾执壶，虽然流和錾同，但錾的位置以及颈、肩、腹部有区别；有的錾在流

对侧（图 3 - 21），有的则在左侧（图 3 - 20）；有曲颈、溜肩、鼓腹的（图 3 - 21），有高颈、宽折肩、弧腹的（图 3 - 30）。又如瓢状流口双鋬执壶，虽然流和鋬一样，但颈、腹间则有变化：有束颈、溜肩、长圆腹（图 3 - 22），也有细长颈、长鼓腹（图 3 - 31）。再如同样是长束颈、长鼓腹瓮，由于用途不同和器形上的多样化，在唇沿、穿系和圈足等部位也有差异：唇沿有外折厚唇沿、卷唇沿、盘口唇沿；系有四系、六系；圈足有明圈足、暗圈足；腹下部有的封闭，有的开流口等。

（二）保存瓷器数量大，种类多，内容丰富，北方许多窑的品种，除极少数外，这里基本都有，并且保存较完整

武威地区出土征集、收藏保存几百件西夏瓷器，塔儿湾出土保存在市博物馆的 140 多件瓷器中，较完整的就有 110 多件，除有白、黑、褐、酱、豆绿等单色釉外，还有白、黑，白、酱，褐、豆绿二色釉和黑、酱、豆绿，黑、紫、豆绿三色釉，以及用印、绘、剔等手法进行装饰的黑釉印花、白地黑（褐）彩、剔刻釉花等十多种，其中釉色以白釉、褐釉居多，酱釉、黑釉、豆绿釉次之。白釉普遍泛黄，豆绿釉一般色调灰暗，多缺乏光泽明快的情调；黑、褐、酱等釉色，在同一器物上也有深浅浓淡，混浊与透明的不同，但大多数器物则色泽莹润，柔和淡雅。有些器物的边角和外凸棱处，由于釉的流离作用，显露出浅色胎骨线条，如黑釉瓮、黑釉灯等；有些器物涂釉不匀，烧制后显现出两种深浅不同但又自然融合的色调，如酱釉瓮、豆绿釉罐等。这些都给人以稳重古朴而又明快典雅的感觉。装饰手法以褐釉剔刻花为主，黑釉、豆绿釉剔刻花、黑釉印花，以及白地绘黑（褐）花、白地点黑（褐）彩，也占相当比重。剔刻花和印花手法的普遍运用，也是塔儿湾瓷器的显著特点。北方著名的定窑、磁窑，在装饰艺术上有很高的成就。定窑以不透明的乳黄色釉，衬托印花、刻花纹饰的装饰效果，磁州窑则多以刻花的手法装饰白釉器物，而塔儿湾瓷器的剔刻、印花手法，除用在白釉器物上外，也普遍运用在大量釉色较深的黑釉、褐釉、豆绿釉等器物上。

白地黑花器物，是磁州窑匠师的创造，北方各窑无不受其影响。然而，在此之前已发现的西夏瓷器中尚无这一品种。塔儿湾白地绘黑（褐）花瓷器的出土，填补了这一空白。

装饰题材有阴弦纹、阳弦纹、水波纹、带状纹、云头纹、九点纹等几何

纹样，有梅花、牡丹、莲花、莲瓣、葵瓣、花叶、草叶等植物纹样，还有天鹅、仙鹤等飞禽纹样，也有植物与几何结合的卷草云纹等。剔刻釉装饰，是在器物胎体上施黑、褐、绿等深色釉后，划出花纹，并用刀在釉上剔刻掉花纹以外的部分，然后在花及叶上划出花蕊及叶的茎脉。这种剔刻釉装饰，能使花纹凸起，形成一种较强的浮雕感。题材以卷叶纹、牡丹、莲花为主，多用在深腹罐、深腹瓮上。纹饰组成有两种形式：一种是左右排列，将主题纹饰折枝牡丹等，剔刻在器腹开光内，开光两侧分块面左右刻密集的弧线纹作为底纹，也有不用弧线纹，而用稀疏的花瓣纹的，这样既打破了开光外单一釉色的呆板，又衬托了开光内的主题花纹，使其更加突出显明（图 3-59）；另一种是上下排列，主题纹饰缠枝牡丹或莲花，分布在器腹一周，肩部饰卷叶纹，中间以一道弦纹相隔，上下饰带状纹，由于器物周围布满剔刻的花饰，整个器物上有繁花似锦、灿烂夺目的效果（图 3-58）。

印花装饰，是在釉下用陶范在胎体上翻印花纹。题材有卷枝纹、云雷纹、莲花、梅花、太极图、图书卷轴等，多用在小型扁壶和执壶上。其纹饰多以单个排列，互不连贯，但把它们组合在一件器物上，疏密得当，再以卷枝纹为边饰，在变化中也能求得统一（图 3-50、图 3-51、图 3-52）。

白地黑（褐）花，是在白地上绘饰花纹，白地衬托黑（褐）花，增强艺术效果。题材有卷草纹、花叶纹、云头纹、西番莲或缠枝绕叶牡丹为主题，有的上下仰俯开放，有的左右并列开放，构图基本相同，而花卉姿态各异。肩、颈部多饰波形自由卷叶纹。在绘制天鹅、仙鹤等动物的瓮、罐上，布局构图、所配纹饰则与动物动态、自然环境密切联系起来。以静立的天鹅为主题的装饰，布置在莲花瓣开光内，周围配水波纹、草叶纹；以飞翔的仙鹤为主题的装饰，布置在开阔的天空中，周围配以云头纹、卷瓣莲，画面协调统一，主题更加突出（图 3-55）。这种掌握题材动态，进行加工提炼，创造出介于图画与图案之间活泼生动的装饰艺术，充分反映了西夏工匠们高超的工艺水平。

关于点彩装饰，仅采集到相关的破碎瓷片。是在白色釉上点黑（褐）、绿点彩，组成菱形点纹或梅花纹，有七点、九点不等，多用在碗心和碗内壁周围。

堆塑装饰，是在器物胎体上附加一条堆贴绳，多用在长束颈的大瓮上，像项圈一样，格外显眼而美观（图3-53）。

（三）把图书、字画、莲花、太极这些表现儒、释、道思想的图案，在瓷器上进行装饰，是这批西夏瓷器的一大特点

西夏后期，统治者积极推行汉化政策，大力推崇儒学。夏仁宗尊孔子为"文宣王"，令州郡立庙祭祀。西夏还翻译了《论语》《孟子》《孝经》等儒家经典，自己著有《贤智集》《德行集》等宣传儒家学说的书籍。并以儒学为学校教育的内容和科举取士的准则，精通儒学的人可以"不次擢官"。西夏统治者要求人出生后，就要"学习文业，仁义忠信"，"孝敬父母，六亲和合"。这种社会道德要求和封建礼教思想，不仅通过上述措施得到传播和确立，而且印制在日常生活用品瓷器上。塔儿湾出土的黑釉Ⅰ型印花扁壶（图3-50）上模印的图书、字画图案，就是西夏提倡儒学的政策在瓷器上的反映。

除了儒学的兴盛，能够体现西夏文化发展水平的，则为佛教的兴盛。佛教自东汉时期传入中国后，经过魏晋南北朝的发展，至隋唐更为兴盛。各代的绘画、雕塑中都吸收和融合了不少外来因素，瓷器上也多用莲花来进行装饰，西夏也不例外。塔儿湾发现的褐釉剔刻花Ⅱ型罐（图3-57）、白地褐花罐（图3-54）等大量瓷器上使用莲花进行装饰，形象地反映了这一历史事实。

西夏除把佛教作为国教广泛推行外，中国土生土长的道教，也为西夏所信奉。史书记载，元昊太子宁明勤于学道，元昊问他治国之术，他用道家思想回答："莫善于寡欲"。这说明统治阶级中就有道教的信仰者。塔儿湾发现的黑釉印花Ⅲ型壶（图3-52）中，有太极图像印纹。太极图是道教常用图形，说明崇尚阴阳、崇尚自然天道观的道家思想，在西夏社会中已有广泛影响，并且反映在作为生活用品的瓷器上。

（四）瓷器的胎质粗糙，多采用叠烧和扣烧法烧造

这批瓷器器胎呈灰白色，多坚实厚重，表面轮旋的纹路粗松，且多不规则、不均匀；但也有一些胎质比较细腻、外表比较规整的器物。在烧造方法上，有砂圈、涩圈叠烧法，也有芒口、整条扣烧法等，以砂圈和涩圈叠烧法为主。为了便于叠烧或扣烧，大部分器物均内壁满釉，外壁施半釉，下部及圈足露胎。碗、碟、盘等大敞口的器物，底心垫一圈砂粒或底心一圈刮釉；

而壶、瓶、罐等深腹器，则口部内侧露胎，或口部、肩部刮釉。这种不采用满釉单烧，而用叠烧和扣烧的方法，虽然可以大大提高工效，但影响器物的美观，也不利于洗涤。为了尽可能避免这种弊端，这些器物在刮釉时，一方面注意控制面积和保持边缘整洁；另一方面在器表适当位置划几道釉弦纹。这样便可以改变仅肩部或底部缺釉而产生的单调、贫乏感，达到协调统一的效果，而且也是对器物的一种简单装饰。

三　武威古城瓷窑是西夏时期官府办的瓷窑

古城瓷窑历史悠久。通过近年来对古城瓷窑遗址的考古发掘及对大量出土瓷器的研究考证，从以下几方面推断，古城瓷窑是西夏时期官府办的瓷窑。

（一）古城瓷窑遗址的范围及规模

从西夏时期遗留的古城瓷窑遗址的范围及规模看，古城瓷窑遗址范围包括现在的上古、八五、上河三个村，是当时最大的陶瓷生产基地。从上古城到塔儿湾大约5千米的区域内，都有瓷窑遗址、遗存，到处都有露出地面的西夏瓷器残片堆积，有些地方叠压层达数米之厚，特别是上、下窑城的叠压层最深最厚。这说明该地就是当时重要的瓷窑基地，也应是西夏官府的制瓷中心。

（二）瓷器种类及造型特点

从出土的西夏瓷器种类及造型特点看，古城瓷窑出土了大量的西夏瓷器，种类包括生活用品、工艺品、建筑用材、军用品等；器形有碗、碟、壶、瓮、杯、扁壶、酒瓶、执壶、平板槽瓦、弧形小白瓦、脊饰、吻饰、吻兽及瓷蒺藜等，颜色可分为白釉和黑釉两种，但通过窑变又产生了许多种色彩，主要有绿釉、黄褐釉、红褐釉、酱紫釉、赤黑釉，还有少量的黄釉及在宋代才出现的名贵的茶叶末釉和鱼肚白釉。这些器物都是为了满足人们日常生活、社会生产及军事斗争所需。瓷器种类之多，数量之大，不是普通民窑所能达到的。特别是在遗址内发现的瓷蒺藜，表示热兵器当时已在战争中使用。这在当时是杀伤力最大、最新式的火药武器，只有官府才可生产，一般民窑是绝对不准生产的。

（三）瓷器墨书铭文及文献规定

在发现的酿酒瓮残片上有毛笔墨书西夏文"斜毁，有（裂）伤，下速斜，小"等字样，这应是官府所订产品，是为备上司审查而做的，说明西

图 3-95　元代官酒局瓷瓶

夏时古城瓷窑管理机制健全，管理制度严格，瓷器出窑后，就有专人检查验收，根据器物大小编号，把烧制过程中炸烂损伤的、不合格的产品批写清楚，当场剔出。如果入出窑数量不符要受处罚。西夏《天盛改旧新定律令》之"库局分转派门"规定，"京师界内执局分人三个月，诸转卖库六个月，种种匠一年期间一审，当告纳本处账册；地中执局人各自六个月一审，当告纳账册；地边执局分人各自一年一审，当告纳账册。若转后由磨勘司耗减不减，一律依亡失种种管物数催促偿还。"如此严格有序的审计制度，必是为官窑而设的，民窑不存在此种情况，可自行处理。从发现的瓷片来看，古城瓷窑属种种匠一年一审之列，应是官府办的瓷窑。

（四）瓷器铭文"官酒局"

西夏《天盛改旧新定律令》第 18 章"杂曲门"中规定："私人不得酿酒、制酒、卖酒。若违律当量先后造曲若干斤，分别从严惩处。"那么，酿酒器具的制作也应该受到严格控制，私人是绝对不准生产的。酒是官酒，制作酿酒器具的窑厂必定是专为官府而设的。为了更好地发展酿酒业，西夏成立了专门执掌酒的酿造、销售和征收酒课的"酒务"机构，下设大监、小监、库监、出纳等工作人员。酒务机构的成立，使酒的酿制、销售都由官府垄断经营，绝不允许私人酿造、销售，只允许小商小贩批整零售。这种制度一直延续到元代。武威出土的由古城瓷窑烧制的元代酒瓶上就刻有"官酒局"三字，正说明了这一问题。古城瓷窑遗址出土了大量的酿酒器具，可以说明古城瓷窑就是官府办的瓷窑。

此外，在古城瓷窑遗址出土的窑具上有"官"和"府"的戳迹，亦能说明该窑是官府办的瓷窑。

第四章　寺院遗址

寺院是佛教的主要建筑物，是举行佛事活动的重要场所。西夏主要信奉佛教，必然大建寺院。尤其是古代作为丝绸之路重镇的凉州，是河西走廊最发达的佛教中心之一。历史上，凉州地区遍布佛教寺院。西夏时期，佛教寺院更多。可惜的是，历经千百年风雨沧桑，许多西夏的寺庙早已不复存在，看不到昔日的辉煌。加之西夏缺乏正史记载，资料不足，给今天研究探讨西夏时期的佛教文化和寺院遗址，带来了极大的困难。近代以来，随着我国考古事业的发展，以及大量西夏文物的出土，为这方面的研究提供了珍贵的实物资料。

近年来，随着考古调查的不断深入，文物工作者对武威地区的西夏时期佛教寺院凉州护国寺、白塔寺、西凉报慈安国禅寺、永昌县圣容寺、古浪县寺屲寺、天祝百灵寺等遗址，进行了详细的调查研究，并取得了可喜的研究成果，为西夏学研究提供了科学资料。

第一节　凉州护国寺与感通塔的历史变迁

凉州大云寺，西夏时称护国寺，位于武威市城东北隅，坐北向南。遗址东依钟楼后院东围墙，西临东百家巷，南为钟楼巷，北至海子巷向东延伸段。南北长 189 米，东西宽 177 米，占地面积 33453 平方米。现遗址东南角保存原大云寺建筑古钟楼一座，以及近年来搬迁的城内其他建筑火庙大殿和山陕会馆春秋阁及两廊，占地面积 8000 多平方米，现已对外开放。

图 4 - 1　清末大云寺

大云寺是武威有史以来最早的佛教寺院之一。它不仅是历史上河西走廊的名刹古寺，也是古丝绸之路上国内外游客游览朝拜的重要场所。它作为武威历史文化名城的重要组成部分，在武威历史上具有重大的影响和重要的历史地位，引起了众多国内外学者和旅游者的极大关注。历代王朝和地方政府对大云寺的修复和保护非常重视，历史上曾经历了几度的繁荣和兴盛。在不同的历史时期，由于自然和人为的破坏，也曾经历过凋敝和衰落。在漫漫的历史长河里，几经沧桑。凉州大云寺与感通塔在中国佛教史上具有重要地位，在西夏学研究、中外文化友好交流方面具有重要意义。

一　阿育寺及姑洗塔

佛教传入中国的具体年代，据现存资料很难考定。据说最初传入时，只不过在少数人中奉行，未必为上层官府和官吏之流所注意。公元前2年，大月氏国国王的使者伊存到了当时中国的首都长安，他口授佛经给一个名叫景卢的博士弟子，这是中国史书上关于佛教传入中国的最早记录。我们可以推断，由于在此120年前汉武帝开辟西域交通的结果，当时由印度传布到中亚、西亚的佛教很可能早已通过行旅往来而向东方渐进。也有传说：在与印度阿育王（约前268～前232年在位）同时的秦始皇（前246～前210年在位）时代，已有印度的沙门室利房等派大德赴各国传教，很有可能前来中国。《魏书·释老志》就有这样的记载："佛既谢世，香木焚尸，灵骨分碎，大小如粒，击之不坏，焚亦不焦，或有光明神验，胡言谓之舍利……""……于后百年，有王阿育，以神力分佛舍利，役诸鬼神，造八万四千塔，布于世界，皆同时而就，今洛阳、彭城、姑臧、临淄皆有阿育寺，盖承其遗迹焉。"这里提到的姑臧阿育寺就是今天的大云寺。唐代佛教论《广弘明集》记载，释迦牟尼涅槃后，东天竺国阿育王收佛舍利，派遣鬼兵，在全世界同时造成八万四千宝塔，安置舍利。姑臧姑洗塔即其中之一。清康熙二十一年《重修白塔碑记》中也记载："昔阿育王造塔八万四千，而震旦国中立有塔十六座，甘州之万寿塔与凉州之姑洗塔居其二焉。"西夏天祐民安五年（1094）"凉州重修护国寺感通塔碑"汉文碑文中也记载："阿育王起八万四千宝塔，奉安舍利，报佛恩重，今武威郡塔即其数也。张轨称制……天锡宫中，数多灵瑞，天锡异其事，时有人谓天锡曰：'昔阿育王奉佛舍利起塔，遍世界中，今之宫乃塔之故基之一也。'天锡遂舍其宫为寺，就其地建塔。""巍巍宝塔，肇基阿育。"清康熙十一年的《重修清应寺塔记》又载："清应寺本名北斗宫，北斗宫之有姑洗塔，盖始于晋张重华舍宫内地建立寺塔。"从以上诸多史料记载来看，姑臧早期的阿育寺就是今天的凉州大云寺，姑洗塔应是阿育王时期所造的八万四千宝塔之一。武威是中国佛教传播最早的地区之一，凉州大云寺是我国最早的佛教寺院之一。

二 前凉王宫殿及宏藏寺

前凉是东晋十六国时期，我国西北地区的地方割据势力张氏政权建立的一个国家。因它是这一时期以凉州为中心建立的五凉政权的第一个割据政权，其国都在凉州姑臧（今武威），故称"前凉"。

前凉从公元 301 年张轨任凉州刺史、主持凉州事务开始，到公元 376 年被前秦苻坚所灭，统治凉州 76 年。"凉州重修护国寺感通塔碑"汉文碑文记载："阿育寺及姑洗塔自周至前凉，千有余载，中间兴废，经典莫记。张轨称制（西）凉，制建宫室，适当遗址。"这就是说，前凉的宫殿是修在了姑臧阿育寺和姑洗塔的遗址上。

晋惠帝永宁元年（301），安定乌氏（今甘肃平凉西北）人张轨，被任命为护羌校尉、凉州刺史，出牧河西。张轨出身汉族贵族世家，是汉初常山景王张耳的十七世孙，他幼年聪明好学，很有学问，有远大理想，曾在西晋朝廷中担任散骑常侍、征西军司等官职。晋武帝司马炎驾崩后，王室之间互相残杀，朝政日趋混乱。他效法西汉末年窦融保全河西的做法，想到河西创立基业。张轨到任之后，与其子孙以保境安民为宗旨，在政治上以拥晋为号召，联络河西大族势力；经济上招纳流民，轻徭薄赋，课农桑，兴货币；文化上敦崇儒学，振兴教化。在张氏的苦心经营下，河西社会稳定，生产发展。经过张氏政权几代人的努力，到公元335年以后，在张茂、张骏的统治下，前凉已民富国强。前凉曾派将军杨宣伐龟兹、鄯善等国，取得了胜利。于是西域诸国都到姑臧朝贡，献汗血马、火浣布、犛牛、孔雀、大象等珍禽异兽和宝物。至此，前凉国力达到了顶峰，辖境二十二郡，占有凉、河、沙三州。前凉统治者为了显示其国力，除了在姑臧修建城池之外，还大兴土木，修建王宫殿宇。当时的姑臧城，建筑豪华独特，格局别致。北魏时新建的都城洛阳，就是参照姑臧城的布局扩建而成，甚至影响到以后隋唐时期长安城的布局，在中国古代都城建筑史上影响深远。当时的阿育寺及姑洗塔遗址就是前凉国王的宫殿所在。现保存的明嘉靖《北斗宫新创藏经楼碑记》和清康熙《重修清应寺塔记》碑文中所记的"北斗宫"，当为前凉时期在阿育寺旧址修建的宫殿建筑之一。其他宫殿建筑现在虽荡然无存，但宫殿的名称，现在从史籍中还可以看到一些。《晋书·张骏传》记载："时辛晏阻兵于抱罕，骏宴群僚于闲豫堂，命窦涛等进讨辛晏。""鄯善王元孟献女，号曰美人，立宾遐观以处之。""又于姑臧城南筑城，起谦光殿，画以五色，饰以金玉，穷极珍巧。殿之四面各起一殿，东曰宜阳青殿，以春三月居之，章服器物皆依方色；南曰朱阳赤殿，夏三月居之；西曰政刑白殿，秋三月居之；北曰玄武黑殿，冬三月居之。"《晋书·张重华传》记载："尊其母严氏为太王太后，居永训宫；所生母马氏为王太后，居永寿宫。"《晋书·张天锡传》记载："初，天锡居安昌门及平章殿，无故而崩，旬日而国亡。"《晋书·吕纂载记》记载："超取剑击纂，纂下车擒超，超刺纂洞胸，奔于宣德堂。"以上"闲豫堂""宾遐观""谦光殿""宜阳青殿""朱阳赤殿""政刑白殿""玄武黑殿""永训宫""永寿宫""平章殿""宣德堂"等，大都是前凉国王张骏在位时期修筑的。他在位22年（324～346），当时前凉国力强盛，是有条件修筑这些宫殿的。这些宫殿建筑，史书没有记载建造地点，很有可能有些建筑在阿育寺及姑洗塔遗址上。

前凉时期，随着佛教自西向东传播，佛教文化首先在凉州得到了发展。西晋译经大师竺法护往来河西、长安、洛阳间[1]，东晋中原地区的名僧道安

---

① 释僧祐：《出三藏记集·竺法护传》，中华书局，1995。

（314～385）谓其译经"寝逸凉土"①。凉州自张轨以来，"世信佛教"②。4世纪中期，邺都有凉州博学沙门③。其时张氏在凉州东苑置铜像④。373年，前凉国王张天锡延揽月支人、龟兹人组织凉州译场，并亲自参加译经工作⑤。374年，道安在襄阳撰《综理众经目录》时，其《凉土异经录》中，已收凉州译经59部79卷⑥。这些都说明凉州佛教渊源久远，前凉时已有了很大的根基。因此，到张天锡时，其宫中多现灵瑞，有人对他说宫殿修在了阿育寺与姑洗塔的遗址上，张天锡才舍宫置寺复建塔。唐景云二年（711）"凉州大云寺古刹功德碑"记载，前凉修建的宏藏寺，"花楼院有七级木浮图，即张氏建寺之日造，高一百八十尺，层列周围二十八间。西列四户八窗，一一相似。屋巍巍以崇立，殿赫赫以宏敞，拟璠台之景居，状层城之始构"。清康熙《重修清应寺塔记》记载："清应寺本名北斗宫，北斗宫之有姑洗塔，盖始于晋张重华舍宫内地建寺立塔。"以上史料，对前凉时所建的宏藏寺内的建筑规模进行了较为详细的记载和说明，是研究前凉时期修建的寺塔及佛教文化的珍贵史料。

宏藏寺作为前凉国王建造的寺院，建筑宏伟，规模庞大，在这一时期的佛教文化传播及发展中占有重要的地位。当时的凉州作为中国佛教史上译经的一个重要基地，在《凉土异经录》中收录的凉州译经，很有可能就是在宏藏寺所译。这一时期，在凉州翻译佛经、弘传佛法的高僧络绎不绝，数不胜数。我国著名的译经大师竺法护、道安往来于河西和中原，译经"寝逸凉土"，也都无不与当时的宏藏寺有关。前凉时期的凉州宏藏寺，在佛教向我国中原及东部地区传播中曾发挥过重大作用。

---

① 释道安：《合放光光赞略解序》，载释僧祐《出三藏记集》卷7，中华书局，1995。

② 《魏书·释老志》，中华书局，1974。

③ 释僧祐：《出三藏记集·渐备经十住胡名并书叙》，中华书局，1995。

④ 李昉：《太平御览》卷124引《十六国春秋·前凉录》："三年（365），姑藏北山杨树生松叶，西苑牝鹿生角，西苑铜佛生毛"。

⑤ 释僧祐：《出三藏记集·首楞严后记》，中华书局，1995；释智升：《开元释教录·说括群经录·前凉录》，中华书局，1995。

⑥ 释僧祐：《出三藏记集·新集安公凉土异经录》，中华书局，1995。

三 隋唐感通下寺及大云寺

隋唐时期，佛教在我国的传播及发展达到了鼎盛时期，具有不同特点和影响的各个宗派，都在这一时期相继成立。隋文帝和隋炀帝都倡佛宗法。在尼寺里长大的隋文帝，自幼深受佛教思想的熏陶。他曾说："我兴由佛故"①。因此，隋文帝即位后便大力提倡佛教。隋炀帝杨广在笃信佛教上更甚于其父。其在位时，除造像立寺之外，在两都及巡游时，常以僧、尼、道士、女官（女道士）自随。②

公元 609 年，隋炀帝在裴矩等人的陪同下，从长安出发，队伍浩浩荡荡，经扶风（今陕西凤翔县），到天水，过临洮，在临津关附近渡过黄河，到达今天的大通河，对吐谷浑发动了猛烈进攻，降服 10 万余人。并一直打到青海湖边，攻破吐谷浑都城，将青海大部分地区纳入隋朝疆域。隋炀帝在张掖会盟西域 27 国使者后，回到长安。隋朝政府在西北设置西海、河源、鄯善、且末四郡，派军队戍守屯田，巩固了西北边防。

隋炀帝是我国历史上唯一巡行到河西的中原王朝皇帝。他到达了张掖，来到了焉支山下，高昌国王和西域 27 国使者倚立道旁朝拜。为了庆祝西征胜利，隋炀帝让使者佩戴金玉，披着华丽的毡篷，参加盛大宴会，焚香奏乐，歌舞欢呼，还命令张掖、武威一带的百姓穿上漂亮的衣服，出来观看。沿途数十里，车马堵塞，难以通行。隋炀帝则在临时搭建的豪华宫殿里，与高昌王等人开怀畅饮，观戏赏乐，极尽奢侈。

隋炀帝崇信佛教，在西巡期间，有众多僧、尼、道士、道姑相随，所到州、县的一些大寺院均受隋炀帝巡视，赐金钱修葺，并派僧尼讲经说道，佛事活动极为兴盛。据 1980 年 5 月在武威城东北角城墙下发现的唐天宝元年（742）刻立的"凉州御山石佛瑞像因缘记碑"碑文记载，隋大业五年（609），隋炀帝西征，前往凉州番禾县瑞像寺（今永昌县圣容寺）朝拜，遂改名为感通寺。碑文称："驾还幸之，改为感通寺"，一个"还"字，把隋炀帝至寺的时间讲得非常清楚，这和史料的记载是基本一致的。据唐代释道

---

① 《隋书·高祖纪下》，中华书局，1973。
② 《隋书·裴矩传》，中华书局，1973。

宣撰《续高僧传·释慧达传》记载，大业五年隋炀帝西征，"躬往礼敬厚施，重增荣丽，因改旧颜为感通寺"（或作感通道场），故令模写传形。因此碑残缺，在碑最后还载"□初止此地后，便以此处为白马寺。至宇文灭法，其地之俗居者不多安，遂复施为感通下寺"。据专家研究，此碑的出土地（今武威北城壕附近）原为武威古感通下寺，碑为寺内之物，原在"感通下寺"中，亦即隋唐时的"凉州大云寺"内。其依据是："碑发现地和唐大云寺东南角的钟楼相对，并隔后期城墙形成的一线，组成一个寺院。在出土物中，有汉到魏晋，以至隋唐时期的陶瓷残片，至今在该处还随时所得，说明古代人们在此活动的时间久长。同时据碑记载，唐代僧人元明，先曾为御山谷中感通寺僧，后为凉州大云寺僧，居于大云寺；又从御山瑞像的组成，有凉州七里涧的佛首运往。如此等等，我们认为碑文所说的'感通下寺'当即为唐时的大云寺"①。由此可见，隋大业五年炀帝西巡，到凉州番禾县的瑞像寺，御笔题额为感通寺之后，更令天下"模写传形"，使凉州瑞像寺成为海内外名寺。随后，将前凉时的宏藏寺改为感通下寺。到唐代，将《凉州御山石佛瑞像因缘记》的神话故事勒石刻碑，立在感通下寺之内。感通下寺对研究这一时期的佛教文化具有重要的意义。

唐代的凉州是丝绸之路上的政治文化以及军事重镇，是河西佛教文化的中心。玄奘西行取经，到达凉州，曾说过："凉州为河西都会，襟带西蕃，葱右诸国，商旅往来，无有停绝。"这是对当时凉州所处的地理位置的重要以及商旅往来、经济文化发达的观感和真实写照。唐贞观元年（627）秋，28 岁的玄奘法师混杂在逃难的灾民中间，悄悄离开长安，开始了他孤身求法的西行历程。17 年中，玄奘备历艰辛，忍饥挨饿，越沙漠，翻雪山，顶风沙，斗盗贼，从未考虑过回头。他心中只有一个念头："去伪经，求真理，不至天竺，终不东归一步。"17 年后，他被曾通缉他的唐太宗以国礼迎回长安，长安百姓塞街满巷，争相一睹这位后来被神化为唐僧的智者和勇士。玄奘回长安后，潜心译经，身后留下 1335 卷佛经译本，从而成为我国著名的佛学翻译家。玄奘西行取经，一来一往，对河西特别是凉州佛教的发展和兴盛发挥了积极的推动作用，产生了广泛而深远的影响。玄奘西行时，

① 孙修身、党寿山：《〈凉州御山石佛瑞像因缘记〉考释》，《敦煌研究》1983 年第 3 期。

在凉州住了一个多月的时间，被僧俗邀请讲经，听众甚多，西域各国商旅也来听讲，他们回国后向本国国王报告情况，玄奘要赴印度取经之事已经到处传开，凉州僧俗皆施珍宝和金钱、口马无数，玄奘接受一半，除燃灯外，其余全部施"诸寺"，但没有记下当时寺院的名字，现在无法确定。民间传说，在凉州的感通下寺（即大云寺），当时凉州都督李大亮不准其出境，而慧威法师却窃送玄奘西行。玄奘取经归途经过凉州，在凉州感通下寺，讲述凉州御山石佛瑞像的来由，在唐代碑刻上有明确的记载。这块石碑，即"凉州御山石佛瑞像因缘记碑"，就立在当时的感通下寺。"凉州山开瑞像现"的佛教神异故事，在我国佛教史上具有重大影响。因有玄奘法师的讲述，又刻碑立在感通下寺，故我国古代文献记载颇多，在河西流传很广，敦煌莫高窟中还以壁画的形式表现出来。这反映出感通下寺在佛教史上的重要地位。

武则天是中国历史上唯一的女皇，也是一位雄才大略的政治家。她的称帝，很大程度上得益于佛教势力的帮助。早在唐高宗咸亨元年（670）时，武则天的母亲荣国夫人杨氏去世，武则天把住宅施舍出来，作为太原寺，僧人法藏成为太原寺的主持，奉诏为武则天讲授华严经，深得武则天的赏识，被封为"贤首菩萨"。后武则天还为新译出的《华严经》作序。薛怀义等以经中有"一佛没七百年后为女王下世，威伏天下"语，乃造《大云经疏》，以为武后受命之符。他们编造《大云经》，声称武则天是弥勒佛下凡降生，能普度众生，应为人间之王。武则天自然大喜，在全国大量传播《大云经》，命令各州、郡都要修建大云寺藏之。因此，凉州此寺改称大云寺。现存唐景云二年（711）"凉州大云寺古刹功德碑"记载："大云寺者，晋凉州牧张天锡升平之年所置也，本名宏藏寺，后改为大云寺，因则天大圣皇妃临朝之日，创诸州各置大云，遂改号为天赐庵。"悬挂于古钟楼的6吨多重的大云铜钟，体量宏大，造型古朴。钟是佛教活动的法器，它不仅反映了我国古代的冶炼技术和劳动人民的聪明才智，也反映了当时凉州大云寺的盛况。

四　西夏护国寺及感通塔

西夏是我国北宋时期各兄弟民族以党项羌为首共同创建的一个少数民族国家，本名大夏，又称白高国，宋代人称其为西夏。1038年元昊称帝，建都兴庆府（今宁夏银川）。西凉府（今武威）为西夏辅郡。西夏地域"东尽黄河，西界玉门，南接萧关，北控大漠"，在最兴盛时，辖二十二州，占有今宁夏、甘肃大部，陕西北部和青海、内蒙古的部分地区，"方圆二万余里"。它先后与辽、北宋及金、南宋鼎足而立。西夏虽曾称臣于这些王朝，却始终严拒外来势力进入其境内，保持着实际的独立性，而且武力强大，为宋、辽、金各国重视和畏惧，多次打败这些大国的军队；面对横扫欧、亚两大洲，所向披靡的成吉思汗的军队，也顽强地抗争过多年，使西夏王国立国达 190 年之久。

　　西夏建立以后，以儒学为治国之本，信仰以佛教为主的多种宗教。特别是佛教，由于当时西夏统治阶级大力提倡，成为西夏的国教①。在西夏境内，"浮图梵刹遍满天下"，"近自畿甸，远及荒要，山林溪谷，村落坊聚，佛宇遗址，只缘片瓦，但仿佛有存者，无不必葺……憧憧之人，无不瞻礼随喜，无不信也。"② 因此，武威的西夏寺院遗址及文物极为丰富。

　　西夏人信奉佛教是有其社会根源的。其一，党项政权所辖的河西、陇右、陕北地区早就居住着汉族和其他各族人民。河西走廊是由西域进入中原的通道，自五凉至隋唐时期的六七百年间，佛教在这里大为兴盛，而且对中原佛教的传播和发展起着重要的桥梁作用。这种宗教信仰的环境，不仅对党项族有潜移默化的影响，而且有直接继承的关系。其二，党项周围的民族大多信仰佛教，党项族比较快地接受佛教是很自然的。其三，百姓饱经长期迁徙、割据、战乱、动荡以及灾荒的苦难，希望在现实生活中通过信奉佛教来找到解脱社会苦难的出路。其四，佛教对西夏统治阶级有更为实际的妙用，即借助佛教忍耐的说教，麻醉人民，以便维护他们的统治。因此，西夏统治者有意识地在境内大力提倡，使佛教逐步发展起来。③

　　西夏建立之前，凉州大云寺历五代直至北宋初，保存尚好。据《宋史·吐蕃传》记载："凉州郭外数十里，尚有汉民陷没者耕作，余皆吐蕃。其州帅稍失民情，则众皆啸聚。城内有七级木浮图，其帅急登之，给其众曰：'尔若迫我，我即自焚于此矣'。众惜浮屠，乃盟而舍之。"可见当时的民众

---

① 白滨：《西夏文献及其史料价值》，《西夏史论文集》，宁夏人民出版社，1984。

② 见"凉州重修护国寺感通塔碑"汉文碑文。

③ 史金波：《西夏佛教史》，宁夏人民出版社，1988。

对佛寺的敬畏和珍视。州帅所登的木浮图，正是大云寺的七级木浮图。《续资治通鉴长编》记载，景德元年（1004）六月二十四日，凉州吐蕃族首领潘罗支派遣其兄邦甫支到北宋入奏，邦甫支又言修洪元大云寺，诏赐金箔物采。说明北宋景德时，对大云寺进行过修复。1038年，元昊称帝建国，即仿宋南郊故事，亲自从首都兴庆府到西凉府祀神，并到凉州大云寺拜佛。凉州是西夏皇族的祖先神或其神籍地区影响重大的神灵所在地[①]，到凉州大云寺拜佛，说明了大云寺在西夏佛教史上的重要地位。从西夏开国到崇宗时期（1087）这一百多年的时间内，凉州大云寺因年久失修，整个佛寺虽然有所残破衰败，"塔之感应不可殚记，然听闻详熟，质之不谬者"有：当塔倾斜，正要加以修缮时，当夜风雨大作，周围的人听到有刀劈斧凿之声，第二天一看，宝塔已经直立如初；西夏惠宗时期（1067～1086），西羌来攻凉州，夜里风雨大作，在昏暗中，塔上显出神灯，羌人一见，非常惊骇，急忙退兵。天祐民安三年（1092）冬天，凉州大地震，又把塔震斜了，当地守臣上奏崇宗皇帝，准备进行修缮，还未动工，塔又自行恢复原状。西夏崇宗皇帝及梁太后一向信奉佛教，认为这是一座护国安民的宝塔，于是在天祐民安四年，动用了大量人力、物力和财力，重修了感通塔及寺庙。第二年完工后，立碑赞庆，将大云寺更名为护国寺，碑名为"凉州重修护国寺感通塔碑"。

根据碑文记载，西夏这次下大力重修寺庙及塔，其中用一年的时间来修塔。之前的大云寺塔是七级木塔，这次修的是七级砖塔，但塔名却沿用了隋炀帝题额的"感通"二字，称为"感通塔"。从护国寺的塔名，也可以证实1980年在武威北城壕出土的《凉州御山石佛瑞像因缘记》碑文中所记载的感通下寺，当为隋代大云寺。《〈凉州御山石佛瑞像因缘记〉考释》一文中提出的"此碑原为武威古感通下寺之物"，"碑文所说的'感通下寺'，当即为唐时的'大云寺'"的观点是完全正确的。西夏时重新修复的塔，沿用了隋朝感通下寺的"感通"二字，名为感通塔。另外，武威在西夏时属西凉府，碑的名称却没有用"西凉府"，而是用的隋唐时的政区名称"凉州"，称为"凉州重修护国寺感通塔碑"，原因有待进一步研究。"凉州重修护国

---

① 参见陈炳应《西夏探古》，甘肃文化出版社，2002。

寺感通塔碑"立于天祐民安五年（1094），元灭西夏之后，考虑到蒙古对西夏的敌意，为保护此碑，寺院僧人将碑用砖砌入大云寺的碑亭。

五　元代大云寺与藏传佛教的传播

1227 年，西夏灭亡。此前一年，西凉府即为蒙古军队攻陷。1235 年，窝阔台封次子阔端于西夏故地。1239 年，阔端由四川撤军，回到河西，驻扎在西凉府，为西凉王。阔端以武力统一西南的行动受挫后，得悉当时西藏各喇嘛教派中最有影响、声名远扬、学识渊博的萨迦班智达·贡噶坚赞法王能左右西藏局势，有极大的号召力。阔端主政凉州时，秉承其父窝阔台旨意，于 1242 年派使者持金字诏书，邀请西藏宗教领袖、学者萨迦班智达法王到凉州。萨迦班智达遂于 1244 年，带领侄子八思巴、恰那多吉同时出发，中途先遣侄子来凉州谒见阔端。萨迦班智达不顾年事已高，千里跋涉，于 1246 年到达凉州。

萨迦班智达在凉州弘扬藏传佛法，不仅为祖国统一大业做出了巨大贡献，而且在凉州传播藏传佛教萨迦派教义，为蒙古接受藏传佛教奠定了基础。以凉州城为中心，城内有著名的"德英寺"（"德英寺"是藏民读汉语"大云寺"快读所致），象征须弥山。因藏传佛教的传入，西夏时的护国寺又恢复了唐时的原名大云寺，成为当时著名的寺院。

1251 年，萨迦班智达圆寂于凉州白塔寺。17 岁的八思巴由于萨迦班智达的精心教诲，加上他的勤奋和聪明颖悟，已经学完了萨迦班智达所有教法，掌握了担任萨迦派领袖必须具备的知识，在凉州继承了法王衣钵，成为萨迦派新一代领袖，为藏传佛教在凉州的传播做出了贡献。1254 年，八思巴离开凉州，跟随元世祖忽必烈，被"尊为国师"，后又"升号帝师大宝法王，更赐玉印，统领诸国释教"。因此，藏传佛教成为元朝的国教。从 1260 年元世祖忽必烈封八思巴为国师开始，其后元代诸帝都有帝师，并皆由吐蕃高僧充任。帝师的职责：一领皇帝佛事，二领宣政院，三领吐蕃事。[1] 元代及明清时期，藏传佛教对中央政府和民间以及吐蕃地区都有着广泛而深远的影响。从这里可以看出，萨迦班智达与八思巴在凉州弘扬佛法，不仅促进了

---

① 陈庆英、任庆扎西：《元朝帝师制度略述》，《西藏民族学院学报》1984 年第 1 期。

藏传佛教在凉州的传播与发展，而且对以后历代王朝借助藏传佛教，以及藏传佛教在中原一带的传播与发展起到了承前启后的作用。因此，凉州大云寺以及凉州藏传佛教四部寺当时在全国具有很大的影响。

由于统治者的大力推崇，凉州原本属汉传佛教的寺院也随时势变迁，成为藏传佛教寺院。凉州当时又是蒙、藏、汉、回鹘多民族共同生活的地方，寺内喇嘛比丘逐渐增加，藏传佛教得到了长足的发展。作为凉州城内著名的藏传佛教寺院——大云寺，当时已成为藏传佛教僧人活动和写、译佛教经典的中心。明嘉靖清应寺《北斗宫新创藏经楼碑记》记载："郡之城南有古亥母洞寺，适有比丘桑儿加领占及舍剌僧吉往来，北斗宫以为禅定处。"武威亥母洞寺是金刚亥母"诞生和应化"之地，出土的大量西夏文、藏文佛教经籍证实，早在西夏时期，藏传佛教兴盛，萨迦派第三代祖师扎巴坚赞的弟子迥巴瓦曾被西夏奉为国师，主持亥母洞佛事活动。[①] 亥母洞寺的比丘与大云寺北斗宫的比丘互相往来，说明当时大云寺的北斗宫不仅是藏传佛教活动的一个中心，而且藏传佛教在这里早就有了根基。在当时藏传佛教写、译经方面，武威市博物馆保存了大量的手抄藏文经籍，其中一部分就抄写于大云寺藏经阁。经初步整理和专家考证，这批经籍主要内容有手抄本藏文《大藏经》409 函，特殊版本古藏文写经 16 页（双面），噶当派（11～13 世纪）的写经多部，手抄本《莲花生大师本生传》1 部。其中手抄本藏文《大藏经》大多为"甘珠尔"部，间有少量"丹珠尔"部，数量约 3 套，5300 多部，总页码 269600 页（双面），8000 多万字。另外，有 4 函珍稀的朱砂印本藏文《大藏经》，还有不少供养人的名录。[②] 这批藏文经，经有关专家鉴定，其中部分文献可与敦煌吐蕃历史文献以及西藏萨迦派珍藏的藏文经典籍相媲美。其年代之久远，数量之巨大，书写材料之昂贵，在国内实属罕见，具有重大的文物考古和民族历史文化研究价值，是凉州历史上藏传佛教兴盛的珍贵实物资料。在这批手写藏文经书中，一部分是在凉州清应寺藏经阁抄写的，这说明了清应寺在凉州藏传佛教传播中所处的重要地位。《安多政教史》在论湟水北部地区政教发展情况时提到，在凉州青英寺（清应寺）供

---

① 孙寿龄：《西夏乾定典糜契约》，《五凉文化》创刊号，1993。

② 卢亚军、苏得华、更登三木旦：《凉州遗存藏文古籍考略》，《图书情报》2006 年第 2 期。

奉有《甘珠尔》大藏经，以及许多汉文的经函。① 清康熙"重造梵音藏经碑"碑文记载："凉城内东北隅，旧有藏经阁一座。相传为西宁静宁寺乔姓国师，世代藏贮藏经之所，而阁因而命名焉。"从碑文可知，清应寺藏经阁为大国师乔锁喃札思巴世代藏经之所。凉州大云寺大批藏文写经的保存以及藏传佛教国师的往来，反映了当时藏传佛教在凉州的传播及发展。同时也说明宋元时期，藏传佛教从凉州向中原一带传播过程中，凉州大云寺所发挥的重大作用，体现了当时大云寺在我国藏传佛教传播中所处的重要历史地位。

六　明代日本沙门志满主持募捐修复大云寺及塔

元末明初，由于地震和战乱，凉州佛教寺院大都遭到摧毁，使这一地区的佛教建筑、经典、法器不同程度地受到破坏，佛教文化处于衰败时期。凉州大云寺也不例外，明万历十六年《敕赐清应禅寺碑记》记载，"凉州为西域襟衽之地，而番僧杂出乎其间，其城之东北隅，旧有北斗宫遗址，相传于至正时，兵火残燹。"明天启二年《增修大云寺碑记》记载，大云寺在元末遭兵燹，寺院被战火毁破。这些记载都说明，因为元末地震以及战火的破坏，凉州大云寺损毁严重。

1368 年，明太祖朱元璋在南京建立明朝，大将徐达攻克元大都，元朝灭亡。1372 年，冯胜率军进入兰州，渡河西进，击溃了元永昌路和西凉州的守将失剌罕和朵儿只巴。冯胜乘胜继续西征，河西诸路依次平定，永昌路西凉州归于明朝。明太祖朱元璋推崇和扶持汉传佛教，使佛教重新发展和兴盛起来。此时的凉州大云寺虽遭元末战火破坏，但它曾是历史上河西走廊的名刹古寺，又是丝绸之路上国内外游客和僧俗游览和朝拜的重要场所，因此，不仅得到了当时朝廷的重视，也引起了日本僧人的关注。

据明天启二年（1622）《增修大云寺碑记》记载："凉州大云寺，记其巅末，有唐、宋二碑，仿佛可考，元末兵燹以后，重为鼎新，爰复古迹，自皇明洪武十六年，其募主则日本沙门志满也"。从以上记载可以看出，大云寺的历史始末，有唐宋二碑可考。唐碑就是唐景云二年（711）的"凉州大云寺古刹功德碑"；宋碑就是西夏天祐民安五年（1094）的"凉州重修护国

---

① 智观巴·贡却乎丹巴绕吉著，吴均等译《安多政教史》，甘肃民族出版社，1989。

寺感通塔碑", 即西夏碑。从以上碑文记载可以看出, 大云寺从天祐民安年间修复后, 历经西夏、元, 直到明初, 近300年间, 未见进行过维修保护, 经历了这样一段漫长时间, 由于经过自然和人为的损坏, 寺庙已经残破不堪, 再加上元末战火毁坏, 大云寺的建筑基本被毁。明洪武十六年 (1383), 由日本沙门志满主持, 并募捐重新修建。志满重新修建大云寺, 修了哪些建筑, 修建情况如何, 在明天启二年的碑文中虽未详细介绍, 但我们从该碑文中所记大云寺在明初志满修复前的状况, 以及志满重新修复后, 明万历二十年 (1592) 凉城副将鲁光祖和凉州总兵达云再次修复大云寺之前的状况, 可以了解到沙门志满当时修复的大云寺的一些情况。

其一, 志满对大云寺、塔进行了全面修复。从明洪武十六年 (1383) 到明万历二十年 (1592), 凉州大云寺再未进行过修复, 史料没有任何的记载, 这就说明当时志满募捐主持修复大云寺, 对其寺、塔进行了全面修复。碑文记载 "重为鼎新, 爰复古迹", 这是后人对志满当时修复情况的高度概括。

其二, 志满修复的大云寺塔为五级。因为在碑文中有这样的记载: "旧浮图五级, 未及合尖, 至万历壬辰本城副将鲁光祖施砖甃砌, 补完前功。" "旧浮图五级", 正是洪武年间志满修复的大云寺塔。万历时, 鲁光祖在此基础上补修, 补修后的塔高一百八十尺, 与清应寺塔双峰峙天, 称五凉一大奇观。

其三, 志满修复了大云寺的正殿。碑文中有这样的记载: "但台下正殿, 孤悬左右, 广阔无制, 非增建廊庑, 无以肃内外而壮观瞻"。台下孤悬的正殿, 应是志满修复。此后达云又于正殿东西建廊房24间, 还增建了其他建筑, 并金装了殿内佛像壁画及所修殿宇, 使大云寺整体建筑岿然焕然, 成为佛教活动的一大胜地。

沙门志满是日本净土宗的第十一代弟子。净土宗是中国佛教宗派之一, 专主念佛往生, 所奉菩萨为阿弥陀佛, 亦称无量寿佛, 以观想持名兼修为上; 如果信念虔诚, 持念佛号即可托生净土。净土宗以东晋慧远为初祖, 专主净土法门。因慧远于庐山东林寺创建白莲社, 倡导 "弥陀净土法门", 故亦称 "莲宗"。北魏有昙鸾, 隋唐有道绰、善导等尽力传布, 实际创宗者为唐代善导。净土宗依据《无量寿经》《阿弥陀经》和《往生经》, 专念 "阿弥陀佛" 名号, 以期 "往生" 西方 "净土"。由于修行方法简便易行, 中唐以后曾广泛流行, 后与禅宗融合。9世纪间, 日本天台宗僧圆仁 (794~

864）曾来华学“念佛法门”，回国传播。后日本僧法然（1133～1212）依善导《观无量寿经疏》，确立了净土教义，遂开日本的净土宗。志满作为日本净土宗的第十一代弟子，在明洪武年间来到中国，为中日文化交流做出了不懈的努力。他的师父在临终前，把他叫到身边，郑重嘱咐：“你要想寻求佛教真谛，必须不怕困难，不畏艰险，亲自实践，不断探寻。”沙门志满遵照师父的教训，立志寻求佛法真谛，渡海来到中国，游历各地。他在朝拜凉州大云寺时，看到寺院残破坍塌、颓垣断壁之惨景，立志重修此寺。他四处募化，多方筹资，历尽千辛万苦，终于募化银两数万，修复了凉州大云寺。修复后的大云寺，规模宏大，面貌一新，历经二百多年，香火不断。志满修复凉州大云寺，成为中日文化交流史上的一段佳话。

七　明清时期的大云寺及塔

（一）大云寺与清应寺的关系

根据史料记载，在明代以前，大云寺、清应寺当为同一个寺院，不同时期有不同名称。《魏书·释老志》记载姑臧有阿育寺，就是指早期凉州的大云寺，寺内有姑洗塔，是指大云寺的塔。这在清康熙《重修白塔寺碑记》中有明确记载：“昔阿育王起塔八万四千……甘州之万寿塔与凉州之姑洗塔居其二焉”。“凉州重修护国寺感通塔碑”汉文碑文中也明确记载：“阿育王起八万四千宝塔，奉安舍利，报佛恩重，今武威郡塔即其数也”，“巍巍宝塔，肇基阿育”。从这些记载看，最早传说中的阿育寺、姑洗塔，即同一个寺院。前凉时，宫殿修建在了阿育寺及姑洗塔的基址上。这在“凉州重修护国寺感通塔碑铭”汉文碑文中有明确记载：“张轨称制……天锡宫中，数多灵瑞，天锡异其事，时有人谓天锡曰：‘昔阿育王奉佛舍利起塔，遍世界中，今之宫乃塔之故基之一也。’天锡遂舍其宫为寺，就其地建塔”。清康熙《重修清应寺塔记》记载：“清应寺本名北斗宫，北斗宫之有姑洗塔，盖始于晋张重华舍宫内地建立寺塔。”以上二碑记载完全一致，说明当时在阿育寺的故址上修建了前凉的宫殿群。到前凉张重华（346～353年在位）时，在北斗宫有姑洗塔，又到张天锡（363～376年在位）时才舍宫置寺复建塔。其寺名宏藏寺，复建的塔为七级木浮图，即张氏建寺之日所造，高一百八十尺。到唐代时，宏藏寺改为大云寺。景云二年（711），因年代久远，对寺院及塔进行了大规模修缮，遂有"凉州大云寺古刹功德碑"，这是大云寺最早的碑刻。据碑文及其他史料记载，此时的大云寺，占地面积、建筑规模达到最大，囊括了隋代的感通下寺，有花楼院、南禅院、北禅院、造经房等，"地土聿广，楼阁相连"。西夏时，公元1093年对大云寺进行了大规模的修复，更名为护国寺，基本保持了唐代大云寺的规模。"凉州重修护国寺感通塔碑"汉文碑文记载："武威当四冲地，车辙马迹，辐辏交会，日有千数"；在增饰宝塔时，"众匠率职，百工效技"。不仅反映了当时武威地理位置的重要和工商贸易的发达，而且也反映出寺院的规模以及寺院经济的发展。元代又恢复了大云寺之名，寺院及塔基本保持了西夏时期的状况。元代之前（包括元代），大云寺和清应寺为同一个寺院，是河西佛教的一大胜景。

（二）清应寺的来历及藏文经的抄写

清应寺修建于明代永乐年间，因明成祖赐名"清应禅寺"而得名。据明万历"敕赐清应禅寺碑"碑文记载：城之东北隅，"旧有北斗宫遗址，相传始于至正时，兵火残燹。永乐间，敕为清应禅寺。"这是清应寺名称的最早记载。从这一记载看，清应寺在明永乐之前，应该属于大云寺的一部分。元末大云寺毁于战火，明初修复，名清应寺。这样看来，从明永乐年间开始，原大云寺的遗址经过重修，成为两个寺院。即明洪武时日本僧志满所修部分为大云寺，永乐时所修部分为清应寺。清应寺在大云寺西侧，与大云寺一墙之隔。碑文记载："殿宇巍峨，廊槛绘绚，世称古刹，迄今二百余祀。"从这些记载看，明永乐时修建的清应寺规模比较大，殿宇巍峨壮观，廊槛都进行了彩绘。明嘉靖《北斗宫新创藏经楼碑记》记载："北斗宫号清应庵，在武威卫治之东北隅，大云寺居左，北斗宫居右，建立于洪熙元年。栋宇轩豁，金碧辉煌，诚一郡之伟观，万民之快睹也。"这说明北斗宫的清应庵建于明仁宗时，清应庵可能是清应寺的一部分，殿宇宏大，金碧辉煌。据碑文记载，清应寺又经明成化、嘉靖、隆庆、万历四朝的大规模修葺，寺内建筑日臻完善。清应寺内的藏经楼成为凉州藏传佛教活动及抄写藏文经籍的中心。

早在元代，武威亥母洞寺的比丘与北斗宫的僧人往来甚密，以北斗宫为禅定处。明成化年间，藏经楼修好后，"适有比丘尼僧，名岑列藏卜徙藏而来，盖有年许，颇知经籍，克修性行，凉之宦官巨家，咸供施而敬礼之，乃得托憩于斯，而安岑寂也，众皆欣悦，以谓盛事不可无述"，反映了凉州民众对藏传佛教的信仰。清代康熙时碑文也记载，寺内有藏经阁一处，为"西宁静宁寺乔姓国师，世代藏贮藏经之所"。康熙二十二年，甘肃总兵振武将军孙思克来此，知道原藏经文在顺治初遗失，又筹资"即于西宁静宁寺设立局所，广迁述众，造写三藏五大部梵字藏语，共一百零五卷，共计一百零五帙，经始于康熙二十二年春三月，告成于本年秋七月，遂于九月内迎请之凉，安贮于阁中焉"。武威市博物馆现保存的大量手抄藏文经卷及有关记载"金凉州"的手抄《藏文大藏经》，当时就保存在清应寺的藏经阁。以上都说明凉州清应寺是藏传佛教活动的中心和藏文佛经籍抄写之处，藏经楼是保存藏文佛经的藏经之所。这反映了当时藏传佛教文化的发达。

（三）大云寺与清应寺的复原修葺及建筑规模

凉州大云寺在中国佛教史上具有重要地位，是古代丝绸之路上国内外游客及僧人游览朝拜的场所。元末遭到地震以及战火破坏，使昔日塔寺林立、香火不断的寺院一度变为大片遗址。明清时期，由于统治者对佛教的推崇，对凉州大云寺的修复引起了中央及地方政府和国内外高僧大德的高度重视。根据史料记载，明清两代对大云寺、清应寺的复原修葺及建筑规模情况如下。

大云寺的修葺。明洪武十六年（1383），日本净土宗的第十一代弟子沙门志满复原修建了原大云寺的东面建筑，即原七级浮图，恢复了五级，未及合尖，并修建了正殿及其他建筑。万历二十年（1592），凉城副将鲁光祖对塔进行了补修，使大云寺塔高一百八十尺，与清应寺塔双峰插天，称五凉一奇观。同时，凉州总兵达云在塔台前面建元帝庙一座。僧官洪铠用达云建庙的余材在庙左修建小祠，塑有达云像，并在志满修复的正殿左右空阔处修建了两廊。在署印比丘信还的倡议下，又于正殿东西建廊房24楹，补移对面的罗汉殿和伽蓝殿，并对寺内其他建筑进行补修，彩绘精装了寺内的建筑佛像。清雍正十二年（1734），大云寺古钟楼台损坏，道宪菩府郑大力饬命五所乡耆兴工补助。乾隆二十二年（1747）秋，钟楼北面倾颓，凉州国学生李焕彩募化维修大云寺西廊，补修塔台，并对古钟楼土台进行了砖砌石嵌。

大云寺的主体建筑，即今古钟楼西侧，坐北向南，正门临街，门楼上高悬"敕建大云寺"横匾。进门正面为大雄宝殿三楹，东西两侧为厢房，大雄宝殿之后为菩萨殿三楹，殿后东西有廊房24间，后为边长50米的方形夯筑土台，正中建有八角十三层的大云寺塔，雄伟壮观，高插云天，台上还建有塔院。整个建筑为凉州一大景观。

清应寺的修葺及建筑规模。原大云寺西面为北斗宫，有清应寺塔。明永乐间（1403～1424），敕建为清应禅林，对塔进行修复。前后殿宇巍峨，金碧辉煌。明洪熙元年（1425），在北斗宫遗址上又修建殿宇，号清应庵。明嘉靖时，陕西等处承宣布政使分守道右参政吴天寿等捐资在北斗宫之南隅，建藏经楼一座，为崇上下各三间，转角曲楼上下各五间。并修建了东西斋房、僧房及山门等。隆庆元年（1567）至万历十一年（1583），戴才、侯东莱、贾仁元莅凉任职，各捐俸资，大规模进行修缮、彩绘，又增补天王殿，钟、鼓楼各一。经过明代数十年的修葺，其寺院殿宇廊庑布局为：寺前山门一座，次乃增补天王殿、钟、鼓钟楼也，又次即北斗宫遗址，东西楹各列罗汉于内。宫两隅，左祠祖师，右祠伽蓝，中为正殿画廊各一十有一间，内奉释迦牟尼涅槃像。后分两殿，一名弥陀，一名地藏；中道扁曰"梵王宫"，直抵清应寺塔，而禅堂僧舍环绕联络于左右。

清康熙八年（1669），巡抚甘肃甘宁等处都察院右副都御史刘斗，镇守陕西甘肃等处地方总兵官都督佥事孙思克，整饬分守凉庄道陕西布政使右参议朱衣客，监屯凉州等处仓场监巩昌府同知王阶，原任甘肃等处副总兵刘友元，原任南京提督上下一带江洋水师军门太子太保李栖凤，原任江西漕运军门标下副总兵李栖鹗，会大中丞部捐资对清应寺进行复原修葺，"缺者补之，坏者易之，旧者新之，堂构庄严，栋宇明挚，昔所谓鸟革翚飞者，兹有焕然改观矣"。康熙十一年（1672），振武将军孙思克主持捐资，对清应寺塔院及塔再次进行了修葺，并对佛像进行金装。康熙四十八年（1709），武威发生大地震，震落塔顶，击碎砖瓦，一时残破。地方民众募化捐资，不到旬月之间，补残葺缺，换旧更新，使其塔院"廊楹绘彩，肆外闳中，金像庄严，灿星日丽"，成为凉州一大景观。

八 1927 年大地震后的大云寺

清代后期，由于战乱、灾荒接连不断，人民生活苦不堪言。凉州的佛事活动及佛教寺院日渐衰落，部分寺院残破，香火绝迹，僧人难以清修，弃寺而去。但凉州大云寺及清应寺因经过明清两代的大力维修扩建，其建筑直到清末仍保存完整，寺内香火不断，兴盛不衰。到民国时期，政府对宗教失去控制，没有系统的管理机构，许多寺院僧去寺空，有的成了匪盗聚集之所，有的殿宇被拆，木料及佛教器具被盗。尤其是马家军进占武威后，横征暴敛，欺僧灭道，佛教所受的摧残更加严重。武威城中及近郊的海藏寺、罗什寺、大云寺、清应寺也受到不同程度的损破和影响，仅有少数僧人艰难维持。但寺内的建筑、佛教法器、经典等基本保存完好。1919 年 3 月 25 日，林竞受农商部委托考察西北，来到武威，游大云寺，又到清应寺，见寺内建筑保存完好，并在大云寺西夏碑亭拓了拓片。其日记中这样记载："游大云寺，亦名北斗宫，有塔曰姑洗。又至清应寺，寺后浮图高十三级，有观音画像，颜色艳丽，神笔也。傍有木刻碑云：'塔系周敬王时阿育王令神工鬼斧造成，以舍利子镇其顶，以填海眼，姑名镇海'……每层有佛像一尊，与大云寺姑洗塔并峙"。① 1925 年，陈万里随美国哈佛大学旅行团到敦煌考古，在武威寻西夏碑。他在清应寺"寻西夏天祐民安碑不得，询之居民，谓在大云寺，始知嘉庆间张澍氏所记在武威城内北隅清应寺者，误也。其所以误大云寺为清应寺者，以清应紧邻大云，且均有十三层之古塔一，坐是易致错误耳。遂至大云寺，于大殿后院见碑屋二，在左者，西夏碑赫然在焉。"②

1927 年 4 月 23 日，凉州一带发生里氏 7.5 级大地震。这次地震不仅给人民带来灾难，也毁破了凉州的许多名胜古迹。凉州城内大云寺、罗什寺、清应寺等处的古建筑全被毁坏。号称"文笔三峰"的罗什寺塔、大云寺塔、清应寺塔均被震倒，唯有大云寺古钟楼岿然独存。海藏寺、雷台、东岳台等处的古建筑基本被毁。历代人民辛勤建设的古凉州毁于一旦，面目全非，殊为可惜。凉州大云寺和清应寺也失去了昔日佛事活动的辉煌，除古钟楼外，瓦砾遍地，一片凋敝，使凉州的佛教文化走向低谷。

这次地震破坏性大，使凉州大云寺、清应寺大伤元气，造成寺内建筑及佛教文物的极大损失。大云寺的主体建筑，大云寺塔、塔院等建筑，清应寺的姑洗塔、卧佛殿等建筑，被地震摧毁后，至今再也没能进行复原修建。寺内的其他殿宇、佛像、碑刻、佛经典籍、水陆佛画、法器等不同程度地遭到了破坏，有的毁坏，有的流失，损失惨重。仅就石碑而言，从唐到清代留下

① 《西北丛编》，近代中国史料丛刊续编第 11 辑，（台北）文海出版社，1974。
② 陈万里：《西行日记》，甘肃人民出版社，2002。

了众多的碑刻，现各种史料中抄录下来的就有 10 块碑刻的文字。而这 10 块碑中，原碑仅存 3 块。"凉州重修护国寺感通塔碑"和"凉州大云寺古刹功德碑"，地震后碑亭被毁，1934 年被地方贤达及文化名人运到武威文庙保存；另外幸存的还有古钟楼立的乾隆二十五年碑，其他碑刻全部被毁。

新中国成立后，各行各业进入了一个崭新的发展时期。武威县成立了文物管理委员会，1952 年文物普查时，就将藏经阁、大云寺进行了普查登记。① 藏经阁为清应寺的一部分，有梵文藏经 105 卷；大云寺有姑洗塔、古钟楼、碑刻等。武威县政府通过文物管理部门，对大云寺和清应寺采取保护措施。1957 年，甘肃省人民委员会公布了第一批省级重点文物保护单位，大云寺铜钟被列在其中。1961 年，"凉州重修护国寺感通塔碑"被列为国务院公布的第一批全国重点文物保护单位。国家及甘肃省政府也采取了有效措施对大云寺的文物进行了保护。1972 年，武威县恢复成立了文物管理委员会。地方政府对大云寺的维修保护工作十分重视，发现大云寺仅存的古钟楼部分梁柱断裂脱铆，县有关机构抽调专人对古钟楼进行了全面维修。历时两年，更换了断裂的梁柱、牮直合铆，重修墙壁、屋顶，全部进行油漆，使古钟楼焕发了昔日的风采。② 1980 年以来，随着对外开放和旅游事业的发展，党和政府对文物保护工作非常重视。由于凉州大云寺在历史上的重要地位，保护工作也引起了各级政府的极大关注。1981 年，原武威县政府决定，对大云寺古钟楼、城内残存的火神庙大殿、山西会馆春秋阁及两廊进行集中统一管理。各级政府筹集资金，将火神庙大殿、春秋阁及两廊搬迁至古钟楼后面保存。搬迁后的这些建筑，在古代虽作用不同，风格各异，但也可与古钟楼互为映衬，相得益彰。经过搬迁整修，古钟楼又进行了维修彩绘，在这里举办了佛教文物、石碑及屏风等历史文物展览，正式对外开放，供游客参观游览。每逢元宵节和端午节，这里游客人山人海，成为武威的一大景观。1993 年，甘肃省人民政府又将大云寺遗址（包括感通塔遗址）列为省级重点文物保护单位，由武威市博物馆统一管理。2002 年，武威市修建了西夏

---

① 凉州区文体局：《武威文物志·文物普查》，甘出准 063 字总 564 号（2004）014 号，2004。
② 见凉州区文体局：《武威市文物志·古建筑维修》，甘出准 063 字总 564 号（2004）014 号，2004。

专题博物馆，"凉州重修护国寺感通塔碑"又从武威文庙搬迁至西夏博物馆陈列展出。

第二节　永昌县圣容寺

　　圣容像，亦称圣容瑞像、圣容佛。如敦煌莫高窟第 231、第 237 诸窟中，就绘制有御山石佛瑞像。在"盘和都督府仰容山番和县北圣容瑞像"的榜题中，就出现了"圣容瑞像"的名称（图 4 - 2）。永昌县西夏千佛阁遗址中有"圣容佛至千佛阁"的题记。这里说的"圣容佛"就是指圣容寺佛①。至于圣容寺，不仅西夏有，元代及其后也有。在李逸友《黑城出土文书》一书中提到，元亦集乃路境内的众多寺庙中就有圣容寺。就西夏而言，《天盛改旧新定律令》规定："国境内有寺院中圣容一种者，当遣常住镇守者正副二提举，此外诸寺不许遣提举"，说明圣容提举司设置于各个圣容寺。因此，西夏时也有不止一座圣容寺。

　　这里说的圣容寺，是西夏时期的一座寺院。"凉州重修护国寺感通塔碑"汉文碑文记载："庆寺监修都大勾当、行宫三司正兼圣容寺感通塔两众提举、律晶赐绯僧药乜永铨"；西夏仁宗陵墓出土的西夏文残碑中也有"年中西隅，圣容众宫"之说。那么，碑文中所说的这座圣容寺究竟在哪里？多年来，

图 4 - 2　敦煌莫高窟中的"圣容瑞像"

①　党寿山：《被埋没的西夏千佛阁遗址》，《西夏学》第 7 辑，上海古籍出版社，2011，第 229页。

由于资料缺乏，学术界对此还没有公认的说法。通过对永昌县西夏千佛阁遗址的清理和《凉州御山石佛瑞像因缘记》的考释，我们对这座圣容寺的位置与来历，它与凉州大云寺的关系，以及西夏时期的这座圣容寺的情况，有了明确的认识。

一　圣容寺的位置与来历

关于碑文中说的圣容寺究竟在什么地方，学术界有两种不同看法。一种认为圣容寺在凉州，因为"凉州重修护国寺感通塔碑"出自凉州[①]；一种认为圣容寺在西夏王陵，因为出现"圣容寺"一称的西夏文残碑出自西夏王陵[②]。二说中凉州说赞同者较多，特别是史金波先生还提出了圣容寺的具体位置："永昌有圣容寺，在甘肃永昌县北 10 公里处的御山峡西端……凉州碑所记圣容寺与永昌圣容寺可能是同一寺庙"[③]。2011 年，在武威召开的"第二届西夏学国际学术论坛"上，梁松涛、杨富学先生进一步明确提出："凉州重修护国寺感通塔碑"及西夏陵墓残碑中的"圣容寺"，就是凉州番禾瑞像所在的圣容寺[④]。我们除同意这种看法外，另对圣容寺的来历稍加补正。

（一）永昌圣容寺，初为"瑞像寺"，是一座极具神秘色彩的早期皇家寺院

永昌县，古称番禾、番和、盘和，属凉州。早在北魏太武帝太延元年（435），高僧刘萨诃西游路过此地，于御山谷中"授记"，预言"此山当有像出"，如果灵相具足，则世道平安；如有残缺，则社会动乱，生灵涂炭。北魏孝明帝正光元年（520），御谷山上"因大风雨，雷震山岩，挺出石像，高一丈八尺，形像端严，唯无有首"[⑤]。此时，北魏朝廷政道衰颓，世乱民苦，萨诃预言验矣。40 年后，在凉州城东七里涧发现佛头，"奉安像身，宛

---

① 牛达生：《西夏陵没有"圣容寺"》，《民族研究》2006 年第 6 期，第 89～91 页；陈炳应：《西夏探古》，甘肃文化出版社，2002，第 77 页。
② 彭向前：《西夏圣容寺初探》，《民族研究》2005 年第 5 期，第 100～102 页。
③ 史金波：《西夏社会》，上海人民出版社，2007，第 613 页。
④ 梁松涛、杨富学：《西夏圣容寺及相关问题》，见宁夏大学西夏学研究院编《第二届西夏学国际学术论坛论文集》（上册）。
⑤ 释道宣：《集神州三宝感通录》（卷中）。

然符合"①，于是官民"悲欣千里"。从此，天下太平，人民安居乐业（图 4 - 3）。御山谷中石佛瑞像的神异传说，传到北周朝廷，保定元年（561），"敕使宇文俭检覆灵验不虚，便敕凉、甘、肃三州力役三千造寺，至三年功毕，僧七十人，置屯三"②，"立为瑞像寺"③。瑞像寺的建造，使役人力之众，建造时间之长，居住僧人之多，是一般寺院无法与之相比的。

图 4 - 3 御山谷中石佛瑞像及佛首

（二）隋代，将瑞像寺改为"感通寺"，成为朝野重视的海内名寺

瑞像寺建成后的第十年，即北周建德三年（574），遭"宇文灭法"之变，建成不久的寺院也罹其难，"废三教，敕使将欲毁像，像乃放光溢庭，使人惶怖"；"行至寺，放火焚烧，应时大雪翳空而下，祥风缭绕，扑灭其焰"④，"周虽毁教，不及此像"⑤。到了隋代，由于隋文帝好佛，曾经一度遭到打击的佛教迅速得到了恢复。"开皇之始，经像大弘，庄严尊仪，更崇寺宇"⑥。"开皇通法，依前置寺"⑦。凉州番禾县的"瑞像寺"得到了恢复。然后方有"开皇九年（590）凉州总管燕国公诣寺礼拜"，"樊俭等至寺供养"⑧ 的拜佛活动。大业五年（609），隋炀帝西征，"躬往礼敬厚施，重增荣丽，因

① 释道宣：《集神州三宝感通录》（卷中）。
② 孙修身、党寿山：《〈凉州御山瑞像因缘记〉考释》，《敦煌研究》创刊号，甘肃人民出版社，1983。
③ 释道宣：《集神州三宝感通录》（卷中）。
④ 孙修身、党寿山：《〈凉州御山瑞像因缘记〉考释》，《敦煌研究》创刊号，甘肃人民出版社，1983。
⑤ 释道宣：《集神州三宝感通录》（卷中）。
⑥ 释道宣：《续高僧传》卷 25，《大正新修大藏经》第 50 册，（日本）大藏出版株式会社，1988。
⑦ 释道宣：《集神州三宝感通录》（卷中）。
⑧ 孙修身、党寿山：《〈凉州御山瑞像因缘记〉考释》，《敦煌研究》创刊号，甘肃人民出版社，1983。

改旧额为'感通寺',故令模写传形"①。

（三）在唐代,感通寺的知名度越来越高,天宝年间将"感通寺"更名为"圣容寺"

贞观十年（636）,三藏法师从五天竺国来,讲述瑞像来历,朝廷重臣也先后到感通寺礼谒。神龙初,兵部尚书郭元振往任安西都护,曾诣寺礼谒,因画其像;不久,唐中宗又令御史霍嗣光持幡花、绣袈裟等物到寺敬礼。② 由此可以看出,瑞像寺在隋文帝开皇年间重建,隋炀帝大业五年（609）改为感通寺后,至唐玄宗天宝元年（742）,这里一直香火很盛。

至于什么时候将感通寺改名为圣容寺,由于文献资料缺乏,至今还没有明确的答案。这个问题,还要从寺院前后现存两座唐塔的建造时间说起。唐塔的建造时间,有说在唐中宗（705～707年在位）前后,时有僧人1500人,因为唐中宗多次派特使到寺敬物;唐代宗"广德二年（764）以后吐蕃统治河西时,该寺由感通寺改为圣容寺"③。有说改"圣容寺"的时间在吐蕃占领时期,但唐塔中有"番僧一千五百人"的记载,是证明吐蕃占有时感通寺香火有增无减的盛况的,并非唐中宗前后的寺院规模④。上述二说不无道理。就"番僧一千五百人"而言,开始我们也以为"番僧"是指吐蕃僧,后经查阅有关资料,发现这里所记的"番僧"并非吐蕃僧,而是西夏时的党项族僧人。因此,这则题记并不能证明吐蕃占有时期感通寺香火更盛,并将"感通寺"改名为"圣容寺"。寺院的名称,多是在寺院建成或大规模重修、扩建竣工庆典时确定的。如此寺在北周保定四年（564）落成后命名为"瑞像寺"。也有在遇到像皇帝驾临这样的重大事件时,即兴改名的。如隋炀帝到此寺"躬往礼敬"时,就改"瑞像寺"为"感通寺"。如果将"感通寺"的改名,与该寺经过100多年以后的重修扩建联系起来,就不难看出,感通寺就是在这种情况下改名为"圣容寺"的。

---

① 释道宣：《续高僧传》卷25,《大正新修大藏经》第50册,（日本）大藏出版株式会社,1988。

② 孙修身、党寿山：《〈凉州御山瑞像因缘记〉考释》,《敦煌研究》创刊号,甘肃人民出版社,1983。

③ 祝巍山：《永昌圣容寺圣容瑞像和刘萨诃佛迹与敦煌莫高窟》,见《永昌县圣容瑞像寺》,金昌市印刷厂印刷,2002,第150～151页。

④ 刘克文：《半截残碑话瑞像——永昌圣容寺历史考析》,见《永昌县圣容瑞像寺》,金昌市印刷厂印刷,2002,第177页。

大量历史事实证明，社会的治乱、国家的盛衰，以及君主对宗教的好恶，直接影响着民间宗教活动的兴废。唐天宝十四年（755），发生了安史之乱，"河西、陇右节度使哥舒翰奉命征讨安禄山。敕天下四面进兵，会攻洛阳"①。到唐代宗广德元年（763），吐蕃"陷兰、廓、沙、鄯、洮、秦、成、渭等州，尽取河西、陇右之地"。唐永泰二年（766），吐蕃围凉州，凉州遂陷。吐蕃军占领凉州后，广大人民深受战火之苦，背井离乡，迫切希望唐王朝能收复失地，重回家园。中唐诗人元稹在他的《西凉伎》中对此作了形象的描述："吾闻昔日西凉州，人烟扑地桑柘稠。葡萄酒熟恣行乐，红艳青旗朱粉楼。"这是吐蕃占领前凉州的繁荣景象。而此后则是"天子县内半没为荒陬，西凉之道尔阻修。连城边将但高会，每听此曲能不羞"。联系到当时的社会背景，大规模重修、扩建凉州境内的番和县感通寺，并改名为圣容寺，在吐蕃占领时期显然是不大可能的，只能是在吐蕃占领前。

唐塔的建造时间，可能不在吐蕃占领前的唐中宗（705～707年在位）前后，因为：杨播碑记镌刻于唐玄宗天宝元年（742），如果修建佛塔在此之前，碑文连朝臣诣寺礼谒的情节都未忽略，必然会将建造佛塔这一重大事件记载下来；感通寺后佛塔中有壁画数层，下层甬道的东壁青砖上有"乾元二年"（759）的墨书题记②，这则题记，墨书在青砖上，可证建塔时间在乾元二年之前不久，因为题记还未被壁画覆盖。"乾元"为唐肃宗年号，说明寺院前后二塔的建造时间在乾元二年之前。天宝元年（742）与乾元二年（759），相隔17年时间。当时，社会经济较为繁荣，重修寺院，扩建佛塔，并将感通寺更名为圣容寺，倒是很有可能的。盛唐时改名圣容寺，到吐蕃统治的中唐时期，于敦煌莫高窟开凿的第231、第237诸窟中绘制御山石佛瑞像，并在"盘和都督府御谷山番和县北圣容瑞像"的榜题中出现"圣容瑞像"的名称，也就在情理之中了。

（四）永昌县圣容寺是一座颇受河西人民崇拜的瑞像寺院

圣容寺之所以驰名中外，主要是因为寺内有依山雕造的瑞像。外来信众

---

① 《资治通鉴·唐纪三十四》。

② 孙修身、党寿山：《〈凉州御山瑞像因缘记〉考释》，《敦煌研究》创刊号，甘肃人民出版社，1983。

想摹写瑞像真容，却不能把瑞像的高低粗细准确地测量出来。因为瑞像有时高，有时低；时而粗，时而细。说瑞像一丈八尺，这只是个约数。因此，人们都认为瑞像有灵，摹写、雕造瑞像者越来越多。月氏国的婆罗门专程来摹写瑞像，带回去供奉。永昌县金川西村出土的北周瑞光石佛造像、红山窑乡水泉子村青龙山庙遗址发现的唐青龙山石佛造像①，以及敦煌莫高窟第 203 窟主室西壁的佛龛中，第 300 窟②中都是御山石佛瑞像的雕塑。

自唐德宗贞元六年（790）至 9 世纪中叶，凉州以西诸地尽入吐蕃手中。长期战争的创伤和河西地区不安定的社会现实，使人们向"消灾致富"的神灵瑞像和"圣僧"求助。加之吐蕃实行"罢黜异端，独崇佛教"的政策，这一时期河西地区崇佛之风盛行，以凉州御山瑞像为题材的壁画就更多了。在圣容寺后山佛塔内壁第二层壁画中，以及莫高窟中唐时期开凿的第231、第 237 窟佛龛之顶，都绘有此瑞像。五代时期归义军节度使曹议金所开"功德窟"第 98 窟，曹元忠夫妇所开"功德窟"第 61 窟，主室佛坛背屏后面所见的壁画，也是《凉州御山石佛瑞像因缘变相》故事。第 72 窟，此前多以为是五代末年开凿，霍熙亮先生经过仔细考察，认为此窟建造于晚唐初期，后经五代、北宋重修③。该窟南壁以整壁的画面形同经变的形式描绘了一幅《凉州御山石佛瑞像因缘变相》的故事。画面宏伟庞大，气势磅礴，情节繁多。它的下部因自然损坏，模糊不清，上部保存完整，存有榜题和画面 30 余幅（条），如"圣容像初下无头时""却得圣容像本头安置仍旧时"等。这些都足以说明，永昌县依山雕造石佛瑞像的圣容寺，在河西走廊人们心目中的影响是何等的深远。

二 番和县圣容寺与凉州大云寺

《凉州御山瑞像因缘记》碑，主要记载的是番和县依山石佛的出现和圣容寺的变迁。按常理，这种碑应该由圣容寺负责撰写、镌刻，立在圣容寺。可是此碑却由凉州大云寺出面完成，安放在大云寺中。这是为什么？大云寺是

---

① 金昌市文物局：《金昌文物》，甘肃人民出版社，2011，第 150 页、第 154 页。
② 孙修身：《从凡夫俗子到一代名僧的刘萨诃》，《文史知识》1988 年第 8 期。
③ 霍熙亮：《莫高窟第 72 窟及其南壁刘萨诃与凉州圣容瑞像史迹变》，《文物》1993 年第 2 期。

什么样的寺院？它和圣容寺又有什么渊源关系？在此对这些问题进行探讨。

（一）大云寺与圣容寺都是皇家寺院，都有一段不平凡的变迁史

据"凉州重修护国寺感通塔碑"汉文碑文记载："阿育王起八万四千宝塔，奉安舍利，报佛恩重。今武威郡塔即其数也。自周至晋，千有余载，中间兴废，经典莫记。张轨称制（西）凉，治建宫室，适当遗址"。到张天锡时，"宫中数多灵瑞，天锡异其事。时有人谓天锡曰：'昔阿育王奉佛舍利，起塔遍世界中，今之宫乃塔之故基之一也。'天锡遂舍其宫为寺，就其地建塔。"唐景云二年"凉州大云寺古刹功德碑"记载："大云寺者，晋凉州牧张天锡升平之年所置也，本名宏藏寺，后改为大云。因则天大圣皇妃临朝之日，创诸州各置大云，遂改号为天赐庵。""花楼院有七层木浮图，即张氏建寺之日造，高一百八十尺，层列周围二十八间。面列四户八窗，一一相似。屋巍巍以崇立，殿林林以宏敞。"规模宏大壮观。西夏时，天赐庵改为护国寺，七层木浮图称感通塔。"凉州重修护国寺感通塔碑"汉文碑文记载，天祐民安四至五年（1093～1094）对寺塔进行了重修，"金碧相间，辉耀日月，焕然如新，丽矣壮矣"。明天启二年（1622）《增修大云寺碑记》记载："凉州大云寺，记其巅末，有唐宋二碑仿佛可考，元末兵燹以后，重为鼎新，爰复古迹。"1927年，除古钟楼外，其余建筑毁于地震。

（二）魏晋南北朝时期，凉州宏藏寺可能是凉州御山挺出石佛瑞像的主要策划者

1981年在原大云寺旧址发现的唐天宝元年（742）《凉州御山石佛瑞像因缘记》碑中有这样一段记载：北周明帝宇文毓元年（557），凉州"之东七里涧，夜有神光照烛见像首，众疑必是御山灵相。捧戴于肩，相去数尺，飞而暗合，无复差殊。于是四众悲欣千里"。这些情节中，除去神化成分外，又包括命工选石雕刻佛头，僧众肩舆佛头至御山，工匠安置佛头，以及石佛瑞像身首合一后，官民僧侣大宴庆贺，伎乐百戏表演助兴的活动。

当时御山谷中只有无头石佛瑞像，并无佛教寺院，上述这些佛事活动，包括之前雕造石佛像身在内，是哪个部门倡导并组织实施的？我们认为，可能非凉州宏藏寺莫属。自前凉以来，凉州是我国早期佛教的中心，前凉建造的宏藏寺是凉州最早的皇家佛教寺院，也是我国早期的佛教寺院之一，在中

国佛教史上占有非常重要的地位。选择在凉州御山谷中雕造石佛瑞像，是宏藏寺为传播弘扬佛教，以及后来在这里建造瑞像寺采取的一项重要举措。

（三）隋唐之际，永昌圣容寺与凉州大云寺一度是上、下寺的关系

天宝元年碑还记载，宏藏寺在北周武帝宇文邕建德三年（574）之前，"便以此处为白马寺，至宇文灭法，其地之俗居者多不安，遂复施为感通下寺"。在建德三年，也就是瑞像寺建成后的第10年，在宇文灭法的大潮中，新建不久的瑞像寺也在废除之列。好在"虽遭废除，像犹特立"，在"开皇之始，经像大弘，庄严尊仪，更崇寺宇"①，瑞像寺得到了恢复。大业五年（609），隋炀帝西征，"躬身礼敬厚施，重增荣丽，因改旧额为感通寺，故令模写传形"，其后感通寺香火兴盛，名扬天下。而这时的白马寺，虽然没有因"宇文灭法"遭到灭顶之灾，但这里的"俗居者多不安"，于是又将白马寺改为"感通下寺"，以与"感通寺"区别。由此可见两寺之间相存相依的密切关系。

天宝元年碑记载："大云寺僧元明先住彼寺"②。说明在唐代，两寺之间僧人也许可以相互调动，往来不断。

（四）西夏时，圣容寺与护国寺同为凉州的两大寺院，两寺僧众由同一个提举司管理

从"凉州重修护国寺感通塔碑"汉文碑文中可以看出，除护国寺的塔名仍沿用了隋炀帝御笔题额的"感通"二字外，参加塔寺竣工典礼的，既有其他官员，还有"庆寺监修都大勾当、行宫三司正兼圣容寺、感通塔两众提举律晶赐绯僧药乜永铨"，这里所说的感通塔即护国寺感通塔。药乜永铨不但是庆寺监修都大勾当，而且是圣容寺与感通塔的两众提举。圣容寺与感通塔同属药乜永铨领导，只是圣容寺的地位更为显赫。

（五）圣容寺瑞像是河西诸寺佛教的重要题材及佛教信徒们所崇拜的对象

大云寺天宝元年碑所记圣容瑞像和瑞像寺的变迁史，不仅是河西诸多寺、窟塑像、壁画的重要题材，就连天宝元年碑本身，也是佛教信徒们所崇拜的对象。除永昌县寺庙遗址外，武威石佛崖、张掖马蹄寺、酒泉文殊山等石

---

① 释道宣：《续高僧传》卷25，《大正新修大藏经》第50册，（日本）大藏出版株式会社，1988。

② 释道宣：《续高僧传》卷25，《大正新修大藏经》第50册，（日本）大藏出版株式会社，1988。

窟，均有关于圣容瑞像的壁画。敦煌莫高窟第 72 窟南壁的《刘萨诃与凉州瑞像变》壁画，就是依据天宝元年碑的内容绘制的。其中一幅画面上有一碑亭，亭前二信士一立一跪合十，一僧伏地叩首，一僧跪地拜读，其后有四匹马，榜题"罗汉见圣容碑记时"。霍熙亮先生考证，此碑记应为唐天宝元年杨播所记的《凉州御山石佛瑞像》碑[①]（图 4 - 4）。这就充分说明了永昌圣容寺、凉州大云寺与天宝元年碑之间的渊源关系，以及它们在佛教徒心目中的重要地位。

图 4 - 4　凉州御山石佛瑞像因缘记碑

三　西夏时期的圣容寺

西夏王国自始至终都非常崇敬佛教，把佛教奉为国教，不惜花费巨资建寺礼佛。"凉州重修护国寺感通塔碑"汉文碑文记载："天地裡祀，必庄必敬。宗庙祭享，以时以思。至于释教，尤所崇奉，近自畿甸，远及荒要，山林溪谷，村落坊聚，佛宇遗址，只椽片瓦，但仿佛有存者，无不必茸，况名迹显敞，古今不泯者乎。"在这样的社会背景下，"名迹显敞，古今不泯"的圣容寺自然是重点修茸的寺院。

西夏重修圣容寺的时间，没有明确记载。我们只能依据以下两处题记进行推断。一处是 1978 年，武威地区文物工作队在圣容寺西约 1 千米的毛卜拉台地上发现了一处西夏千佛阁遗址，从遗留的残垣断壁上可以看出，它是一座被焚毁了的阁中有塔、阁内及塔底层之上四周绘有千佛的佛教建筑。塔呈正方形，塔底层之上，又残存三级塔层，逐级内收。塔底层四周有墨书题记，有明确纪年的为"大德己未五年二月二十九日灵务人巡礼到千佛阁"。其中年代最早的汉文题记为"丁酉七年八月十六日……净信弟子，四人巡礼"；最晚的为"天盛五年廿七日巡礼"。这一时期的丁酉七年，只有北宋

---

① 霍熙亮：《莫高窟第 72 窟及其南壁刘萨诃与凉州圣容瑞像史迹变》，《文物》1993 年第 2 期。

政和七年（1117），也就是西夏雍宁四年（1117）①。

另外一处是敦煌莫高窟第 285 窟北壁西侧禅窟后壁绘的四位西夏供养人，正捧花礼拜一方塔。方塔底层之上递次窄短叠涩 10 层，叠涩上方树刹，刹顶有宝盖。塔下墨书西夏文题记 10 行，汉译文略云："雍宁乙未二年（1115）九月二十三日，麻尼则兰、嵬立盛山……一行八人，同来行愿。"②此塔形制似与敦煌莫高窟第 76 窟东壁宋初壁画八塔变中所绘之单层叠涩塔有一定渊源关系③。宿白先生把这种塔归入西夏兴建佛塔的第一阶段，即自西夏景宗称帝迄西夏仁宗以前（1038～1139）。

上述莫高窟壁画上所绘方塔与千佛阁内塔的形制极为相似，并且题记时间都在西夏崇宗雍宁年间（1114～1118），因此，千佛阁的建造时间应在西夏建国到雍宁四年（1117）之前这一阶段。

圣容寺与千佛阁毗邻，这一时期，西夏能够新建千佛阁，久负盛名的圣容寺必然会得到大规模的修复。如果此说不谬，圣容寺重修也当在西夏建国至雍宁四年之间。

西夏时期的圣容寺，规模宏大，盛况空前。从以下五个方面，大体能够窥见其当年的盛况。

（一）西夏时圣容寺的僧人超过以往任何时候

圣容寺后山顶上有通高 16.2 米的唐代七级方形砖塔。塔内有壁画数层，上有"番僧一千五百人"和"圣容寺"的题记。一座寺院有 1500 名番僧，可见其规模之宏大。北周保定元年（561），朝廷调集"凉、甘、肃三州力役三千人造寺，至三年功毕"，规模虽大，该寺院也只有 70 名僧人。西夏时圣容寺仅番僧就有 1500 人，相当于北周时该寺院僧人的 20 多倍。

圣容寺塔内题记中所说的"番僧"，系指西夏主体民族党项羌僧。这种事例较多，如"凉州重修护国寺感通塔碑"汉文碑文中的"番汉四众提举赐绯僧王那征迁"，这里的"番汉四众"，表明武威地区主要有四个民族：番（党项人）、汉、羌（即吐蕃人）和回鹘人。也有把西夏文字称为"番

---

① 党寿山：《被埋没的西夏千佛阁遗址》，《西夏学》第 7 辑，上海古籍出版社，2011，第 230 页。

② 史金波、白滨、吴峰云：《西夏文物》，文物出版社，1988，图版 405。

③ 敦煌文物研究所：《中国石窟·敦煌莫高窟（五）》，文物出版社，1989，图版 106～109。

字"者，如《番汉合时掌中珠》，就是西夏文和汉文对照的词典；"凉州重修护国寺感通塔碑"汉文碑文中的"书番碑旌记典集令批浑嵬名迁"，就是指浑嵬名迁是"书番碑"者，即西夏文碑的书写者。

西夏时，凉州境内的四个民族都信仰佛教，因此，圣容寺僧中不仅有党项人，还有其他三个民族。仅党项僧就有 1500 人，加上汉、羌、回鹘僧，则数量更大。如果没有庞大的寺院建筑、大量的僧房僧舍、雄厚的寺院经济，这么多僧人是无法在这里进行佛事活动、居住和生活的。

（二）西夏时巡礼圣容寺的各族佛教信徒较多，香火一直不断

圣容寺旁边西夏千佛阁遗址上的题记，为我们提供了这方面的资料。千佛阁内残存的方塔底层，四面都有密密麻麻的各种民族文字题记。有西夏文、汉文、藏文、回鹘文。其中仅汉文的就有十四题。

圣容寺和千佛阁同在御山峡谷间，一在中部，一在西头，相隔仅一千米，东来的佛教信徒要到千佛阁，必然会经过圣容寺。千佛阁有一则汉文题记中就有"圣容佛至千佛阁记"。"圣容佛"，指圣容寺的圣容瑞像。看来各族信徒主要还是为圣容寺而来的。在千佛阁的一座佛塔底层上就有数十则题记，规模宏大的圣容寺内一定有更多净信弟子的题记，可惜我们已经无法看到了。

（三）西夏时，仁宗皇帝曾到圣容寺

今张掖市有一方黑水河建桥碑，是西夏乾祐七年（1176）立于甘州黑水河畔的，碑两面分别有汉文和藏文碑文。内容为仁宗希望诸多神灵保佑桥道长久，水患永息。其中汉文碑文中有："朕昔曾亲临此桥，嘉美贤觉兴造之功，仍罄虔恳，躬祭汝诸神等"。由此可以看出，仁宗在乾祐七年以前曾亲临甘州祭神。仁宗到甘州，凉州是必经之路，尤其凉州有护国寺、感通塔，有番禾县石佛瑞像寺，笃信佛教的仁宗自然会到这里来。在西夏文宫廷诗集中有《御驾巡行烧香歌》一首，其中就有西夏皇帝御驾西行到达凉州护国寺和圣容寺的记载。歌中说："已往经凉州□，巧匠手贤做塔庙，佛之中性眼舍利生。盘禾山雕做梵王玉身佛，栩栩如生有神力，弥勒佛红襦衣。"[1] 这几句歌词有两层含义。一是说凉州护国寺和感通塔施工很巧妙，

---

① 梁松涛、杨富学：《西夏圣容寺及其相关问题考证》，《内蒙古社会科学》（汉文版）2012年第 5 期。

塔寺中有佛的舍利。这与"凉州重修护国寺感通塔碑"汉文碑文中所载感通塔"心计神妙，准绳特异，材用质简，斤踪斧迹，极其疏略，视之如容易可及，然历代工匠，营心役思，终不能度其规矩"的记载，以及西夏文碑文中说感通塔是"奉安中杏眼舍利处"的记载是相符的。凉州塔，当时被称为"凉州金塔"。所以这段歌词中的"巧匠手贤做塔庙，佛之中性眼舍利生"，指的是凉州护国寺感通塔，并非指番禾石佛瑞像。二是说番禾县的石佛瑞像形象生动，栩栩如生，身着红色襦衣。这不仅说明了西夏仁宗皇帝曾到圣容寺，还为我们考订西夏时期石佛瑞像的衣着颜色提供了一条新资料。

（四）圣容寺在西夏时期应仍属皇家寺院，在西夏的地位很高，政府在这里设有专门的管理机构

凉州西夏碑汉文碑文记载，在重修护国寺感通塔完工后，参加庆典的各级官吏中有"庆寺监修都大勾当、行宫三司正兼圣容寺、感通塔两众提举律晶赐绯僧药乜永铨"，西夏文碑文说药乜永铨是"解经和尚"，两者都说明圣容寺感通塔两众提举、行宫三司正是由解经僧药乜永铨担任的。《天盛改旧新定律令》明确规定："国境内有寺院中圣容一种者，当遣常住镇守者正副二提举，此外，诸司不许遣提举。倘若违律，不应遣而遣时，遣者、被遣者一律有官罚马一、庶人十三杖。"[1] 同时，对其机构设置、等级也有明确规定，即专设"圣容提举"司，属中等司[2]。一司圣容提举一正一副[3]。由于僧人的政治地位很高，加之生活条件好，一座寺院的僧人就达数千之多。这里有个问题令人疑惑：既然《天盛改旧新定律令》规定只能在圣容寺设置圣容提举司，为什么凉州西夏碑汉文碑文中提到凉州护国寺有"护国寺感通塔番汉四众提举"呢？对于这个问题，我们可否这样理解：西夏碑镌刻于西夏天祐民安五年（1094），当时并无此规定，四十多年后的天盛年间，才规定除圣容提举外，诸司不许遣提举。说明在天盛之前，像护国寺

---

① 史金波、聂鸿音、白滨译注《天盛改旧新定律令》卷11"为僧道修寺庙门"，法律出版社，2000，第403页。

② 史金波、聂鸿音、白滨译注《天盛改旧新定律令》卷10"司序行文门"，法律出版社，2000，第363页。

③ 史金波、聂鸿音、白滨译注《天盛改旧新定律令》卷10"司序行文门"法律出版社，2000，第369页。

这样的大寺院还是可以设提举的。

（五）圣容寺东面的花大门石刻塔群，是西夏圣容寺盛况空前的实物证据

花大门石刻塔群雕刻在长约 50 米的红砂岩山体上。佛塔刻在佛龛内，有 50 余座。佛塔中间有方窟，是圣容寺有身份的僧人存放骨灰的地方。花大门石刻塔群与银川西夏王陵的塔式陵台、武威的木缘塔同属塔葬。所不同的是西夏王陵、武威木缘塔与土葬结合，花大门石刻塔群与山葬结合，是西夏又一种塔式墓葬，这种葬式在国内是很罕见的。这些佛塔数量较多，造型奇特，雕刻精巧，不仅反映了西夏圣容寺僧侣之多，规模之大，也是研究西夏葬俗、雕刻艺术不可多得的珍贵资料（图 4 – 5）。

图 4 – 5　花大门石刻塔群

根据文献资料，凉州的佛教寺院在元代多遭兵燹，明清时才逐渐恢复。如明天启二年（1622）《增修大云寺碑记》记载："凉州大云古刹，纪其巅末，有唐宋二碑仿佛可考。元末兵燹以后，重为鼎新，爰复古迹。"《重修凉州白塔志》记载，白塔寺"元季兵燹，颓毁殆尽，瓦砾仅存。宣德四年……乃募缘重修寺塔"。圣容寺旁的西夏千佛阁遗址中，方塔底层的题记里未见元代题记，封土堆中又尽是烧毁的木构建筑材料，因此，千佛阁可能也在元代遭兵燹。若千佛阁如此，圣容寺可能也是同样的情况。明清时期，随着经济的发展，圣容寺得到了重修。

现在，圣容寺原有的木构建筑已荡然无存，但依山雕造的御山浮雕瑞像身躯犹在，凉州七里涧发现的像首尚存，寺院前后山上的唐代方形砖塔仍巍然屹立。曾经名扬四海的圣容石佛瑞像和以它为依托的圣容寺，虽然失去了昔日的辉煌，但在中国佛教史上，在河西诸寺窟中，尤其是在敦煌莫高窟艺术宝库中，却永远闪烁着耀眼的光彩。

第三节　凉州白塔寺

白塔寺，又名幻化寺、庄严寺，清乾隆《武威县志》称百塔寺。位于武威市东南 8 千米武南镇百塔村刘家台庄，地处杂木河冲积绿洲上。原寺规模较大，有"佛城"之誉，后经屡次破坏，尤其是 1927 年武威大地震使该寺建筑破坏殆尽，"文化大革命"期间又遭破坏，现大部分开垦为农田，仅留有少量遗迹，主要有萨迦班智达灵骨塔、小墓塔、窑址、寺院建筑等遗存。

一　白塔寺的历史意义及考古发掘

1241 年，蒙古皇子西凉王阔端率军驻守凉州，他承其父旨意，邀请西藏佛教领袖、学者萨迦班智达到凉州共商西藏大计。萨迦班智达于 1244 年先遣侄子八思巴和恰那到凉州谒见阔端。1246 年，萨迦班智达不顾年事已高，千里跋涉，亲来凉州。1247 年，萨迦班智达与阔端议定了西藏归顺条件，其中包括呈献图册、交纳贡物、接受派官设置。之后，萨迦班智达向西藏僧俗发布了著名的《萨迦班智达致乌斯藏纳里僧俗诸首领书》。从此，西藏统一于元朝中央政权之下，正式纳入中国版图。之后，萨迦班智达住在凉州白塔寺，在此广设演场，弘扬佛法。同时，他还以自己精湛的医术治病施药，并治好了王子的绝症，一时名声大振，被凉州人传为"神人"。

由于藏传佛教萨迦派领袖萨迦班智达法王和八思巴在凉州传教，藏传佛教当时在凉州空前盛行。萨迦班智达根据佛教天地生成的理论，创建凉州四部寺（藏语称四岱宇），东建白塔寺，南建金塔寺，西建莲花山寺，北建海藏寺，象征世界四大部洲。所谓建寺，并非都是新建寺，而是将原有的佛寺改为具有藏传佛教萨迦派特征的寺院，并先后对凉州四部寺进行维修扩建，成为当时著名的凉州藏传佛教四部寺，凉州由此成为藏传佛教发展的中心。1251 年，萨迦班智达圆寂于白塔寺，阔端王为他举行了盛大的悼祭活动，用紫白檀木火化，并建造了高 16 寻（128 尺）的灵骨大塔，即今白塔寺所存萨迦班智达舍利白塔，上师八思巴为灵塔开光。元末遭战乱破坏，明清以来数次维修。因寺内萨迦班智达灵骨塔为白色覆钵式佛塔，故名白塔寺，又因原寺有塔林，传有 108 座塔，又称"百塔寺"。

1999 年，中国社会科学院考古研究所和甘肃省文物考古研究所组成联合考古队，对白塔寺遗址进行了考古发掘和清理工作，发掘面积 1527 平方米，基本上探明了白塔寺的布局，发掘出的遗物有建筑构件、瓷器、钱币、碑刻等。①

根据考古发掘报告，寺院北墙位于萨迦班智达灵骨塔北约 300 米处。现残存部分墙基，残长 80 米，宽约 3.1 米。夯土版筑，夯层厚约 0.1 ~ 0.12 米，夯土坚硬、纯净。在白塔之南勘探到一条与北墙平行的深沟，西面未探到围墙遗迹。初步确定寺院围墙呈方形，南北长约 430 米，东西宽约 420 米，面积达 18 万平方米。在南距萨迦班智达灵骨塔 130 米至 270 米处为寺院建筑较为集中的区域，根据出土的建筑构件，似为大殿或经堂所在之处。此外还探明用石块铺砌的椭圆形蓄水池一处，窑址两处。在灵骨塔东北约 142 米处发现五座土坯砌筑的墓塔。出土器物有瓷器、建筑构件、汉藏文佛经、碑刻等。瓷器有褐釉碗残件、白釉瓷碗、黑釉瓷碗、绿釉瓷碗等，器形与塔儿湾出土的西夏瓷碗相同，都是施釉不到底、圈足玉璧鸡心底。建筑构件有陶制素面方砖、素面条砖、筒瓦、板瓦、联珠纹瓦当、兽面纹瓦当、琉璃瓦、琉璃龙首脊兽、蹲狮脊兽等。佛经有《大悲观自在菩萨总持经咒》《佛顶尊胜总持经咒》《圣妙吉祥真实名经》《佛顶大白伞盖楞严经》《无量寿经真言》等。其中《大悲观自在菩萨总持经咒》上有"明永乐十年五月初六"题款，说明这些佛经为明代重修萨迦班智达灵骨塔时装藏之物。

最为可贵的是在一居民家及遗址发现了两通明代、一通清代的《重修白塔寺碑记》碑刻。明宣德五年（1430）《重修凉州白塔志》、宣德六年（1431）《建塔记》碑阳为汉文，碑阴为藏文。这些碑刻的发现，为梳理明清时期凉州白塔寺重修经过和寺院沿革发展提供了重要资料。2001 年，凉州白塔寺被国务院列为全国重点文物保护单位，国家文物局拨款对萨迦班智达灵骨塔进行了维修，并修建了白塔寺纪念馆，现已对外开放。

二 西夏对白塔寺进行修葺

据宣德五年（1430）《重修凉州白塔志》碑的藏文记载，西夏时期对凉

---

① 中国社会科学院考古研究所、甘肃省文物考古研究所：《甘肃省武威市白塔寺遗址 1999 年的发掘》，《考古》2003 年第 6 期。

州白塔寺进行了重修。该碑现藏于甘肃省武威市白塔寺,碑高 50 厘米,宽 30 厘米,厚 10 厘米,阳面为汉文,阴面则是藏文。正面汉文如下。

重修凉州白塔志

凉州为河西之重镇,距城东南四十里有故寺,俗名白塔,不知起于何代。原其本,乃前元也,婵火端王重修,请致帝师撒失加班支答居焉,师后化于本寺。乃建大塔一座,高百余尺,小塔五十余座,周匝殿宇非一。元季兵燹,颓毁殆尽,瓦砾仅存。宣德四年,西僧妙善通慧国师锁南监参因过于寺,悯其无存,乃募缘重修寺塔,请命于朝,赐寺名曰庄严。宣德五年六月塔先成,所费甚重,肃王殿下捐泥黄金,特命锁南监参等缮写大般若经一部,凡十四函,计三百卷,不月而成。施赉无量,仍造小塔十万,实乎大塔之心,及钦镇甘肃太监王安、平羌将军都督刘广、都指挥吴升及诸檀善等,由是书此志于塔中。俾后之君子知其所自,千百载后,同善之士幸勿毁之,必与存之,共布福惠,岂不美乎?谨志。大明宣德五年岁次庚戌六月吉日。

乔高才让在《〈重修凉州白塔志〉碑文考略》一文中对碑阴藏文进行了翻译。译文如下。

〈白塔〉在城[凉州]东南四十里,是前朝古寺,不知建于何时,西夏时曾修茸。蒙古王时,皇子爱金阔端邀延萨迦班智达居焉,供奉甚恭并修缮寺院。大师在此寂化。此奉置舍利子之塔因由帝师八思巴建立。后以兵燹而荡然无存。大明宣德四年,藏僧妙善通慧国师索南坚赞每来寺址,发愿募缘修复佛殿和宝塔。呈报朝廷,皇上赐名曰庄严寺。宣德五年六月上旬,完成大塔重建,信徒们奉诸多财物及沉重劳动。肃王殿下以虔诚净信,委索南坚赞用泥金缮写般若经十四函计三百卷,完成甚速。又造药泥小塔十万置于大塔内。又委钦镇甘肃太监王安、总兵官平羌将军都督刘广、都司、都指挥吴升为首的众檀越,将此志藏于塔内。后代君子当存净信,毁之则罪孽深重。若得以长存,必利益众生。毋使损毁!特藏此志。大明宣德五年庚戌年六月吉日立。吉祥。①

　　关于白塔寺修建的年代，传世典籍不载。因白塔寺是 1247 年萨迦班智达与阔端举行凉州会盟后的居住之所和最后涅槃供奉舍利之地，白塔是蒙古阔端王子为萨迦班智达专门修建的。清康熙二十一年（1682）《重修白塔碑记》也记载："若白塔不知创自何代。近翻译番经知系果诞（阔端）王从乌斯藏（西藏）敦请神僧名板只达（班智达）者来凉，即供奉于白塔寺，时年已六旬矣，后六载即涅，沐浴焚化……王与众等靡不踊跃赞叹，合掌恭敬，缘建白塔，将板只达金身灵骨装入大塔内，其余众塔俱有舍利。……若凉州西莲花寺与南之金塔寺、北之海藏寺并东之白塔寺，俱系圣僧板只达所建，以镇凉州之罗旦人民安居乐业，永享太平之福……"② 根据此碑记载，凉州白塔寺、金塔寺、莲花寺以及海藏寺俱为萨迦派四世祖萨迦班智达来凉州后修葺扩建。成书于 1887 年的《凉州四部寺志》记载："法王萨迦班智达 63 岁时收到了蒙古阔端王的金字书……萨班于当年带领侄儿 10 岁的八思巴和 6 岁的恰那以及很多精通大小五明和密宗的学者，带着显密教的经典来到了凉州城的蒙古王宫。宾主相见，举行盛典，相互馈赠礼品……并在四方传教的地方建成四大寺院。"四大寺院即凉州白塔寺、金塔寺、莲花寺、海藏寺。从明清以来的藏文文献来看，白塔寺似乎就是萨迦班智达应邀来凉后，蒙古西凉王阔端为其所建。事实上，在萨迦班智达来凉之前，白塔寺所在之处就有一座寺院，阔端为了表示对西藏归顺蒙古谈判的重视以及对萨迦班智达法王的崇敬，对寺院进行了重大扩建维修。《安多政教史》记载："离城四十里，有白塔寺，也叫夏珠巴寺，即幻化寺，蒙古阔端汗邀请萨迦班智达法王，供施双方于火羊年会晤，多次举行庆贺与谈论。……法王在此居住了五年，讲授了许多甚深妙法。金猪年 70 岁圆寂。修建了一座灵骨塔……"③由此可知，阔端只是在原有寺院基础上进行了重修，以供萨迦班智达大师居住弘法，而非专门创建。明宣德五年（1430）《重修凉州白塔

① 乔高才让：《〈重修凉州白塔志〉碑文考略》，《中国藏学》1993 年第 4 期。
② 樊保良、水天长主编《阔端与萨班凉州会谈》，甘肃人民出版社，2009，第 170 页。
③ 智观巴·贡却乎丹巴绕吉著，吴均等译《安多政教史》，甘肃民族出版社，1989，第 139 页。

志》碑阳面汉文也有同样的记载："凉州为河西之重镇，距城东南四十里有故寺，俗名白塔……焯火端王重修，请致帝师撒失加班支答居焉，师后化于本寺。乃建大塔一座，高百余尺，小塔五十余座，周匝殿宇非一。元季兵燹，颓毁殆尽，瓦砾仅存。"① 虽然此碑也记载白塔寺"不知起于何代"，但后文又言："原其本，乃前元也"。此处所谓之本，实为萨迦班智达法王在凉州弘法五年示寂之后，阔端王子为供奉大师舍利所建之白塔，白塔寺之名也由此而来。

根据乔高才让对碑阴藏文的译文，汉、藏文内容基本一致。碑文开头追述白塔寺历史时，汉、藏文都称不知该寺初建于何时。汉文记载"原其本，乃前元也"，之后讲述该寺是蒙古西凉王阔端为萨迦班智达来凉修缮的。藏文所记内容亦与此相仿。但是碑阴藏文在"不知建于何时"之后并不是"原其本乃前元"，而是"西夏时曾修葺"。② 其后的内容与汉文完全一致。

从乔高才让先生的译文来看，至少说明该寺在西夏时期就曾存在，经过修葺，并具有一定规模。只是该碑的汉藏文碑文都没有记述西夏时期该寺的情况。同时，根据考古发掘情况，出土的瓷器中还有白釉绘花、褐釉剔刻

图 4-6 《重修凉州白塔志》汉文碑文　　图 4-7 《重修凉州白塔志》藏文碑文

① 乔高才让：《〈重修凉州白塔志〉碑文考略》，《中国藏学》1993 年第 4 期。
② 乔高才让：《〈重修凉州白塔志〉碑文考略》，《中国藏学》1993 年第 4 期。

花、白釉瓷碗等具有西夏特征的瓷器残件，建筑构件中的琉璃脊兽与西夏王陵出土的脊兽相似。另外，文物部门在历年对寺院遗址进行调查时，曾多次采集到开元通宝和宋嘉祐、熙宁、元丰、绍圣、崇宁、政和、宣和钱，以及西夏天盛元宝等西夏时期流通的货币。[①] 所以，出土文物进一步证实明宣德五年（1430）《重修凉州白塔志》碑阴藏文中提到的"西夏时曾修葺"是真实可信的，白塔寺在西夏中后期是一座规模较大的藏传佛教寺院。

第四节　珍珠台寺院遗址

一　地理位置

珍珠台寺院遗址位于武威市凉州区校尉乡长流沟西南 5 千米处上方寺林场林区内的一低缓山坡上，当地人称此台为珍珠台。地理坐标为东经 102°38′33.40″，北纬 37°39′48.9″，海拔高度为 2527 米。

图 4 - 8　珍珠台寺院遗址现状

遗址东西长 100 米，南北宽 50 米，寺院建筑遗址被杂草覆盖，部分房屋尚存墙体遗迹。文化层厚度 0.5 ~ 1 米，在遗址文化层、地表及周围山坡上散布着大量的残筒瓦、板瓦、石柱础、建筑残构件、绿釉陶脊兽及西夏黑釉剔花瓷罐、白瓷碗残片等遗物。1982 年 7 月，当地村民在寺院遗址挖窖储草时，发现了一批铜器、铁器、瓷器、建筑构件等元代遗物。在这批遗物中，从部分铜器、铁器铭文中，发现有"至元丙戌西凉报慈安国禅寺僧仁敏置"等阳铭文，可知此寺院在元代被称为报慈安国禅寺，是当时该地区影响较大的藏传佛教寺院。为了进一步理清寺院的历史脉络，课题组对该寺院遗址进行了实地考察，并对原在此出土的文物进行了梳理，

---

① 魏文斌、李明华：《武威白塔寺调查与研究》，《敦煌研究》1999 年第 2 期。

从而对该寺院的历史兴衰有了清晰的了解。

二 遗物及时代考证

关于珍珠台寺院遗址及元代西凉报慈安国禅寺，史书及文献资料均未见记载。但在该遗址发现的大量遗物、遗迹，特别是出土的窖藏铜器、铁器上的铭文，为研究该寺院遗址的历史变迁提供了第一手资料。

首先，在珍珠台寺院遗址内、周围山坡及山脚下发现了大量黑釉剔花瓷罐、白瓷碗等遗物，这些残瓷片与附近上古城瓷窑遗址、塔儿湾西夏遗址出土的西夏瓷器类型相同。调查过程中，在通向寺院的山路上还发现了一块宋耀州窑青瓷残片。在该遗址还发现了琉璃垂兽、套兽及瓦当、滴水、板瓦等建筑残构件，其中的垂兽，残高 52.5 厘米，兽头，方身，合口，獠牙外露，突目，双耳竖起，额突出，下颌有胡须，长颈，颈上饰鬃，鬃上扬，头部塑双孔，通体施绿釉；套兽，残长 33～34.5 厘米，张口露牙，长舌卷曲，上唇翘起，下唇前伸，突目，

图 4 - 9　垂兽

图 4 - 10　套兽

图 4 - 11　遗址残存遗物

图 4 - 12　遗址残存遗物

双耳双角均竖起，通体施黄绿釉。从出土的这些建筑残构件的特征来看，与西夏王陵出土的琉璃垂兽、套兽极为相似。据此可以断定，该寺院在西夏时期就存在，并且是当地一座较有影响的藏传佛教寺院。

其次，在该寺院遗址出土的元代至元款铜壶刻有"至元丙戌西凉报慈安国禅寺僧仁敏置"，"至元丙戌"为元至元二十三年（1286），距蒙古攻破西夏西凉府的时间1225年仅61年。至元款铜壶上的"西凉"铭文应为当时的西凉州。西夏占领武威后，在行政区划上设置了凉州。西夏建立后，鉴于凉州对其京畿地区的重要性，将其升格为西凉府，定为西夏的陪都，是为"大夏开国，奄有西土，凉为辅郡，亦已百载"。元占领凉州初期，仍沿袭宋、夏旧制，以凉州为西凉府。《元史·地理志》记载："至元十五年，以永昌王宫殿所在，立永昌路，降西凉府为州隶焉。"至元款铜壶上的"西凉"，即当时已从"凉州西凉府"降为"永昌路西凉州"的"西凉州"。

经检索文献资料，未发现有关"西凉报慈安国禅寺"的记载。但根据至元丙戌年款铜壶，可知今武威校尉乡珍珠台当时应存在寺院"报慈安国禅寺"。同时，在该遗址还发现了西夏时期残瓷片、垂兽、套兽及瓦当、滴水、板瓦等建筑构件，特别是出土了屋顶建筑构件，有黄色和绿色的琉璃垂兽、琉璃套兽、琉璃筒瓦等。琉璃瓦自北魏宫殿建筑始用，发展到唐、宋时期，仍然是高级别建筑才能使用的专用构件。由此说明，当时的西凉报慈安国禅寺是一座级别比较高的寺院。

西凉报慈安国禅寺遗址窖藏的大型佛教礼器铜壶、铜熏鼎、铁钟以及生活用具铜锅、铁锅等的出土，反映出这座佛教寺院规模大、僧侣众多、香火旺盛。铜器铭文反映出有不少政府官员参与该寺院的礼器铸造等佛事活动，可见当时报慈安国禅寺是当地非常重要的佛教寺院。

这样一座级别较高、规模较大、香火旺盛的寺院，应该具有较长的发展过程。该寺院可能在西夏时期就存在，并具有一定规模，而且是周围较有影响的藏传佛教寺院之一。元代占有武威后，鉴于这座寺院在当地的影响力，政府官员及平民纷纷出资加以修葺，寺院越来越兴旺。在遗址发现的元代铜器铭文中就有军政长官或管理专门事务长官的"总管"，如至正款铜壶Ⅰ铭文中的"张总管"，铜熏鼎铭文中的"脱因黑汉总管"；有掌通判府、州事的"同知"，如至正款铜壶Ⅰ铭文中的"何同知"、铜熏鼎铭文中的"李同知";有总领六曹、职掌案牍的首领官"经历",如至正款铜壶Ⅰ铭文中的"赵经历";有总管王府内日常事务的"府尉""长史",如铜熏鼎铭文中的"建都班府尉""薛长史";有管理制造、税务、仓库等事的"大使",如铜熏鼎铭文中的"完者帖木大使";有监察州县地方官吏的"监司",如铜熏鼎铭文中的"□都波罗泽监司"。还有"王提举、毛提举、杨府判"等地方官员。有这么多的地方官吏与各族人民一起捐资铸造铜质礼器及食用器,不但反映出元朝政府对佛教的崇信和重视,而且由于政府官员的加入,使得该寺院佛事活动越来越兴盛。在这里未发现元代以后的遗物,说明该寺院可能毁于元末明初的战争,明清以来一直未曾重修、复建,使该遗址湮没在荒野中而不为人知。

此外,在该遗址发现的这批元代窖藏铜器,器形大、铭文多、装饰华丽、造型各具特色,反映了元代高超的铸造工艺。这从另一个方面反映了这座寺院在当时的重要地位及影响力。所以说,这么重要的寺院,它的兴盛发展是要通过一个很长的周期来完成的,不可能在蒙古占领武威后短短60多年的时间兴盛起来,应该是在前代的基础上不断发展兴盛的。

在该遗址发现的铜器铭文上,发现了党项族人名,如恩吉祥、□吉祥、曹犬、吴狗儿、何狗儿子、王党兀、王宝善儿、李宝唐氏等。由于这座寺院在西夏时期具有较大的影响力,这些党项遗民就出资捐助寺院。党项族与各族人民在这里相互通婚,友好相处,文化上互相渗透、互相学习,使当时武威这种多民族融合的关系得到了进一步发展。

第五节　古浪县寺沱寺院遗址

一　地理位置及现状

寺沱寺院遗址,位于甘肃省武威市古浪县古丰乡西山堡村上寺沱组西60米寺沱山梁及山脚。遗址所在地三面环山,中部平坦,形成一条东西长20千米、南北宽1.5千米的小川,因在古浪县城西南方,故名西山川。川南为祁连山余脉寺沱山,海拔3469米。该山为南北走向,呈鱼脊状,山上森林茂密,风景宜人;川北为平顶山脉,由厚达二三百米的黄土构成。在南北两山之间

的山涧中，有一条自西南流向东北方向的
小河沟，当地人称之为柳条河，后因依沟
修渠，改名为古丰渠。寺院遗址就位于柳
条河谷南山北麓寺卬山半山腰处，南临
天神圈沟和煤山洼，北临柳条河河谷，
柳条河在其北 300 米处东西向流过，东
临寺卬沟，西临南泥沟。遗址南端，当
地人称之为大佛台，北端称之为幡杆台。

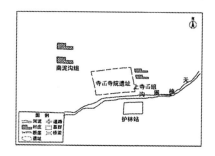

图 4－13　寺卬寺院遗址平面图

地理坐标为东经 102°46′55.6″，北纬 37°24′21.1″，海拔 2564 米。

图 4－14　寺卬寺院遗址

　　遗址范围规模宏大，东西长约 1 千米，南北宽约 300 米。遗址现已被当地居
民开辟为耕地，但寺院范围和建筑遗迹尚能辨识。在寺卬山阳面坡地，有三道
人工夯筑的墙基，一直延伸到山顶。在山坡脚断崖处，白釉瓷碗残件、褐釉瓷
罐残件、素面板瓦、筒瓦、绿釉筒瓦、莲花纹瓦当、兽面纹瓦当、铺地方砖、
建筑条砖等随处可见，文化堆积层厚约 40 厘米。相传该遗址所在地是一处寺院
遗址，俗称大佛台。据当地居民介绍，每年在耕地时，随时都会发现绿釉瓦当、
板瓦、瓷碗残片等遗物。有村民在该地取土时挖出了一根直径约 40 厘米的松木
柱子。寺院毁于何时，当地年长者也不知晓。当地村民在寺院遗址范围内平田
整地时，曾发现铜釜、铜铃、白瓷罐、碗和黑瓷瓶、罐等物，大部分被当地博
物馆所收藏。在第二次、第三次文物普查时，对该遗址进行了调查。1990 年 4
月，古浪县人民政府将该遗址列为县级文物保护单位。

二 出土文物

在寺山寺院遗址采集到的标本大多为瓷碗残件、瓷罐残件、素面板瓦、筒瓦、瓦当、铺地方砖、建筑条砖等。瓷器残件大多带釉，瓦当有莲花纹和兽面纹等类型。古浪县博物馆还收藏有该遗址出土的各类器物。

图 4-15 一佛二弟子瓦当残件

1. 一佛二弟子瓦当残件。主佛高肉髻，双耳垂肩，双目微闭，眉间有白毫，面颐丰满，袒露上胸，衣纹斜垂，似为坐姿，主佛身体各部分比例匀称，神情睿智，整个姿态给人以静穆慈祥之感。主佛左侧为大弟子迦叶，双手合十，立姿，微侧向主佛。主佛右侧二弟子阿难缺失。残半径 8 厘米（图 4-15）。

2. 褐釉"秀才酒瓶"。敞口，卷沿，束颈，溜肩，腹修长，足外撇。口沿内及腹一侧施绿釉。口沿刮釉，内外施褐釉。圈足露胎。上腹部阴刻"秀才酒瓶"四字。高 39.7 厘米，口径 4 厘米，底径 13.1 厘米（图 4-16）。

图 4-16 褐釉秀才酒瓶

3. 绿釉瓷扁壶。敞口，卷沿，束颈，扁圆形腹，肩部有双耳，腹部两侧有浅圈足。器表一侧施绿釉，一侧施酱釉，圈足露胎。具有典型的西夏瓷器特征。口径 5.7 厘米，高 21.1 厘米（图 4-17）。

4. 白釉瓷扁壶。小敞口，圆唇，束颈，鼓腹扁平，四耳，腹两侧有对称浅圈足。胎灰白较厚重。器表施白釉。圈足部分露胎。口径 3.7 厘米，高 12 厘米（图 4-18）。

5. 褐白釉瓷瓶。敞口，卷唇，束颈，耸肩，腹修长，下渐收。深圈足，外撇。胎灰白较厚重。通体施乳白釉，口部褐釉。口径 2.2 厘米，高 29.2 厘米（图 4-19）。

图 4 - 17　绿釉瓷扁壶　　　　　　　图 4 - 18　白釉瓷扁壶

6. 白釉瓷扁壶。敞口，卷沿，束颈，扁圆腹。腹中有一圈堆塑纹。腹部有四系，两侧为浅圈足，凹底。外表施白釉微泛黄，一侧足部露胎，胎体厚重。口径 4 厘米，底径 18.8 厘米，高 13 厘米，腹围 8 厘米（图 4 - 20）。

7. 青釉瓷人。青瓷，盘腿而坐，双臂曲抱于胸前，低头沉思。宽 4.4 厘米，高 7 厘米（图 4 - 21）。

图 4 - 19　褐白釉瓷瓶　　　图 4 - 20　白釉瓷扁壶　　　图 4 - 21　青釉瓷人

8. 白釉瓷盘。敞口，浅腹，圈足，灰白胎，胎质较厚。盘内施白釉，外壁及足部不施釉。口径 14 厘米，高 3.3 厘米，底径 5.8 厘米（图 4 - 22）。

9. 白釉瓷盘。敞口，浅腹，圈足，灰白胎，胎质较厚。盘内施白釉，外壁及足部不施釉。口径 14 厘米，高 3.3 厘米，底径 5.2 厘米。

10. 白釉瓷碟。敞口，圆唇，浅腹，圈足，灰白胎，胎质较厚。内外施白釉，下腹部及底足不施釉。口径 15.5 厘米，高 3.7 厘米，底径 4 厘米（图 4 - 23）。

11. 白釉瓷碗。敞口，圆唇，斜腹，圈足，白胎较厚。内壁及口沿外施白釉，腹以下不施釉。口径 18 厘米，高 7.5 厘米，底径 4.5 厘米。

12. 白釉瓷碗。敞口，尖唇，直壁，内敛，圈足。灰白胎，施白釉。腹下部不挂釉。口径 19 厘米，高 7.5 厘米，底径 5 厘米（图 4 – 24）。

图 4 – 22 白釉瓷盘　　　　图 4 – 23 白釉瓷碟　　　　图 4 – 24 白釉瓷碗

13. 白釉瓷碗。敞口，敛腹，圈足。胎灰白较厚。内外施白釉，圈足未施釉。口径 18.5 厘米，高 7.9 厘米，底径 5.3 厘米。

14. 白釉瓷碗。敞口，圆唇，斜腹，圆底，圈足。胎灰白较厚。内壁底部有双圈，内壁至口沿部挂白釉；外壁不施釉，有鲜明的凸形圈纹。口径 18.5 厘米，高 7.1 厘米，底径 5.3 厘米（图 4 – 25）。

15. 白釉瓷碗。敞口，深腹，圈足。内施影青釉，外不施釉，胎质较粗糙。口径 18 厘米，高 7.6 厘米，底径 6.6 厘米。

16. 白釉瓷碗。敞口，尖唇，弧壁，圈足，灰白胎，较厚重。施白釉。腹下部不挂釉。口径 19 厘米，高 7.5 厘米，底径 5.5 厘米。

17. 白釉瓷碗。敞口，深腹，尖唇，灰白胎，施白釉，圈足。腹下部不挂釉。口径 18.9 厘米，高 7.8 厘米，底径 5 厘米。

18. 白釉瓷碗。侈口，卷唇，深腹，平底，圈足。灰白胎，施白釉。腹下部不挂釉。口径 16.5 厘米，高 9.3 厘米，底径 5.8 厘米（图 4 – 26）。

19. 茶叶釉单耳壶。侈口，圆唇，束颈，溜肩，平底，圈足，口部有流。腹部下收。灰白胎，施茶叶釉，腹下部不挂釉，有墨书文字。口径 6 厘米，底径 5.8 厘米，高 15 厘米（图 4 – 27）。

20. 褐釉单耳壶。侈口，圆唇，束颈，溜肩，平底，圈足，口部有流。腹部下收。灰白胎，施褐釉，腹下部不挂釉，口径 5.5 厘米，底径

6 厘米，高 15 厘米。

21. 褐釉单耳壶。侈口，圆唇，束颈，溜肩，平底，圈足，口部残。腹部下收。白胎，施褐釉，腹下部不挂釉。口径 6 厘米，底径 6 厘米，高 13 厘米（图 4 - 28）。

22. 黑釉瓷碗。口径 14.5 厘米，底径 6.2 厘米，高 6 厘米。侈口，平底，通体施黑釉，灰胎，碗内壁底及底部不施釉，口部有一缺口。口径 14.5 厘米，底径 6.2 厘米，高 6 厘米（图 4 - 29）。

23. 黑釉瓷碗。侈口，平底，通体施黑釉，灰胎，碗内壁底及底部不施釉。口径 14 厘米，底径 5.5 厘米，高 6 厘米。

24. 擦擦。均为圆锥体。一件高 9.6 厘米，另一件高 6.5 厘米。底部有藏文（图 4 - 30）。

图 4 - 25　白釉瓷碗

图 4 - 26　白釉瓷碗

图 4 - 27　茶叶釉单耳壶

图 4 - 28　褐釉单耳壶

图 4 - 29　黑釉瓷碗

图 4 - 30　擦擦

三　遗址时代

古浪县博物馆收藏的该遗址出土的瓷器，如瓷扁壶、白釉瓷碗、碟、单耳壶等，具有明显的西夏瓷器特点。另外，从散落在遗址范围村民家中的黑釉瓷罐残片特点以及建筑构件，特别是白釉、黑釉瓷碗残件具有玉璧鸡心底特征，这些瓷器残件和瓦当残件与武威塔儿湾出土的西夏瓷器极为相似，故这些瓷器当为武威古城塔儿湾瓷窑所烧制。寺山寺院遗址是一处规模很大的西夏时期的寺院遗址。在该遗址文化层断面暴露处还出土了一件佛像瓦当残件（图 4-15）。该瓦当残半径 8 厘米，表面残存高浮雕一佛一弟子，瓦当四周为五圈同心圆纹。该瓦当复原后应该为一佛二弟子浮雕造像。2010 年 4 月 13 日，在唐景陵考古调查发掘中曾出土一件一佛造型的瓦当。而此次在古浪寺山寺院遗址出土的佛像瓦当，尽管残缺不全，但这种一佛二弟子瓦当，造型别致，尚属首次发现。国内其他地方尚未发现此类造型的瓦当。该瓦当的发现，为研究西夏时期建筑艺术提供了新的重要实物资料。此外，在该文化层中出土了一件较为完整的大体量筒瓦，该筒瓦长 37 厘米，直径 18 厘米，厚 2 厘米，同类型板瓦残件随处可见。从这些大体量的建筑构件来看，此处应该为一处规模较大的西夏寺院建筑遗址。

此外，附近村民家中还收藏有一批从该遗址采集的褐釉瓷罐、泥质擦擦等器物，这为进一步了解该遗址的文化内涵提供了丰富的实物资料。

第六节　天祝百灵寺遗址

一　地理位置与现状

百灵寺位于天祝县大红沟乡下西顶村西北 10 千米处的山坡上。东南距天祝县城约 120 千米，藏语称噶玛日朝，噶玛噶举派的许多高僧曾在此参禅修行。

现存遗址坐南向北，北靠神仙山（也叫神仙窑），南连旗杆岭，东倚寺神沟，西接大车岭。地势平坦，四面松林环抱，草木葳蕤，风景秀丽。遗址中间有一道山梁，将遗址分为东、西两部分。西侧遗址南北宽 10 米，东西长 78.4 米，有人工砌筑的石台，台基残高 3 米，其上有新建藏式佛塔 2 座，佛塔东侧有房屋遗迹 1 处；东侧遗址南北长 150 米，东西宽 100

图 4 - 31 百灵寺地理位置图

米, 遗存房屋遗迹 9 处, 地表散布砖、瓦残片和石础、石条等建筑构件。

二 历史沿革

百灵寺始建年代, 史书未见记载。在唐代, 百灵寺有"大乐神宫"之称。对此,《安多政教史》是这样记载的:

在此以下, 有汉族称为白莲寺的噶玛巴进修处。这里原是一处颇为灵异的进修地, 后有噶玛噶举派的许多大喇嘛参禅修行, 由于曾是几个民族的栖止之处, 因而获得了这个名称。曾有这样的传说: 有四位瑜伽师在此长期修行, 最后都飞上了天。据说其中的一位瑜伽师没有飞很远便落到附近的一座岩石上, 从前每逢节日就能听到各种悦耳的音乐。唐朝的第二位皇帝太宗誉为大乐神宫; 明代第三代皇帝永乐曾加以维修。正统七年（公元一四四二）太监李贵、妙善通慧国师索南坚赞、释迦比丘索巴华、沙弥大日玛室利等修建了三间佛殿, 两条环形路, 左右各二十间厢房, 天王殿, 释尊涅槃殿, 三座佛塔及鼓房、钟房等, 题名为福寿庙, 其修建历史树有石碑。

从上述记载可以看出，百灵寺虽初建年代不详，在当时凉州境内也是一座很古老的汉传佛教寺院，被唐太宗誉为"大乐神宫"。孙寿龄、黎大祥二位先生对残存碑文及文献资料记载进行了考证，认为：玄奘西行取经，曾路过此寺，驻锡讲经4天，弘扬佛法。[①] 可见此寺在当时应是颇有名气的佛教寺院。

西夏时期，随着藏传佛教在境内的进一步传播，凉州地区成为藏传佛教比较兴盛的地区之一。在百灵寺附近的天梯山石窟、修行洞遗址、亥母洞石窟等地发现的大量西夏文、藏文佛经及藏传佛教遗物等，足以说明藏传佛教在这一地区的兴盛与发展。西夏仁宗时期，藏传佛教受到了更多重视，得到了更为广泛的发展，藏传佛教的噶玛噶举派和萨迦派都传入西夏。也极有可能在这一时期，百灵寺受周围佛教寺院的影响，逐渐成为藏传佛教寺院，成为噶玛噶举派高僧的参禅修行之处。虽然史籍资料未见记载，但在遗址发现的西夏时期遗物足以说明这一点。

蒙古灭西夏后，公元1247年，藏传佛教萨迦派的领袖萨迦班智达与西凉王阔端在凉州白塔寺举行了具有历史意义的"凉州会谈"，使西藏正式纳入中国版图。此后，萨迦班智达在凉州主持修（扩）建了著名的凉州四部寺，还在包括百灵寺在内的许多凉州寺院中讲经传教，许多寺院改宗为萨迦派寺院。萨迦班智达圆寂后，其部分舍利子和遗物在百灵寺建塔安放。

《凉州四部寺道路指南》记载：

> 从西顶到噶玛日朝是三十里。据说从前五百罗汉曾在此处住过，有四位瑜伽师在百灵修行获得飞行成就，其中有一位落在石崖上。早年，每逢佛教节日时会听到各种奇妙的天界音乐，此寺主要供奉的圣物是塔心装有萨班（贡嘎坚赞）的体内舍利、袈裟、衣物、经夹等物的噶玛宝塔。若病人虔诚朝拜和夜间绕塔转经能看到宝塔的奇光异彩，具有驱散病魔和妖邪的奇效。在此塔的左边还有一个较小的灵塔，其内安置有修炼高僧敦珠嘉措的五色遗体舍利。从此地下行五里路有著名高僧赛康

---

① 孙寿龄：《唐玄奘驻锡过的百灵寺》，《武威文史资料》第6辑；黎大祥：《唐玄奘在凉州考略》，《陇右文博》2007年第2期。

大师的修行禅堂，内有慈悲观音、度母等塑像。

当时的百灵寺已成为萨迦派寺院。第四世噶玛派活佛噶玛若贝多吉的进京、返藏，使噶玛派的传播达到了高潮，很多寺院改宗噶玛派。百灵寺也成为噶玛派的静修处（藏语称日朝）。

据残碑记载，到明正统年间由"□骑将军都指挥使朱君通□□"和曾经主持修建凉州广善寺（今天梯山石窟）的凉州高僧、妙善通慧国师锁南坚赞（锁南坚参）对百灵寺进行了重建后，被朝廷赐名为"普福寺"。清道光后毁于火灾，再未重建。

三 保存遗物及时代考证

遗址中心位置残存有"敕赐普福寺纪功德碑"残石5块。经复原，整个碑高无法得知，碑宽0.8米，厚0.3米。有碑基座1通，长1.3米，宽0.6米，高0.7米，上部有安放碑身的凹槽。该碑顶半圆，碑文两边是二龙戏珠浮雕。碑名在60×40厘米扁长

图4-32 百灵寺遗址房屋遗迹

方形单线条方框内，字是双线条空心字篆书；9个字分3行，每行3个字；字呈竖长方形，每字宽约8厘米，长10~12厘米不等，书写规整，镌刻清晰。碑名方框下面是正文，以2厘米见方的楷书镌刻，字为阴文，因石碑破损，难以识读。碑头下面仅有"……寺纪功……""……教以慈悲……""……广大无穷……""……圣朝统一……""……大业正□"等字可辨认。中段最长处约35厘米，上下大体齐洁，左右未破损，碑面有多处砸伤，个别字无法辨认，中间一段文字为：

神通为用普及群伦明真去

度僧追古以倍时为盛哉凉乃古

所创也年既兹久有山环四

同　　弘华夏□腾达历之皆禅宗

当□伏然而□□□□□莫寸

捐舍资财督夫匠剪茅鸠工石

余则台建佛经二阁钟鼓

众尼两庑神像列护昭然南有

骑将军都指挥使朱君通

锁南坚参住持答里麻室利

　　另一三角形的残块上，正面仅有一个"七"字清楚。碑的背面是单线楷书藏文，格式为横排，因藏文笔画细密复杂，残损较多，难以识读。碑身两侧光洁平整，无纹饰。

　　寺院遗址经历代自然和人为破坏，特别是由于民间流传着百灵寺有宝藏的传说，附近一些村民为得到财宝，在寺院范围内外乱挖，因此，寺院建筑全部被毁，仅残存大量烧制于西夏、元、明、清、民国等不同时代的砖瓦残片，以及日常生活用品如碗、盘等。同时，在遗址上还发现了极具藏传佛教特色的陶制绿釉力士残像、残兽脊、兽面残瓦当等建筑物构件。从墙基的痕迹，依稀可以辨别出大经堂、三座佛殿、鼓房、钟房、宝塔的位置。大经堂的规模当是藏传佛教流行的"三转五"间架。其中在遗址上发现的槽心瓦、白釉小瓷瓦以及在遗址和附近山坡上发现的白釉瓷碗残片（图4-33），其胎质、釉色与附近武威上古城西夏瓷窑及塔儿湾西夏遗址发现的瓷器相同，这些器物

图4-33　在百灵寺遗址发现的残片

应出自武威上古城西夏瓷窑遗址。从这些遗物可以看出，百灵寺在西夏时期香火很盛，是西夏时期这一地区一座重要的寺院。

图 4 - 34 百灵寺遗址残存建筑构件　　图 4 - 35 在百灵寺遗址采集的标本

第七节　寺院遗址调查研究成果

武威是西夏的辅郡，在西夏佛教文化史上占有重要的地位。考古研究资料表明：凉州护国寺是西夏重要寺庙之一，西夏天祐民安初年被地震毁坏，天祐民安五年，西夏集能工巧匠，营心役思，进行大规模重修。"凉州重修护国寺感通塔碑"汉文碑文记载，此寺院通过重修后，"木干覆瓦如飞鸟，金头玉柱安稳稳。七珍庄严如晃耀，诸色妆饰殊调和。绕觉金光亮闪闪，壁画菩萨活生生"，描绘出昔日护国寺庄严、肃穆的情景。可惜此寺院及塔现已不存，分布在其他地方的寺院遗址，也早已不复存在。随着考古调查和研究工作的不断深入，近年来在寺院遗址发现和出土过西夏时期的一些遗物，但也都是零碎的。这次通过对大云寺等一些西夏寺院遗址的详细调查了解，以及系统的研究整理，取得了一定成果。

一　理清了护国寺与圣容寺的历史变迁及关系

凉州护国寺（早期称阿育寺）与圣容寺（早期称瑞像寺）是我国早期的佛教寺院。这两处寺院在不同的时期有不同的名称。由于年代久远，寺院名称被淹没在历史长河之中，这对后人确定其年代、地理位置以及佛教文化、历史研究，造成了很大的困难。此次通过调查了解、整理研究，理清了寺院的历史变迁及关系。

（一）历史变迁

护国寺最早叫阿育寺，其塔为姑洗塔；到前凉张天锡时，其宫殿建在了阿育寺及姑洗塔基址上，宫中多有灵异，遂舍宫复寺建塔，其寺名宏藏寺，寺内有七级木浮屠；隋代称感通下寺，其塔为感通塔；唐代武则天时改为大云寺，遂改号为天赐庵；西夏时称护国寺，其塔名沿用感通塔，"凉州重修护国寺感通塔碑"即由此而得名；元代以后又称大云寺。圣容寺是在北魏太武帝太延元年（435），高僧刘萨诃西游途经此地，于御山谷中"授记"，预言"此山当有像出"。北周保定元年（561）敕使宇文俭时，"立为瑞相寺"①（瑞像寺）。隋大业五年（609），隋炀帝西巡至此，改名"感通寺"。唐贞观十年（630），亦有灵异，遣寺供养。玄奘归途过之，曾言寺之来历。郭元振往任安西都护时，诣寺礼谒，得佑边事。到唐中、晚期吐蕃统治河西时，又改名圣容寺。现在当地人习惯上称之为后大寺。

（二）护国寺与圣容寺的关系

1. 魏晋南北朝时，两寺已有渊源

魏晋南北朝时期，凉州作为前凉的都城所在，其统治者重视佛教，宏藏寺作为前凉王建造的寺院，建筑宏伟，规模庞大，寺内的姑洗塔址，是阿育王时期所造的八万四千宝塔之一，亦是"晋张重华（前凉国王）舍宫内地建寺立塔"；寺内"屋巍巍以崇立，殿赫赫以宏敞，拟璃台之景居，状层城之始构"，规模宏伟，成为这一时期佛教文化传播及发展的重要中心。因此，宏藏寺也成了凉州御山挺出石佛瑞像的主要策划者。北魏太武帝太延元年（435），高僧刘萨诃西游途经此地，于御山谷中"授记"，预言"此山当有像出"。北周保定元年（561），因御山石佛瑞像置瑞像寺，两寺之间存在渊源关系。

2. 隋代同称"感通寺"，为上、下寺关系

隋炀帝是我国历史上唯一一位巡行到河西的中原王朝皇帝。他崇信佛教，在西巡期间，有众多僧、尼、道士、道姑相随，所至州、县的一些大寺院均得到隋炀帝巡视，赐金钱修葺，并派僧尼讲经说道，佛事活动极为兴

---

① 释道宣：《集神州三宝感通录》（卷中）。

盛。大业五年（609），隋炀帝到达张掖，来到焉支山下，前往凉州瑞像寺朝拜，遂将瑞像寺改名为"感通寺"，并御笔题额，令天下"模写传形"，使凉州感通寺成为海内外名寺。随后，将前凉时的宏藏寺改为"感通下寺"。两寺间成为上、下寺的关系，接待着东西往来的僧众。许多与此相关的神话故事，如百鸟蔽日、栖于像山、御山瑞像由天竺来等，从一个侧面反映出当时凉州佛教文化的发达状况。

3. 唐代圣容寺瑞像的神话故事，勒石刻碑立在感通下寺之内

"凉州御山瑞像因缘记碑"，刻于唐代天宝年间，立于凉州感通下寺。1980 年 5 月发现于今凉州大云寺北侧。碑文详细记载了"凉州山开瑞像现"的佛教故事。此故事在我国古代文献中记载颇多，《续高僧传》《集神州三宝感通录》《广弘明集》《法苑珠林》等书均记载：北魏太延元年（435），西去印度观览佛迹的刘萨诃和尚，行至凉州番和县东北，望御谷山，预言此山裂开当有瑞像（佛像）出现，时平则佛像俱全，时乱则首落。历八十余载，到了北魏正光元年（520），果然有一尊形象庄严的佛像现于岩间，却没有头。又过了四十余年，在凉州城东乃有像首出现，于是人们把它迎来安在佛像身上。北周保定元年（561），立为瑞像寺。这就是"凉州山开瑞像现"佛教故事的来源。此故事在敦煌莫高窟中晚唐及五代的一些洞窟里，用壁画的形式表现出来，形成了"刘萨诃与凉州山开出像因缘变"这样一个独特的内容。其中第 72 窟（五代窟）内容繁多，情节复杂，还涉及中西文化交流史上的一些逸闻旧事。此外，在敦煌藏经洞发现的遗书和绢画中，也有抄写和描写这个内容的。因此，国内外有不少专家学者对此进行了专门的研究，产生了不少专著。"凉州御山瑞像因缘记碑"详细地记载了这个故事，有些情节是不见于文献记载的。因此，此碑文是关于刘萨诃和尚在河西走廊进行宗教活动以及凉州番和县御山谷中石佛瑞像故事的原始传说。同时，碑文详细记载了凉州"瑞像寺"的变迁及其传说。在此碑发现之前，历史上到底有没有瑞像寺，该寺在何处，还是一个问题。此碑的出现，为解决这个问题提供了难得而珍贵的实物资料，使凉州瑞像寺的来历及变迁有了明确的文字可考。

另外，碑文还明确记载了隋大业五年隋炀帝西巡以及唐代玄奘去印度取经归途中到此寺的情况。在中国古代史上，中原王朝皇帝亲巡大西北的，只有隋

炀帝一人。其西巡的目的就是安定边陲，征服吐谷浑，确保丝绸之路的畅通，发展中外经济贸易和文化交流。然而，隋炀帝西巡的路线，由于史书缺乏详细记载，史学界仍有争议。玄奘取经归途所到之处，史书也缺少记载。因此，碑文中关于隋炀帝西巡及玄奘取经归途到凉州番和县圣容寺的记载，为研究隋炀帝及玄奘取经归途所经路线提供了新的原始依据，从而也反映出凉州瑞像寺在我国历史上所处的重要地位。

以上碑文内容记载的是凉州瑞像寺的情况，却又立在了凉州大云寺内，从而反映出了两寺的渊源关系。

4. 两寺均受到西夏皇帝的重视及巡礼，并同属一个提举司管辖，是当时著名的大寺院

1038 年，元昊称帝建国，仿宋南郊故事，亲自从首都兴庆府来到西凉府祀神，并到凉州大云寺拜佛，这是因为凉州是西夏皇族的祖先神或其神籍地区影响重大的神灵所在地。[①] 天祐民安三年（1092）冬天，凉州大地震，又把塔震斜了，当地守臣行文上奏，西夏崇宗下令修缮。第二年，由皇帝、皇太后发愿，动用了大量人力、物力和财力，重修了感通塔及寺庙。在乾祐七年以前，西夏仁宗曾亲临甘州祭神。到甘州，凉州是必经之路，尤其凉州有护国寺、感通塔，有番禾县石佛瑞像寺，笃信佛教的仁宗自然会到这里巡礼。"凉州重修护国寺感通塔碑"汉文碑文有"庆寺监修都大勾当、行宫三司正兼圣容寺感通塔两众提举、律晶赐绯僧药乜永诠"之语。文献记载，西夏王朝建有圣容寺。史金波先生认为："凉州重修护国寺感通塔碑"汉文碑文中有"庆寺监修都大勾当、行宫三司正兼圣容寺感通塔两众提举、律晶赐绯僧药乜永诠"，其中的"圣容寺"当为凉州的一个寺庙。[②] 西夏王陵残碑有西夏文八字，汉文直译为"年中西隅，圣容众宫"。[③] 这则资料是史金波先生首次译释的，他主张把西夏文"众宫"二字与汉文"寺"字对译，并进行了精辟的论述。然而，这座"圣容寺"在何处？寺名前"西隅"二字，是指西夏境内的西鄙，还是指中兴府地区的西缘，尚难断定。另外，圣

---

① 陈炳应：《西夏探古》，甘肃文化出版社，2002。
② 史金波：《西夏佛教史略》，宁夏人民出版社，1988，第120页。
③ 李范文：《西夏陵墓出土残碑粹编》，文物出版社，1984。

容寺究竟是什么性质的寺庙，亦无人论及。随着研究的深入，史金波先生进一步指出：永昌有圣容寺，在甘肃省永昌县北 10 千米处的御山峡西端。[①] 彭向前则认为该寺不在凉州，而应在银川市西约 30 千米贺兰山东麓的西夏王陵北端建筑遗址。[②] 梁松涛、杨富学认为，西夏时期的圣容寺位于凉州番禾瑞像所在的北御山，即今甘肃省永昌县瑞像所在地。[③]

这次调查研究进一步证明了西夏圣容寺在凉州番禾瑞像所在的北御山，即今甘肃省永昌县瑞像所在地。同时，对西夏时期凉州护国寺、圣容寺的规模、地位、专设机构进行了深入的研究。此次调查研究，进一步说明了西夏时期护国寺、圣容寺的重要地位及寺院规模，两寺僧众同属一个提举司管辖，从而反映出两寺在西夏时期的关系。

二　新发现的藏传佛教寺院

通过调查研究，新发现的西夏时期的藏传佛教寺院有凉州白塔寺、天祝百灵寺及西凉报慈安国禅寺遗址。

据考古发现及《重修凉州白塔志》藏文碑文记载，凉州白塔寺在西夏时曾进行修葺，是西夏中后期一座规模较大的藏传佛教寺院。蒙古时期，窝阔台之子宗王阔端受封于西夏故地，坐镇凉州，经营吐蕃。他一方面派兵攻入吐蕃地区，另一方面又遣使至吐蕃，召请吐蕃最有影响的萨迦班智达及其两个侄子八思巴、恰那多吉来凉州，议定吐蕃归附蒙古大事。不难想象，阔端在原西夏地区会了解到藏传佛教的影响，以及西夏统治者利用藏传佛教的情况。阔端将会谈地点选在藏族影响较大、藏传佛教信仰浓烈的西夏故地凉州，为这一重要会谈增添了浓重的文化、宗教色彩。萨迦班智达一行来到凉州后，阔端对他们给予热情接待，对藏传佛教表现得十分尊重。会谈结束后，萨迦班智达在写给卫藏各教派的信中说："此菩萨汗王敬奉佛教，尤崇三宝。"会谈的成功确立了蒙古对吐蕃的统治，也确认了藏传佛教的地位。凉州会谈对藏传佛教在蒙古族地区的传播和以后在全国的流行都有重要影

---

① 史金波：《西夏陵园出土残碑译释拾补》，《西北民族研究》1986 年第 1 期。

② 彭向前：《西夏圣容寺初探》，《民族研究》2005 年第 5 期。

③ 梁松涛、杨富学：《西夏圣容寺及其相关问题考证》，《内蒙古社会科学》（汉文版）2012 年第 9 期。

响。凉州白塔寺成为著名的藏传佛教寺院。天祝百灵寺历史上是一处较大的寺院，西夏中后期为藏传佛教寺院。蒙古灭西夏后，公元 1247 年，藏传佛教领袖萨迦班智达与西凉王阔端在凉州白塔寺举行"凉州会谈"，此后，萨迦班智达在凉州主持修（扩）建了著名的凉州四部寺，还在包括百灵寺在内的许多凉州寺院中讲经传教，其寺院改宗为萨迦派寺院。萨迦班智达圆寂后，其部分舍利子和遗物在百灵寺建塔安放。西凉报慈安国禅寺也是西夏藏传佛教寺院。根据调查及出土的元代铜器上的铭文考释，西凉报慈安国禅寺是当时武威规模宏大、比较重要的佛教寺院。此寺当为西夏所建，延续到元代。铭文记载，此寺由曾任永昌路总管、永昌路达鲁花赤及永昌王王傅府尉建都班，与各族人民一起布施西凉报慈安国禅寺，积极参与凉州的佛事活动，促进了佛教文化的发展。

西夏时期，凉州为西凉府，佛教兴盛，有很多寺庙。西夏崇宗时，曾大规模修葺寺庙和寺中的感通塔，竣工时所立石碑碑文中有"羌、汉二众提举"的职衔，说明在西夏崇宗时期，凉州的寺庙中已经有吐蕃（羌）僧人，并设有管理这些僧人的官员。1987 年，在武威附近的新华乡发现了亥母洞遗址，这是藏传佛教重要的金刚亥母寺庙，在其中发现了不少西夏佛教遗物，包括《令恶趣净顺总持》等藏传佛教经典。由于藏传佛教在西夏影响颇深，西夏的藏族僧人数量较多，藏传佛教寺院也很多。但是，这些寺院经过千百年风雨，有的不复存在，有的消失在历史的长河之中。新发现的这几处西夏寺庙遗址规模较大，而又一直延续到元代。元朝在推行藏传佛教的过程中，继承并完善了西夏的帝师制度。自元世祖忽必烈封八思巴为帝师后，元朝皇帝即位之初，例从藏族僧人受戒，并设帝师。嗣为帝师者都是藏传佛教萨迦派后人，或萨迦班智达、八思巴的弟子及后人，例领宣政院事，掌管全国佛教。这些遗址的发现，为研究这一时期藏传佛教提供了珍贵的实物资料。

第五章　石窟寺

第一节　石窟寺的调查发现与研究状况

西夏立国之后，在历代统治者的大力提倡、扶持下，在河西地区流传、发展了六七百年的佛教和佛教文化，得到了迅速的发展，使佛教在河西地区再度出现了繁荣的局面。开窟造像、绘制佛画、修建塔寺等成为这一时期佛教及佛教文化繁荣的重要表现，出现了"浮图梵刹，遍满天下"的景象。在这种情况下，西夏对历代王朝所开凿的石窟进行了保护利用，并继续兴建或重修。经调查研究，在武威地区境内的天梯山石窟、亥母洞石窟、修行洞遗址、石佛崖石窟、观音山石窟及景泰县五佛寺石窟等，都发现了一定数量西夏时期开凿或重修妆銮的佛窟、造像、壁画及其他佛教艺术和佛教文化遗迹、遗物。这些遗迹、遗物的发现，再现了西夏时期武威地区佛教兴盛的局面，为研究西夏时期佛教及佛教艺术的发展提供了珍贵的实物资料。

一　调查发现

1952 年，武威天梯山小学的杨子元同志在天梯山石窟大佛窟的木椽孔里发现了一批西夏文文献。

1952 年，陇上著名学者冯国瑞先生对天梯山石窟进行过一次短暂的访问和了解，并于当年 5 月 14 日在《甘肃日报》发表了《记武威境北凉创始石窟及西夏文草书墨迹与各种刻本》。

1954 年 7 月，我国著名美术史学家史岩先生，在对天梯山石窟所有洞窟进行详细勘察后，完成了初步的调查工作，并在《文物参考资料》1955年第 2 期上发表了题为《凉州天梯山石窟的现存状况和保存问题》的简要勘察报告。史岩先生对天梯山现存洞窟进行了首次编号，根据天梯山现存洞窟的形制和壁画、塑像的重修层次及文献记载，进一步明确肯定，武威天梯山石窟即为历史上著名的凉州石窟，并指出从北朝至隋唐这一段时期内陆续都有兴造，宋元以后直至清代继续进行了重修。

1959 年 10 月至 1960 年 4 月，由原敦煌文物研究所和甘肃省博物馆联合组成的武威天梯山勘察搬迁工作队，在对天梯山石窟文物进行全面勘察清理、壁画剥离和塑像搬取过程中，发现了西夏时期的精美壁画和造像。

1972 年 1 月，陈炳应、党寿山、钟长发、郭宗发、张智崇、任步云等对武威张义乡小西沟岘的修行洞遗址进行了清理发掘，出土了西夏文佛经、发愿文、《四言杂字》、医方、会款单、占卜辞、木牍；汉文文书、历日、报告、欠款单、请假条、便条等一百多件西夏时期遗物，这是中华人民共和国成立以来我国首次发现的大宗西夏文物，其中部分文物为国内外西夏藏品中所罕见，对研究西夏社会历史具有相当重要的价值。

1989 年，原武威市博物馆党寿山、孙寿龄、黎大祥等人对武威亥母洞石窟部分洞窟及窟前寺庙遗址进行了初步清理，发现了一大批西夏文文书、佛经、西夏唐卡、石造像、瓷器、铁器、丝织物、壁画残片等西夏文物。这些文物，对研究西夏时期的政治、经济、佛教文化具有重要的价值。其中出土的西夏文泥活字版佛经《维摩诘所说经下集》，为国内发现的第一件泥活字版本印刷品，填补了我国泥活字版本的空白，为研究我国印刷术、版本学提供了第一手珍贵资料。

二　研究状况

天梯山石窟、亥母洞石窟、修行洞石窟等处发现大批西夏遗物后，引起了国内西夏学研究者的高度关注，他们对其进行了全方位的研究，先后发表了相关研究成果。

史岩先生在调查时根据造像的发式、衣褶作法和容相的细部表现手法，结合发现的遗物，认为天梯山石窟第 8 窟造像为西夏时期塑作（《凉州天梯山石窟的现存状况和保存问题》，《文物参考资料》1955 年第 2 期）。陈炳

应先生发表了《天梯山石窟西夏文佛经译释》(《考古与文物》1983 年第 3
期),对天梯山出土的佛经进行了考释,证明天梯山是西夏佛事活动的重要
地点。王静如先生发表《甘肃武威发现的西夏文考释》(《考古》1974 年第
3 期),对修行洞出土的西夏文重要部分进行了考释。史金波先生发表
《〈甘肃武威发现的西夏文考释〉质疑》(《考古》1974 年第 6 期),对王静
如先生的考释提出了质疑,提出修行洞发现的西夏文杂字为《四言杂字》。
孙寿龄先生发表了《武威发现国内最早的泥活字版西夏文佛经》(《陇右文博》
1997 年第 1 期)和《再谈西夏文〈维摩诘所说经〉是泥活字版本》(《陇右文
博》1999 年第 1 期),认定武威亥母洞石窟发现的《维摩诘所说经》为泥活
字版本。

第二节　亥母洞石窟

一　地理位置及现状

武威亥母洞石窟遗址,是我国现存较早的一座藏传佛教遗址,也是我国
现存唯一的、最原始的金刚亥母寺遗址。位于甘肃省武威市城南 15 千米处
的新华乡缠山村,地理坐标为东经 102°37′12.6″,北纬 37°48′12.1″,海拔
1810 米。祁连山在这里呈南北走向并列分布,石窟就开凿在缠山村七组西
南祁连山半山腰上。石窟北侧为杂木河斗渠,东 2 千米处为武威磨嘴子汉墓
群,西 3 千米处为省级文物保护单位茂林山遗址,北 3 千米处为新华乡人民
政府所在地。

1987 年 5 月,武威缠山村群众在修复亥母洞时,发现了一批纸质文献,
其中西夏文书、经卷占绝大部分。因当地村民不认识文书中的字,这批文献
绝大部分被烧毁,剩余部分被几个老人藏于洞内石缝中,才保存了下来。博
物馆工作人员对石窟进行了清理,出土西夏、元、明、清时期的文物上百
件,以西夏时期为最多。其中有 49 件出土文物被认定为国家一、二、三级
珍贵文物。出土的西夏文献陆续入选国家珍贵古籍名录。2003 年,亥母洞
石窟遗址被甘肃省人民政府公布为省级文物保护单位。

现存洞窟四个,坐西向东并列建造,均为穹隆顶式,从北到南分别编号

为一、二、三、四号。由于山体为疏松的红砂岩石结构，自创凿以来，经过多次地震，每次都有塌陷和震毁，各代均曾在震毁的洞窟上继续修建，直到清末废弃。现洞窟已经塌陷。窟前为寺院遗址，地面上还保留着部分方砖，砖边长38厘米。

一号洞分内外两部分，外部南北长13米，东西宽9米，青方砖铺地，应为明清重修殿堂的旧址。西夏文文献发现于殿南墙中段的地砖下约30厘米深处，上面有一层胡麻面（亚麻）。

从文物出土处向北1米，距地表1.5米深的地方发现了一具身着羊皮袄、肩背褡裢的男性直立骨架，被挤压在石缝中。在3米深处发现了一件褐釉小扁壶和一堆约10千克的鼠粪，粪中夹杂着无数西夏文碎纸片。死者很可能是在一次地震中遇难的香客，小扁壶可能是死者的酒具。殿后有一天然山洞，宽2米左右，向南延伸。洞内有藏传佛教喇嘛舍利塔4座，已残。每座塔底边长1.5米，高约1.3~1.5米。从装藏文物来看，是元代早期塔。向里进深8米左右，又有向东、向南、向上、向下相通的洞室，均已塌落。

二号洞与一号洞仅有一墙之隔，两门之间相距15米。正面窟门被一块塌落的巨石堵塞，岩石下面压着一个大木梯，看来是上下洞窟所用。洞右向北5米处，有一窟室，内建喇嘛舍利塔4座，也被塌落的岩石填塞。洞中发现了西夏文佛经残页及明清时藏文残片和木料。

三号洞距二号洞30米，南侧有人工开凿的两窟室，一室面宽8米，进深2.5米。另一洞与主体相通，长约10米，宽约6米，室内严重塌落。1989年曾从中清理抢救出西夏文及藏文佛经残页。

四号洞与三号洞相距35米，窟室塌陷严重，只有一裂缝通入主体洞，并向南深入很远。洞内有洞，大则几十平方米，小者只能单人钻入。在洞口也发现了许多西夏文佛经和藏文经残页。[①]

武威亥母洞寺遗址是西夏时的石窟寺。亥母洞面积广阔，规模宏大，也是武威现存较大的一座西夏石窟寺遗址。从暴露层看，洞室最少在三层以上，窟室建于红砂岩上，石质脆而易碎，再加上山体处于河西走廊地震断裂

---

① 孙寿龄：《武威亥母洞出土的一批西夏文物》，《国家图书馆学刊》增刊（西夏研究专号），2002。

带上，历经多次地震毁坏，洞窟呈粉碎性塌陷，窟室均被塌落的岩石填塞。洞窟四周 3 千米范围内的山顶、洼地，遗留有西夏以来建造的寺庙及塔的遗址和遗物。

遗址和文物的发掘、出土，引起了国内外专家学者的密切关注。孙寿龄先生曾对该遗址出土的文物进行过介绍。[①] 宁夏大学杜建录先生对西夏纸质文献进行过叙录。[②] 专家学者及博物馆工作人员对出土的文物有零星的考述。[③]《陇右文博》2010 年第 2 期发表了《武威亥母洞寺石窟遗址调查报告》。[④]

二 石窟的开凿与沿革

清乾隆十四年（1749）《武威县志》记载："亥母洞，城南三十里，山上有洞，深数丈，正德四年修。"历史上使用过"正德"年号并超过四年的有西夏崇宗和明武宗。根据洞中发现的大量西夏文物，特别是有确切纪年的几件西夏乾定年间的西夏文契约，可以断定，此处的"正德"为西夏正德，而不是明正德。石窟的创凿年代当为西夏崇宗正德年间（1127～1134）。由于石窟所在地的石质不佳，经过多次地震，将洞窟震塌，其早期文物被埋藏

---

① 孙寿龄：《武威亥母洞出土的一批西夏文物》，《国家图书馆学刊》增刊（西夏研究专号），2002。

② 杜建录：《西夏纸质文献叙录》，《西夏学》第 3 辑，宁夏人民出版社，2008。

③ 孙寿龄：《西夏泥活字版佛经》，《中国文物报》1994 年第 3 期；牛达生：《西夏泥活字印本〈维摩诘所说经〉及其学术价值》，《中国印刷》2000 年第 12 期；史金波、雅森·吾尔守：《中国活字印刷术的发明和早期传播——西夏和回鹘活字印刷研究》，社会科学文献出版社，2000；史金波：《泥活字印刷研究的新发现和新进展》，《中国印刷》2007 年第 8 期；史金波：《中国藏西夏文献新探》，《西夏学》第 2 辑，宁夏人民出版社，2007；陈炳应：《西夏探古》，甘肃文化出版社，2002；黎大祥：《文物精粹》，甘肃文化出版社，2002；梁继红：《武威出土的西夏文韵书〈音同〉》，《陇右文博》2006 年第 1 期；崔红芬：《武威博物馆藏西夏文〈金刚经〉及赞颂残经译释研究》，《西夏学》第 8 辑，上海古籍出版社，2011；段玉泉：《甘藏西夏文〈佛说解百生冤结陀罗尼经〉考释》，《西夏研究》2010 年第 4 期；段玉泉：《中国藏西夏文文献未定名残卷考补》，《西夏学》第 3 辑，宁夏人民出版社，2008；于光建、黎大祥：《武威市博物馆藏 6746 号西夏文佛经〈圣胜慧到彼岸功德宝集偈〉考释》，《敦煌研究》2011 年第 5 期；梁继红、陆文娟：《武威藏西夏文〈志公大师十二时歌注解〉考释》，《西夏学》第 8 辑，上海古籍出版社，2011；高辉：《武威市博物馆馆藏西夏文献的装帧》，《版本目录学研究》第 3 辑，国家图书馆出版社，2012。

④ 梁继红、高辉：《武威亥母洞寺石窟遗址调查报告》，《陇右文博》2010 年第 2 期。

在地下。自西夏始凿以来，元、明、清各代在塌毁的洞窟上继续修建，一直到清末洞窟才荒废。

明代嘉靖年间所立的武威《北斗宫新创藏经楼碑记》记载："郡之城南有古亥母洞寺，适有比丘桑儿加领占及舍剌僧吉往来，北斗宫以为禅定处。"另外，在此出土的遗物中有明代的唐卡，证明这一时期亥母洞寺佛教活动依然兴盛。

清雍正年间，对亥母洞石窟寺进行过大规模重修。据现存清雍正《重修亥母寺石碣》所载和洞外现存的建筑遗址看，这次修复除了对洞内进行修整外，还在洞外增修了建筑，并且建筑规模较大。在对洞外建筑遗址进行清理的过程中，发现了瓦当等寺庙建筑构件，这些建筑材料属于清代早期遗物。成书于清代同治年间的《安多政教史》也记载了当时亥母洞寺的状况：洞中有塑像，洞口建有佛堂。还记载了当地人对石窟寺的虔诚敬信活动。由此推断，这一时期亥母洞石窟寺的社会影响相当大。

1927 年，武威发生大地震，洞窟全被震塌，洞外建筑也基本被毁。1938 年，当地村民又在震毁的遗址上重修了七间殿宇，1951 年被拆。此后，亥母洞寺便成为一片废墟，被人遗忘。

三 亥母洞出土文物

（一）西夏文文献

1. 西夏文字典

G31·001 [4732]① 音同（图 5-1）。亥母洞出土《音同》仅存一页，是一个版面的右半页，页面及文字内容保存基本完整。页面高 25 厘米，宽 17.5 厘米，栏高 21.2 厘米。黄色麻纸，木刻本，上、下、右三边有粗黑双栏线。版心尚在，印有二字，残缺不全，疑为页码。文字竖行，行间有细黑栏线。尽管只存一页，判断应是蝴蝶装。

2. 西夏社会文书

官方文件、籍账及民间契约等社会文书反映了一个时期、一个地区的实际社会生活状况，是研究当时社会历史状况的极有价值的资料。亥母洞共出

---

① 此编号来自《中国藏西夏文献》，下同。

土了 6 件社会文书，其内容对了解和研究西夏时期凉州的社会政治、经济状况具有不小的参考价值。

G31·002［6726］乾定戌年卖驴契及账（图 5－2）。浅黄色麻纸，手写本，单页。总长 55 厘米，宽 16.7 厘米，文字部分长 20.5 厘米，其余空白。正面草书文字 12 行，每行 5～16 字不等。基本完好。主要记载两件事：一件记录了西夏乾定戌年（1226）四月八日卖驴之事，卖价为 50 贯钱；另一件记录了同年三月，国佛院中敬献钱财之事。书写格式不正规，排列次序前后颠倒，可能是草稿。[①]

G31·003［6727］乾定酉年卖牛契（图 5－3）。浅黄色麻纸，手写，单页。高 44.4 厘米，宽 30.2 厘米。正面草书文字 9 行，每行 6～19 字不等。第 7、第 8 两行后有画押。左下角黏附长方形小纸条，高 18 厘米，宽 6 厘米，上面有草书 3 行，行末有画押。全文首行译为"乾定酉年（1225）九月"。

G31·004［6728］乾定申年典縻契（图 5－4）。浅黄色麻纸，手写本，单页。宽 26.5 厘米，高 18 厘米。正面楷书文字 11 行，满行 15 字。正文 7 行，签名 4 行，每行签名后均有圆圈及横梯状画押。首行译为"乾定申年（1224）二月二十五日作文状"。

G31·006［6729］文书残页（图 5－5）。浅黄色麻纸，手写本，单页。高 18.5 厘米，宽 15.5 厘米。正面草书文字 6 行，满行 13 字。页面有皱褶和破损，字迹漫漶不清。

G31·005［6730］乾定酉年文书（图 5－6）。黄色麻纸，手写本，单页。高 18 厘米，宽 13 厘米。草书，两面书写，正面文字 8 行，有画押及四字西夏文朱印一方，背面文字两行，有画押。页面折褶，字迹模糊。

G31·007［6731］文书残页（图 5－7）。黄色麻纸，手写本，单页。高 18 厘米，宽 13.5 厘米。草书，正面文字两行，有画押及四字西夏文朱印一方，背面画押两处。页面破损皱褶，字迹模糊。

3. 西夏刻本佛经

G31·008［6734］星宿母陀罗尼经（图 5－8）。浅黄色麻纸，木刻本，

---

① 孙寿龄：《武威亥母洞出土的一批西夏文物》，《国家图书馆学刊》增刊（西夏研究专号），2002。

经折装，有上下黑色单栏线。单页高 18.6 厘米，宽 8.7 厘米，栏高 17 厘米。存 1 页，文字 5 行，满行 14 字。行中有 "十" 符。首行译为 "……星宿母陀罗尼咒颂能使一切满足"。

G31·009［6735］金刚般若波罗蜜经残页（图 5-9）。浅黄色麻纸，木刻本，经折装，有上下黑色单栏。单页高 19.7 厘米，宽 8.5 厘米，栏高 15.5 厘米。存 2 页，页面有残缺。每页文字 6 行，满行 14 字。中间有标题，是该经第三十 "一合相理分" 部分内容。

G31·010［6736］金刚般若波罗蜜经残页（图 5-10）。浅黄色麻纸，木刻本，经折装，有上下黑色单栏。单页高 20 厘米，宽 8.8 厘米，栏高 15.7 厘米。残存 2 页，页面残半。每页 6 行，每行最多 14 个字。中间有标题，是该经第二十八 "不受不贪分" 部分内容。

G31·011［6737］金刚般若波罗蜜经残页（图 5-11）。浅黄色麻纸，木刻本，经折装，有上下黑色栏线。单页高 19.3 厘米，宽 8.8 厘米，栏高 15.7 厘米。存 3 页，每页 7 行，满行 17 字。是该经的启请和发愿文部分内容。一页背面裱贴白纸，纸上有手写西夏文字。

G31·012［6738］金刚般若波罗蜜经残页（图 5-12）。浅黄色麻纸，木刻本，经折装，有上下黑色单栏线。单页高 20 厘米，宽 9 厘米，栏高 17 厘米。存 2 页，每页文字 7 行，每行 8~21 字不等。文字内容分两部分，页面上半部分是标题，下半部分是解释，中间有墨线勾连。首页共 4 个标题，分别译为 "一信证序" "二发起序" "一戒" "二定"。《中国藏西夏文献》中，此经编号误编为 G31.012［6739］。

G31·013［6742］金刚般若波罗蜜经残页（图 5-13）。浅黄色麻纸，木刻本，经折装，有上下黑色单栏线。单页高 18 厘米，宽 9.2 厘米，栏高 15 厘米。存 5 页，每页文字 6 行，满行 15 字，中间有标题，是该经的第三 "大乘正宗分" 及第四 "妙行无住分" 两部分内容。

G31·014［6743］金刚般若波罗蜜经残页（图 5-14）。浅黄色麻纸，木刻本，经折装，有上下黑色单栏线。单页高 20.5 厘米，宽 9 厘米，栏高 15.5 厘米。存 3 页，每页文字 6 行，满行 14 字。首页首行译为 "若有人得闻是经，不惊不怖不畏，当知是人甚为希有"，是该经第十四 "离相寂灭分" 的部分内容。

G31·015 [6744] 金刚般若波罗蜜经残页（图5-15）。浅黄色麻纸，木刻本，经折装，有上下黑色单栏线。单页高19.6厘米，宽8厘米，栏高15.5厘米。残存5页，每页文字6行，满行14字。文中有标题，是该经的第三十一"知见不生分"及三十二"应化非真分"中的内容。行末印一朵五瓣梅花。

G31·016 [6748] 金刚般若波罗蜜经残页（图5-16）。浅黄色麻纸，木刻本，经折装，有上下黑色单栏线。单页高27.7厘米，宽11.9厘米，栏高23.5厘米。存2页，每页文字6行，满行15字。首页首行译为"有众生相及寿者相，应生嗔恨"。是该经第十四"离相寂灭分"的内容。

亥母洞出土的多种版本的西夏文《金刚经》，不仅增加了我国现存《金刚经》的文字种类，也为研究武威地区《金刚经》的流传和发展提供了新的资料。

G31·017 [6745] 佛说大白伞盖总持陀罗尼经（图5-17）。浅黄色麻纸，木刻本，经折装，有上下黑色单栏线。单页高18.5厘米，宽9厘米，栏高14.5厘米。存6页，每页文字6行，满行14字。内容有"往昔罪业皆灭尽。假若女人欲求子……"等。

G31·018 [6747] 佛说百寿怨结解陀罗尼经残页（图5-18）。浅黄色麻纸，木刻本，经折装，有上下黑色双栏线。单页高19.5厘米，宽8.2厘米，栏高13厘米。存5页半，每页文字5行，满行10字。内容有"国王、大臣及诸施主、父母亲、上师、一切有情生老病死养"，"佛说百寿怨结解陀罗尼"等。天头、地脚处有墨线绘制的十字及三横一竖样的符号。

G31·020 [6762] 佛说百寿怨结解陀罗尼经残页（图5-19）。浅黄色麻纸，木刻本，经折装，有上下黑色双栏。单页高19.8厘米，宽8.7厘米，栏高13厘米。存7页，每页文字5行，满行9字。背后有接纸痕迹。

G31·019 [6761] 佛说佛名经残页（图5-20）。浅黄色麻纸，木刻本，经折装，有上下黑色双栏线。单页高19.3厘米，宽8厘米，栏高13.4厘米。存4页，每页5行，满行8字。每行字上端均印一尊跏趺坐佛像，佛像下端为佛名。从左起分别译为："南无红光帝幢王佛，南无称善扬功德佛，南无思德佛，南无财功德佛，南无莲花光游戏佛，南无华功德佛，南无那罗延佛，南无思无德佛，南无光明德佛，南无无量威德光佛，南无旃昙功德佛，南无□德佛，南无水火佛，南无琉璃佛，南无施清净佛，南无清净佛，南无施勇佛，南无离垢佛，南无无垢佛，南无□月佛。"

段玉泉先生认为此经与出土于同一地点的同名经（编号为 G31·020 ［6762］）是同一文献断裂后形成的两部分，正确的命名应该是《佛说解百生冤结陀罗尼经》。① 此经的汉文版不见于通行的《大正藏》，而收在《嘉兴大藏经》中。

G31·021 ［6749］净国求生礼佛盛赞颂经（图 5-21）。浅黄色麻纸，木刻本，经折装，有上下黑色粗栏线。单页高 20 厘米，宽 9 厘米，栏高 15 厘米。存 7 页及 2 残半页，每页 6 行，每行 6~22 字不等，多以七言形式排列。中间有标题和集录者，翻译为"净国求生礼佛盛赞颂经，山林闲良国师集"。行下空白处有变体◇和□符号。

G31·022 ［6764］毗卢遮那法身顶相印轮文众生三灾怖畏令物取作恶业救拔经（图 5-22）。浅黄色麻纸，木刻本，经折装，有上下黑色单栏线。单页高 18.5 厘米，宽 9 厘米，栏高 14.1 厘米。存 15 页，每页文字 6 行，满行 12 字。首行译为"仁众生大凡天生……"

G31·023 ［6739］圣胜慧到彼岸功德宝集偈残卷②（图 5-23）。浅黄色麻纸，木刻本，经折装，有上下黑色单栏线。单页高 17.7 厘米，宽 8.5 厘米，栏高 14.5 厘米。存 10 页，每页文字 6 行，每行 11 字。个别页面之间有汉文页码"下七"等字样。中间有品题，分别译为"真心集颂中第二十七 终"，"散布花集颂中第二十八品 终"。《中国藏西夏文献》中，此经定名为《佛经残页》。

G31·024 ［6740］佛经残页（图 5-24）。浅黄色麻纸，木刻本，经折装，有上下黑色粗栏线。单页高 18.5 厘米，宽 8.5 厘米，栏高 14.5 厘米。存 4 页，每页 6 行，每行 12 字。首行翻译为"皆如所见……"

G31·025 ［6741］佛经残页（图 5-25）。浅黄色麻纸，木刻本，经折装，有上下黑色单栏线。单页高 18.5 厘米，宽 9 厘米，栏高 14.3 厘米。存

---

① 段玉泉：《甘藏西夏文〈佛说解百生冤结陀罗尼经〉考释》，《西夏研究》2010 年第 4 期。
② 本文中的定名以杜建录主编、宁夏人民出版社出版的中国藏西夏文献出版纪念专号《西夏学》第 3 辑中段玉泉先生的定名为准，此定名也得到了国家古籍保护中心专家的认同。

2 页，每页文字 6 行，满行 11 字。

G31·026［6746］圣胜慧到彼岸功德宝集偈残卷（图 5-26）。浅黄色麻纸，木刻本，经折装，有上下黑色双栏线。单页高 18 厘米，宽 9.3 厘米，栏高 16.2 厘米。存 12 页，每页文字 6 行，满行 11 字。个别页面之间有汉文页码"中十一、中十二、中十三"。在标有"中十一"的一面上有佛经小标题：𗹏𗤀𗤓𗏁𗣼𘉎𘄄𗵘𗾔𘋨，汉字对译为"集颂中魔业品二十一第竟"，意译为"集偈中魔业品第二十一终"。可知该面内容为佛经第二十一最后八偈和第二十二前三偈。此佛经残件为《圣胜慧到彼岸功德宝集偈》中卷"方便善巧摧折品第二十"的部分内容、"魔业品第二十一"的全部以及"善知识品第二十二"的前十五偈。[①]《中国藏西夏文献》中，此经定名为《佛经残页》。

G31·027［6760］佛经残页（图 5-27）。浅黄色麻纸，木刻本，经折装，有上下黑色单栏线。单页高 18.6 厘米，宽 8.9 厘米，栏高 15 厘米。存5 页，每页文字 6 行，满行 12 字。后三页文字多以五言形式排列，五言首行翻译为"若人亲眼见，百万安□劫"。

G31·028［6763］佛经残页（图 5-28）。浅黄色麻纸，木刻本，经折装，有上下黑色单栏线。单页高 18.5 厘米，宽 9 厘米，栏高 14.5 厘米。存4 页，每页文字 6 行，满行 14 字。

4. 西夏泥活字版佛经

G31·029［6725］维摩诘所说经（下集）（图 5-29）。浅黄色麻纸，泥活字印本，经折装，有上下黑色单栏线。共 54 面，单页高 28.5 厘米，宽11.6 厘米。每页文字 7 行，满行 18 字，共计六千四百多字。经文有首无尾，内容尚存后三卷四品，即第八卷香积佛品第十，第九卷菩萨行品第十一，见阿閦佛品第十二，第十卷法供养品第十三。以上四品除第十三品后半部分有遗失外，第十二品中间内容有缺，从接纸处看，应是当时粘接时遗漏所致。

经文第 2 行西夏文题款翻译为"奉天显道耀武宣文神谋睿智制义去邪

---

① 于光建、黎大祥：《武威博物馆藏 6746 号西夏佛经〈圣胜慧到彼岸功德宝集偈〉考释》，《敦煌研究》2011 年第 5 期。

惇睦懿恭",这是西夏仁宗的尊号,据此判断,该经最早应是西夏仁宗时期(1140~1193)的版本。此题款中"制义去邪"及"神谋"六字是西夏大庆三年(1141)群臣为西夏仁宗所上的尊号,说明此经是大庆三年以后的版本,为判定印经时间提供了更为确切的证据。同时出土的还有西夏乾定年间的三件契约和记账单,说明印经时间最迟不晚于西夏乾定年间。这是我国现存最早的一件泥活字印刷品实物,它有力地证明了《梦溪笔谈》中关于泥活字印刷的记载,证明了泥活字是中国古代劳动人民的发明创造。在中国印刷史和版本学研究方面,具有极高的研究价值和文物价值。

G31·029[6725]泥活字佛经残页(图5-30)。浅黄色麻纸,泥活字印本,经折装,有上下黑色单栏线。共2页,均残半,页面左上角缺2行,右上部残缺较为严重,页面下部完整,有下单栏。整个页面残存14行,每行4~13字不等。页面中间有折叠痕迹,所存行数与完整的《维摩诘所说经》下集页面相比较,应该为经折装两页。内容为《维摩诘所说经》上集菩萨品第四中"维摩诘将无恼我……乐净佛国土"这部分内容。

5. 西夏文写本佛经

G31·030[6732]呼金刚王八智变化八天母为生顺等多种经集(图5-31)。浅黄色麻纸,写本,两页合背,无字面在书口处粘连。共53页106面,单页高14厘米,宽11厘米。每页文字5行,满行12字。首尾不全。《中国藏西夏文献》中,此经定名为《佛经残页》。2009年,此经入选第二批国家珍贵古籍名录时,专家将其定名为《呼金刚王八智变化八天母为生顺等多种经集》。值得重视的是这册书的装帧。它由三帖连缀而成:其一帖仅剩10面,其二、三帖均为24页48面。每帖按顺序摞在一起对折,折缝处作书背,用麻线在折缝处反复连缀而成。书页中间的连线完整、结实,是手搓的双股细麻绳,三眼装。这种装帧方式有别于当时流行的蝴蝶装、包背装及后来的线装,它是多叶对折,故散叶后很难寻其次第。这种装帧方式应该就是北宋王洙所说的缝缋装。①

G31·031[6733]五更转(图5-32)。浅黄色麻纸,手写本,单页。

---

① 高辉:《武威市博物馆藏西夏文献的装帧》,《版本目录学研究》第3辑,国家图书馆出版社,2012。

高 17.5 厘米，宽 34.5 厘米。正面行书文字 16 行，满行 14 字。在《中国藏西夏文献》中，此经定名为《佛经残页》。2009 年入选第二批国家珍贵古籍名录时，专家将其定名为《五更转》。其内容为流行于唐代的佛教俗曲，取一更至五更，由夜深昏沉而转至天明破晓之譬喻，喻指人之无明昏暗由信佛而转至开悟透达。以一夜五更为单位，每更依同一字句格式作曲联集而成。此曲近代在敦煌也有发现。

G31·032［6750］志公大师十二时歌注解残卷（图 5 - 33）。土黄色棉纸，楷书，手写。字体分为大小两种，大字 66 行，行 3 ~ 14 字不等。除首行和第 2 行外，每行大字下均书写有两行小字，第 10 行和第 11 行之间又添加 1 行小字，小字行 2 ~ 24 字不等。页面高 17 厘米，总长 120 厘米，由 3 页纸拼接而成。卷首完整，卷尾残缺。这件西夏文写本大字为《志公大师十二时歌》，大字下方及左面的小字是对上面及右面大字的注解。第 2 行大字"薐䏝藩㦮藏㶍㵿㪘㣙㪈"，意为"道圆祖师时持依经解"，表明注解者是道圆祖师。这是国内外发现的唯一一件西夏译本《志公大师十二时歌》及其注解，是研究西夏禅宗的重要资料。被列为国家一级文物，入选全国珍贵古籍名录。

G31·033［6752］佛经残页（图 5 - 34）。浅黄色麻纸，手写本，单页。高 28 厘米，宽 37.5 厘米。文字分上下两栏，上栏 19 行，下栏 17 行，每行字数不等。行与行间有墨线勾连。

G31·034［6753］佛经残页（图 5 - 35）。浅黄色麻纸，纸上帘纹清晰，手写本，单页。高 18 厘米，宽 32 厘米。正面楷书文字 14 行，每行 14 字，以七言形式排列。

佛经残卷。浅黄色麻纸，写本，两页合背，缝缀装，用黄色细麻线装订。共 11 页 22 面，残半，单页残高 14 厘米，宽 12 厘米。每面文字 5 ~ 8 行不等，首尾不全。现存武威市文物考古研究所，《中国藏西夏文献》一书中未收录。

（二）藏文佛经

清祈祷文藏文织锦（图 5 - 36）。白色，残断，仅存首尾两截。通长 61.5 厘米，宽 24 厘米。现存藏文 14 行，内容为"祈祷文"，文中提及"宗喀巴"之名及格鲁派教化兴盛长久之祈愿。两端绣连续变体万字不断装饰图案。关于织锦的年代，专家经鉴定后认为，其字体规则与乾隆时字体相似，应为清代所造。工艺很美观，属于宫廷用品。

清布底印本经文（图 5－37）。两件，残缺。尺寸分别为 127×36 厘米和 136×35 厘米。白粗布底，正反两面为黑色印刷体藏文梵文经。所用雕版尺寸为 38×8 厘米。在布底上连续印刷文字，正面为藏文《驱恶经》，背面为梵文《十相自在》，布底边缘有手写藏文 1 行。

清布底手抄经文（图 5－38）。共四件，均为藏幡，残缺。

其一，长 130 厘米，宽 34 厘米。正面手抄藏文，内容为《佛说无能胜幡王如来庄严陀罗尼经》和《摧破金刚经》。

其二，长 72.5 厘米，宽 30 厘米，内容为《三怙主颂》。

其三，长 47 厘米，宽 27 厘米，内容为《消灾经》，首尾齐全。

其四，长 102 厘米，宽 35 厘米，内容为六字真言。

卷子式藏文经（图 5－39）。纸质。全长 10.75 米，宽 3.3 厘米。由数纸粘接而成。每纸长 47 厘米。纸白色，部分有染成的黄色痕迹。黑色印刷体，藏文 3 行。有上下栏线。

藏文经（图 5－39－1、图 5－39－2）。纸质。长 19.5 厘米，宽 8.5 厘米，两面印写。分印本、写本两种。印本四周单栏，6 行。写本 5~7 行。

（三）泥石造像

西夏弟子头像。青石质，高 17 厘米，面宽 10.5 厘米。面部残缺，双耳完好，轮廓清晰，雕琢手法细腻。

西夏弟子头像（图 5－40）。黑陶质，高 6 厘米，宽 3.5 厘米。大耳，棱鼻，双眼微眯，面目清秀，秃发。

西夏泥塑头像（图 5－41）。红陶质，高 5.7 厘米，宽 2.5 厘米。高髻，五官清秀，轮廓清晰。面部涂粉红彩，有残留的金粉痕迹。彩绘脱落严重。

西夏童子头像（图 5－42）。红陶质，高 4 厘米，宽 3 厘米。红唇，白彩，墨绘眉、眼、发，眼睛大而有神。髡发，有明显的党项人特征。

西夏米拉日巴造像（图 5－43）。泥质，通高 30 厘米，肩宽 11 厘米。散跏坐，右手举起放在耳旁，头略偏，呈倾听状。瘦骨嶙峋，面部布满皱纹，面带微笑。身着袒右肩袈裟，全身涂金。虽残足断臂，但风骨依旧。

（四）唐卡

西夏文殊菩萨像唐卡（图 5 - 44）。纵 67 厘米，横 46 厘米，绢地彩绘。中心主尊为文殊菩萨，主尊周围设上、下、左、右对称的 34 个方格，方格内分别安置佛教和世俗人物。主尊文殊菩萨头戴三叶冠，黄色身相，观自在式坐于青鬃白狮子所驮莲座上，双手作说法印。菩萨左肩饰莲花梵箧，右肩饰莲花宝剑。主尊周围人物，从上到下，从左到右依次为：第一行，以左手指日的大成就者毗缕波，黄、蓝、白、红、绿不同身色的五方如来；第二行，蓝色身相，手持铃杵的金刚萨埵，手持乌巴拉花的绿度母，三世佛阿弥陀佛、释迦佛、药师佛，戴黄色冠帽的西夏上师，着蓝色僧衣的噶举派上师；第三行，骑白象的文殊菩萨，着袒肩红袈裟、戴红帽的萨迦派上师，着红色僧衣的噶举派上师，骑狮子的文殊菩萨；第四行，四面八臂的顶髻尊胜佛母，着红衣的僧人，着白衣、束红色腰带、戴金边黑帽的西夏官员，黄色身相的八臂观音；第五行，绿色身相的佛母，善财童子，黄色须发、面相凶狠的文殊菩萨御狮武士，白色身相的四臂观音；第六行，蓝色身相、举金刚杵的金刚手护法，红色身相的马头金刚护法，蓝色身相的护法，黄色身相的多闻天王护法，蓝色身相的二臂持挺大黑天，蓝色身相、一手举剑的四臂班丹拉姆，手持花茎的黄衣男供养僧人，手持花茎、半跪的绿衣西夏女供养人。此幅唐卡因火烧而局部残缺：第五行主尊文殊菩萨的坐骑狮子身体缺失，只剩狮头部；御狮武士身体缺失，仅剩头部；第六行，一、二、三尊护法残缺。其余画面基本完整。据征集时的当事人说，该唐卡发现后被人用洗衣粉水洗过，颜色有少量脱落，故而画面模糊。

西夏十一面观音像唐卡（图 5 - 45）。纵 65 厘米，横 47 厘米，绢地彩绘，金线和黑红色勾边，中心主尊为十一面观音，主尊周围设左右对称的 26 个方格，方格内分别安置佛教和世俗人物。主尊十一面观音，赤足立于莲座上，裸上身，着长裙。观音十一面四十二臂，中心主手合十举于胸前，其余四十手呈放射状伸于身体两侧。手中各持莲花、如来佛像、宝镜、玉斧、拂尘、宝剑、箭、法轮、塔、钵等物品。观音身体两侧各饰三层佛八宝图案，上层为螺和宝伞，中层为莲花和盘长，下层为白盖和法轮。主尊周围人物，从上到下，从左到右依次为：第一行，双手施禅定印的阿弥陀佛，双手施说法印的弥勒佛，右手施降魔印、左手施禅定印的释迦佛，右手施与愿印、左手施禅定印的婆迦佛，右手施说法印、左手施禅定印的燃灯佛，右手施与愿印、左手捧黑钵的药师佛；第二行，戴三叶宝冠、袒上身系红裙、手举佛珠和花束的四臂观音，着右袒红色僧衣、骑花豹的上师，作说法印的两尊莲卧观音（面向主尊，置于主尊佛龛上方左右），戴尖顶红帽、骑花豹的萨迦派上师，手持莲花的四臂观音（白象头）；第三行、第四行、第五行，每行各设两尊四臂观音，位于主尊身体左右，三行共六尊；第六行，黑色身相、持长剑的南方增长天王，红色身相的马头金刚，黑色身相的护法金刚，红色身相、手持金色宝塔和蛇的西方广目天王；第七行，戴三叶宝冠的天王，两位供养僧人、天王。此幅唐卡保存基本完整，只是因油渍污染，画面模糊。唐卡背面，与正面佛像相对应处，分别墨书梵文咒语，共27组。

西夏上乐金刚与金刚亥母如意轮坛城唐卡（图5-46）。纵65厘米，横47厘米，绢地彩绘。唐卡的构图是典型的圆形坛城构图样式，外圆内方，方形中央又设五个同心圆。中心圆内绘密教本尊神上乐金刚和明妃金刚亥母双身像。蓝色身相的十二臂上乐金刚，主手怀抱红色的明妃金刚亥母，其余各手持不同法器。围绕本尊神的同心圆和方形坛城内，共安置36位神灵，分别是：第二同心圆内代表东、西、南、北四大方的四位神灵；依次往外的三个同心圆分别象征身轮、语轮和意轮，其间各有代表四大方和次四方的八位神灵；同心圆外是方形坛城，上、下、左、右分别开设四个城门，其间各有代表四大门、次四方的八位神灵。方形坛城与外围圆形之间，描绘八大尸林的景象。外围圆形坛城左右各设置5行，共分为13格，分别安置神灵、高僧以及花卉。唐卡最上方安置一行15尊金刚亥母化身。此幅唐卡下半部特别是最后一行残缺严重，油渍污染严重，画面模糊。

明代宗喀巴像唐卡（图5-47）。纵49厘米，横39厘米。绢地彩绘，中心主尊为宗喀巴。主尊周围设上、下、左、右对称的八个方格，方格内分别是八位高僧。主尊宗喀巴头戴黄色尖顶帽，着红色袈裟，结跏趺坐于莲座上，双手牵莲花蔓作说法印。双肩饰莲花梵箧，有莲花形墨绿色头光和身光，莲座底部绘饰绿色荷叶。主尊头光上方左右各安置两行共四位僧人，第一行是两位头戴黄帽的高僧，应该是宗喀巴的两位弟子贾曹杰和克朱杰。第二行是着右袒红色袈裟的僧人。主尊身体左右各安置一位着红色袈裟、半跏坐、手捧书籍的僧人。此幅唐卡除右下角因火烧残缺外，基本保存完整，色彩鲜艳。

明代观音像唐卡。纵53厘米，横38厘米。绢地彩绘。油渍污染严重，画面不清。似为观音坐像，有花冠、头光和身光。

明代观音像唐卡。纵44厘米，横35厘米。绢地彩绘。油渍污染严重，画面不清。主尊白面、黑发、黑胡须，戴头冠，有头光和身光。

明代观音像唐卡。纵58厘米，横60厘米。绢地彩绘。唐卡从观音像额头处截裁，仅余额头以下部分。画面以主尊观音和左右胁侍僧人为中心，左、右、下三方设置方格，方格内绘佛教和世俗人物说法故事。主尊观音身披披巾，着红衣，跏趺坐。左右两边各立一位红衣僧人，三位脚下绘一排七朵莲花。主尊左右手、下方（上方缺失）满绘佛教故事和朝拜内容。主尊左边从上到下依次是四僧论法、一佛二弟子说法、城楼、十二臂护法和善财童子、高僧说法等。主尊右边从上到下依次是佛僧谈法，一佛二弟子在上说法、二僧在下闻听，三僧围坐藏式塔前论法，佛与弟子、四僧谈法等。主尊下方两行图像，有佛与黄帽僧人、三弟子拜佛、僧人与戴红色斗笠者交谈、树下弟子论法等。

此件唐卡上端截裁缺失，油渍污染，画面模糊不清。

（五）佛教用品

藏文经版（图5-48）。两件。一块长24厘米，宽7.5厘米，松木制，正面刻藏文4行；另一块长23厘米，宽7厘米，松木制，正面刻藏文4行。

藏文石刻（图5-49）。两件。不规则自然形成的灰砂岩石。一件长36厘米，宽24厘米，厚7厘米，正面刻藏文一行。另一件长34厘米，宽24.5厘米，正面刻藏文1行，内容为六字真言。

梵文碑残件（图5-50）。灰砂岩质，长28厘米，宽19厘米，厚12厘米。正面刻梵文。

三叉戟（图5-51）。铁制，长35厘米，宽28厘米。分叉刺、叉柄两部分，锻打后焊接而成。它的外形和鱼叉相似，只是柄很短，与古代渔民打造的投掷器相类。在希腊神话中，三叉戟是海神波塞冬的武器。在基督教的传说中，三叉戟还是撒旦和魔鬼使用的武器。

大轮金刚手善业泥（图5-52）。善业泥，也叫擦擦。"擦擦"一词源于古印度中北部的方言，是藏语对梵语的音译，意思是"复制"，是一种模制的泥佛或泥塔，这类造像无须花费大量资财，却一样能达到佛家所宣称的敬佛供养的"善业"，自然深受一般平民百姓的欢迎，于是制造善业泥，便成了善男信女们自然的选择。武威亥母洞出土的泥擦擦多达几百件，可以想见当时此地老百姓对佛事的虔诚。此大轮金刚手善业泥，高8厘米，宽5.8厘米。红泥模制，呈莲瓣形。正面为三头六臂的大轮金刚手，金刚弓步立于莲台上，面目狰狞。四手各执法器，中间两手舞动一条长蛇索子，蛇两端握手中，蛇身从嘴里通过，大蛇索子形成一个小轮形，形象怪诞。

释迦佛像善业泥（图5-53）。高5.5厘米，宽4.3厘米。红泥模制，呈桃形。正面为释迦佛像，结跏趺坐于莲台上，双手施禅定印。莲座两侧各设二小佛塔。

释迦佛像善业泥（图5-54）。高5.5厘米，宽4.3厘米。红泥模制，呈圆形。下面为释迦佛像，结跏趺坐于莲台上，双手施禅定印。莲台设于佛龛中，佛龛两壁有装饰品。

菩萨像善业泥（图5-55）。高9厘米，宽5厘米。红泥模制，呈马蹄形。正面为结跏趺坐菩萨，头戴三叶冠，作说法印。

七佛善业泥（图5-56）。高5厘米，宽7厘米。红泥模制，呈莲瓣形。上、中、下三排，上排一佛，中排和下排各三佛，施触地印、禅定印。两边模制小佛塔。

泥佛塔（图5-57）。两种。A种高9.5厘米，底径5厘米；B种高7厘米，底径3.8厘米。红泥模制，塔形，塔尖有圆形，也有方形。塔身模压纹饰不同，有的通身压制小佛塔纹，有的通身压制棱纹，也有的压制一圈塔形纹饰。

泥金佛塔（图5-58）。高8厘米，底径5厘米。塔形，通体涂金，纹饰与泥佛塔相同。

云纹泥范（图5-59）。长15厘米，宽8.6厘米。泥制模范，云纹。

水波纹泥范（图5-60）。两种。一种长9厘米，宽5.2厘米。泥制模范，水波纹。纹路纤细卷曲，右旋后呈旋涡状。一种基本呈圆形，直径7厘米，泥制模范。纹路呈旋涡状。

莲花纹泥范（图5-61）。长12.5厘米，宽4.9厘米。泥制模范，三朵连续莲瓣，似压印莲座纹饰之模范。

火焰纹泥范（图5-62）。长19厘米，宽18厘米。泥制模范，火焰纹。

宝莲纹泥范（图5-63）。长12厘米，宽4.3厘米。泥制模范。两朵宝莲相对，呈亚腰葫芦形。

缠枝卷叶纹泥范（图5-64）。两种。一种长18厘米，宽4.5厘米，长条形缠枝卷叶纹。一种长12厘米，宽9厘米，呈椭圆形，泥制模范。

西夏五智冠（图5-65）。纸本，由多层裱成莲瓣状。仅存2页，折叠式，每页高15厘米，宽9厘米。正面彩绘结跏趺坐佛像，一页上绘金黄色身相的南方宝生佛，右手施与愿印，左手施禅定印，手心有摩尼宝珠。宝生佛双肩上方各站立一只白鸟，头向外。另一页上绘青色身相的东方阿閦佛，右手施触地印。两页背面有一行墨书的梵文。

（六）生活用品

绣花鞋（图5-66）。两只，长14.7厘米，宽3.5厘米。丝质，蓝色鞋面，白色衬里，鞋面上绣五彩花鸟纹。一只鞋尖上翘，呈鸳鸯回首的姿势，鞋两面依势绣对称的鸳鸯纹饰，上翘的鞋尖恰成鸳鸯嘴巴，构图生动形象。另一只鞋面上绣对称的缠枝花叶。两只鞋后帮内外加包一层白布。同时出土的还有三只鞋子，造型相似，素面。

粗布鞋（图5-67）。长26.5厘米，宽5.5厘米。粗布质，蓝面白里，鞋尖上翘，鞋面上有4×3厘米的白粗布补丁。这是一只男式粗布鞋，使用痕迹明显。

西夏酱釉瓷扁壶（图5-68）。高7厘米，壶口内径1.7×1.2厘米，底径4.3×3.6厘米。椭圆形口，平沿厚唇，束颈，平肩，腹扁，呈心形，台形底座，肩有桥形双耳。壶腹部正反两面有相同的模制纹饰，中间纹饰模糊，周边为一圈连珠纹。从各地出土的西夏瓷器看，民族特征鲜明，表现在器物上就是纹饰简洁、装饰手法粗犷。

西夏团花蓝绸（图5-69）。丝绸残片。长26厘米，宽15厘米。黑蓝色，上有白色印花两处，一处残，一处完好。印花呈圆团形，中心为法轮。四周分别为双鱼、盘长、花和罐等佛八宝。

褐毛毡（图5-70）。残件。残片长15厘米，宽5厘米。

麻绳（图 5 - 71）。残件。由三股拧成，残为三段，最长的一段长 20 厘米。

四 结语

（一）亥母洞石窟是西夏后期创凿的藏传密教静修之地，是我国现存较早的藏传佛教遗址，也是我国现存唯一的、最原始的金刚亥母洞遗址。洞中发现的西夏时期的唐卡"上乐金刚和金刚亥母如意轮坛城"也清楚地表明，寺窟中尊奉的确实是噶玛噶举派本尊之一金刚亥母。另一件"文殊菩萨"像唐卡，在主尊文殊菩萨的左右上方两个重要位置上，分别安置着藏传佛教萨迦派和噶举派的上师，说明在西夏时期，藏传佛教萨迦派特别是噶举派在凉州藏传佛教的传播中占有重要地位。

（二）亥母洞出土文物数量多，内容丰富，具有重要的艺术价值和研究价值。

亥母洞出土的大批西夏文印本和写本佛经，是珍贵的我国早期少数民族书籍版本，为研究西夏语言文字、佛教传播、印刷技术提供了第一手资料。特别是泥活字版西夏文佛经《维摩诘所说经》，是目前国内少见的泥活字版本之一，在研究我国印刷技术、版本学方面都具有重要价值。

亥母洞西夏文契约和官方文书，大都有确切的西夏纪年和西夏文官印，是国内罕见的西夏时期的社会文书，反映了这一时期凉州地区的社会生活状况，具有极高的学术研究价值。

亥母洞出土的唐卡，特别是西夏时期的唐卡，不仅反映了西夏时期藏传佛教在凉州的传播和发展，也反映出西夏时期藏传佛教各派，特别是萨迦派和噶举派在西夏佛教中所占有的重要地位，以及各派在凉州的活动情况。同时，还揭示了蒙元时期西藏佛教领袖萨迦班智达与蒙古西凉王阔端在凉州会谈成功，西藏正式纳入中国版图的重要历史背景。这一历史事实在藏汉史书中都缺乏记载，亥母洞出土的唐卡为我们研究这段历史提供了重要的依据。

亥母洞出土了不少西夏时期的世俗书籍，以及西夏、元、明、清时期的藏文佛经、泥石造像、大量佛教用品和生活用品。这些遗物不但反映了凉州各时期的社会生活状况和民俗民风，也是历史上凉州地区佛教兴盛并延续不断的有力实物证据。

武威亥母洞石窟寺出土西夏纸质文献及文物

图 5 – 1　西夏文字典

图 5 – 2　乾定戊年卖驴契及账　　图 5 – 3　乾定酉年卖牛契

图 5 – 4　乾定申年典糜契

图 5 – 5　文书残页

图 5 – 6　乾定申年文书

图 5 – 7　文书残页

图 5 – 8　星宿母陀罗尼经

图 5 – 9　金刚般若波罗
蜜经残页

图 5 – 10　金刚般若波
罗蜜经残页

图 5 – 11　金刚般若波罗蜜经
残页

图 5 – 12　金刚般若波罗
蜜经残页

图 5 - 13　金刚般若波罗蜜经　　图 5 - 13 - 1　金刚般若波　　图 5 - 14　金刚般若波罗蜜
　　　　　残页　　　　　　　　　　　　　罗蜜经残页　　　　　　　　　经残页

图 5 - 15　金刚般若波罗蜜经　　图 5 - 16　金刚般若波罗　　图 5 - 17　佛说大伞盖总持陀
　　　　　残页　　　　　　　　　　　　　蜜经残页　　　　　　　　　罗尼经

图 5 - 17 - 1　佛说大伞盖　　图 5 - 18　佛说百寿怨结解　　图 5 - 18 - 1　佛说百寿怨结解
　　　　　总持陀罗尼　　　　　　　　陀罗尼经残页　　　　　　　　陀罗尼经残页
　　　　　经

图 5 - 19　佛说百寿怨结解陀　　图 5 - 19 - 1　佛说百寿怨　　图 5 - 19 - 2　佛说百寿怨
　　　　　罗尼经页　　　　　　　　　结解陀罗尼　　　　　　　　结解陀罗尼
　　　　　　　　　　　　　　　　　经残页　　　　　　　　　　经残页

图5-20　佛说佛名经残页

图5-21　净国求生礼佛
　　　　盛赞颂经

图5-21-1　净国求生礼佛
　　　　　盛赞颂经

图5-22　毗卢遮那法身
　　　　顶相印轮文众
　　　　生三灾怖畏令
　　　　物取作恶业救
　　　　拔经

图5-22-1　毗卢遮那法身
　　　　　顶相印轮文众
　　　　　生三灾怖畏令
　　　　　物取作恶业救
　　　　　拔经

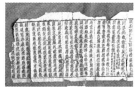

图5-22-2　毗卢遮那法身
　　　　　顶相印轮文众
　　　　　生三灾怖畏令
　　　　　物取作恶业救
　　　　　拔经

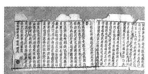

图5-22-3　毗卢遮那法身
　　　　　顶相印轮文众
　　　　　生三灾怖畏令
　　　　　物取作恶业救
　　　　　拔经

图5-23　圣胜慧到彼岸功
　　　　德宝集偈残卷

图5-23-1　圣胜慧到彼
　　　　　岸功德宝集
　　　　　偈残卷

图5-23-2　圣胜慧到彼
　　　　　岸功德宝集
　　　　　偈残卷

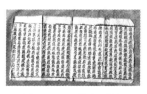

图5-24　佛经残页

图5-25　佛经残页

图 5 - 26　圣胜慧到彼岸功德
宝集偈残卷

图 5 - 26 - 1　圣胜慧到彼
岸功德宝集
偈残卷

图 5 - 26 - 2　圣胜慧到彼
岸功德宝集
偈残卷

图 5 - 26 - 3　圣胜慧到彼
岸功德宝集
偈残卷

图 5 - 26 - 4　圣胜慧到彼
岸功德宝集
偈残卷

图 5 - 27　佛经残页

图 5 - 28　佛经残页

图 5 - 29　维摩诘所说经
（下集）

图 5 - 29 - 1　维摩诘所说
经（下集）

图 5 - 29 - 2　维摩诘所说
经（下集）

图 5 - 29 - 3　维摩诘所说
经（下集）

图 5 - 29 - 4　维摩诘所说
经（下集）

图 5 - 29 - 5　维摩诘所说
经（下集）

图 5 - 29 - 6　维摩诘所说
经（下集）

图 5 - 29 - 7　维摩诘所说
经（下集）

图5-29-8 维摩诘所说经（下集）

图5-29-9 维摩诘所说经（下集）

图5-29-10 维摩诘所说经（下集）

图5-29-11 维摩诘所说经（下集）

图5-29-12 维摩诘所说经（下集）

图5-29-13 维摩诘所说经（下集）

图5-30 泥活字佛经残页

图5-31 呼金刚王八智变化八天母为生顺等多种经集

图5-32 五更转

图5-33 志公大师十二时歌注解残卷

图5-33-1 志公大师十二时歌注解残卷

图5-33-2 志公大师十二时歌注解残卷

图5-34 佛经残页

图5-35 佛经残页

图5-36 清祈祷文藏文织锦

图 5 - 37　清布底印本经文

图 5 - 38　清布底手抄经文

图 5 - 39　卷子式藏文经

图 5 - 39 - 1　卷子式藏文经

图 5 - 39 - 2　卷子式藏文经

图 5 - 40　西夏弟子头像

图 5 - 41　西夏泥塑头像

图 5 - 42　西夏童子头像

图 5 - 43　西夏米拉日巴造像

图 5 - 44　西夏文殊菩
萨像唐卡

图 5 - 45　西夏十一面观音
像唐卡

图 5 - 45 - 1　西夏十一面
观音像唐卡

图 5 - 46　西夏上乐金刚
　　　　　与金刚亥母如
　　　　　意轮坛城唐卡

图 5 - 47　明代宗喀巴
　　　　　像唐卡

图 5 - 48　藏文经版

图 5 - 49　藏文石刻

图 5 - 50　藏文碑残件

图 5 - 51　三叉戟

图 5 - 52　大轮金刚手善
　　　　　业泥

图 5 - 53　释迦佛像善业泥

图 5 - 54　释迦佛像善业泥

图 5 - 55　菩萨像善业泥

图 5 - 56　七佛善业泥

图 5 - 57A　泥佛塔

图 5 – 57B　泥佛塔

图 5 – 58　泥金佛塔

图 5 – 58 – 1　泥金佛塔

图 5 – 59　云纹泥范

图 5 – 60　水波纹泥范

图 5 – 60 – 1　水波纹泥范

图 5 – 61　莲花纹泥范

图 5 – 62　火焰纹泥范

图 5 – 63　宝莲纹泥范

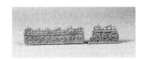

图 5 – 64　缠枝卷叶纹泥范

图 5 – 64 – 1　缠枝卷叶纹
泥范

图 5 – 65　西夏五智冠

图 5 - 66　绣花鞋

图 5 - 67　粗布鞋

图 5 - 68　西夏酱釉瓷扁壶

图 5 - 69　西夏团花蓝绸

图 5 - 70　褐毛毡

图 5 - 71　麻绳

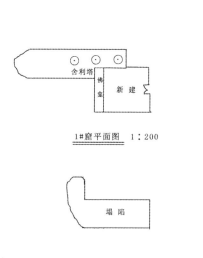

图 5 - 72　亥母洞遗址石窟 1 号、2 号平面图　　图 5 - 73　亥母洞遗址石窟 1 号窟

图 5 - 74　亥母洞遗址石窟 1 号窟塔基

图 5 - 75　亥母洞遗址喇嘛塔

图 5 - 76　亥母洞石窟寺外观

图 5 - 77　亥母洞石窟寺外观

图 5 - 78　亥母洞石窟寺外观

第三节　修行洞遗址

一　地理位置及现状

　　修行洞位于武威市城东南 75 千米的凉州区张义镇小西沟岘。这里群山耸峙，有一条峡谷由北向南而下，形成了两列平行的山峰。在东北方一个名叫"三个卷槽"的山上，向着西南的山坡上，有 3 个山洞，其中 1 号洞在一个自然形成的山隙中间，洞又窄又深，很不规则，登临艰难，从整体形制看是天然形成的；2 号洞在 1 号洞上面，是一个封闭的小洞，非架设攀登工具莫能上。从洞内佛座、泥塔、佛像等不可移动的文物遗迹看，应为人工开凿；3 号洞在 1 号洞北约 20 米处，为一个石洞，洞口宽 3.1 米，高 1.8 米，深 10 米。洞顶有烟熏的痕迹，当地群众称之

图 5 - 79　修行洞遗址

为"修行洞"或"鸽子堂"。据说清末民初有和尚、道士在这里修行。

1972 年 1 月，当地群众在这里采挖"五灵脂"药材时，发现了一批西夏时期的遗物。原武威县文教局和甘肃省文化局都非常重视，先后三次派县、地区文化馆和甘肃省博物馆专业人员前往遗址调查，对发现遗物的地方进行了清理，收集了一批西夏遗物。

从调查清理的情况来看，1 号洞为天然山洞，地上只发现了少量遗物；2 号洞为人工开凿，不但发现了较多的遗物，而且洞内佛座、泥塔、佛像等均因不易移动而在原地保存。而 2 号洞位于 1 号洞下面，1 号洞中的遗物可能是从 2 号洞中掉下来的。

此处发现的西夏文物数量比较多，内容较为丰富，有西夏文印本四言纪事文、发愿文、佛经、佛画、西夏文写本医方、会款单、占卜辞、佛经；西夏文木简、汉文文书、报告、日历、欠款单、请假条、便条、藏文印本和写本、竹笔、木刮布刀、生牛皮鞋、皮条、毡片、石纺轮、石球、铜和泥的苦修像、钱币、善业泥（即模印的小泥塔）等，是中华人民共和国成立后首次发现的大宗西夏文物，是西夏考古史上的一次重大发现，为西夏学研究提供了难得的实物资料。

二 出土遗物

图 5 - 80 西夏文《三才杂字》残页

（一）西夏文文书

1. 西夏文《三才杂字》残页。G21 · 001 [13194：1]①（图 5 - 80）。

刻本，蝴蝶装。黄麻纸。楷书，文字工整秀丽。高 19.7 厘米，宽 15.2 厘米。四边双栏，栏高 18.5 厘米。残存两个半页，每半页 8 行，行与行之间有界线。行 12 字，每 2 字为一词组，每个词组之间有一定的空白间距，但两个词组连读成一短句，格式比较特殊，所以又称为《四言杂字》。残页内容通过叙述一个富贵人家子弟从小到老的

---

① 此编号来自《中国藏西夏文献》，下同。

一生，用通俗易懂的讲故事方法，来宣扬西夏社会的道德规范。它为研究西夏的信仰、习俗等提供了重要的实物资料。

2. 西夏文劝世诗残页。G21·002［13202］（图 5 - 81）。

刻本，经折装，麻纸。高 18 厘米，宽 10.5 厘米；上下单栏，栏高 15.3 厘米。残存三个半页，面 6 行，行 14 字。首尾俱缺，无诗题，根据诗文内容推断，属西夏时期流行的劝世诗题材的诗歌。史金波先生根据诗文内容，认为此残页应有跋文或后记。① 劝世诗是古代常见的一种哲理诗，是劝导人们如何处世的诗歌。残页每七字为一句，讲述人生一世的富贵劳苦、欢喜悲哀、功名利禄、生死都如过眼云烟，转瞬即逝，劝说世人不要执着于对物欲的追求，方可达到转迷成悟，离苦得乐的境界。

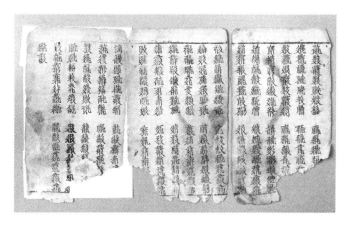

图 5 - 81　西夏文劝世诗残页

3. 西夏文天庆寅年会款单。G21·003［15512］（图 5 - 82）。

写本，墨书行草。单页。高 21.7 厘米，宽 14 厘米，残存 8 行。内容为西夏天庆寅年（1194）正月七五日，十个西夏人分别交纳 150、100、50 钱，共计 750 钱集钱入会的凭条。正月七五日，近似西夏历元宵节。佛教常以七、五成数。这个"会款单"可能就是借七五之数，集齐 750 文纳入原有钱会之中。② 残存文书中未说明会款的目的。王静如先生认为，西夏时，

① 史金波：《中国藏西夏文文献新探》，《西夏学》第 2 辑，宁夏人民出版社，2007。
② 王静如：《甘肃武威发现的西夏文考释》，《考古》1974 年第 3 期。

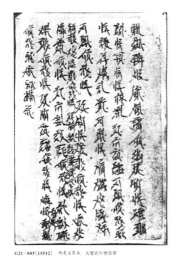

G21·003[15512] 西夏文写本 天庆寅年会款单

图 5 - 82　西夏文天庆寅年会款单

G21·004[20487] 西夏文写本 医方残页出

图 5 - 83　西夏文医方残页

社会中流行把钱交纳于钱会中，入会者急需时可借用，并支付利息。会款单在佛教僧人修行的洞窟中发现，说明当时僧侣曾利用这种钱会进行高利贷盘剥。① 杜建录先生也认为，钱会可能是民间互助性质的，也可能用于放贷。② 此处发现的会款单，在西夏文文书中尚为首见，是研究西夏社会形态和经济关系的重要实物资料。

4. 西夏文医方残页。G21 · 004 [20487]（图 5 - 83）。

写本，墨书楷书，白麻纸，单页，高 20 厘米，宽 11.7 厘米，上有墨线单栏，下部残损。残存 8 行，行 22 字。每方以圆圈隔开，共三方。经翻译可知，此医方残页包括三个医方，一是治疗伤寒的汤药；二是治疗"百种伤寒"的丸药；三是一种治寒气的单味植物药。医方中提到的"伤寒"病名和"牛膝""椒""秫米"等药名，多与汉名相合。药方中提到的煎方、服法，虽然具有党项人较原始的巫医色彩，但也与我国传统的中医学基本一致。党项族医学技术起初较为落后，后来有少数上层人物子弟先后到印度、西藏学习医学。内迁后，则更多地接触了汉族先进的医学技术。西夏统治者曾多次向中原王朝求赐医药，中原王朝曾"医书赐夏国，从所乞也"③，使西夏的医学技

① 王静如：《甘肃武威发现的西夏文考释》，《考古》1974 年第 3 期。
② 杜建录：《西夏经济史》，中国社会科学出版社，2002，第 243 页。
③ 李焘：《续资治通鉴长编》卷 198，中华书局，1992。

术逐渐丰富发达起来。此件医方残页，也反映了在汉民族与党项族的相互交流融合过程中，包括医药科学在内的科学技术也得到了互相交往、相互学习、相互借鉴的机会。

此医方残页是国内唯一一件西夏医药类文献，对研究我古代医学，特别是西夏时期发达的医疗技术提供了极为重要的实物资料。在此之前，1908年俄国的科兹洛夫从内蒙古黑水城盗走的大量西夏文献中，包括好几种医学文献，现仍藏于俄国。

5. 西夏文占卜辞残页。G21·005［15514］（图5-84）、G21·006［15515］（图5-85）。

写本，草书，麻纸。残存2页。一页高14厘米，宽6.7厘米，残存5行，4字一句。其内容意译为："寅后克日甲时安。巳后克日丑时安。申后克日庚时安。亥后克日壬时安。（头号）（猛犬）、土……"此页断卦时辞均用十二支，安时均用天干。另一页高21厘米，宽7.2厘米，以十二支占日，残存4行，每行3句，每句5字。其内容意译为："卯日遇仇人。辰日买卖吉，巳日……午日求财顺，未日逼行恶。申日万事吉，酉日与贼值。戌日倍利，亥日心来喜，德□□□吉日。"

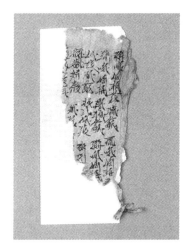

图5-84　西夏文占卜辞残页

图5-85　西夏文占卜辞残页

西夏盛行由"厮乩"（巫师）占卜吉凶，祷告鬼神。大小事情，都要先占卜，而后按卜辞行事，甚至在死人出殡时，若占卜结果显示不宜出门，则毫不犹豫地"破墙而出"。西夏人的占卜方法主要有四种。一是"炙勃焦"，即用艾草熏灼羊髀骨，视其裂纹而判断吉凶。二是"擗算"，即以劈竹子的数目定吉凶。三是"咒羊"，即夜祷羊，晨杀羊，视其肠胃是否畅通而定吉凶。四是"矢击弦"，即用竹竿敲击弓弦，以其声音来断吉凶。后来从汉族地区传入易卜，西夏学者斡道冲曾用西夏文作《周易卜筮断》一书，在西夏广为流行。这两页残存占卜辞采用天干地支计时日的占卜方式，显然是以汉族的占卜术为蓝本的，这表明汉族的占卜术已深入西夏社会生活。同时，占卜辞指出的吉凶诸事，都是西夏人日常关心的事。残存占卜辞中所反映的八日中，求财的占三日——买卖吉、求财顺、有倍利。不难看出，在西夏社会中，多发财求致富是最受人欢迎的，也可见西夏商业活动的日渐兴盛。因此，它是研究西夏时期社会生活习俗、信仰的珍贵实物资料。

6. 西夏文光定午年告牒残页。G21·007［15519］（图5-86）。

写本，草书，麻纸。残高18.6厘米，宽32.5厘米，残存15行，行15字。

7. 西夏文光定巳年告牒残页。G21·008［15389］（图5-87）。

写本，草书，麻纸。残高9.5厘米，宽6.1厘米，残存4行，行9字。

8. 西夏文光定午年文书残页。G21·009［15383］（图5-88）。

写本，草书，麻纸。残高17.7厘米，宽11.5厘米，残存5行，行13字。

9. 西夏文告牒文书残页。G21·010［15382］（图5-89）。

写本，草书，麻纸。残高16.5厘米，宽26.5厘米，残存14行，行12字。

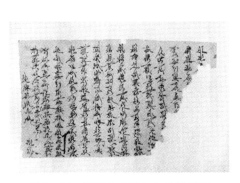

G21·008［15389］
西夏文写本　光定巳年告牒残页

图5-86　西夏文光定午年告牒残页　　　图5-87　西夏文光定巳年告牒残页

G21·009[15383]
西夏文写本 光定午年文书残页

图5-88 西夏文光定午年文书残页

G21·010[15382] 西夏文写本 告牒残片

图5-89 西夏文告牒文书残页

G21·011[15388]
西夏文写本 文书残页

图5-90 西夏文文书残页

G21·012[15530]
西夏文写本 文书残页

图5-91 西夏文文书残页

10. 西夏文文书残页。G21·011［15388］（图5-90）。

写本，草书，麻纸。残高17.7厘米，宽8.5厘米，残存4行，行13字。

11. 西夏文文书残页。G21·012［15530］（图5-91）。

写本，草书，麻纸。残高15.7厘米，宽4.5厘米，残存2行，行15字。

12. 西夏文文书残页。G21·013［15384］（图5-92）。

写本，草书，麻纸。残高 18 厘米，宽 13.7 厘米，残存 5 行，行 15 字。

13. 西夏文文书残页。G21·014［15531］（图 5 - 93）。

写本，草书，麻纸。残高 10.7 厘米，宽 10 厘米，残存 4 行，行 8 字。

14. 西夏文文书残页。G21·015［15532］（图 5 - 94）。

写本，草书，麻纸。残高 18 厘米，宽 4.2 厘米，残存 1 行，行 14 字。

15. 西夏文文书残页。G21·016［15533］（图 5 - 95）。

写本，草书，麻纸。残高 18.7 厘米，宽 20.5 厘米，残存 5 行，行 7 字。

G21·013［15384］ 西夏文写本 文书残页

图 5 - 92 西夏文文书残页

G21·014［15531］ 西夏文写本 文书残页

图 5 - 93 西夏文文书残页

G21·015［15532］
西夏文写本 文书残页

图 5 - 94 西夏文文书残页

G21·016［15533］ 西夏文写本 文书残页

图 5 - 95 西夏文文书残页

16. 西夏文文书残页。G21·017［15534］（图5-96）。

写本，草书，麻纸。存3面，第一件残高18.3厘米，宽16.3厘米，残存8行，行13字，内容为人员账；第二件残高17.3厘米，宽12厘米，残存4行；第三件残高17.8厘米，宽12厘米，残存4行，有西夏文"午年"二字。

17. 西夏文文书残页。G21·018［15513］（图5-97）。

写本，草书，麻纸。残高19.7厘米，宽18.5厘米，残存7行，行14字，从内容和形式看为布告。布告四角各有一方西夏文官印。

18. 西夏文文书残页。G21·019［15516］（图5-98）。

写本，草书，麻纸。残高23.3厘米，宽9.4厘米，残存5行，行22字。

19. 西夏文文书残页。G21·020［15381］（图5-99）。

写本，草书，麻纸。残高18.5厘米，宽18.9厘米，残存10行，行16字。

图5-96　西夏文文书残页

图5-97　西夏文文书残页

图5-98　西夏文文书残页

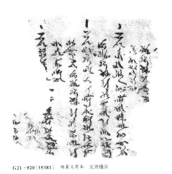

图5-99　西夏文文书残页

20. 西夏文文书残页。G21·021［15385］（图5－100）。

写本，草书，麻纸。残高18.5厘米，宽11厘米，残存4行，行15字。

21. 西夏文文书残页。G21·022［15386］（图5－101）。

写本，草书，麻纸。残高15.5厘米，宽13.2厘米，残存6行，行3～12字不等。

G21·021［15385］ 西夏文写本 文书残页

图5－100 西夏文文书残页

G21·022［15386］ 西夏文写本 文书残页

图5－101 西夏文文书残页

22. 西夏文乾祐乙巳年施经发愿文。G21·030［13215］（图5－102）。

刻本，经折装，麻纸。高12.7厘米，宽6.6厘米；上下双栏，栏高9厘米。存经文2面7行，行8字。意译为："以此善根，使持劝化。唯愿今朝皇帝，圣威远扬，神寿长命永为王。金叶常茂，大臣活千年，血脉流通，共成佛道。乾祐乙巳年二月日施。"乾祐乙巳年（1185）为西夏仁宗统治时期，这一时期，西夏统治阶级把佛教当作其精神统治的重要支柱，大力提倡和尊崇佛教，不惜运用大量财富，广建寺庙，刊印佛经，供养僧人，使众多的僧人通过讲经说法，宣传君民一体、同登极乐的理论，忍受现实苦难，以支持皇权统治。这件发愿文提到的"共成佛道"，就是教导民众忍受现实世界的困苦，把希望寄托于未来，对普通老百姓极具诱惑力。

23. 西夏文观弥勒菩萨上生兜率天经残页。G21·031［15198、8342］（图5－103）。

刻本，经折装，麻纸。高22厘米，宽10.7厘米；上下单栏，栏高16.5

厘米。残存经文 24 面，面 6 行，行 13 字。其中部分经文版心中间有汉文"上生 五""上生 六""上生 七""上生 八"。内容应为《佛说观弥勒菩萨上生兜率天经》的后半部分。"上生"为佛经《观弥勒菩萨上生兜率天经》的简称，"五""六"似乎表示页码。1909 年俄国人科兹洛夫从我国内蒙古额济纳旗黑水城盗掘走的文献中也有西夏文《观弥勒菩萨上生兜率天经》，并保存有完整的施经发愿文。据出土文献记载，乾祐二十年（1189）九月十五日，西夏仁宗皇帝刻印《观弥勒菩萨上生兜率天经》，请 3 位国师在大度民寺作求生兜率内宫弥勒广大法会，散施番、汉《观弥勒菩萨上生兜率天经》10 万卷。这部残存经卷纸质洁白、柔软、细密，雕版精细，书法精美，质量上乘，是西夏雕版印经的代表，应该不是民间印刷品，可能是西夏仁宗时刊印的"上生经"。①

图 5 - 102　西夏文乾祐乙巳年施经
发愿文

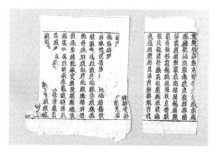

图 5 - 103　西夏文观弥勒菩萨上生兜
率天经残页

24. 西夏文现在贤劫千佛名经残页。G21·032［13195、13196］（图 5 - 104）。

雕版印本，麻纸。残高 20.4 ~ 20.6 厘米，宽 10 厘米；上下单栏，残存 5 面，面 6 行，行 10 字。残经上部、中间绘有千佛坐像，坐像下面为经文内容。

25. 西夏文现在贤劫千佛名经残页。G21·033［13197］（图 5 - 105）。

刻本，麻纸。残高 20 厘米，宽 9.5 厘米；上下单栏，栏高 18 厘米，残

① 陈炳应：《甘肃省博物馆藏西夏文献览珍》，《甘肃省博物馆学术论文集》，三秦出版社，2006。

存 1 面，面 6 行，行 15 字。

26. 西夏文佛说圣佛母般若波罗蜜多经残页。G21·034［13203］（图 5 – 106）。

刻本，经折装，麻纸。残高 18 厘米，宽 10 厘米；上下双栏，栏高 15 厘米，残存 2 面，面 6 行，行 15 字。

27. 西夏文妙法莲华经卷第七残页。G21·035［13212］（图 5 – 107）。

刻本，经折装，麻纸。残高 17 厘米，宽 8.4 厘米；上下单栏，栏高 13.4 厘米，残存 2 面，面 6 行，行 13 字。

图 5 – 104　西夏文现在贤劫千佛
名经残页

图 5 – 105　西夏文现在贤劫千佛
名经残页

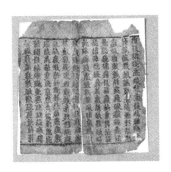

图 5 – 106　西夏文佛说圣佛母般
若波罗蜜多经残页

图 5 – 107　西夏文妙法莲华经卷
第七残页

28. 西夏文大方广佛华严经卷第四十残页。G21·036［13221］（图 5 – 108）。

刻本，经折装，麻纸。残高 15.2 厘米，宽 8.3 厘米；上下单栏，栏高 12 厘米，残存 2 面，面 7 行，行 14 字。

29. 西夏文金刚般若波罗蜜经残页。G21·037［13214］（图5-109）。

刻本，经折装，麻纸。残高13.1厘米，宽7.2厘米；上下单栏，栏高9.7厘米，残存7面，面7行，行11字。

30. 西夏文佛画残页。G21·041［13216］（图5-110）。

麻纸。残存2面。第一面残高12.5厘米，宽8厘米；第二件高11厘米，宽7.2厘米，分别印有菩萨、弟子形象，应为佛经插图。

31. 西夏文佛经残页。G21·042［13193］（图5-111）。

刻本，麻纸。残高23.5厘米，宽16.7厘米；下部残存单栏，上部残损。残存1面，面10行，行14字。

图5-108　西夏文大方广佛华严
经卷第四十残页

图5-109　西夏文金刚般若波罗蜜
经残页

图5-110　西夏文佛画残页

图5-111　西夏文佛经残页

32. 西夏文佛经残页。G21·043［13199］（图5－112）。

刻本，麻纸。残高17厘米，宽13.2厘米；下部残存单栏，上部残损。残存1面，面9行，行14字。

33. 西夏文佛经残页。G21·044［13200］（图5－113）。

刻本，麻纸。残高16.8厘米，宽8.7厘米；下部残存双栏，上部残损。残存1面，面6行，足行11字。

34. 西夏文佛经残页。G21·045［13201］（图5－114）。

刻本，麻纸。残高17.7厘米，宽10厘米；上下单栏，栏高15.3厘米。残存1面，面6行，行14字。

35. 西夏文佛经残页。G21·046［13204］（图5－115）。

刻本，麻纸。残高18.7厘米，宽9.2厘米；上下单栏，残存1面，面10行，行14字。空白处有一小沙弥形象。

图5－112　西夏文佛经残页

图5－113　西夏文佛经残页

图5－114　西夏文佛经残页

图5－115　西夏文佛经残页

36. 西夏文佛经残页。G21·047［13213］（图 5 – 116）。

刻本，经折装，麻纸。残高 13 厘米，宽 7.6 厘米；上部残存单栏，下部残损。残存 2 面，面 6 行，行 13 字。

37. 西夏文佛经残页。G21·048［13218］（图 5 – 117）。

刻本，经折装，麻纸。残高 13.9 厘米，宽 8.4 厘米；上部残损，下部残存单栏。残存 2 面，面 6 行，足行 12 字。

38. 西夏文佛经残页。G21·049［13219］（图 5 – 118）。

刻本，麻纸。残存 2 面，一面残高 7.8 厘米，宽 12 厘米，存字 5 行，行 7 字，上部残损，下部存单栏；另一面残高 9.9 厘米，宽 10.4 厘米，存字 6 行，行 8 字，上部存单栏，下部残损。

39. 西夏文佛经残页。G21·050［13220］（图 5 – 119）。

刻本，麻纸。残高 9.6 厘米，宽 9 厘米；上部残存单栏，下部残损。残存 1 面，面 6 行，行 7 字。

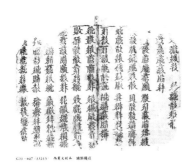

图 5 – 116　西夏文佛经残页

图 5 – 117　西夏文佛经残页

图 5 – 118　西夏文佛经残页

图 5 – 119　西夏文佛经残页

40. 西夏文佛经残页。G21·051［13222］（图5-120）。

刻本，麻纸。残存2面，一面残高11.5厘米，宽8.6厘米，存字8行，行8字，上部存单栏，下部残损；另一面残高10厘米，宽8厘米，存字6行，行9字，上部存单栏，下部残损。

41. 西夏文妙法莲华心经。G21·057［15511］（图5-121）。

写本，蝴蝶装，高11.5厘米，宽9.5厘米，四面墨线单栏，栏高9.5厘米，字间界栏宽1.3厘米。版心相叠，以单细羊毛绳装订成册，存32面，经文22面，面7行，行9字、10字不等，10面为空白，有两面各书写"上面""下面"两字，空白页结束后的第14面第一行为西夏文经题《妙法莲华心经》。汉文本《大藏经》中未见此经。1909年俄国人科兹洛夫从我国内蒙古额济纳旗黑水城盗掘走的文献中也有西夏文《妙法莲华心经》。

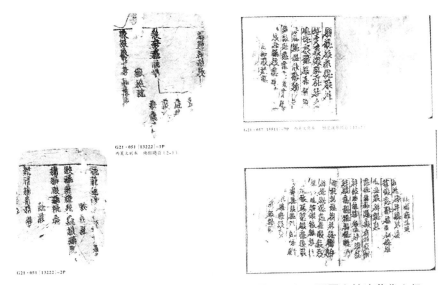

图5-120　西夏文佛经残页　　　　图5-121　西夏文妙法莲华心经

42. 西夏德王圣妙吉祥之胜慧意盛用总持残页。G21·058［20480］（图5-122）。

写本，麻纸，单页，双面楷书，高17厘米，宽12.8厘米。上下单栏，栏高11.9厘米，每面12行，行内字数不等，背面有"天盛己巳元年"纪年。"天盛己巳元年"为西夏仁宗时期，即公元1149年。

图 5 - 122　西夏德王圣妙吉祥之胜慧意盛用总持残页

43. 西夏文佛经残页。G21·060［20480］（图 5 - 123）。

现藏甘肃省博物馆。写本，麻纸，单页，双面楷书，高 17 厘米，宽 12.8 厘米。上下单栏，栏高 11.9 厘米，每面 12 行，行内字数不等。

44. 西夏文佛经残页。G21·061［20477］（图 5 - 124）。

写本，麻纸，墨写楷书。残存 2 面，一面残高 8.8 厘米，宽 7.5 厘米，存字 5 行，行 7 字；另一面残高 6.7 厘米，宽 7.4 厘米，存字 3 行，行 5 字。

45. 西夏文佛经残页。G21·062［15517］（图 5 - 125）。

写本，麻纸，墨写楷书。残高 12.7 厘米，宽 5.4 厘米，存字 3 行，行 15 字。

46. 西夏文佛经残页。G21·063［15507］（图 5 - 126）。

写本，黄麻纸，墨写楷书。残存 2 面，无界栏。一面残高 7.2 厘米，宽 9.5 厘米，存字 5 行，行 7 字；另一面残高 7.2 厘米，宽 9.7 厘米，存字 5 行，行 6 字。

47. 西夏文佛经残页。G21·064［20478］（图 5 - 127）。

写本，麻纸，墨写楷书。残存 2 面，一面残高 21 厘米，宽 11 厘米，存字 6 行，行 17 字；另一面残高 24 厘米，宽 21 厘米，存字 11 行，行 20 字。

48. 西夏文佛经残页。G21·065［20481］（图 5 - 128）。

写本，麻纸，墨写楷书。残高 23 厘米，宽 23.3 厘米，残存 1 面，面 11 行，行 22 字。

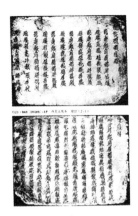

图 5 – 123　西夏文佛经残页

图 5 – 124　西夏文佛经残页

图 5 – 125　西夏文佛经残页

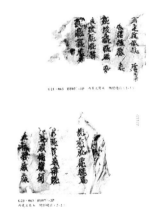

图 5 – 126　西夏文佛经残页

图 5 – 127　西夏文佛经残页

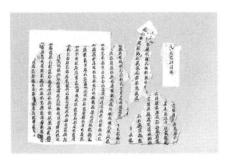

图 5 – 128　西夏文佛经残页

49. 西夏文佛经残页。G21·066［20483］（图 5 - 129）。

写本，麻纸，墨写楷书。残高 10 厘米，宽 15 厘米，残存 1 面，面 10 行，行 7 字。

50. 西夏文佛经残页。G21·067［20484］（图 5 - 130）。

写本，麻纸，墨写楷书，有墨线界栏。残高 18 厘米，宽 10.7 厘米，上部残损，下部存墨线单栏。残存 1 面，面 7 行，足行 14 字。

51. 西夏文佛经残页。G21·068［21340］（图 5 - 131）。

写本，麻纸，墨写楷书。残高 30 厘米，宽 15.4 厘米，残存 1 面，面 7 行，行 24 字。

52. 西夏文佛经残页。G21·069［15509］（图 5 - 132）。

写本，麻纸，墨写楷书。残存 2 面，一面残高 11.5 厘米，宽 8 厘米，存字 4 行，行 7 字；另一面残高 8 厘米，宽 6.2 厘米，存字 3 行，行 5 字。

53. 西夏文佛经残页。G21·070［20479］（图 5 - 133）。

写本，麻纸，墨写楷书。残高 15.7 厘米，宽 11.3 厘米，上部存单栏，下部残损。残存 1 面，面 6 行，行 12 字。

54. 西夏文佛经残页。G21·071［20482］（图 5 - 134）。

写本，麻纸较厚，双面墨写楷书。残存 2 件。上下朱笔单栏，高 10.8 厘米，宽 11.5 厘米，栏高 9.8 厘米，面 6 行，行 7 字。

55. 西夏文佛经残页。G21·072［20488］（图 5 - 135）。

写本，麻纸，墨写楷书。残高 14 厘米，宽 17.5 厘米。残存 1 面，面 10 行，足行 10 字。

56. 西夏文题记。G21·075［13224］（图 5 - 136）。

写本，麻纸，单页，墨写楷书。残高 21.2 厘米，宽 8 厘米。残存 1 行，内容为"转身弟子岜罗善□/善势等"。

57. 西夏文题记木牍（图 5 - 137）。

1 件。正反面均书写行书体西夏文，每面 5 行，行约 20 字。内容为"施食放生"的仪轨、咒言和所念佛经《回向顺心经》。这支木牍是僧侣在"施放"时诵读经咒之用。长 20.7 厘米，宽 5.7 厘米。

（二）汉文文书

1. 汉文布告残页。G21·023［15542］（图 5 - 138）。

单页。雕版印本。高 18.5 厘米，宽 6.7 厘米。残存西夏文官印一方，官印下为汉字"刘"。

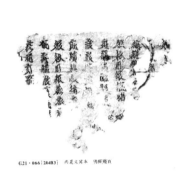

图 5 - 129　西夏文佛经残页

图 5 - 130　西夏文佛经残页

图 5 - 131　西夏文佛经残页

图 5 - 132　西夏文佛经残页

图 5 - 133　西夏文佛经残页

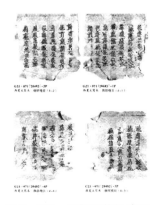

图 5 - 134　西夏文佛经残页

G21·072[20488] 西夏文写本 佛经残页

图 5 - 135　西夏文佛经残页

G21·675 13124
西夏文写本 题记

图 5 - 136　西夏文题记

图 5 - 137　西夏文题记木牍

图 5 - 138　汉文布告残页

2. 汉文经略司文书残页。G21·024［15536］（图 5 - 139）。

写本，麻纸，墨写草书。残高 15.7 厘米，宽 7.6 厘米。存字 2 行，一行为大字"经略司"，另一行为小字"计料官通判白"。

3. 汉文欠款条残页。G21·025［15537］（图 5 - 140）。

写本，麻纸，墨书。残高 15 厘米，宽 11.3 厘米。存字 2 行，内容为："李伴初欠钱叁贯伍百文，刘的的欠钱贰百伍拾文"。

4. 汉文请假条残页。G21·026［15538 - 1 - 2］（图 5 - 141）。

残存 2 面。写本，麻纸，墨书。第一面残高 18.7 厘米，宽 6.8 厘米，存字 2 行："今申本卡先差司高践苟一名本人告称或有……遣及诸处驱赶请假今目下见……";第二面残高 16.7 厘米,宽 8 厘米,存字 3 行:"……患伤寒行履不能本卡并无□□手力不……乐人……惜……文目行送之"。

5. 光定二年公文残页。G21·027［15538］(图 5 – 142)。

残存 1 面。写本,麻纸,墨写行书。残高 18.5 厘米,宽 12.5 厘米。残存 5 行,第一行存"上者"二字;第二行:"……右谨具申";第三行:"……西路乐府□勾官所";第四行:"光定二年九月日监乐官府";第五行:"监乐官府□□礼"。光定为西夏神宗年号,光定二年即公元 1212 年。残页中的"西路"为西夏路一级行政机构,治所在凉州(今武威);"乐府□勾官所""监乐官"为西夏在路一级行政机构中设置的音乐管理机构及官制。据《天盛改旧新定律令》记载,西夏在中央还设有专门管理音乐的机构:番乐人院、汉乐人院,属"末等司"①。从残页中可看出,作为西夏路一级音乐管理机构"乐府□勾官所",其对乐人的管理是相当严的,乐人是不能随便外出演出的,有病有事要向"监乐官"请假。这是迄今为止发现的唯一的西夏时期音乐文献。

6. 汉文历书残页。G21·028［15541］(图 5 – 143)。

残存 1 面。写本,麻纸,墨写楷书。残高 15.8 厘米,宽 10 厘米。残页为表格式,以墨线单栏划分。残存上半截 4 行,为七至十二月日历,包括闰十一月。根据闰十一月、每月的大小和朔日干支,可推知是西夏人庆二年(1145)的日历。据资料记载,西夏建立前,很长一段时期没有历法,使用的是宋朝的历法。后西夏仿照宋朝,设立了全国性的天文历法机构——大恒历司,掌管历法的编制和颁行。有关西夏天文历法的情况,在一些史料中多有记载,考古发现的西夏历日有汉文、西夏文、汉夏文合璧,其格式、内容不尽相同。修行洞出土的这件历日,节气的名称、配置都非常准确,反映了西夏时的历算水平,为研究西夏时期的天文历法提供了难得的实物资料。

7. 汉文文书残页。G21·029［15539］(图 5 – 144)。

残存 1 面。写本,麻纸,墨书。残高 18.6 厘米,宽 11 厘米。存字 2 行,内容为:"依中□各乡以属行遣"。

---

① 史金波、聂鸿音、白滨译注:《天盛改旧新定律令》卷 10,法律出版社,2000。

图 5 - 139　汉文经略司文书残页

图 5 - 140　汉文欠款条残页

图 5 - 141　汉文请假条残页

图 5 - 142　光定二年公文残页

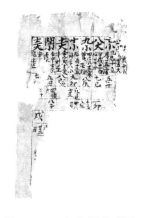

图 5 - 143　汉文历书残页

图 5 - 144　汉文文书残页

（三）其他

1. 竹笔。2 件（图 5 - 145）。

一支已使用过，笔尖有墨迹，略残，长 9.5 厘米，直径 0.8 厘米。另一支未用过，长 13.6 厘米，直径 0.7 厘米。出土后，有专家进一步指出："其形制是将竹子的一头削成笔尖形，在笔尖中间划开一道缝隙，与现在的蘸水笔类似。"

2. 藏文"烟祭祈愿文"木牍。4 件（图 5 - 146）。

木质。长方形，一端正中有条形柄。正、反两面均墨书藏文，内容为"烟祭祈愿文"。是研究西夏时期少数民族宗教信仰的珍贵资料。通长 43 厘米，牍长 36.2 厘米，宽 19 厘米。

3. 木刮布刀。1 件（图 5 - 147）。

略残。长 60 厘米，宽 9.5 厘米。刀刃和靠近织布机的刀面，因长期碰撞、摩擦而留下了明显的经线痕迹。

4. 铜钱。7 枚。

其中西夏"乾祐元宝"3 枚，宋"景德元宝"（背面有"陕"字）1 枚，"宣和通宝"1 枚，其他 2 枚已锈蚀不清。除 1 枚"乾祐元宝"径长为 2.4 厘米外，其余皆为 2.5 厘米。

5. 泥塑苦修像。1 件。

在桃形背光上塑一苦行僧像。骨瘦如柴，头戴山字形冠，两腿盘膝而坐，右手弯曲于胸前，左手下垂，闭目修行。高 7 厘米，底宽 5 厘米，厚 1 厘米。

6. 铜苦修像。1 件（图 5 - 148）。

整体为一舟形背光中间塑苦修像，瘦骨嶙峋，胸部的肋骨非常明显，两腿盘坐，双手高叉于腿上，作静养状。高 7.5 厘米，最宽处 4.8 厘米。

7. 生牛皮鞋。1 件（图 5 - 149）。

皮上的毛尚未刮掉，工艺也极简单，一张长方形的皮子左右两边往上兜成鞋帮；前后两端，一端用麻绳缝起来，即成鞋后跟，另一端由下而上卷起一段，稍加缝合，作为鞋头。鞋长 22 厘米，鞋头宽 10 厘米，鞋后跟高 9.5 厘米。

8. 石纺轮。

黑色，四角尚未磨圆，直径 2.5 厘米，厚 1.3 厘米，孔径 1 厘米。

9. 擦擦（图 5-150）。

模印，均为圆锥体。一种在顶部和最下层有梵文和藏文，高 7 厘米；另一种无文字，高 5 厘米。

10. 西夏文木牍。

已残，正反面皆有楷书。正面为上食经过和陀罗尼，"施食放生者……为归依七宝，时于净血中施食乃可。时思□□七宝器，□□□□碧乌，□，萨末怛□谟，莎袜余，碧乌答汉。诵三遍，思空，于此空□中，莲花□中，增满五宝五□，呼气再念，以白中如红，奄……白□为本"。背面为陀罗尼"咒言者，……回顺心经……"长 20.7 厘米，宽 5.7 厘米。

图 5-145　竹笔

图 5-146　藏文"烟祭祈愿文"木牍

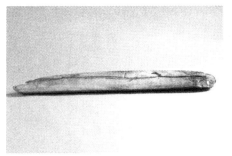

图 5-147　木刮布刀

图 5-148　铜苦修像

图 5 - 149　生牛皮鞋

图 5 - 150　擦擦

三　结语

（一）修行洞遗址出土文物中，大部分是西夏文和汉、藏文文籍，有印本和写本两种。西夏文印本有"字书"和佛经。"字书"系西夏识字课本"杂字"的一部分，为嫁娶、生育等方面的内容，与1908年俄国人科兹洛夫在内蒙古黑水城盗走的西夏文籍中题为"杂字"的字书不同，具有较高的研究价值。佛经内容为《佛说观弥勒菩萨上生兜率天经》的后半部，纸质相当洁白、柔软、细密，经专家研究，为西夏仁宗时期（1140～1193）刊印的"上生经"。另有画小千佛的残页，当属千佛名经。同时还有纪年天盛、乾祐时的佛经残页等，版本内容相当丰富。

（二）修行洞遗址发现的西夏文医方残页，经研究分析，包括三个药方：一是治疗伤寒的汤药；二是治疗"百科伤寒"的丸药；三是治寒气的几种植物药。医方中提到的药物有厚朴、罗勒、细辛、麻黄等。还讲了炮制和服法，如"好好煎、频翻动、水减半时，重新加水煮，清晨空腹时，将此汤源毕出之药口服，搅匀温热，每次一匙，趁热服，有则宜温好秫米（粥），亦当每次服一（匙），频频常服则伤寒悉除也"，可以说是相当细致周到的。医方中所用药物多为中医所用，但其制法、服法和中医不同。党项医学带有较为原始的巫医色彩。这是研究西夏医学极为重要的实物资料。

（三）发现的汉文日历，仅有七至十二月，根据闰十一月和每月朔日的干支，可以推断是西夏人庆二年（1145）的日历。这个日历，每月的朔日干支写得比较正确，可以纠正其他史书（如《宋史》）在这方面的一些错误，是研究西夏科技史极为珍贵的资料。

（四）修行洞发现的文籍中，共有人庆、天盛、乾祐、天庆、光定五个西夏年号，属于西夏中晚期。洞中没有发现元代遗物。因此，可以肯定佛窟的封闭是在蒙古灭西夏时。武威张义当时位居交通要道，为蒙古灭西夏的必经之地，佛窟可能在战乱中被封闭。遗留的文物时间跨度大，反映了西夏统治时期发达的社会经济及党项、汉、藏民族间相互交流的密切关系。

第四节　天梯山石窟

一　概述

天梯山位于甘肃省武威市城南 50 千米处，是从祁连山分离出来呈东南—西北走向的山脉。《凉镇志》载："因山路曲折如梯，故名天梯山。"天梯山在十六国时期就有此名。[①] 石窟开凿于天梯山西南一侧的崖壁半腰。石窟下面原有一寺院，名为广善寺，俗称大佛寺，始建年代不详。明正统十三年（1448），御马监太监刘永诚镇守甘肃时，对该寺进行了重修，后赐名为广善寺。乾隆《武威县志》记载："大佛寺，城东南一百里，有石佛像，高九丈，贯楼九层，又名广善寺。"

天梯山石窟始凿于北凉时期，后历经北魏、北周、隋、唐、西夏、元、明、清各代相继开凿与修缮。据明代《重修凉州广善寺碑铭》记载，到明正统九年（1444），天梯山石窟尚有"诸佛之龛，二十有六"，后因战乱，石窟残损严重，特别是 1927 年的大地震，对石窟造成了毁灭性的破坏，大部分洞窟及佛像被震毁。到中华人民共和国成立初期，尚存洞窟 19 个，分布比较集中，大体分四层，各窟之间原有栈道相连。在现存洞窟中，只有第2、3、6、7、8、13 窟较完整，其余诸窟大都已残缺不全。属北凉、北魏时期的有 9 窟，唐代有 3 窟，时代不明的有 7 窟。所有洞窟均经后代重修和妆

---

① 《晋书·张轨传》和《十六国春秋辑补·前凉录》记载："京兆人刘弘者，挟左道，客居天梯第五山。"《魏书·崔浩传》记载："至于姑臧城南，天梯山上冬有积雪，深一丈余，至春夏消液，一流成川，引以灌溉。"

图 5 - 151　天梯山石窟地理位置图

銮。西夏时期，几乎对当时存在的所有洞窟进行过重修。[①] 明正统十三年（1448）重修广善寺时，又对石窟进行了大规模重修，绘制了大量壁画。

图 5 - 152　天梯山石窟远景

天梯山石窟现存造像以唐代的最多、最精美。壁画保存面积约为 300 平方米，因历代重修次数多，保存的壁画层次也较多，有的竟达七八层甚至十层之多，时代为北凉、北魏、西魏、隋、唐、西夏、元及明代。特别是经剥离发现的北凉壁画，是珍贵的早期石窟壁画，证实了天梯山石窟确为北凉王沮渠蒙逊创凿的凉州石窟。

1959 年，窟前兴修水库，因当时对水库蓄水后的水位估计过高，为避免洞窟被水淹毁坏，敦煌文物研究所和甘肃省博物馆对窟内的 43 尊造像、近

―――――――――

① 敦煌研究院、甘肃省博物馆编《武威天梯山石窟》，文物出版社，2000，第 264 页。

300 平方米壁画以及洞窟内发现的北魏、隋、唐等时期的汉藏文写经、绢画、文书、契约、佛经等珍贵文物进行了整体勘察搬迁保存。只有第 13 窟大佛窟造像因体量太大，无法搬迁，在原地保存。后在佛窟外围筑起围堰大坝，避免了水对石窟文物的破坏，同时还对佛像进行了复原修复。其余洞窟距水面较高，窟内文物搬迁后，还有部分残存壁画、倚山造像、中心柱及大小佛龛等，由于管理不善，也不同程度地遭到自然或人为的破坏。

1992 年，国家文物局主持召开专家组会议，经论证，按照不可移动文物尽可能在原址、原位保护的原则，批复在原址、原位修复天梯山石窟文物。后经多方努力，2006 年 1 月，原暂存在甘肃省博物馆的天梯山石窟文物中的佛像 22 尊、佛头 9 个，北魏、隋、唐、西夏、元、明时期的多层壁画 120 平方米，佛像、壁画残件 25 箱移交武威，在天梯山进行复原修复。

2001 年 6 月 25 日，天梯山石窟被国务院公布为第五批全国重点文物保护单位。

二　文献记载及调查研究情况

天梯山石窟，又称凉州石窟，是我国早期石窟艺术的代表，也是最早见于我国史册记载且颇有一定影响的早期石窟。《十六国春秋·北凉录》记载："先是蒙逊有凉土，专弘事佛，于凉州南百里崖中，大造形像，千变万化，惊心眩目。有土圣僧可如人等，常自经行，无时暂舍，遥见则行，人至便止。观其面貌，状如其中泥塑形像，人咸异之，乃罗土于地，后往看之，足迹隐隐。"从中可以看出，北凉王沮渠蒙逊在"凉州南百里崖"所开凿的凉州石窟规模宏大，造型艺术高超。自沮渠蒙逊在凉州南山开窟造像始，在我国新疆以东地区逐渐形成了现存最早的佛教石窟模式——凉州模式。这一模式是以天梯山石窟为代表，包括张掖金塔寺、酒泉文殊山、玉门昌马等石窟在内的北凉时期石窟遗存。此后的龙门、云冈等石窟均受到了"凉州模式"的影响。汤用彤先生曾指出："武州造像，必源出凉州，且昙曜亦来自凉土，开窟又为其所建议。凉州佛教影响于北魏者，此又一大事也。"[1] 这

---

① 汤用彤：《汉魏两晋南北朝佛教史》下册，季羡林主编《东方文化集成》，昆仑出版社，2006，第 439 页。

里的"武州造像"就是指云冈石窟。

但自唐代以后,凉州石窟再不见于史册。许多佛教史学家和美术家在谈到十六国时期佛教和佛教艺术时,只能引用唐人所撰的《法苑珠林》《集神州三宝感通录》《广弘明集》等佛教经典的记载。

20世纪40年代初,向达先生到西北考察,路过武威,曾怀疑武威东南50千米处的张义堡天梯山大佛寺为沮渠蒙逊开凿的凉州石窟。[①]

1952年,陇上著名学者冯国瑞先生对天梯山进行过一次短暂的访问和了解,并于当年5月14日在《甘肃日报》发表《记武威境北凉创始石窟及西夏文草书墨迹与各种刻本》,提出武威天梯山石窟即为著名的凉州石窟,但因未登临洞窟调查,无法了解洞窟内容,因而未引起学术界的关注。

1954年7月,我国著名美术史学家史岩先生来到武威,对天梯山所有洞窟进行了详细勘察,完成了初步的调查工作,并在《文物参考资料》1955年第2期上发表了《凉州天梯山石窟的现存状况和保存问题》,正式揭开了凉州石窟之谜。这是自唐代以来关于天梯山石窟最为详尽的记录和报告,对凉州石窟的勘察研究起到了起始发轫的作用。[②] 史岩先生对天梯山现存洞窟进行了首次编号,根据现存洞窟的形制和壁画、塑像的重修层次及文献记载,进一步明确肯定武威天梯山石窟即为历史上著名的凉州石窟,并指出:"从北朝至隋唐这一段时期内陆续都有兴造,宋元以后直至清代继续有过重修,它的年历不算不悠久。"[③]

1959年10月至1960年4月,由原敦煌文物研究所和甘肃省博物馆联合组成的武威天梯山勘察搬迁工作队,在对天梯山石窟文物进行全面勘察清理、壁画剥离和塑像搬取过程中,清理发掘出被1927年大地震毁坏和掩埋的5个早期洞窟,同时还发现了许多精美而重要的北凉、北魏、西魏、北周、隋、唐、西夏、元、明壁画。此次勘察、清理和搬迁工作结束后,经最终整理,于2000年9月出版了比较详尽的报告《武威天梯山石窟》。

1986年,著名考古学家宿白先生发表了《凉州石窟遗迹和"凉州模

① 向达:《唐代长安与西域文明·西征小记》,生活·读书·新知三联书店,1957,第342页。
② 敦煌研究院、甘肃省博物馆编著《武威天梯山石窟》,文物出版社,2000,第10页。
③ 史岩:《凉州天梯山石窟的现存状况和保存问题》,《文物参考资料》1955年第2期。

式"》，明确指出天梯山石窟第 1、4 窟是早期北凉洞窟，即凉州石窟遗迹。同时，根据凉州石窟产生的历史背景，综合河西发现的北凉石塔、天梯山、文殊山、金塔寺的中心柱窟的资料，概括总结出凉州石窟模式的几个特点。①

三　天梯山石窟西夏遗存及遗物

西夏时期天梯山石窟的佛事活动，现存史料未见记载。20 世纪 50 年代初，在现存洞窟内发现了一批西夏时期遗物；1959 年，在对洞窟进行勘察搬迁过程中，在大部分洞窟内发现了西夏重修时所绘的壁画，在第 1 窟内还发现了西夏文题记。这些遗存或遗物的发现，充分说明西夏时期对天梯山石窟进行过大规模的重修。

图 5 - 153　天梯山石窟总立面图

（一）洞窟遗存介绍

天梯山石窟现存洞窟 19 个，共分四层。1954 年史岩先生在勘察时，对 13 个洞窟进行了编号。1959 年搬迁时，将清理发掘出的 5 个被地震毁坏的洞窟依次编为第 14、15、16、17、18 窟。此外，为保持石窟群的完整性，将第 13 窟左侧下方一个用于放置杂物的无塑像壁画、四壁无开龛迹象的覆斗顶洞石窟编为第 19 窟。在这些洞窟中，发现了西夏时期重修的塑像、壁画和西夏文题记。现将发现西夏遗存或遗物的洞窟介绍如下。

第 1 窟：位于第三层，其上为第 14 窟和第 15 窟，其右为第 17 窟，其下为第 4 窟。始凿于北凉时期，北魏、唐、西夏、元、明、清重修。

---

① 宿白：《凉州石窟遗迹和"凉州模式"》，《考古学报》1986 年第 4 期。

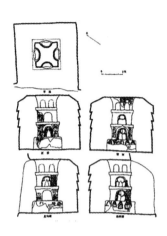

图 5 - 154　第 1 窟平面及中
心柱四立图

图 5 - 155　第 1 窟右壁左侧
西夏文题记

形制：平面呈方形，覆斗形窟顶。在窟的中部略偏后凿方形中心柱。窟宽 5.94 米，深 6 米，中高 5.3 米。中心柱由基座和三层塔体组成，高 5.3 米。基座大致呈方形，四面各宽 2.8 米，高 1.1 米。中心柱原石胎基座已损坏，清代重修时用青砖灰泥修砌。基座上面的三层柱体，各层之间均伸出柱体的柱檐一周，柱檐高均为 0.24 米，最下层柱体高 1.3 米，中层柱体高 1.3 米，上层柱体高 1.2 米。在与窟顶交接处，每面均伸出柱体约 20 厘米，略呈喇叭口状。在下、中层柱体四面下、中各开一微拱形圆龛，龛内各塑一坐佛；在上层柱体四面，各开两个竖长方形圆拱小龛，龛内原各塑坐佛一身，其中，正面的两个小龛及佛像因窟顶前部坍塌而毁坏。

遗存：残存彩塑佛像 8 身。其中，在右壁上部剥出一身高约 30 厘米的北凉时期贴塑无头小坐佛；在中心柱下层柱体上还剥出北凉浮塑飞天残飘带二段。其余 7 身坐佛分别保存在中心柱诸龛内，其中 2 身为明代重塑，5 身为清代补塑。

壁画共 10 层。残存壁画虽不多，但重修情况和层位关系极为复杂。从剥取情况看，除残存北凉原作外，北魏、唐、西夏、元、明、清各代，几乎都进行过重修。按重修时代顺序从最底层到最外层算起，西夏时期的壁画遗存均在第 7 层。在右壁第 4 层盛唐天王半身像的左侧壁面上剥出残西夏文题记。其中"𗰖𗫬𗆟𗁬"较为清晰，可译为"月五日日"；在第 7 层，从地面起约高 2 米、宽 3 米处，剥出西夏中晚期坐佛一身，青发，红袍，绿背光，脸面作粉白色，墨线较粗犷；在中部隐约可见一龙女头部及上半身；在靠后部分，可看到一些墨画水波纹；中心柱正面龛外右侧下部，残留着西夏时期的一些云纹和菩萨残飘带。其泥质为掺沙较少的沙灰泥，与窟内右壁原存西夏泥层完全一样，说明西夏曾对此窟进行过全面的重修；中心柱背面紧接基座的下层柱体龛外左侧，隐约可见西夏时期重修时绘的云朵式花纹；中心柱左向面下层柱体龛外左侧下部剥出西夏所绘云朵纹一片，但已模糊不清且残缺不全；中心柱右向面下层柱体龛外左侧最上方，残留 0.22 平方米西夏时期所绘的云纹。

第 3 窟：位于第 4 层，距地面约 34.7 米，右侧与第 2 窟相连，并处在同一层壁面上，可能为同时所开的双窟。左边及上部均无开窟的痕迹。原创凿于初唐，西夏、明代重修。

形制：方形覆斗顶窟。窟宽 4 米，深 4.03 米，四壁高 3.1 米，窟顶正中到地面高 4.2 米。在后壁及左右两壁正中各开一圆拱大龛。后壁龛高 3.3 米，宽 2.9 米，深 1.25 米。左右两壁龛各高 2.4

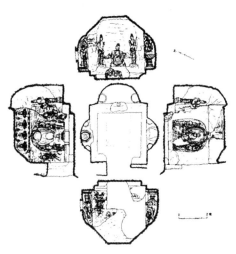

图 5-156 第 3 窟平面及四壁立面图

米，宽 2 米，深 0.65 米。前壁凿高 1.8 米、宽 1.4 米的平楣长方形窟门，窟门右侧及上部崖面大多已塌毁。窟内四壁墙基处，有高 0.2 米、宽 0.4 米的小平台。在右壁佛龛正中，有一直径 1 米的不规则圆洞与第 2 窟相连。

遗存：全窟有三龛，各塑一佛二菩萨，均为初唐塑作、明代重妆。发现壁画三层，为初唐、西夏、明代所绘。窟顶右坡第二层剥出 2 排 6 身西夏千佛，下面一排略大，有残佛 2 身，一身较全，通高 0.28 米，结跏趺坐于莲座上，双手施说法印；另外 1 身腹部以下已毁。下面一排有佛 4 身，体型略小，高 0.22 米，结跏趺坐，手印不清。因搬迁截取，上面一排华盖被截断，莲座尚存；下面一排莲座被截，尚存头部华盖痕迹。窟顶左坡原留泥层很少，在第 2 层也剥现西夏千佛两块，每排各画千佛两排，个别形象较完整，

图 5 – 157　第 3 窟窟顶右坡第 2 层 6 身西夏
千佛像

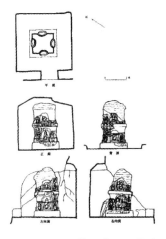

图 5 – 158　第 4 窟平面及中
心柱四面立面图

大部分已残缺不全，形象与右坡千佛基本相同，只是手印各异。所有千佛，均作小圆髻，方额圆脸，双手置于腹前，着袒右肩袈裟，结跏趺坐于仰覆莲座上，头顶有华盖，身体健壮，五官清晰端正，面容秀丽，栩栩如生，是西夏壁画小千佛中的精品之一。

第 4 窟：位于第 2 层，距地面约 24 米，右侧与新编第 18 窟相邻，左侧不远处与第 5 窟相连，其上为第 1 窟，其下偏右为第 11 窟，偏左为第 12 窟。原创凿于北凉，妆于北魏、唐，西夏、元、明、清重修。

形制：方形覆斗顶窟。窟顶大部分已塌毁。宽 5.3 米，深 5.32 米，四壁原高 4.1 米。窟正中有方形中心塔柱，宽 2.5 米，深 2.52 米。洞窟尚存后壁，其余三壁已残缺不全。左右壁前半段上部已毁，后半段尚存；前壁残存与左右壁下部相接的高约 0.8 米、长 1 米的残垣，其余部分已全毁，使整个中心柱全部暴露在外。中心柱已残断，并向前偏右倾斜。

遗存：造像和壁画均发现西夏时期重修的遗迹。

造像：全窟共存彩塑造像 8 身，分别塑于中心柱下、中层的 8 个佛龛内。均为明清时期重妆另塑，受藏传佛教影响极深，个别造像可看出早期作品的风格。在有的佛龛中，还发现早期造像石胎和莲座残片。在中心柱正面中层龛中的残坐佛，头部、佛手及左肩已残失。佛挺胸细腰，着袒右肩贴身袈裟，结跏趺坐于仰覆式莲座上，双手施禅定印。搬取时，在失落的头部发现石胎。在莲座中剥出两层残莲瓣，在最里层莲座上，剥出初唐时期比较完整的莲瓣 10 片。在第 2 层盛唐时期所妆莲瓣上，发现西夏时期加泥复作的大而扁平的莲瓣一层，瓣尖翘起，微向上收成波状。最外层莲座，应是在西夏塑作的基础上，重新加泥塑作。由此可知，此尊造像原为北凉时期石胎泥塑，后在初唐、盛唐、西夏和清代多次重妆另塑。

壁画：共发现壁画 7 层，其中第 5 层为西夏时期所绘。此窟是保存北凉等早期壁画最多、最好、最重要的一个窟。北凉壁画主要保存在中心柱上。

在右壁紧靠后壁墙角距地面约 2.6 米处，发现残存壁画一块，线条、色彩已模糊不清，据重修泥层及残存色块线条，可知为西夏时期所绘。

在右壁靠近前墙一条斜长条形残存壁面上，发现不同时代壁画 3 层。其中第 1 层为北凉时期所作。第 5 层（未见第 2～4 层）为西夏时期所绘经变的一部分。为粗沙泥，白粉灰褐底。经变大都残破不堪，形象也已极不完整，残存菩萨头 7 个，天王头像 1 个和殿堂建筑的一部分。菩萨高髻插花并饰宝珠，面形长圆，眉清目秀，眉间有白毫，双手或持花，或合十，侧身向里而侍。虽残缺不全，但仍给人以文静的感觉。天王大部分已剥落，隐约可见眉眼和头发。殿堂建筑仅残存一部分飞檐翘角。整个画面用青绿染色，兼以极少红色。人物衣纹线较粗，全系兰叶描，很少有折芦描，肌肤部分线描较细。

图 5-159 第 4 窟右壁第 5 层西
夏残壁画

图 5-160 第 4 窟中心柱左向
面下层龛外右侧西
夏残壁画

中心柱左向面下层龛外右侧剥露出残存壁画3层，最下一层，底色为直接涂抹在泥层上的土红色，隐约可见用墨线所画的宝盖及佛像的头部和身光等，应为北凉时期原作；中间一层用白粉涂底，亦隐约可见唐代菩萨或佛像头光的一部分。附在上面的一层，为西夏重修时所作。泥壁白灰底，上绘忍冬莲花一枝，面积较小，花纹图案较清晰。下绘红蕊绿色忍冬枝叶，上画重瓣莲花。整个莲花的花瓣，全用淡红线勾画，再未涂染其他颜色，简单明快，有很强的装饰性。西夏壁画的上面，保存了较多元代作品。

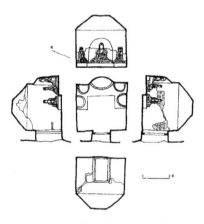

图5－161　第7窟平面及四壁立面图

图5－162　第7窟左壁第2层西夏童女像

中心柱正面上下两层龛的外侧第5层泥层，为不加麦草的少量麻筋细沙泥皮，上涂薄薄一层白粉作底。其方法与中心柱左向面西夏时期泥层完全相同。由此可见，西夏时期，对中心柱正面也进行过重妆另绘。

中心柱右向面共剥出壁画4层，其中在中层龛外左侧下部第3层残存一菩萨双赤足，其形象与绘制方法，与其他壁画上所绘西夏菩萨基本相同，也应是西夏时期所绘。

第7窟：位于窟群第2层偏左处。左与第8窟相接，右与第6窟为邻，上方偏右为第3窟，下部未开窟。原创凿于北魏，北周、西夏、元、明重修。

形制：此窟较完整。方形覆斗顶窟。宽4米，深3.5米，四壁高2.8米，从窟底到窟顶高3.7米。后壁凿穹隆形佛龛，龛底宽1.8米，中高1.9米。前壁凿宽1.3米、高2米的竖长方形平顶窟门。在正壁和左右两壁下部有高0.3米、宽0.9米的"凹"字形平台。

遗存：窟内现存塑像5身，为一佛四菩萨，均为坐像，为明代在北魏石胎前重塑。壁画共发现 4 层。在左壁靠下面剥出一大片北魏时期千佛和一小块西夏时期供养人像。左壁下面为第 1 层，上绘北魏时期千佛 4 排 43 身。在靠下部北魏千佛上面剥出西夏一童女供养人残像。像残高 26 厘米，在圆秃头顶上，鬈发双分呈"人"字形，红唇大眼，身穿绿色长袖大翻领左衽长袍，腰束带，双手张开，作舞蹈状，童稚气十足。下半身色彩多已褪净，残存线条清晰可辨。

第 8 窟：位于窟群第 2 层偏左处。左边为第 9 窟，右边与第 7 窟为邻。原创凿于北魏，北周、隋、唐、西夏、明重修。

形制：方形覆斗顶窟。前面略窄，宽 3.85 米，后面略宽，宽 4.15 米，前后进深 3.68 米，四壁高 3.1 米，从窟底到窟顶高 4.4 米。后壁正中凿穹隆形佛龛，龛底下宽 0.95 米，高 2.45 米。龛下有高 0.4 米的"凹"字形平台。前壁正中窟门残高 3.6 米，宽 2.2 米。

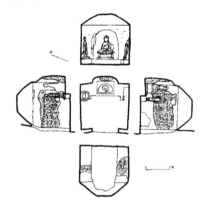

图 5 – 163　第 8 窟平面及四壁立面图

遗存：窟内原北魏时期塑像已毁，仅存后壁龛内一石胎。现存塑像 3 身，为一佛二菩萨，应为西夏时重塑。主尊佛像高 1.5 米，低平肉髻，眉间有白毫，圆脸，大耳，双肩及胸部较丰满，着袒右肩袈裟，结跏趺坐于一叠涩式"工"字形须弥座上，双手施禅定印。左胁侍菩萨，高 1.8 米，头部和双足均毁，右手举于胸前执莲花，左手下垂于膝侧。右胁侍菩萨，高 1.8 米，头部较小，高发髻，

图 5 – 164　第 8 窟西夏重塑一佛二菩萨像

面部表情呆滞，站于一莲台上。左手举于胸前执莲花，右手下垂提衣角，衣褶简练流畅，胸前可见红、绿、白诸色组成的团花图饰。

史岩先生调查时，曾在左胁侍菩萨站立的残裂莲座的破泥块中发现北朝、隋唐、宋写经和绢画等遗物；在窟内地面捡得梵叶本银书藏文写经数十页。

窟内现存造像的时代，有人认为是宋塑明妆。[1] 史岩先生根据造像发式、衣褶作法和容相的细部表现手法，结合发现的遗物，认为是西夏时期塑作。[2] 对照麦积山石窟、炳灵寺石窟、莫高窟等同一时期造像，史岩先生的断代是较准确的。

图 5 – 165　第 13 窟平面及立面图

第 13 窟：位于整个窟群最左边。右与第 9 窟相距约 21 米。此窟左侧下部，为新编第 19 窟。原创凿于唐，西夏、元、明、清、民国重修。

形制：此窟是天梯山石窟现存最大的一个窟，为菩提叶形大佛窟，与炳灵寺唐代大佛窟基本相同。下大上小，下方上圆，敞口，窟口宽 18 米，顶宽 8 米，高 27 米。从窟口到大佛腿下衣摆深 1.7 米。

遗存：全窟现存石胎泥塑 7 身，为一佛二弟子、二菩萨、二天王。正中主尊大佛高 28 米，倚坐，左手抚膝，右手齐肩举起，掌心向外，五指向上伸直，作施无畏印。因历代多次重修，体态臃肿；左侧老年胁侍弟子，位于后壁左角处，从大佛背后塑出，高 16 米，因后代多次重修，特别是经过民国时期重修，已显得呆滞无神；右胁侍弟子，高 16 米，头部略仰起，虽经后代多次重修，但保留了唐代年轻弟子聪慧、潇洒、英俊的少年形象；左胁侍菩萨，位于左胁侍弟子与天王之间，高 16 米，高发髻，白脸面，戴青绿头饰，左手提瓶；右胁侍菩萨，高 16 米，高发髻；左侧天王，位于窟口最外侧，高 16 米，头戴盔，身穿甲，束护腰短裙，右手举起作握拳状，左腿直立若石柱，站立在一石卧狮上，右腿屈起，右足踏在高高爬起的夜叉上，躯体粗壮；右侧天王，高 16 米，位于窟口右侧前，双足立于一石狮子上，身矮体方，头戴盔，身穿甲，束护腰短裙，金盔红面，双眼圆睁，大口略张，气势威猛，孔武有力。

此窟曾发现一批西夏文文书，后经陈炳应先生整理译释，均为佛经、佛

① 敦煌研究院、甘肃省博物馆编著《武威天梯山石窟》，文物出版社，2000，第 104 页。

② 史岩：《凉州天梯山石窟的现存状况和保存问题》，《文物参考资料》1955 年第 2 期。

教咒语和发愿文。可判明的有《妙法莲华经》《佛母大孔雀明王经》《圣胜慧到彼岸功德宝集偈下卷》《般若经》等。[1] 史岩先生根据发现的西夏文文书、明代《重修凉州广善寺碑铭》及口头传说，认为此窟在西夏时重修，明正统时再修，清乾隆年间又重修，清光绪二十五年再修。[2] 另外，发现的《圣胜慧到彼岸功德宝集偈下卷》经名下面标有西夏仁宗皇帝的尊号"奉天显道耀武宣文圣智惇睦懿恭皇帝"，据此可以肯定，天梯山石窟在西夏时进行过全面重修，并成为佛事活动的重要场所之一。

第 14 窟：位于第 2 窟右侧的崖壁上，右侧为第 15 窟。原创凿于唐，西夏、元、明重修。

形制及遗存：方形覆斗顶窟。石窟几乎全部塌毁，残留后壁和左侧一角，残高 3 米，宽 3.1 米。后壁正中尚存圆拱形残龛，龛内佛座石胎较完整。后侧残壁残存壁画 3 层，其中第 2 层壁画被第 3 层明代壁画掩盖，壁画内容无法考证，但从微露画痕来看，可能为西夏、元所绘。

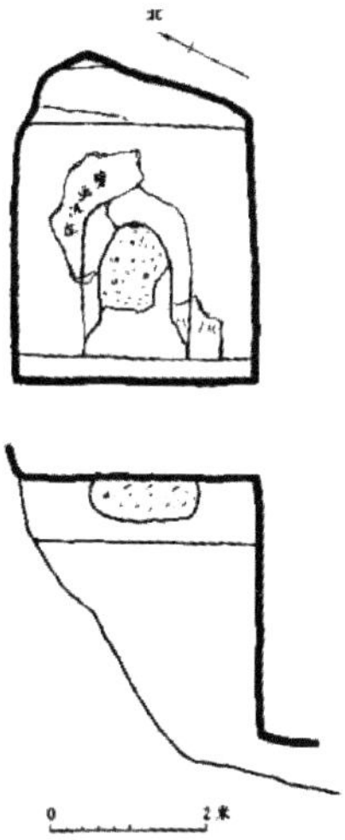

第 15 窟：位于第 14 窟右侧，下方靠前为第 1 窟。原创凿于北凉—北魏，西夏、元、明重修。

形制及遗存：窟前及窟顶全部塌毁，仅存后壁及左侧很少一部分，窟形无法辨认，从残存石胎残像来判断，应为一大型窟。后壁立佛下部两侧残存壁画 3 层，表层壁画隐约可见一些方形图样，可能为西夏或元、明重绘。

图 5-166　第 14 窟平面及立面图

第 16 窟：位于第 17 窟左侧壁前上方。左前方与第 1 窟相邻，上偏左为第 15 窟，下方右侧与第 17、18 窟相望。原创凿于北魏，西夏、元重修。

形制及遗存：窟室全部坍塌，窟形无法分辨。残存壁画有西夏或元代重绘痕迹。

---

① 陈炳应：《天梯山石窟西夏文佛经译释》，《考古与文物》1983 年第 3 期。
② 史岩：《凉州天梯山石窟的现存状况和保存问题》，《文物参考资料》1955 年第 2 期。

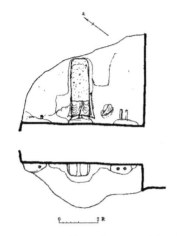

图 5 - 167　第 15 窟平面及立面图

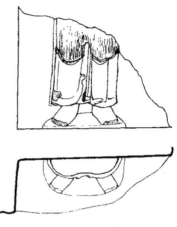

图 5 - 168　第 16 窟平面及立面图

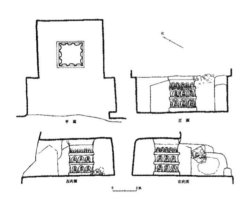

图 5 - 169　第 18 窟平面及中心柱四面立面图

第 18 窟：位于现存窟群最右侧，属第 2 层，上接第 17 窟，下方偏右为第 10 窟，左边与第 4 窟相邻。原创凿于北凉，北魏、晚唐、西夏、元、明、清重修。

形制：此窟被震毁，经清理，窟形为"凸"字形大型窟，分前后两室，前室呈矩形，后室呈方形。前室宽 14.4 米，进深 5.8 米，后室宽 10.6 米，进深 9.3 米。前后室直接相连。前室窟顶已塌落，从残存痕迹看，前室窟顶应为人字披形。后室正中有三层方形中心柱，柱体较完整，呈方形，左右宽 4.5 米，前后宽 4.3 米，高 5.2 米，下有方形基座。下层柱体高 1.7 米，每面各开三个圆拱龛；中层柱体高 1.6 米，每面各开三个圆拱龛；上层柱体高 1.3 米，每面各开五个圆拱龛。柱体之间均凿有 30 厘米高的柱檐。

遗存：在前室左壁旁边塌落的大石块上，剥出西夏彩绘坐佛 1 身，佛面形丰圆，神情肃穆，双耳垂肩，有圆形背光，着土红色通肩大衣，结跏趺坐

于莲座上，双手施禅定印。在窟内其他地方，清理出西夏时期佛像腿部残片
1 块，佛光残片 1 块。

图 5 – 170　第 18 窟内清理出的
西夏佛像腿部残片

图 5 – 171　第 18 窟前室左壁剥出
的西夏佛坐像

（二）西夏遗物

中华人民共和国成立以来，在天梯山石窟发现的西夏时期遗物有：1952
年，原天梯山小学杨子元在第 13 窟大佛窟木椽孔里发现了一批西夏文佛经，
在第 7 窟发现了一件藏文文献，时任甘肃省文物管理委员会主任冯国瑞在调
查天梯山石窟时，将这批文书粘贴在特制本子上编号保存；1959 年在搬迁
石窟过程中，发现了 3 件西夏文文献，总计 35 张残页。[①] 这批西夏文书有
写本和刻本，均为佛教典籍，有佛经、佛教咒语、发愿文。每页 12 行，半
页 6 行。每行有 9、11、12、13、16 或 17 个字不等，有单栏框和双栏框之
别。有的在一页正中空白处，以汉文数码注明页数；行间或有小莲灯等表示
虔诚祈福之物。

1.《圣胜慧到彼岸功德宝集偈下卷》残页。G21·039 ［T25 – 3］。[②]

刻本楷书。麻纸，略发黄，残存 1 页，高 15.7 厘米，宽 8 厘米，框双栏，
双栏线较粗。上印西夏文 6 行，其中第 1、2 行应为经名，共 14 字，有 5 字残。
原文为："□𗫂𗗾𗼇□ 𗗘𗦎 𗴾𗁅𗦺𗙴□𗫸𗰗"。根据残字偏旁和上下关系复原意
译为"圣胜慧到彼岸功德宝集偈下卷"。第 3 行下端有一六角形图案；第 3 行字

①　陈炳应：《天梯山石窟西夏文佛经译释》，《考古与文物》1983 年第 3 期。

②　此编号来自《中国藏西夏文献》，下同。

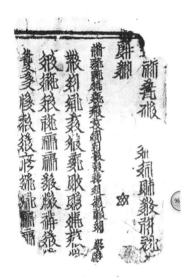

G21·039[T25-3]
西夏文刻本
聖勝慧到彼岸功德寶集偈　下卷残页

**图 5 - 172　西夏文刻本《圣胜
慧到彼岸功德宝集
偈下卷》残页**

较小，有18字："𗊕𗽈𗤒𗢭𗰜𗾞𗎫𗣼𗼃𗤓𗲠𗦳𗬬𗇋𗤻𗘂𗬦[𗲟]"，意译为"奉天显道耀武宣文睿智睦懿恭皇帝重[验]"。第4、5、6行为经文，每行11字。

《圣胜慧到彼岸功德宝集偈》是藏传佛教般若部重要佛典之一，目前已发现有梵、汉、藏、西夏多种文本。据记载为吐蕃赤松德赞时期由印度堪布慧明狮子与吐蕃著名译师迎瓦白则共同翻译的。西夏时多次翻译、校勘、刊印，是西夏时期流传极为广泛的重要佛教经典。在甘肃武威张义小西沟岘修行洞、新华乡亥母洞及内蒙古额济纳旗黑水城就曾出土过不同版本的残页。此佛经残页"奉天显道耀武宣文睿智睦懿恭皇帝"为西夏仁宗的尊号，与其他西夏文佛经相比较，尊号中无"制义去邪"和"神谋"两字。据此，陈炳应先生认为其刊刻年代应为西夏仁宗大庆元年至大庆三年（1140～1142），是迄今所知世界上最早的木活字版西夏文文献。①

2.《圣观自在大悲心总持功德依经录》残页。G21·040［T25-1］。

刻本楷书，经折装，残存2页。麻纸，略发黄，一页残高13.3厘米，宽8.2厘米。应为上下双栏，现仅存下双栏，栏线内细外粗。上印西夏文5行，其中第1、2行为"□𗾟𗤻𗣊𗤋𗗚𗤼𗢭𗘂　𗥦𗼃𗫻𗣫𗼨𗣫𗈪𗴳𗼖𗿒𗹪𗢭𗸥𗽏𗗂𗤓𗉮"，残经第1、2行可译为"□（沙）门拶耶阿难捺传，显密法师功德司副授利益沙门周慧海奉敕译"。第3～5行为经文，上端残，行存13字。此残经原为6行，原第1行应为经名，已佚，根据佛经内容可知，应为《圣观自在大悲心总持功德依经录》。另一页残高13.3厘米，宽8.4厘米。上部残损，下存双栏，存5行，行残存11字，内容、文字与第1页

———————

①　陈炳应：《西夏人对活字印刷术的杰出贡献》，《西夏学》第2辑，宁夏人民出版社，2007。

同，应为同一时期同一技术刻印的同一部佛经。

《圣观自在大悲心总持功德依经录》是西夏时期较为流行的佛经之一。目前发现有汉、西夏、藏三种文字多个不同版本。其经传者捺耶阿难捺，天竺人，曾是西藏非常知名的高僧。在西藏时将几部梵文佛学经典译为藏文，同时还撰写了《因明正理论》和《八中颂注疏》，并译为藏文。大约在西夏仁宗时期（1140～1193）到西夏传法，并被仁宗授予"功德司正"的官职。《圣观自在大悲心总持功德依经录》就是在仁宗时期由他亲自翻译或传授的。

G21·040〔T25-1〕-1P
西夏文刻本
圣观自在大悲心总持功德依经录残页（2 1）

图 5-173 西夏文刻本《圣观自在大悲心总持功德依经录》残页

此残经由"显密法师功德司副授利益沙门周慧海奉敕译"，可知此经的译者显密法师功德司副周慧海是奉西夏皇帝之命翻译了此部佛经。周慧海，西夏译经高僧，精通显教和密教，他所享有的"法师"头衔，在西夏僧人中仅次于"帝师"和"国师"，这在西夏汉僧中是少见的。[①] 此外，他还身居功德副司。功德司是西夏借鉴中原地区的佛教管理制度，在中央政府中设立的管理全国佛教事务的专门机构。据《天盛改旧新定律令》，西夏政府机构中的功德司有三个：和尚功德司、出家功德司和护法功德司。其中，和尚功德司是管理西夏全境僧人的机构；出家功德司是掌管寺院度僧出家的机构；护法功德司则是维护佛门戒律、纠察僧人行为的机构。它们在西夏五品机构中品级较高，属正二品，仅次于一品的中书和枢密。功德司设功德司正，为最高负责长官，又设功德司副使、判官、承旨等，作为其辅佐官员。担任功德司正和功德司副使的僧人，在当时是很有威望的高僧，是西夏僧人及佛教事务的组织者和管理者。[②] 周慧海享有"法师"头衔，身居

① 樊丽沙、杨富学：《西夏境内的汉僧及其地位》，《敦煌学辑刊》2009 年第 1 期。

② 史金波：《西夏佛教史略》，宁夏人民出版社，1988，第 150～151 页。

G21·038[T28-1]-1P 西夏文刻本 佛母大孔雀明王经卷(13-1)

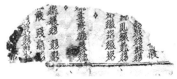

图 5-174 西夏文《佛母大孔雀明王经》残页

"功德司副"，德高望重，应是刊写这批佛经的主持人。①

3. 《佛母大孔雀明王经》残页。G21·038[T28-1]。

刻本楷书，经折装，残存 13 页。麻纸，略发黄，残高 21.5 厘米，宽 12 厘米。上下双栏，栏线内细外粗。每半页印西夏文 6 行，行 16 字。部分残页行有由四个小菱形组成的大菱形图案等。经陈炳应先生研究，此经译自藏文，与汉文本不同。经文内容为：微钵司如来正篇知者随喜宣说佛母大孔雀明王真言；阿难陀索诃世界主大梵天王宣说佛母大孔雀明王真言；所有天鬼龙神、持明大仙并诸管人人眷属，往诸大山王山中，以佛母大孔雀明王真言拥护我某甲及眷属，寿命百岁，除灭恶事。②

4. 《三胜之说缘五》残页。G21·052[T23-1]。

刻本楷书，残存 1 页。麻纸，残高 25 厘米，宽 9 厘米。上下单栏，栏高 17.5 厘米。印制格式较特殊，上段中间有一行字，为经题名称"三胜之说缘五"，其中"五"为汉文，两旁空白；下段为经文，分 7 行，行 12 字，经文内容经陈炳应翻译，有"愚者妄察相，智人一见下"，"若人持经中四句，为人宣说，如此福最多"等句。

5. 佛经残页。G21·054[T2]。

刻本楷书，经折装，残存 1 页。麻纸，残高 22.5 厘米，宽 11.5 厘米。上下双栏，栏高 20.5 厘米。残存西夏文 6 行，行 9 字。段玉泉先生考证其

① 陈炳应：《甘肃省博物馆馆藏西夏文献览珍》，《甘肃省博物馆学术论文集》，三秦出版社，2006。

② 陈炳应：《天梯山石窟西夏文佛经译释》，《考古与文物》1983 年第 3 期。

为西夏文《圣观自在大悲心总持功能依经录》残卷，并对原文进行了释读。① 此残页与甘博藏 T25 – 1 同时出土，当为同一版本。

图 5 – 175　西夏文《三胜之说缘五》残页

图 5 – 176　西夏文刻本佛经残页

6. 西夏文刻本残经。G21 · 053 ［T23 – 2］。

刻本楷书，应为经折装，残存 5 页。麻纸，高 17.5 厘米，宽 9 厘米，上下单栏，栏高 13.6 厘米，每页上印西夏文 5 行，行 11 字。经段玉泉先生对残页进行全文对译并与北京房山云居寺汉文《圣胜慧到彼岸功德宝集偈》比对，确认其为西夏文《圣胜慧到彼岸功德宝集偈》的残片，其中第 1 ~ 3 页分散于云居寺汉文"一切种品第一""清净品第八""地狱品第七"，第 4 ~ 5 页内容相连，对应"魔品第十一"。②

7. 西夏文活字本《大方广佛华严经卷第三十五》残页。G21 · 056 ［T27］。

刻本楷书，经折装，残存 5 页。麻纸，高 28.5 厘米，宽 11.7 厘米，上下双栏，栏高 20.8 厘米，每页上印西夏文 6 行，行 17 字。残页经文内容出

---

① 段玉泉：《中国藏西夏文文献未定名残卷考补》，《西夏学》第 3 辑，宁夏人民出版社，2008，第 44 页。

② 段玉泉：《甘藏西夏文〈圣胜慧到彼岸功德宝集偈〉考释》，《西夏学》第 2 辑，宁夏人民出版社，2007，第 103 页。

自"十地品第二十六之二"。经文字体大小不一，笔画粗细有差，墨色则有的字色浅，有的字色深，这些是活字印刷的特点。

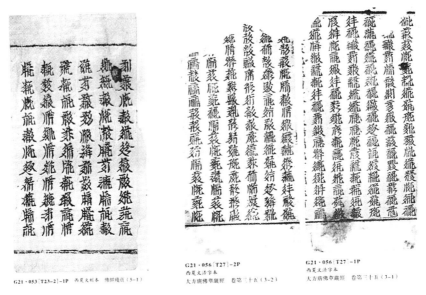

图 5-177　西夏文刻本佛经残页

图 5-178　西夏文活字本《大方广佛华严经
卷第三十五》残页

8. 西夏文写本《佛说圣星母陀罗尼经》残页。G21·059［T21］。

图 5-179　西夏文写本《佛说圣星
母陀罗尼经》残页

墨写楷书，经折装，残存 3 页。麻纸，高 14.7 厘米，宽 8 厘米，上下单栏，栏高 13 厘米，行宽 1.3 厘米，每半页 6 行，行 13 字。残损较为严重。

从目前发现的西夏文《佛说圣星母陀罗尼经》来看，或译自汉文，或译自藏文，内容与密教坛城、经咒有密切关系。当时人们希望通过设坛城、作法事、诵持密咒和观想炽盛光佛等佛事活动，达到祈福消灾的目的。这些西夏文写本佛经残页，经陈炳应先生考释，是佛经发愿文。其中一篇佛经发愿文记载："得长寿，到于九十九，天霹雷电，龙鬼凌犯，星宿悉不能敌。后宿命智现，作愿圆满，尔时星宿复出……"[①]这是在叙述刊写、抄写佛经的原因。崔红芬先生认为，在这批佛经发愿文中出现天体、龙鬼、宿命等词，反映了通过佛事活动或佛经刊印等善行来祭祀星曜神灵，驱除灾星给人们带来的危害。西夏时期，人们的星曜观念受到了汉、藏以及印度等文化的共同影响，他们在继承和借鉴汉、藏、印度文化中的星宿思想的同时，把佛教中的天体星宿观念与原始宗教中的天体神灵思想紧密结合在一起，构成了西夏人对天体星宿神灵的认识观，体现了其文化的多元化、民族化和地域化特点。所以，西夏人的星曜崇拜是多种文化融合的一种体现。[②] 因此，这些西夏文佛经写本残页，是研究西夏时期星曜崇拜的重要实物资料。

四　结语

（一）天梯山石窟是西夏时期重要的佛事活动场所之一

西夏崇奉佛教，特别是西夏皇室笃信佛教，成为西夏佛教的积极倡导者。1036 年，西夏占领整个河西走廊之后，在河西地区佛教发展的基础上，修塔建寺、开窟造像、译经弘法，频繁举行佛事活动，佛教在河西地区又出现了空前繁荣的局面。[③] 敦煌莫高窟、安西榆林窟、东千佛洞、旱峡石窟、肃北五个庙石窟、酒泉文殊山、张掖马蹄寺等石窟，西夏人都在历代开窟造像的基础上进行了新建和重修妆銮，而且部分石窟窟形、壁画的内容、布局均有创新。[④] 开窟造像活动在整个西夏历史上几乎没有停止过。[⑤] 作为西夏辅郡的武威，历来是中国西北的佛教传播中心之一，也是西夏重要的佛教中心[⑥]，崇信佛教和佛事活动盛况空前。"凉州重修护国寺感通塔碑"汉文碑文记载："释教尤所崇奉，近自畿甸，远及荒要，山村溪谷，村落坊聚，佛

① 陈炳应：《西夏文物研究》，宁夏人民出版社，1985，第 56 页。
② 崔红芬：《从星宿神灵崇拜看西夏文化的杂糅性》，《江汉论坛》2010 年第 10 期。
③ 崔红芬：《西夏河西佛教研究》，民族出版社，2010，第 59 页。
④ 张宝玺：《东千佛洞西夏石窟艺术》，《文物》1992 年第 2 期。
⑤ 刘玉权：《敦煌西夏洞窟分期再议》，《敦煌研究》1990 年第 3 期。
⑥ 于光建、张吉林：《试论武威在西夏王朝的历史地位》，《丝绸之路》2009 年第 14 期。

宇遗址，只椽片瓦，但仿佛有存者，无不必葺。"在这种信佛崇佛的强大社会背景下，武威境内的一大批前代寺院、塔、石窟等得到了修葺。西夏崇宗皇帝和梁太后更是在天祐民安四年（1093）亲自主持重修了凉州感通塔和护国寺，足可见佛教在武威的普及流传和武威在西夏佛教活动中的重要地位，"故浮图塔刹遍满天下"①。

天梯山石窟是我国早期石窟艺术的代表。自北凉沮渠蒙逊创凿以来，它所创制的佛教石窟模式——凉州模式，对我国石窟艺术的发展及整个佛教艺术产生过巨大的影响，同时，也是历代武威境内乃至河西地区重要的佛事活动场所之一。虽然在唐代以来的史籍中未见记载，但在西夏统治下绝对不可能荒废，必定在西夏统治者的倡导下进行了重修，成为当地居民重要的宗教活动场所。考古调查发现的西夏时期的塑像、壁画和佛教经卷就足以说明这一点。从目前调查发现的情况来看，尽管西夏时期重修天梯山石窟未见新开凿的遗迹，仅是利用前代的洞窟修补塑像与重绘壁画，但西夏重修时所绘的壁画，可以说几乎在有壁画的石窟内都有所发现，②足见重修时的规模。在石窟内发现的西夏文写本和印本佛经残页、咒语、发愿文等，有《圣胜慧到彼岸功德宝集偈》《圣观自在大悲心总持功德依经录》等西夏时期流传极为广泛的重要佛教经典，其中还有记录了西夏皇帝尊号的佛经残页。陈炳应先生对这批西夏文残经进行翻译和考证后认为，佛经中出现的"显密法师功德司副"周慧海是一位西夏高僧，也是天梯山石窟的主持，在西夏崇宗执政时期，奉敕主持翻译并刊写了部分佛经。③西夏时期，一些重要寺院的住持是由官府任命的国师或法师等佛教高僧担任的。如甘州卧佛寺主持嵬名思能国师、榆林窟真主国师信毕智海等。由具有"显密法师功德司副"身份的高僧任住持，并翻译、刊布、流传西夏文、藏文、汉文、梵文佛经，天梯山石窟应是西夏的佛教中心之一，理应受到"至如殿宇、廊庑、僧坊、禅窟支颁补□□一物之用者，无不仰给焉，故所须不匮，而福亦无量也"④的待遇，天梯山石窟的佛事活动和佛教艺术在当时再度出现了繁荣的局面。

---

① "凉州重修护国寺感通塔碑"汉文碑文。
② 敦煌研究院、甘肃省博物馆编著《武威天梯山石窟》，文物出版社，2000，第56页。
③ 陈炳应：《西夏文物研究》，宁夏人民出版社，1985，第56页。
④ "凉州重修护国寺感通塔碑"汉文碑文。

（二）第 8 窟残存造像造作年代问题

第 8 窟原北魏初建时所塑造像已毁，仅存石胎。现残存造像为一佛二菩萨。关于其造作年代，敦煌研究院、甘肃省博物馆编著的《武威天梯山石窟》中认为是宋塑明妆，而史岩先生 1954 年调查时认为："从本尊的发式、肉髻前的舍利子、二重颐、耳垂的外屈和两胁侍的高髻、头发掩盖着耳轮等特殊容相来看，是具有宋代作风的特征，和麦积山石窟宋塑同一类型；可是进一步从发的厚度、衣褶作法和容相的细部等表现方面，却不够宋代标准，疑是西夏时代的塑作。"① 此外，史岩先生还在左胁侍残破的莲座泥块中发现了北朝、隋唐时期的写经和绢画，并在洞窟地面捡到数十页梵叶本银书藏文写经等遗物。根据发现的遗物，史岩先生进一步认为造像造作时代"为西夏所塑更无问题"②。

根据史岩先生的推断，参照麦积山石窟第 36 窟、第 90 窟、第 133 窟、第 165 窟等宋代造像，对天梯山石窟第 8 窟造像有了更加明确的认识：残存造像与麦积山石窟上述洞窟宋塑确有相似之处。但与史岩先生说的细部特征对照，却有不同之处。从造像发式的厚度上看，第 8 窟造像较厚，而宋代造像较薄；从衣褶的作法上看，第 8 窟造像衣纹简练；而宋代造像衣褶渐趋繁复；从容相上看，第 8 窟造像面形圆润，唇厚而较大，造型较为呆板；而宋代造像面型略长而丰润，眉眼过分向上斜挑，唇厚而较小，形象写实生动，表现出程式化的趋向。

在第 17 窟发现了 4 身吐蕃供养人画像。唐广德元年（763）吐蕃占领凉州，吐蕃势力进入凉州地区，后张议潮于咸通二年（861）收复凉州后，吐蕃统治势力退出了凉州，但大量的吐蕃居民还继续留在凉州地区，"凉州郭外数十里，尚有汉民陷没者耕作，余皆吐蕃"③。宋初，吐蕃势力已非常强大，居住在凉州及凉州城外的吐蕃人乘中原战乱，以凉州为中心，先后以折逋氏和潘罗支兄弟为大首领，建立了六谷吐蕃政权。北宋政权对吐蕃政权采取怀柔羁縻政策，使六谷吐蕃与宋朝建立了朝贡关系。自此，凉州地区处

---

① 史岩：《凉州天梯山石窟的现存状况和保存问题》，《文物参考资料》1955 年第 2 期。
② 史岩：《凉州天梯山石窟的现存状况和保存问题》，《文物参考资料》1955 年第 2 期。
③ 《宋史·吐蕃传》，中华书局，1997，第 14152 页。

于六谷吐蕃的统治下。虽然宋朝在凉州建立了西凉府行政机构，但实际控制凉州的仍是六谷吐蕃。也就是说，自五代以来，直到1032年西夏攻占凉州，在凉州地区实行有效统治的是吐蕃等少数民族政权。吐蕃进入凉州时，吐蕃佛教随之进入凉州，对当地佛教的发展产生了重要影响。而六谷吐蕃中最大部落者龙族就在凉州城附近、天梯山下之山谷中①。在第17窟也发现了4身吐蕃供养人画像，进一步说明吐蕃人对石窟进行重修是合理的，宋代并未对石窟进行重修。在搬迁勘察时发现，自唐到西夏这一段时期，除了吐蕃人对天梯山石窟进行了局部重修妆銮，未发现北宋大规模重修天梯山石窟的遗迹。② 这与这一时期吐蕃人统治凉州是有密切关系的。第8窟塑像自然也就不是宋代所重塑，而应为与其造像风格相近的西夏所重塑。

从以上情况来看，第8窟塑像应为西夏时期所重塑，在明代全面重修洞窟时进行了重新妆銮。

（三）天梯山石窟西夏残存造像、壁画艺术

天梯山石窟因开凿在沙砾岩上，不宜雕刻，在开窟造像时，就采用泥塑妆銮的方式来制作各种佛教造像，在西夏时期也是如此。但在整个西夏时期，由于只是对天梯山前代石窟进行了重修，并未创建新的洞窟，西夏造像原作就很少。从洞窟创建与重修演变的情况来看，不是刻意去破坏前代所塑的造像而重新塑像，而是在前代造像已毁或残破不堪的情况下进行重塑或补塑。这些重塑或补塑的造像在西夏以后重妆另塑，再加上历代遭受自然和人为破坏，保存下来的造像也面目全非。所幸的是，第8窟残存造像虽经后世重修妆銮，仍可窥见当时的风貌。主尊佛像面形圆润，头饰螺发，高肉髻明显降低，形同小山丘，在头顶微微凸起。眼睑凸起，修眉细眼，两眉正中饰白毫，鼻梁与额齐平，唇厚且较大，两耳较长，且耳垂外屈，衣褶简练流畅。造像坐具为台座。造像体态较僵硬，神情比较呆滞。菩萨身材比较颀长，头部较小，发髻又高又尖，面部表情呆滞。衣饰尚存唐代遗风。整体上看，西夏造像受唐、宋影响较深，但艺术水平远不及唐宋，面部表情呆滞，缺乏唐代造像的神韵。

---

① 〔日〕前田正名：《河西历史地理学研究》，中国藏学出版社，1989，第345页。
② 敦煌研究院、甘肃省博物馆编著《武威天梯山石窟》，文物出版社，2000，第56页。

　　此外，在第 4 窟中心柱正面中层龛残坐佛莲座上，在盛唐重妆的莲瓣上，发现一层西夏时期重修加泥复作的莲瓣。莲瓣大而扁平，瓣尖微向上翘起，收成波状。

　　天梯山石窟壁画，历经北凉、北魏、北周、隋、唐、西夏、元、明、清、民国等时期的重修、重绘，残存下来的约有 300 平方米。每次重修，被遮压在下面的底层壁画，都不同程度地受到了破坏，所以各时期重修的壁画完整保存下来的很少，西夏时期重修重绘的壁画情况也是如此。虽然如此，西夏时期重修重绘的壁画在所有保存有壁画的洞窟内均有发现，保存较完整的几乎没有，仅在第 1、3、4、7、18 窟内发现了残损壁画，经剥离，临摹了大约 10 平方米。这些残存壁画数量虽少，但也能反映出天梯山石窟西夏壁画的艺术特色。

　　从泥层制作方面来看，西夏壁画细砂泥层中一般加沙都比较少，而元代以后的泥层中加沙就比较多，这是一个很显著的特点。在第 4 窟中还发现了只加少量麻筋细沙而不加麦草的泥层和粗沙泥层。从残存壁画看，壁画内容有千佛、尊像、经变、供养人像和装饰图案。大部分是白粉作底，人物的衣纹线大部分较粗，运用了兰叶描法，辅以折芦描，而肌肤部分则运用了以铁线描为主的线描方式。部分佛像背光、衣纹等用石绿、石青、土红等色平涂，部分运用了简单的晕染，且用色较淡，着意突出线描在造型上的主导作用。发现的供养人像，风格特征与武威出土的西夏木板画人物形象有相似之处，整个画面突出了写实的画风。第 4 窟发现的装饰图案忍冬莲花，用较淡的红线勾画，再未涂染任何颜色，简洁明快，具有较强的装饰性。

　　从残存造像壁画的艺术发展情况来看，天梯山石窟造像、壁画艺术和河西地区其他石窟一样，在西夏时期已进入衰落阶段。但西夏统治者特别崇信佛教，并把佛教定为国教，这在一定程度上促使佛教及佛教艺术处于上升、发展阶段。虽然其造像、壁画艺术水平和气派无法与处于上升期和极盛期的北凉、隋唐时期的佛教艺术相比，但它为后世佛教艺术的进一步发展准备了良好的条件。特别是到后期，随着藏传佛教及其艺术的传入，又给西夏佛教艺术注入了新的内容和新的养料。同时，西夏作为一个后起的民族和国家，在政治、经济、文化等方面都比较落后的情况下，善于向其他民族和国家学习，特别是善于向汉民族学习。在学习汉民族先进的政治、经济等方面制度的同时，也不断地吸收、消化汉民族先进的文化艺术，进而推动了西夏文化，特别是佛教文化的发展。从天梯山石窟发现的西夏遗存及河西地区其他石窟的西夏遗存就可以看出这一点。而且部分西夏艺术品基本上已达到了同时代中原汉民族艺术的发展水准，这一点是难能可贵的，说明自古以来，各民族文化总是相互交流、相互学习、相互吸收、相互融合，共同创造着源远流长、丰富多彩的中华文化。因此，天梯山石窟残存的西夏佛教艺术作品虽然数量少、残破不全，却是研究西夏时期的政治、经济、宗教、文化艺术以及民族习俗、语言文字等方面难得的参考材料。

第五节　其他石窟群

一　观音山石窟

观音山石窟位于武威市凉州区张义镇堡子村北 50 米观音山上。现存洞窟 6 个，中为观音窟，高 3 米，深约 5 米，宽 3.2 米，敞口穹隆顶，地面一周作"凹字"型坛基，坛基立面刻有西夏文字和飞天。原有泥塑观音造像一尊，侍者龙女、善财二子及影塑和壁画。南面一窟保留有窟檐。北五窟为平拱敞口，高 2.8 米，深 3.3 米，宽 2.2 米，开有坛基。第六窟为南北长龛，位于观音窟和第五窟中间，长约 10 米。观音山石窟原有地藏殿、地母殿、药王殿、娘娘殿、大雄宝殿、无影塔等古建筑群。由于历代破坏，古建筑群和石窟中的造像与壁画被毁，近年来又有重修。现其余 5 窟被封，开放一窟，近年来又复修建筑 2 处。

二　石佛崖石窟

（一）地理位置及现状

石佛崖石窟，又称第五山石窟，位于武威市凉州区城西南 60 千米处的金山乡小口子第五山中。[①] 石窟开凿在一条东西走向的崖壁上。石窟南和西南为永昌县南坝乡，东和东北属凉州区金山乡。

---

① 因该石窟位于凉州区、永昌县和肃南裕固族自治县交界处，其归属问题也存在争议。

石窟坐西朝东，分上下两层，现存洞窟 12 个，其中大窟 6 个。在一个高 4 米、深 3 米、宽 4 米大窟中，残存一佛座、泥塑彩绘一佛二弟子和供养人像，窟前平台上有一座寺院大殿遗迹，东西长 8 米，南北宽 6 米。6 个大窟中，下层有一窟为方门中心柱窟。

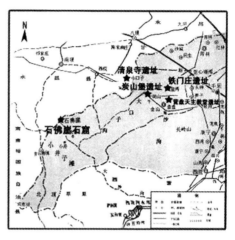

图 5 - 180　石佛崖石窟地理位置图

大多数洞窟因无法攀登或坍塌，保存现状无法调查。从已调查的洞窟情况看，部分洞窟残存有唐代的壁画和石雕；部分洞窟经历代多次重修，窟内残存有多层壁画，其中还发现了唐代凉州瑞像图。[①] 在部分洞窟内还发现有 "文化大革命" 时期被毁的塑像与壁画残片，20 世纪 80 年代，武威市博物馆工作人员曾在洞窟内外采集到 3 件泥塑罗汉和泥塑造像头，根据造型、发式推断为西夏时期作品，说明西夏时期曾对该石窟进行过重修或重塑。

（二）时代

关于洞窟的始凿年代，史料无记载。《甘肃新通志·凉州府》武威条记载："县西一百二十里，上有清泉，茂林修竹，悬崖石室，昔为隐士所居，今名石佛崖"。张澍先生在《凉州府志备考·祥异古迹》中记载："《寰宇记》：姑臧

图 5 - 181　石佛崖石窟远景

第五山，夏涵霜雪，有泉茂林，悬崖修竹，自古多为隐士所居，尤多窟穴。" 根据上述记载，第五山确为石佛崖石窟。张澍先生根据《前秦录》和《后汉书》记载，考证第五山之名始于后汉。因此，石佛崖石窟开凿时间较

---

① 张小刚：《关于凉州瑞像的一些新资料——兼谈黑水城出土凉州瑞像》，《西夏研究》2012
　年第 4 期。

早，但具体年代还须待对洞窟进行全面调查和深入考证后确定。从目前残存的遗物来看，唐代、西夏时期都对洞窟进行了重修或重塑。

1987 年 5 月 28 日，石佛崖石窟被武威市人民政府公布为市级文物保护单位。

三　景泰县五佛寺石窟

（一）石窟开凿年代及保存现状

五佛寺又名千佛寺，位于景泰县五佛乡兴水村西南 1 千米黄河沿岸。始建于北魏时期。石窟坐西向东，背山面河。因石窟内塑有五尊大佛像和千余尊小佛像而得名。

洞窟进深 9 米，宽 7 米，中间有一中心塔柱，直抵窟顶。塔柱方形，每面宽 5 米，四面开龛，龛内各塑有 1 尊佛像。前面为释迦牟尼佛，为清康熙年间重修，其余 2 尊形态各异，神情自若，腰细面圆，方额突出。其造型特征属于宋代作品。窟后南北二角各塑 1 尊泥像，坐在束腰莲座之上，座上铺一层台布，塑像较前者造型高大，金面丰腴，体态端庄，均内着"僧祇支"，下着裙，外着袈裟，其造像特点大抵为晚唐和五代遗存。南北两壁有模制影塑小佛像 7~9 排，计有千尊，置于泥塑假石台布之上，故名"千佛洞"。塔柱表面又经重新粉刷。据局部调查，西北南三面底层没有遗存，前面表层壁画为清代描绘的四个菩萨。

窟前建有砖木结构的二层楼阁，紧接石窟崖面，与石窟接为一体，成为石窟前室。一楼南侧置木梯，可登二楼。二楼北、东、南三面设有绕栏，边置围栏，中为佛阁，可达窟内。楼顶为木制尖顶八角亭，清嘉庆二十三年（1815）重修，基本完好。楼面原有一配殿——金刚殿，1977 年失火被焚毁。

（二）发现的西夏文文献

1983 年，在维修加固石窟北壁墙基过程中，从墙壁里发现了 7 页经折装西夏文印本佛经，内容为《金光明最胜王经》卷 9 部分内容。《中国藏西夏文献》未收录。为经折装，木活字本。共存 12 面，保存完整者页面高 29.5 厘米，宽 11 厘米，面 6 行，行 16 字。其中 2 面是相同的内封面，有印刷题签，题签栏内上有一西夏文字"𗾟"，汉译为"九"，下有一汉字"一"。一面为流传序残页，内容与国家图书馆所藏该经的流传序相同。8 面经文，内容为《金光明最胜王经》第四卷最净地陀罗尼品第六、第七卷无染着陀罗尼品第十三和第九卷长者子流水品第二十五的内容。另有 1 面为不同版本和内容的西夏文刻本佛经残页。这些佛经的发现，说明五佛寺石窟在西夏时期香火不断。

图 5 –182　西夏文《金光明最胜王经》

第六节　调查研究初步成果

西夏占有河西后，为了推行佛教，统治者组织了大规模的译经活动，汉文、西夏文、藏文佛经在河西地区广为传播，佛事活动在河西地区频繁开展，开窟造像较为兴盛。西夏时期，在河西地区的莫高窟、榆林窟、东千佛洞、马蹄寺石窟等处新建、重修洞窟100多个，并留下了大量壁画和少量塑像。在这些洞窟中，新建的很少，大多是重修前代洞窟，在原有洞窟形制基础上对原有壁画进行重抹新绘，对原有残损塑像进行补塑。从历次调查情况来看，武威境内的天梯山石窟、亥母洞石窟、石佛崖石窟等石窟群在西夏时期也进行了新建或重新妆銮。因自然、人为等因素，这些石窟群只残存有西夏时期零星的壁画和塑像，但在这些石窟中却发现了大量西夏时期的佛经、文书等遗物。这些遗物种类之多、价值之高，在国内西夏藏品中是少见的，对研究西夏时期社会历史经济文化具有较高的价值。

西夏灭亡后，其文化遗存受到了极大破坏，就连西夏人创制的文字也一度成为死文字。后世人们只能从有限的汉文史料中了解西夏的政治、军事概况，无法深入、全面了解西夏典章制度、文化、经济、社会习俗等方面的状况。由于资料的匮乏，长期以来西夏学研究进展无多。武威天梯山石窟、亥母洞石窟、修行洞等石窟群发现的大量佛经、文书等西夏文物、文献，涉及西夏政治制度、社会经济、文化等各个方面，内容丰富，史料价值较高，无疑为扩大西夏学研究领域、促进西夏学研究的发展和繁荣提供了重要的条件，从而也进一步奠定了武威在西夏学研究方面的重要地位。

政治制度方面：修行洞发现的西夏文书提到"经略司……计料官通判白""西路乐府"。据《天盛改旧新定律令》记载，西夏时把西凉府列为仅次于中书、枢密的次等司，而夏汉字典《番汉合时掌中珠》把"经略司"列在仅次于中书、枢密的重要位置。经略司一般是在京师以外，掌管若干州郡军民事务，比中书、枢密稍低，而大于诸司。结合武威西郊林场西夏墓发现的"西路经略司""西经略司"题记，表明西夏在凉州就设有西路经略司。"计料官通判白""西路乐府"均为西路经略司的属官和机构。同时还发现了2件盖有西夏文印章的文书，是已发现的西夏文文书中仅有的。此外，在天梯山石窟发现的西夏文佛经残页中有"显密法师功德司副授利益沙门周慧海奉敕译"，在亥母洞石窟发现的《乾定申年典糜契约》中有"乾定申年……向瓦国师处典一斛糜"。这里的功德司即西夏中央政府中管理全国佛教事务的专门机构，属次等司，仅次于中书和枢密，与殿前司、御司、中兴府、三司等同级，地位较高。功德司设功德司正，为最高负责人，往往由国师担任，功德司副为辅佐官员。"法师""国师"均为西夏高僧大德的封号。西夏佛教有系统的封号制度，最高的封号是帝师，其次为国师、法师。

这些遗物的发现，为研究西夏中央、地方机构设置、官制等政治制度提供了重要的实物资料。

社会经济方面：修行洞遗址发现的生牛皮靴鞋，制作简单，皮上的毛尚未刮净，反映了西夏时期民间皮毛加工业的水平。西夏时期民间有纺织业，石纺轮、木刮布刀是当时民间使用的纺线、织布工具。亥母洞出土的5件绣花鞋，做工精致，造型独特，色彩艳丽；同时出土的团花蓝绸、绢帛残片、麻毛织品等，是研究西夏时期纺织业的重要实物资料。修行洞出土的西夏文天庆寅年会款单、乾定申年典糜契约、天仪巳年的文契、天安戌年的收支账、天安申年的债文契等，是研究西夏货币流通、经济制度和市场贸易的珍贵实物资料。1952 年在天梯山石窟发现的西夏文佛经残页，是中华人民共和国成立以来我国西夏文物文献的首次重大发现。这批佛经多为雕版印刷和活字印刷，其版式大小、格式多种多样，刻工精细，文字秀美，是研究古代版本的珍贵资料。其中的《圣胜慧到彼岸功德宝集偈》，应为木活字版印刷，是迄今所知最早的西夏文活字印刷品。① 亥母洞发现的西夏文泥活字版佛经《维摩诘所说经》，是世界上发现的第一件泥活字版本印刷品，填补了我国泥活字版本的空白，为研究我国早期活字印刷术、版本学，提供了极为珍贵的资料。

文化艺术方面：修行洞遗址发现的西夏文《三才杂字》残页、劝世诗残页，文字精练、流畅，浅显易懂，是典型的西夏时期民间诗歌题材的文学作品。修行洞遗址发现的汉文请假条残页、光定二年公文残页，是与西夏音乐有关的重要文书，从文书残存内容看，在西夏设有专门的音乐管理机构，对乐人的管理是相当严格的，乐人不能随便外出表演，有病有事须向"监乐官"请假。这是迄今为止发现的唯一的西夏时期音乐文献资料。天梯山石窟、修行洞出土的西夏文和汉文行书体文书，书写随意自然，挥洒自如，特别是天梯山石窟发现的一页草书，笔画简约、随意、流畅、飞动，结构匀称、自然、美观，墨色浓烈淳厚，是西夏草书中的珍品；修行洞出土的两支竹笔，是迄今所知国内外西夏藏品中所仅见的。亥母洞出土的西夏唐卡，绘制精细，内涵丰富，保存相对完整，其构图技法、内容、装饰手法，融合了藏汉及波斯艺术的特点，又兼具西夏河西地区绘画的艺术特色，有鲜明的时代特征和民族特点，反映出藏传佛教在西夏广泛而深入的流行，是西夏时期藏传佛教的艺术珍品。此外，天梯山石窟、亥母洞、修行洞、石佛崖石窟等残存壁画、造像均是研究西夏时期佛教造像和绘画艺术的重要实物资料。

宗教信仰方面：天梯山石窟发现的西夏文佛经《佛母大孔雀明王经》译自藏文经，它比国家图书馆收藏的同一部佛经更为精确；② 西夏文佛经

① 陈炳应：《西夏人对活字印刷术的杰出贡献》，《西夏学》第 2 辑，宁夏人民出版社，2007。
② 陈炳应：《甘肃省博物馆馆藏西夏文献览珍》，《甘肃省博物馆学术论文集》，三秦出版社，2006。

《圣胜慧到彼岸功德宝集偈》和发愿文是西夏高僧周慧海翻译的，在经名之下标注的西夏皇帝尊号，是研究译经时间和西夏仁宗尊号变迁的重要资料；西夏文佛经《佛说圣星母陀罗尼经》，是研究西夏时期星曜崇拜的重要实物资料。修行洞遗址发现的西夏文佛经中，有西夏仁宗天盛、乾祐的明确纪年；其中印本《观弥勒菩萨上升兜率天经》，应是西夏仁宗所印施十万册中的一部；① 发现的西夏文木牍，内容为施食情况和咒语，反映了边施食放生边念佛咒语的具体仪式，是国内外西夏文献中所仅见的，也是全国最早发现的西夏文木牍。② 发现的西夏文占卜辞，是西夏原始宗教信仰的反映。亥母洞出土的《志公大师十二时歌》注解残卷，是国内外发现的唯一一件西夏译本《志公大师十二时歌》及其注解，是研究西夏禅宗的重要资料。这些西夏文和汉文佛经的序、跋、发愿文和题款，对研究西夏佛教史和西夏历史具有重要的价值。

此外，通过这些流传在武威地区的西夏文佛经，可以看出当时西夏佛教信仰的多元、多宗情况，是多民族文化交流、融合的结晶，反映出当时武威佛教信仰有汉传和藏传两大系统。③

科学技术方面：修行洞发现的汉文历书残页，是每月一行的历书，内容包括月序、大小月、该月朔日干支、二十四节气、二十八宿以及日、木、火、土等九曜星宿与该月时日的关系。经考证为西夏人庆二年（1145）的历日，从每月的干支和二十四节气的设置看，都是宋朝颁赐的历日。④ 发现的西夏文医方残页，是国内现存唯一的这类文献。医方中所用药物多为中医所用，但其制法、服法和中医不同，含有党项人较为原始的巫医色彩，是研究西夏医学极为重要的实物资料。

---

① 陈炳应：《甘肃省博物馆馆藏西夏文献览珍》，《甘肃省博物馆学术论文集》，三秦出版社，2006。
② 陈炳应：《甘肃省博物馆馆藏西夏文献览珍》，《甘肃省博物馆学术论文集》，三秦出版社，2006。
③ 史金波：《西夏时期的武威》，《西夏学》第 7 辑，上海古籍出版社，2011。
④ 陈炳应：《西夏探古》，甘肃文化出版社，2002，第 118 页。

第六章　故城址及烽燧遗址

　　1028 年，西夏从回鹘手中夺回凉州以后，又相继攻占甘、瓜、沙、肃四州，尽有河西之地。西夏占领武威后，在行政区划上设置了凉州，随后升格为西凉府，为西夏辅郡，使凉州成为西夏京师兴庆府之外另一个重要的政治、经济中心。西夏立国后，为了适应军事上的需要，仿中原汉制，在沿边大修城寨。这一时期，西夏不仅对其统治中心城市如灵州、兴州、凉州、黑水城等进行了修建，而且更多地修筑了一些具有军事性质的小型城堡。河西走廊作为西夏的重要统治区域，自然也修筑有许多城镇堡寨。据文献记载，天赐礼盛国庆四年（1072），西夏为加强守备，抵御宋和吐蕃的进攻，对凉州城及其附近诸寨进行了整修。

　　关于武威境内的西夏故城址，史料记载很少，保存下来的遗迹也不多。随着考古事业的发展，在武威境内先后发现了一批西夏古城遗址，包括凉州区境内的高沟堡古城址、十墩庙遗址，古浪县境内的干城城址、大鱼沟城址、石井子城址，天祝县境内的松山旧城址、红石城址，民勤县境内的东安堡城址、南乐堡城址、红沙堡城址、青松堡城址、古城城址等。在这些城址内均发现了大量西夏时期遗物、遗迹及其他时期的遗物。从发现的遗物、遗迹来看，多数城址为西夏沿用前代所筑城址，如高沟堡古城址、团庄营儿城、端字号柴湾城址、古城城址等，这些城址为汉、唐时期所筑，西夏时重修沿用。还有部分城址为西夏时所筑，后代沿用，如松山旧城址等。

　　此外，在民勤县境内的部分汉代烽燧遗址周围也发现了大量的西夏时期瓷碗、瓷蒺藜等器物残片，而且这些烽燧遗址是呈线形分布的。从发现的遗物来看，西夏时期应沿用了武威境内汉代以来修建的长城及烽燧，以加强军事防御。

第一节　凉州区境内的西夏城址及遗址

一　高沟堡古城址

（一）位置及现状

高沟堡古城址位于凉州区长城乡政府西北 2 千米的沙漠之中，东、北两面为沙漠丘陵，南、西两面均为耕地。城址东 2.5 千米处为明长城遗址。地理坐标为东经 102°52′29.70″，北纬 37°51′47.40″，海拔高度 1526 米。

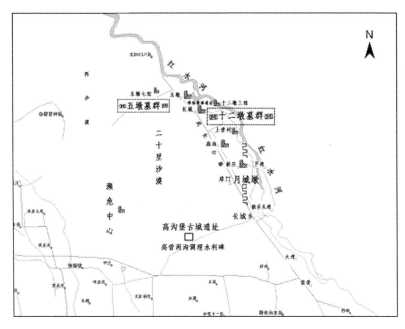

图 6-1　高沟堡古城地理位置图

现城址大部分被流沙所掩埋，早已废弃。城址平面呈长方形，东西 109 米，南北 114 米，门向朝南，门宽 5 米；门外有瓮城，东西 70 米，南北 83 米，因墙体破坏严重，瓮城门向不明。城四角原有角楼，现东北角楼保存较好，其余三座角楼坍塌严重。在北墙正中有一马面，坐北向南，东西底宽19米，顶宽13.5米，南北底宽15米，顶宽12米，高10米。

城墙为就地取土夯筑而成，夯层厚0.16~0.18米。城墙及角楼、城门自然坍塌严重，墙体除东南角部分保存较好外，其余因自然坍塌，加之风沙掩埋，已成残垣断壁，大部分呈1~2米高的土埂状。现存墙体最高处7.7米，底宽1.7米，顶宽0.4米。

东北角楼保存比较完整，平面呈"⌐"形，外墙东西19米，南北15米，墙底宽10米，顶宽7米，高9.2米；内墙东西10米，南北9米，墙体底宽4米，顶宽3.7米，内外墙落差4米。角墩上有女墙，底宽0.7米，顶宽0.4米，高0.9米。

城址东南城墙外有房舍遗址，南北长280米，宽20米，大部分被沙丘掩埋。据王宝元《武威高沟堡古城考察记》载："东西两侧共40间，每间各宽7米"。

瓮城东北角有一利用瓮城东墙而建的小城。小城平面略呈长方形，东西30米，南北50米，城墙被流沙掩埋，沙丘顶部露出的墙体呈高不足0.5米的土垄状。在内城西墙靠近西北角向西约40米，有一道东西走向、长10米、高1~1.7米的残墙，残墙夯层厚0.18~0.2米。残墙除北侧被流沙掩埋外，其余三面被耕地包围。

城址内原有建筑已荡然无存，内城靠近东南角处有一口废弃的枯井，口径约1.5米。

以城址为中心，周围数十里范围内分布着许多汉代墓群。城址内及周围地表暴露有汉代泥质红、灰陶片，石磨残块和碎砖瓦等遗物，以及西夏、元时期的粗细瓷片。从发现的遗物来看，此城始筑于汉代，西夏时沿用，明代进行了重修。明、清时，因大规模移民屯垦，造成水源紧张，周围土地沙漠化加剧，后逐渐废弃于荒漠之中。

图6-2　高沟堡古城现状

（二）西夏遗物

20世纪70~80年代，在古城周围陆续发现了一批西夏时期的遗物。1972年，在高沟堡发现一座西夏墓，出土莲花纹灰陶碗、石砚台、宋代钱币以及瓷器等遗物；1986年武威市文物管理委员会在高沟堡古城进行文物调查时，出土了西夏绿釉扁壶、剔花瓷罐及西夏钱币。此外，附近村民平田整地时还发现了西夏瓷火蒺藜、西夏瓷扁壶、宋代铜钱等遗物。

1. 黄釉瓷瓶。口已残，短颈，溜肩，腹部下收，口部及上腹部施釉，足部露胎。通高23厘米，底径9厘米。（图6-3）

2. 茶叶釉单耳瓷罐。口已残，单耳，束颈，口部及下腹部施茶叶釉，下腹部及足部露胎。通高13.5厘米，口径6厘米，底径6厘米。（图6-4）

图6-3　黄釉瓷瓶　　　　　　图6-4　茶叶釉单耳瓷罐

3. 茶叶釉双耳瓷瓶。敞口，短颈，双耳残，桶状腹，底部露胎。通高22厘米，口径4厘米，底径8.5厘米。（图6-5）

4. 茶叶釉单耳瓷罐。口、耳已残，溜肩，圈足，口、上腹部均施釉，下腹部及足均露胎。通高14厘米，底径5.3厘米。（图6-6）

5. 茶叶釉单耳瓷壶。敞口，束颈，溜肩，有流，耳残，鼓腹下收，圈足，通体施釉，足部露胎。通高10.3厘米，口径5.8厘米，底径4.7厘米。（图6-7）

6. 黄釉单耳瓷罐。口、耳均残缺。溜肩，鼓腹下收，圈足。下腹部及足部均露胎，其余部位均施釉。通高14.2厘米，底径5.8厘米。（图6-8）

7. 褐釉小瓷碗。敞口，圆唇，斜腹，小圈足，碗内壁施褐釉，口沿部

及外壁均露胎。通高2.8厘米，口径8.1厘米，底径3.2厘米。（图6-9）

图6-5　茶叶釉双　　　图6-6　茶叶釉单耳瓷罐　　　图6-7　茶叶釉单耳瓷壶
　　　　　耳瓷罐

图6-8　黄釉单耳瓷罐　　　　　　图6-9　褐釉小瓷碗

8. 褐釉小瓷碗，撇口，斜腹，小圈足，碗内壁施褐釉，口沿部及外壁均露胎。通高2.6厘米，口径7厘米，底径4厘米。

9. 褐釉二系罐，敞口，直腹，双耳，口部及腹部部分已残，通体施褐釉，底部露胎。

高沟堡城址历史较为久远。武威有民谚："先有高沟堡，后有凉州城"，足见其在古凉州政治、经济、军事等方面有非常重要的地位。在城址东北2.5千米处即为汉、明长城。据清乾隆《武威县志》记载："重镇之内，益以旗兵，正为此也。邑之正东，古浪营汛足为藩屏。自是而北，外连沙漠，内无险阻，一线长城，半借红水河，环绕内外，似宜多置营堡。乃自高字一墩至岔字儿墩一百一十五里，止设高沟一堡者，何也？盖堡外新旧墩昔为夷人出没之区，今者一统，蒙古内附，凉州之民安堵无恐，已百年矣。所以境外一百八十里之水头、十三井探哨，仅存空名，沿边一带烽墩，以一营堡辖之而有余。"这说明在汉、西夏、元、明时期，高沟堡是长城沿线重要的军事防御设施。清初时，因"今者一统，蒙古内附"，营、堡作用逐渐消失，到清末时完全被废弃。

二 十墩庙遗址

十墩庙遗址位于凉州区九墩滩移民指挥部新建村二组西约 100 米。该遗址与红水河西岸的团庄营儿城址相距约 700 米，东为十墩长城，西靠红水河。红水河沟自堡城 20 米外向西环绕，城堡西墙紧邻河岸，与河谷形成垂直台地。

图 6 - 10 十墩庙遗址

现遗址仅存残墙，平面呈长方形，东西 32 米，南北 37 米，东墙辟门。该堡北墙保存完整，堡墙为黄土夯筑，底宽 4.6 米，顶宽 2 米，残高 6.5 米，有女墙，残高 0.5 ~ 1 米，夯层厚 0.18 ~ 0.2 米。其他坍塌成残垣断壁。其中西墙仅存西北角 6 米残墙，其余塌入红水河谷内。东、南两面墙体大半坍塌，呈土堆状，残存墙体不到三分之一。该堡内原有设施已全部被毁。周围地表散见汉代灰陶片及西夏时期的白釉瓷片、黑釉瓷片。从地表残留遗物来看，此城应初建于汉代，为武威西北部汉代长城沿线的一座城障，西夏时期沿用，为驻扎军队的营寨。

图 6 - 11 十墩庙遗址地表残留遗物

三 团庄营儿城

团庄营儿城又称阴阳城，位于凉州区西北约 40 千米九墩滩移民指挥部黄花村沙金台庄东 500 米的红水河西岸。城址周围是新月形沙丘，沙丘之间已被当地农民辟为耕地。

城址平面呈方形，有内外两重城墙。内城东西长 120 米，南北宽约 90 米。城墙为夯土版筑，墙体残高约 9 米，墙基宽 4 米，顶宽 1.5 米，夯层厚约 12 厘米。在东南隅开辟有一门，门外有一方形瓮城，门东开。外城距内城 10 米，边长约 150 米，高约 5 米，墙基宽约 2 米，夯层厚约 12 厘米，城门南开。外城亦有方形瓮城，门东开。内外城东墙因紧靠石羊河支流红水河，整个墙体已经被河水冲蚀倒塌。内城与外城之间现已堆满流沙，几与墙高。内城中房屋遗迹清晰可见，北部为流沙所掩埋，沙丘下面保留有 8 间房屋遗址，墙体也为夯土版筑，残高约 1.5 米，将壅附在房屋墙体周围的流沙清理后，发现墙壁内部为白灰抹墙，房屋部分墙体泛红，地面有

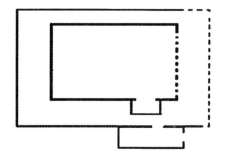

图 6 – 12　团庄营儿城平面图

图 6 – 13　团庄营儿城地表散布的瓷片

灰烬和木炭屑，疑毁于战火。内城地表到处散落着汉代灰陶片以及大量的西夏白釉瓷碗、黑釉瓷碗、绿釉瓷罐、茶叶末釉瓷罐、褐釉刻花、白釉绘花瓷器残件。从地表遗留物来看，此城初建于汉代，为武威西北部汉代长城沿线的一座城障，西夏时期又在此基础上重新修筑城垣，作为一处驻兵营盘。

四　坟茔湾遗址

坟茔湾遗址位于凉州区张义镇牌楼村一组东 1 千米处。遗址南、西、北三面靠后湾台，东西长 270 米，南北宽 100 米，分布面积约 2.7 万平方米。遗址曾暴露有木炭、白釉、黑釉瓷片及动物牙齿。在 20 世纪 80 年代，当地居民平田整地时曾发现黑釉和白瓷碗、碟、

图 6 – 14　双耳褐釉瓷罐

盘及铜灯、铜印、铁錾等遗物。当地村民曾在此采集到一件双耳褐釉瓷罐。该器物为敛口，翻唇，直颈，圆肩，直圆腹下略收，圈足。颈腹间左右两侧有桥形耳。器物从口沿至底足饰圆形凸棱，为明显的轮制痕迹。胎质厚笨，酱黄色釉，施釉至下腹部，底正中有乳钉。粗犷豪放，简洁大方。口外径8.5厘米，内径7厘米，高14厘米。

经考证，坟茔湾遗址为西夏时期一处村落遗址。现遗址周边被辟为耕地，文化遗迹不明显。

五　石城山遗址

石城山位于武威城西30千米的西营河口南侧，亦名石城关。东临西营头沟，南靠逃军沟，西依西营二沟，北滨西营河。因山上有自然形成的石城而得名。

据记载，石城山在西夏时期名为西峡谷，是六谷之一。现在还有老人称之为西夏谷，说它是西夏国的军事堡寨。西夏为了防御六谷吐蕃的进攻，曾在石城山上筑寨设堡，砌石垒垛，驻兵扼守。山上山下寺庙林立，天城寺、泰宁寺、娘娘殿、龙王庙、财神阁、黑虎殿、营盘城、阎门栅子、阴抓栅子等遗址犹存。山坡上到处散落着新石器时代的彩陶片、汉代灰陶片以及西夏黑釉、白釉瓷片、碗底。

2009年7月，西营乡村民在石城山中修建财神阁时，出土了一批牛羊骨骼和其他动物骨骼；此后在山下财神阁前后地基发现了一层层的草木灰，里面夹杂着西夏时期的黑、白釉瓷片及鸡心瓷碗底及残羊胛骨卜骨。其中在此遗址发现的这批羊胛骨卜骨质地白净光亮，密度大而质重，无早期的变质、皲裂、朽糠、石化现象。经有关专家考证，为距今800多年前的西夏羊胛骨卜骨。

武威石城山是继陕西白城子之后发现西夏羊胛骨卜骨最多的重大遗址。据史书记载，西夏人出兵打仗之前，都要进行占卜，以预测战事吉凶。其方法有四种，其中之一就是所谓的"炙勃焦"，即用艾草炙烧羊胛骨，以灼裂的纹路判断吉凶。关于此种占卜方式，宋代科学家沈括在其《梦溪笔谈》中记载："西戎用羊卜，谓之跋焦。卜师谓之厮乩。以艾灼羊髀骨，视其兆，谓之死跋焦。其法：兆之上为神明，近脊处为坐位，坐位者主位也。近傍处为客位。"

石城山发现的这批羊胛骨卜骨,正是用艾草炙烧来判断出兵打仗、守城吉凶祸福的,即"炙勃焦"。这些占卜胛骨实物资料的发现,对于研究西夏的宗教信仰、军事占卜,乃至意识形态都具有重要的价值。

第二节　古浪县境内的西夏城址及遗址

一　干城城址

干城城址位于古浪县干城乡干城村四组居民区北 400 米古城滩。地理坐标为东经 103°25′12.90″,北纬 37°15′07.30″,海拔高度 2499 米。

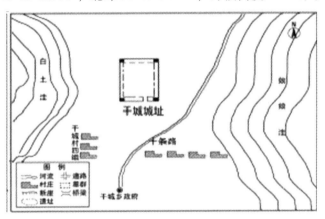

图 6-15　干城城址地理位置图

城址平面呈长方形,夯土版筑,坐西向东,东侧开门,南北长 139 米,东西宽 125 米。城址由门墩、城墙、瞭望墩组成。门墩东西残长 6 米,南北残宽 9.8 米,残高 5.6 米;城墙墙基残宽 3.6 米,残高 6.8 米,夯土层厚 0.13 米,西墙顶端可见女墙残迹,残高 0.2~0.4

图 6-16　干城城址外观

米不等；瞭望墩 3 座，位于南、西、北城墙外侧中端，东西长 6 米，南北宽 7.5 米，残高 7 米。地表散见大量汉代灰陶片及西夏黑釉、豆绿釉瓷片等。根据残留遗物来看，此城始筑于汉代，西夏时沿用。

二　大鱼沟城址

大鱼沟城址位于古浪县干城乡大鱼村六组居民区西侧。地理坐标为东经 103°28′15.60″，北纬 37°14′25.20″，海拔高度 2498 米。

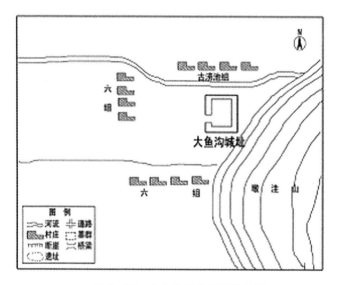

图 6 - 17　大鱼沟城址地理位置图

大鱼沟城址平面呈长方形，南北长 106 米，东西宽 100 米。夯土版筑，夯层厚 0.15 ~ 0.2 米，坐东向西，西侧开门，东墙基本完好，墙长 23.5 米，墙基残宽 1.6 米，残高 1.4 ~ 1.8 米不等，夯土层厚 0.15 ~ 0.18 米，其余三面城墙皆有残损；西面城门南侧有瞭望墩 1 座，四角有角墩，现仅存东南角墩。城内有古井 1 口，现用条石砌筑井口，井口长 0.55 米，宽 0.5 米，深 3.7 米；城北墙紧邻古涝池，古涝池为椭圆形，直径 23 ~ 25 米，深 1 米。地面散布残砖、黑釉瓷片等。根据采集到的标本特征分析，大鱼沟城址为西夏时期城址。1990 年 4 月，古浪县人民政府将大鱼沟城址列为县级文物保护单位。

三 天神圈窖藏遗址

天神圈窖藏遗址位于古浪县古丰乡西山堡村上寺圴组西南 100 米天神圈西侧山脚下。地理坐标为东经 102°46′37.10″，北纬 37°23′49.50″，海拔高度 2622 米。20 世纪 80 年代，当地居民在取土时，挖出窖藏洞 1 个，洞宽 1.5 米，深 3 米，高 1 米，内有擦擦 80 个，擦擦为泥制，残破擦擦内有桦树皮，上

图 6 - 18 天神圈窖藏遗址出土的擦擦

有墨书咒文。该窖藏北面大佛台上有西夏寺圴寺院遗址。从出土遗物看，该遗址应为西夏窖藏遗址。

四 石井子城址

石井子城址位于古浪县新堡乡石井村双井子组居民区南侧。地理坐标为东经 103°41′01.00″，北纬 37°18′12.60″，海拔高度 2058 米。城址平面呈长方形，夯土版筑，坐北向南，南侧开门，南北长 150 米，东西宽 142 米。城址由城墙和角墩组成，城墙保存较好，墙基宽 4.3 米，残高 2 ~ 6.2 米不等，夯土层厚 0.1 ~ 0.14 米，南侧无存，东、西残缺；东南、东北、西北残存角墩。地表散布大量黑、褐、白釉及青花瓷片。残存瓷片与塔儿湾西夏遗址出土瓷器相同，据此初步推断，该城址始筑于西夏，沿用至民国时期，在历代战乱中多次遭到焚毁。1990 年 4 月，古浪县人民政府将石井子城址列为县级文物保护单位。

图 6 - 19 石井子城址

图 6 - 20 石井子城址残留遗物

五　新堡遗址

图 6 – 21　新堡遗址

新堡遗址位于古浪县新堡乡新堡村西北 600 米处。地理坐标为东经 103°43′09.70″，北纬 37°18′02.70″，海拔高度 2025 米。

新堡遗址平面呈长方形，坐北向南，南墙中间开门，东西长 200 米，南北宽 70 米。墙体有夯土版筑和石块砌筑两种，现全部坍塌。遗址内有大小不等的院落遗迹 12 处，其中西侧 1 院落较大，遗址中有封土堆 3 座，底径 5 ~ 10 米不等，高 1 ~ 1.5 米不等，内有灰烬、砖瓦、瓷片等，遗址范围内散布着大量残砖断瓦、西夏时期黑釉、白釉及明代青花瓷片等。从采集到的标本特征分析，该遗址始筑于西夏，明代沿用。

六　高岭墩烽火台遗址

高岭墩烽火台遗址位于古浪县新堡乡高岭村南侧高岭山顶，南距松山古城 3 千米。地理坐标为东经 103°31′51.80″，北纬 37°08′24.50″，海拔高度 2873 米。

图 6 – 22　高岭墩烽火台遗址

图 6 – 23　酱釉瓷碗

高岭墩烽火台遗址为夯筑圆台体，现已坍塌为土丘状，底径 8 米，高 3 米，夯层厚 0.1 ~ 0.15 米。台体四周地表散布有西夏黑釉、明代青花瓷残片。古浪县博物馆曾在此采集到一件酱釉瓷碗。侈口，深腹，圈足，胎较厚。内壁及外壁口沿处为素白胎，外施酱釉。足部露胎。口径 19 厘米，底径 7.5 厘米，高 5.5 厘米。始筑年代不详，西夏、明代应沿用。1990 年

4 月，古浪县人民政府将高岭墩烽火台遗址列为县级文物保护单位。

第三节　天祝县境内的西夏城址

一　红石城址

红石城址位于天祝藏族自治县松山镇红石村南 20 米处。地理坐标为东经 103°26′27.80″，北纬 36°55′29.20″，海拔高度 2627 米。

遗址所在地为一山间小盆地，地势西北高东南低，西、北、南三面为黄土堆积浅山丘陵地带，现已被开辟为耕地。城址依山势而建，坐西南向东北，平面呈方形，南北长 250 米，东西宽 200 米，占地面积 5 万平方米。城墙为夯土版筑，底宽 1.8 ~ 2 米，残高 2 ~ 4.5 米，夯层厚 0.12 ~ 0.15 米；四角有墩，现仅存西角墩，底宽 6 米，顶宽 3 米，残高 5 米。东北侧城墙开门，门已无存。1986 年第二次文物普查时，武威地区文物普查队在城址及周围采集到西夏时期黑釉粗瓷罐、红釉瓷盘等遗物。从采集到的遗物来看，此城在西夏时期是一处重要军事设施。1989 年，红石城址被天祝县人民政府公布为县级文物保护单位。

二　马营沟城址

马营沟城址，俗称"大营盘"，位于天祝藏族自治县抓喜秀龙乡南泥沟村，东南距抓喜秀龙乡政府 6 千米。地理坐标为东经 102°44′30.80″，北纬 37°11′37.90″，海拔高度 2938 米。

遗址坐落在马牙雪山脚下马营沟口的二级台地上，其南侧为马营沟河。平面呈方形，南北长 185 米，东西宽 150 米，占地面积 27750 平方米。城址东侧辟有门道，宽 7 米。现仅存南侧墙体一段，残长 12 米，残高 3 米。墙体为夯土夹砂石版筑，夯层厚 0.15 ~ 0.2 米。其余

图 6 - 24　马营沟城址

墙体已坍塌。在历次文物普查中，在城址及周围采集到西夏时期高足碗残片、黑釉瓷片及布纹瓦片等。此城在西夏时期应是一处重要军事设施。1989年，马营沟城址被天祝县人民政府公布为县级文物保护单位。

三　松山旧城址

图 6 - 25　松山旧城址

松山旧城址，位于天祝藏族自治县松山镇松山村北 1 千米处耕地中。地理坐标为东经 102°29′12.40″，北纬 37°07′31.70″，海拔高度 2744 米。

城略呈方形，东西长 120 米，南北宽 100 米，南开一门，城墙现已风化塌落为土埂。城墙残高 0.5 ~ 1 米，墙基宽 4 ~ 5 米，顶宽 3 米，夯土版筑，夯层厚0.1 ~ 0.12 米。城墙外侧有一圈护城壕沟，口宽 20 米，深 1.2 ~ 1.5 米。在历次文物普查中，在地表散见西夏黑釉瓷片、残石磨及元代白、褐釉瓷片等。根据地表散见的遗物和相关文献记载，该城始建于西夏，元代沿用。明万历年间松山战役后，修筑松山新城，此城便废弃不用。1989 年，松山旧城址被天祝县人民政府公布为县级文物保护单位。

第四节　民勤县境内的西夏城址

一　城址

（一）端字号柴湾城址

端字号柴湾城址位于民勤县西渠镇建立村五社西北 3 千米处的沙漠中，

地理坐标为东经 103°28′
01.90″，北纬 38°56′09.50″，
海拔高度 1314 米。

城址大部分被流沙埋
压，只有一部分墙基露在外
面。有东、西两城，二城相
连，共用一墙。城平面均呈
正方形，东城边长 35 米，
西城边长 80 米。城墙为夯
土版筑，基宽 2.8 米、残高

图 6－26　端字号柴湾古城

1~1.3 米，夯层厚约 0.14 米，均开南门。1987 年，武威地区博物馆对该城
进行了试掘。在东城城内暴露有长径 1.7 米的椭圆形灰坑，坑内有大量兽骨
及绳纹、弦纹、素面灰陶罐和五铢钱币、骨珠、骨铲等。在西南角采集到炉
渣、残砖。西城东南角有残窑址 1 座，平面呈圆形，窑室直径 10 米，高
1.5 米，周围有大量炉渣、灰陶片，城内采集到唐"开元通宝"钱、铜、铁
器残片及西夏白釉、豆绿釉瓷片及宋钱等，西城外有三处采集到铜、铁残渣
及木炭。从城的形制和已发现的遗物看，该城始建于汉代，唐代和西夏继续
沿用，西夏以后废弃。

李并成先生根据故城形制及遗物，考证此城为唐白亭军驻地遗址。[①]　吴
礽骧先生认为此城在魏晋后废弃，西夏时期有人类活动。[②]

（二）　东安堡城址

东安堡城址位于民勤县苏武乡三合村南 2 千米处的荒沙滩上，又名东安
堡，也叫破城子。地处沙漠之中，四周为新月状沙丘。地理坐标为东经
103°09′20.30″，北纬 38°37′48.60″，海拔高度 1352 米。

城平面呈方形，分内外两城。外城边长为 320 米，夯土版筑，夯层厚约
0.1 米，门东南开，门外有瓮城，瓮城门向东北。城东北隅有一角墩，呈四
棱台形，残高 7 米，顶边长 10 米，墩上有土坯砌筑的建筑遗迹。城内东北

---

① 李并成：《白亭军考》，《西北师范大学学报》（哲学社会科学版）1994 年第 1 期。
② 颉耀文、陈发虎：《民勤绿洲的开发与演变》，科学出版社，2008，第 79 页。

图 6-27　东安堡城址

角有一小堡，堡墙东、北墙与城墙相连，西、南墙为夯土版筑，墙下部夯层厚 0.1 米。城内北面筑有内城，东北、西北墙利用外城城墙，西南、东南墙为新筑。内城亦为方形，边长 160 米，夯层厚 0.15~0.2 米，东南开门，门有瓮城，门向东。

在历次文物普查中，在城址及周围地面散见大量汉代绳纹、弦纹、素面泥质灰陶片及宋代货币，另有西夏黑釉瓷碗、白釉高足瓷碗及明代黑釉剔花缸、盆及各种青花瓷片等，文化内涵十分丰富。

1. 黑釉瓷扁壶。民勤县博物馆藏，在城内采集。敞口，卷沿，短束颈，斜肩，扁圆腹，圈足扁圆外侈。通体施黑釉。腹身纹饰分三组，从内向外，第一组为"寿"字；第二组为一圈回形纹；第三组为一圈珠点，足上有两孔眼。高 17 厘米，口径 3.4 厘米。（图 6-28）

2. 采集标本。在城址内采集到的标本有素白胎、黑釉、褐釉、绿釉、酱釉瓷碗、瓷罐残片，均具有西夏时期瓷器的典型特征。

标本 1。残瓷碗底。圈足，素白胎。残底半径 6 厘米。（图 6-29）

图 6-28　黑釉瓷扁壶

标本 2。残瓷碗底。圈足，素白胎，圈足较完整。底半径 5.8 厘米。（图 6-30）

标本 3。残瓷罐底。圈足，素白胎，外壁施酱釉色，底部露白胎。残半径 6 厘米。（图 6-31）

标本 4。残瓷片。素白胎，内外壁施绿釉、酱釉、褐釉，部分外壁露胎。（图 6-32）

图 6 - 29　标本 1

图 6 - 30　标本 2

图 6 - 31　标本 3

图 6 - 32　标本 4

据地表残存遗物推断，该城应始筑于汉，西夏、明代修筑沿用。《镇番遗事历鉴》记载："东安堡，俗名四坝寨，至明神宗万历九年已倾圮沙淤，无居民。"据此可知，此城至迟在明万历九年（1581）已废弃不用。

东安堡城址文化内涵丰富，对研究汉、西夏至明代民勤的政治、经济、文化、军事具有重要价值。

（三）南乐堡城址

南乐堡城址位于民勤县薛百乡薛百村七社。地理坐标为东经 103°00′24.90″，北纬 38°32′20.60″，海拔高度 137 米。

城平面呈正方形，边长 240 米。城墙夯土版筑，基宽 8 米，顶宽 2.5 米，高 5 米，夯层厚 0.13 ~ 0.18 米，南面开门，北墙正中筑马面，四角筑角墩。现存东北角城墙一段及北角墩，城墙残损严重，残墙长 59 米，残高 2 ~ 6 米。北角墩残高 7 米，曾被辟为砖窑。第二次文物普查时，在城址周围地表采集到汉代灰、红陶片和西夏褐釉瓷片等。从发现的遗物看，该城始筑于汉代，西夏时增筑沿用。

（四）红沙堡城址

红沙堡城址位于民勤县苏武乡泉水村红墙沟东北 500 米处。该堡地处沙漠边缘，四周大部分为耕地。东距明长城约 2 千米。地理坐标为东经

103°10′32.40″，北纬 38°40′55.40″，海拔高度 1356 米。

城址现已风化坍塌为一片废墟，堡内房舍及其他生活设施不见痕迹，堡墙因自然坍塌剥落，已成残垣断壁，部分堡墙遭风沙掩埋较为严重。

图 6-33　红沙堡城址

图 6-34　红沙堡城址地表散布的遗物

城址分内外两城，内城平面呈长方形，长 250 米，宽 160 米，城墙为夯土版筑，基宽 6 米，顶宽 2 米，残高 15 米，夯层厚 0.08～0.2 米。南面开门，门宽 10 米，门外有瓮城，瓮城边长 63 米，残存墙基宽 4 米，残高 7 米。

大城北墙正中外侧有一马面，四角有角楼。堡墙系就地取土夯筑而成，夯层厚 0.18～0.2 米，夯层间有草绳及竖向穿插的木楔。堡城北墙保存较好，底宽 2.3 米，顶宽 1.6 米，高 9 米。因自然碱蚀，靠近西北角近 25 米墙体底部向内凹进 0.3～0.5 米。北墙正中外侧有马面，马面以东堡墙内侧底部被风沙掩埋，露出部分高 3～5 米。东墙内外两侧均被风沙掩埋，沙丘上露出的墙体高 1.5～4 米，外侧几乎被沙丘掩埋到顶部。南墙除小城残存部分外，全部坍塌成平地。西墙自西北角向南约 20 米保存状况一般，墙体外侧有剥落，剥落土堆积于底部，形成高 2 米的土坡，土坡上残存部分底部向内碱蚀凹进 0.3～0.5 米，内侧底部略被风沙埋压。再向南 35 米堡墙保存状况较差，墙内侧被风沙掩埋，顶部露出部分高 1.5～4.5 米，墙外侧高 5.5 米，顶部宽 0.3～1.1 米。再向南至小城西南角长 47 米的堡墙坍塌成高 0.5～1.5 米的土垄。

小城依大城瓮城东、西两侧围墙，并将内城南墙作为外城，平面呈长方形，南北长 180 米，东西宽 160 米，夯土版筑，基宽 4 米，残高 12 米，夯层厚 0.1～0.2 米。东墙已坍塌为平地，其余三面为残垣断壁。

东南角楼已垮塌成底部宽 3 米、顶部宽 2 米的土墙状。西北角楼和西南角楼坍塌严重。

在历次文物普查中，在城内外发现残存大量汉代灰陶片、五铢钱、石磨，西夏时期褐釉、白釉瓷碗、罐及明代青花瓷片。从出土遗物看，此城应始筑于汉代，西夏时沿用，明代进行了增筑。《甘肃通志·镇番县》记载："红沙堡在县东北二十里，旧有官厅、营房、教场。明万历九年设官兵戍守，顺治二年裁撤。"民国《民勤县志》记载："红沙堡建于明嘉靖七年，万历九年因地窄墙卑，不堪固守，展筑东、西、北三面。"

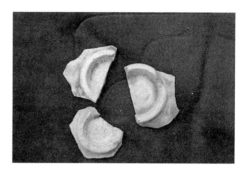

图 6 - 35　在红沙堡城址地表采集的遗物

（五）青松堡城址

青松堡城址位于民勤县薛百乡宋和村宋和林场场部西南约 400 米。四周均为沙漠。地理坐标为东经 102°58′48.10″，北纬 38°31′30.50″，海拔高度 1373 米。城址西面约 80 米处有一段废弃住宅的残墙，再向西 70 米为青松堡烽火台。

该堡平面呈长方形，东西 109 米，南北 120 米。堡墙系就地取土夯筑而成。堡墙因下半部分流沙淤填十分严重，顶部自然风化，残宽 1.5～2 米，堡墙夯层厚 0.22～0.24 米。堡门向东开，位于东北角向南 48 米处，门宽 5 米。门外有瓮城，平面略呈正方形，边长 20 米。瓮城门向南，门宽 4 米，门道深 4.1 米。堡南、西、北三面墙正中各有一马面。北墙马面顶部长 5 米，宽 3 米，南墙马面因坍塌和流沙掩埋，尺寸无法测量。西墙正中马面顶部东西 9.5 米（含堡墙 13 米），南北 11.7 米，其上残留有零星的残砖和布纹瓦，原来可能建有楼阁或寺庙。

图 6 - 36　青松堡城址

堡四角有角楼。西北角楼顶部平面呈长方形，长7米，宽3.6米，向西北方向伸出。西南角楼顶部平面呈长方形，长8米，外侧宽3.5米，高5米；内侧靠近堡墙拐角处宽2.2米，高2～3米，向西南方向伸出。东北角楼在堡墙内侧，平面呈长方形，底部东西10米，南北9米；顶部东西9米，南北8米；内侧高6米，外侧因流沙掩埋，高3～4米；角楼东壁和东北角垮塌，呈坡状。东南角楼垮塌严重，底部被流沙掩埋，顶部残存部分呈不规则状，高1～2米；从残存的断面看，为土坯砌筑而成；土坯长0.38米，宽0.18米，厚0.10米，可能为后期补筑。

城址内及城址周围地表散布有西夏褐、黑、白釉瓷片及明代青花瓷片。从残存遗物来看，该城为西夏时期一处军事堡寨，明代增筑沿用。据道光五年（1825）《镇番县志》记载："天顺三年建，周一百二十丈，城门一。"《甘肃通志·镇番县》记载："青松堡在县南三十里，万历三十年设官兵戍守。"

（六）古城

古城位于民勤县大滩乡北新村西北约10千米的沙漠中。地理坐标为东经103°12′53.2″，北纬38°51′16.1″，海拔高度1337米。

图6-37 古城

城坐北向南，呈方形，四边各长120米。城墙基宽2.5～3米，残高5米。城墙下部1米处，为土墼砌筑，土墼尺寸0.4×0.2×0.14米，有修补痕迹，修补的土墼尺寸为0.4×0.2×0.08米；上部为夯土版筑，夯层厚0.15～0.2米。城四隅有角墩，每面有2个马面。城东北角处，有一夯筑墩台，残高6米，夯层厚0.14米，保存较完整。城墙风蚀严重，城址多被黄沙覆盖，地表散布有灰陶片、"五铢"钱、石砚、石磨、铁器、三彩瓷片及白釉、豆绿釉、黑釉瓷片。在历次文物普查和考古调查中，曾在城北发现铁甲残片、粮仓遗址、废弃渠道和耕地遗址，[①] 并在修补墙上采集到炭屑，在颓废的城墙

---

① 冯绳武、吴景山：《民勤绿洲区划的几个历史问题》，《西北史地》1986年第3期。

上还采集到"开元通宝"残片和西夏碗底。[1]

关于此城，吴礽骧先生认为有可能是汉代的武威县城。[2] 李并成先生认为，此城应为汉代的平泽亭或晏然亭。[3]

根据此城的位置、建筑结构及发现的遗物、遗存，此城应始建于汉代，历经魏晋、唐，西夏时期仍在沿用。明代曾修复、增筑，驻兵屯田，后因流沙侵蚀，明后期废弃。

（七）沙山城遗址

沙山城遗址位于民勤县薛百乡长城村治沙站东北 200 米处的沙滩上。地理坐标为东经 102° 59′ 28.9″，北纬 38°34′49.0″，海拔高度 1370 米。

堡平面呈长方形，东西长 120 米，南北宽 90 米，南、北各开一门。残存城墙为夯土版筑，基宽 6

图 6 - 38　沙山城遗址

米，顶宽 4 米，残高 1.5 ~ 7 米，夯土层厚 0.15 米。在历次文物普查中，在地表散见汉代灰陶片、绿釉陶片及西夏褐釉、黑釉、黄釉瓷片和明代青花瓷片。此城始建于汉代，西夏、明代沿用。1990 年 1 月，沙山城遗址被民勤县人民政府公布为县级文物保护单位。

（八）永安堡遗址

永安堡遗址位于民勤县昌宁乡永安村五社。地理坐标为东经 102°31′ 39.3″，北纬 38°36′08.3″，海拔高度 1364 米。

堡平面呈正方形，边长 200 米，门向东，门外有瓮城。[4] 现仅残存东北角墙体及角墩，墙体长 137 米，基宽 4 米，残高 6.5 ~ 9.5 米；角墩南北 8.5 米，东西 9 米。历次文物普查中，在地表散见大量的西夏黑釉、黄褐釉瓷碗

①　颉耀文、陈发虎：《民勤绿洲的开发与演变》，科学出版社，2008，第 82 页。
②　吴礽骧：《河西汉塞调查与研究》，测绘出版社，2005，第 174 页。
③　李并成：《残存在民勤县西沙窝中的古代遗址》，《中国沙漠》1990 年第 2 期。
④　国家文物局主编《中国文物地图集·甘肃分册》（下），测绘出版社，2011，第 210 页。

图 6-39　永安堡遗址

残片和明代青花瓷片。^①从发现的遗物看，应为西夏时期一处堡寨遗址，明代沿用。

二　烽火台遗址

（一）井泉河墩烽火台遗址

位于民勤县大滩乡西北 23 千米、勤锋农场北 12 千米处的大西河西岸，西南与岔河子墩烽火台遗址相距 5 千米。地理坐标为东经 102°59′43.20″，北纬 38°50′43.20″，海拔高度 1348 米。台体为实心覆斗状，建于一高约 5 米的台基上，系土坯两次叠加砌筑而成。台体四壁坍塌剥落严重，塌落土堆积于底部，呈斜坡状。台基大致呈方形，边长 30 米，高 5 米。

台体周围地面可见少量汉砖残片、灰陶残片以及西夏黑釉、白釉瓷器残片、绿釉瓷蒺藜残件及明代青花瓷器残片。从遗址现状及残存遗物看，此烽火台始筑于汉代，西夏沿用，明代修复沿用。

（二）岔河子墩烽火台遗址

位于民勤县大滩乡西北 26 千米、勤锋农场北 11.7 千米处的大西河西岸废弃耕地中，西南与小井子墩烽火台相距 6.1 千米。地理坐标为东经 102°56′43.90″，北纬 38°49′24.00″，海拔高度 1352 米。

台体为实心覆斗状，系就地取黄土夯筑而成。台体四壁坍塌剥落严重，塌落土堆积于底部，呈斜坡状。台体平面略呈方形，剖面为梯形，底部边长 11 米，顶部东西 6.3 米，南北 7.1 米，高 10 米。夯层厚 0.15~0.2 米。台体周围地面可见少量汉陶残片以及西夏绿釉瓷蒺藜残件及明代瓷器残片。该烽燧始筑于汉代，西夏、明代修复沿用。

（三）小井子墩烽火台遗址

位于民勤县大坝乡西北 23 千米处的沙漠中，东南距小井子林场约 1 千米，东与岔河子墩烽火台相距 6.1 千米，西南与下原墩烽火台相距 28.5 千

① 国家文物局主编《中国文物地图集·甘肃分册》（下），测绘出版社，2011，第 210 页。

米。地理坐标为东经102°52′30.60″，北纬38°49′10.10″，海拔高度1367米。

台体原为实心覆斗状，下部夯筑而成，上部用土坯砌筑而成。台体底部土堆直径18米，高5米。上部土坯砌筑台体东西10米，南北8米；顶部东西5米，南北4.2米，高5米；通高10米。土坯有两类，一类长0.36米，宽0.2米，厚0.07米；另一类长0.33米，宽0.17米，厚0.07米。台体周围地面残留有少量汉代灰陶残片和西夏绿釉瓷蒺藜残件及明代瓷器残片。从遗址现状及残存遗物推断，该烽火台始筑于汉代，西夏、明代修复沿用。

（四）水池墩烽火台遗址

位于民勤县昌宁乡大海子村四社北2.5千米处的沙窝中，东北与小井子墩烽火台相距27.7千米，西与沙岗墩烽火台相距7千米，西北与下原墩烽火台相距4.7千米。地理坐标为东经102°36′20.00″，北纬38°41′11.70″，海拔高度1353米。

图6-40 水池墩烽火台遗址

台体为实心覆斗状，两次叠加修复而成。下部为黄土夯筑而成，上部为土坯一平一竖交错砌筑而成。台体表面风蚀剥落严重，部分有崩塌，底部被流沙壅压。台体平面略呈方形，底边长12米；顶部东西6米，南北8米，夯筑部分高7米，土坯砌筑部分高5米，通高12米；夯层厚0.1～0.15米。台体周围地面可见少量夹砂陶片和灰陶残片以及大量西夏绿釉、黑釉、白釉瓷器及明代瓷器残片。从遗址现状及残存遗物推断，该烽火台始筑于汉代，西夏、明代修复沿用。

（五）下原墩烽火台遗址

位于民勤县昌宁乡大海子村四社西北7千米处的沙窝中，东南与水池墩烽火台相距4.7千米，西南与沙岗墩烽火台相距6.2千米，西南与四方墩烽火台相距10.3千米，东北与小井子墩烽火台相距28.3千

图6-41 残瓷片

米。地理坐标为东经 102°34′32.40″，北纬 38°43′15.10″，海拔高度 1352 米。台体原为实心覆斗状，黄土夯筑而成，夯层中夹有少量白茨根。

现台体坍塌为土堆状，底部直径 11 米，顶部残存台体高 4.5 米，宽 1.5～2 米，厚 1.5～2 米，通高 8 米。夯层厚 0.08～0.19 米。台体周围地面可见少量汉砖残片、灰陶残片、西夏黑釉瓷器残片、明代瓷器残片。从遗址现状及残存遗物推断，该烽火台始筑于汉代，西夏、明代修复沿用。

图 6－42　沙岗墩烽火台遗址

图 6－43　沙岗墩烽火台遗址内的残瓷片

（六）沙岗墩烽火台遗址

位于民勤县昌宁乡昌宁村一社北 6 千米处的沙窝中，东与水池墩烽火台相距 7 千米，东北与下原墩烽火台相距 5.5 千米，西与四方墩烽火台相距 6.2 千米。地理坐标为东经 102°31′33.50″，北纬 38°40′51.20″，海拔高度 1388 米。

台体为实心覆斗状，系两次叠加筑成。内部用黄土夯筑而成，外部用土坯包砌而成。平面略呈方形，底边长 15 米；顶部东西 8 米，南北 10 米，残高 12 米。夯层不清，土坯长 0.33 米，宽 0.18 米，厚 0.09 米。台体坍塌剥落严重，塌落土堆积于底部，呈斜坡状。顶部高低不平，中间有芦苇草和白茨根堆积层，厚 0.1 米。底部为流沙壅压。地面可见少量灰陶残片、大量西夏黑釉瓷器残片、明代黑釉瓷残片。

从遗址现状及残存遗物推断，该烽火台始筑于汉代，西夏、明代修复沿用。2003 年，沙岗墩烽火台遗址被甘肃省人民政府公布为省级文物保护单位。

（七）四方墩烽火台遗址

位于民勤县昌宁乡阜康村东北 6 千米处的四方墩滩上，南与沙岗墩烽火台相距 5.5 千米，东北与下原墩烽火台相距 10.3 千米。地理坐标为东经

图 6 - 44　四方墩烽火台遗址

图 6 - 45　四方墩烽火台遗址内的残瓷片

102°27′49.80″，北纬 38°41′28.00″，
海拔高度 1365 米。

　　台体为实心覆斗状，用黄土夯
筑而成，部分地方夹有枑木。平面
呈长方形，底部东西 25 米，南北 27
米；顶部东西 21 米，南北 23 米，
残高 12 米。夯层厚 0.08 ~ 0.1 米；
补筑的土坯长 0.32 米，宽 0.19 米，
厚 0.07 米。台体有补筑的痕迹。台

图 6 - 46　四方墩烽火台遗址内的残瓷片

体周围散见大量沙井文化的夹砂陶片、汉代灰陶残片以及西夏时期黑釉、绿
釉、白釉瓷片和瓷蒺藜残件。附近有一处窑址。

　　从遗址现状及残存遗物推断，该烽火台始筑于汉代，西夏、明代修复沿
用。2003 年，四方墩烽火台遗址被甘肃省人民政府公布为省级文物保护单位。

（八）黑水墩烽火台遗址

　　位于民勤县昌宁乡阜康村西北
2.5 千米处的砂石岗上。东北距四方
墩烽火台遗址 7 千米。地理坐标为东
经 103°23′34.10″，北纬 38°40′07.20″，
海拔高度 1401 米。

　　台体呈实心覆斗状，底边长 15
米，残高 15 米，为夯土版筑，夯土
层厚约 0.08 ~ 0.11 米。台体南侧有

图 6 - 47　黑水墩烽火台遗址

图 6-48　黑水墩烽火台遗址内的残瓷片

房屋遗址，长、宽 10 米，土坯砌筑。土坯有两种规格：一种长 0.37 米，宽 0.24 米，厚 0.08 米；另一种长 0.33 米，宽 0.19 米，厚 0.08 米。土坯中间有红柳层。西面有一段宽 1.5 米、高 2 米的夯土残垣。台体周围地面散布有黑釉、绿釉和白釉瓷片等遗物。此墩始建于汉代，西夏时沿用。

《镇番县志·建置考》载："黑水墩迤北则有四方墩、天池墩、明沙墩、梧桐墩、山岗墩、潦池墩……旧为夷人宿牧之区。边外设有烽燧七座，号曰'广漠印合'，此墩而言之也。"上述七墩中之黑水墩、四方墩在民勤境内，黑水墩又为现民勤、永昌二县交界处。2003 年，黑水墩烽火台遗址被甘肃省人民政府公布为省级文物保护单位。

（九）阿喇骨山墩烽火台遗址

位于民勤县红崖山水库东 23 千米处的阿喇骨山顶，东北与茨井墩烽火台相距 19.3 千米。地理坐标为东经 103°10′30.20″，北纬 38°22′54.80″，海拔高度 1682 米。

台体系就地取材，以石块和沙土垒砌而成，大致呈土堆状。台体坍塌严重，残存台体底径 16 米，高 4 米。台体附近残留有零星的西夏时期黑釉瓷残片。从遗址现状及残存遗物推断，该烽火台始筑于汉代，西夏、明代修复沿用。

（十）茨井墩烽火台遗址

图 6-49　茨井墩烽火台遗址

位于民勤县夹河乡南坪村三社东约 2.5 千米处的沙漠中，东北距沙嘴墩 24.5 千米。地理坐标为东经 103°18′24.10″，北纬 38°31′15.50″，海拔高度 1360 米。

台体系就地取材，黄土夯筑而成。垮塌严重，原建筑风貌已毁。残存台体底径约 12 米，通高 6 米，台体夯层厚 0.15 ~ 0.2 米。台体周围散见有汉代灰陶片、铁器残片，西夏、明代黑釉、褐釉、豆绿釉瓷片及青花瓷片。从遗址及残存遗物看，该烽火台始筑于汉代，西夏、明代修复沿用。

（十一）沙嘴墩烽火台遗址

位于民勤县双茨科乡小新村东 6 千米、民勤县青土湖管理处西面约 1 千米处的沙漠中，东北距抹山墩烽火台 17.5 千米。地理坐标为东经 103°25′29.00″，北纬 38°43′07.10″，海拔高度 1338 米。

图 6 - 50　沙嘴墩烽火台遗址

图 6 - 51　沙嘴墩烽火台遗址内的残瓷片

台体系土坯砌筑而成，坍塌严重，残存高 6 米、底部直径 21 米的大土丘。土丘东北侧靠近顶部处有一高 1.5 米、宽 2 米的早期土坯砌筑痕迹，砌筑台体的土坯长 0.42 米，宽 0.2 米，厚 0.09 米。台体周围地面散见西夏、明代黑釉、绿釉瓷器残片和瓷蒺藜残片，有少量夹砂陶片。从遗址现状及残存遗物看，该烽火台始筑于汉代，西夏、明代修复沿用。

（十二）抹山墩烽火台遗址

位于民勤县收成乡流裕村西北 1.4 千米处的沙漠中。地理坐标为东经 103°33′05.60″，北纬 38°50′19.30″，海拔高度 1337 米。

台体表面风蚀斑驳，四壁底部因风蚀掏挖，向内凹进。为实心覆斗状，系就地取黄土夯筑而成。平面为正方形，剖面为梯形，底边长 12 米，

图 6 - 52　抹山墩烽火台遗址

顶边长 8 米，高 12 米。台体周围散见西夏、明代黄釉、绿釉瓷器残片。从遗址现状及残存遗物看，该烽火台始筑于汉代，西夏、明代修复沿用。

（十三）庙墙石墩烽火台遗址

位于民勤县大滩乡北西村五社西北 2 千米处的沙漠中。地理坐标为东经 103°13′38.20″，北纬 38°49′25.70″，海拔高度 1340 米。

图 6 - 53　庙墙石墩烽火台遗址　　图 6 - 54　庙墙石墩烽火台遗址地表残瓷片

台体为实心覆斗状，底边残长 12 米，残高 15 米。台体上半部分为土坯砌成，下半部分为夯土版筑，间层夹以柴草，夯土层厚 0.15 ~ 0.2 米。台体周围散见有汉代素面、绳纹、水波纹灰陶片，西夏、元、明代黑、白、豆绿釉、青花瓷片。从遗址现状及残存遗物推断，此烽火台始筑于汉代，西夏、元、明代修复沿用。

第五节　研究探讨的问题

一　武威境内西夏古城址的属性

通过实地调查发现，武威地区的西夏古城堡多是驻扎军队的军事城堡，除民勤县东安堡古城规模较大外，其他古城的边长基本都在 130 ~ 200 米，其形制多为规则的方形，基本都是开一城门，且有瓮城。东安堡、阴阳城规模稍大，为内外两重城。这些古城基本都分布于河流和交通要道附近。如武威高沟堡、九墩滩阴阳城位于红水河西岸，民勤东安堡、红沙堡古城位于石羊河下游东侧，这几处古城堡都位于西夏西凉府的东北方向，形成了对西夏陪都西凉府的拱卫。干城古城向北通往古浪县大靖镇、土门镇，这是西夏首都兴庆府通往西凉府的交通和军事要道，向南则是天祝县松山镇，是西夏卓啰监军司辖地，是西凉府东南方向的重要驻防之地。

在以往的文物普查和研究中，上述古城都被认定为明清时期的军事营堡，但通过实地调查，结合古城地表遗存和地方志记载，这些古城应该是西夏时期修建，明清时期再次被利用。为了防御北部蒙古的侵扰，明清两朝都对高沟堡、红沙堡、东安堡进行增筑或扩建，并派遣重兵把守，防止蒙古势力越河抄掠，使其成为凉州东面和北部的重要军堡。据《大清一统志》记载，红沙堡"明万历九年，因旧开筑"。明朝重修时，此古城"旧有官厅、教场、门禁、堡楼"，说明此城在西夏、元时期就存在。这些古城现都被废弃，周围地貌特征都是红柳、梭梭、白刺等半固定灌丛沙丘和裸露的新月形沙丘链。近年来，当地农民将古城周围的沙丘移除，重新开垦为农田，种植有玉米、棉花、油葵等经济作物。根据李并成先生实地勘察和研究，位于石羊河中下游的上述古城所在区域在清乾隆时期已经因沙漠化而废弃。[①] 上述古城或位于石羊河支流红水河西岸，或位于民勤县新河东岸，其文化遗存虽然也有汉代绳纹灰陶片、黑铁砖等，但地表文物特征主要是西夏黑釉、褐釉、茶叶末釉以及剔刻花瓷罐、瓷碗残片，亦有明清时期的粗瓷、青花瓷残片。特别是凉州区九墩滩阴阳城、高古城，民勤县红沙堡、东安堡的西夏、元代文化遗存较为丰富。这从另一方面证实了李并成先生的观点：民勤古绿洲即西沙窝早在唐代就已经因沙漠化变成了罗布泊。[②] 现在的民勤红沙堡、东安堡一带的新河以东绿洲是西夏、元、明、清时期以来开发的新绿洲。

在传世文献和明清地方志中，都没有记载西夏在石羊河下游绿洲的活动。这些西夏古城遗址的发现，弥补了史料的空白，为研究石羊河下游绿洲的开发和沙漠化提供了重要参考。特别是民勤东安堡古城，外城边长 320 米，内城边长 160 米，形制较为复杂，应该是在石羊河下游绿洲发现的最大的西夏古城，与内蒙古额济纳旗的西夏黑水镇燕军司治所黑水城规模相当。

---

① 李并成：《河西走廊历史时期沙漠化研究》，科学出版社，2003，第 24～25 页。
② 李并成：《石羊河下游绿洲早在唐代中期就演变成了"第二个楼兰"》，《开发研究》2007年第 2 期。

据《元史》记载，（成吉思汗二十一年）"秋取西凉府搠罗、河罗等县，遂逾沙陀，至黄河九渡，取应里等县。"① 东安堡极有可能就是 1226 年被蒙古军队攻取的西凉府搠罗、河罗两县之一。

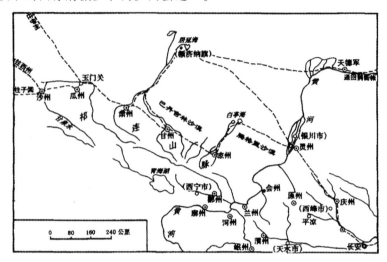

图 6-55　晚唐五代宋初的灵州道

二　古城址与灵州—凉州道的走向问题

西汉以来，河西走廊曾是中西交通的必经之地。地处河西走廊东端、石羊河下游的民勤县是一块沙漠绿洲。西汉在此设立武威、休屠、宣威三县，唐代在此设立白亭军、明威戍、武安戍等军事机构。五代、宋、西夏及蒙元时期，这里先后被吐蕃、回鹘、党项、蒙古等游牧民族统治，其行政机构设置情况，史书缺乏记载。唐末以来，随着吐蕃等势力控制陇右地区，中西方交通的主线改为自长安经灵州，经河西走廊的凉州、甘州西去，这就形成了晚唐以来至西夏立国前夕，以灵州为中心，连接西域与中原的主要通道——灵州道。② 从敦煌文书中可以看出，这一时期，从灵州西逾河西通达西域的道路大体上有两条：灵州—凉州道和灵州—甘州道。③

① 《元史·太祖本纪》，中华书局，1976。
② 赵贞：《敦煌文书中所见晚唐五代宋初的灵州道》，《中国历史地理论丛》2001 年第 4 期。
③ 赵贞：《敦煌文书中所见晚唐五代宋初的灵州道》，《中国历史地理论丛》2001 年第 4 期。

关于灵州—凉州道的走向，五代后晋高居诲在《使于阗记》中这样记载：
"自灵州过黄河行三十里，始涉入党项界，曰细腰沙、神点沙。至三公沙，宿
月氏都督帐。自此沙行四百余里，至黑沙堡。沙尤广，遂登沙岭。沙岭，党
项牙也。其酋曰捻崖天子。渡白亭河至凉州，自凉州西行五百里至甘州。"这
里的"细腰沙""神点沙""三公沙""沙岭"，具体位置均难考定，根据行
程，大致可以确定以上诸沙均在今甘肃北、内蒙古阿拉善左旗腾格里沙漠内，
五代时皆为党项境。陈守忠先生经实地勘察，对此段史料解释说，自灵州过
黄河，出贺兰山口西北行，所经"细腰沙""神点沙"即今贺兰山外数十里间
沙漠，北上至今阿拉善左旗折向西北，经现在的屯盐池至四院井（今甘肃民
勤境内）转向西南，到达五托井（今甘肃民勤境内），由五托井再南行一百余
里，即达白亭海（今甘肃民勤境内）至白亭河（今石羊河），即今甘肃民勤绿
洲地区，渡白亭河而达凉州。从地图上看是向北绕了一个大弯，但实际上这
是出贺兰山越腾格里沙漠最好走的一条路。[①]

《宋会要辑稿》有这样的记载：北宋乾德四年（966），"知西凉府折道
葛支上言有回鹘二百余人，汉僧六十余人自朔方来，为部落劫略，僧云欲往
天竺取经，并送达甘州讫，诏书褒答之。［按］'西凉府'即凉州，其时为
六谷蕃部所有，'朔方'即灵州。'部落'为西凉六谷蕃属部，考其据地，
当在白亭河（石羊河）流域交通之要冲民勤县附近。"[②] 这批僧人从灵州出
发，渡黄河出贺兰山口，穿腾格里沙漠，趋白亭河而行，然后溯河南下，到
达今民勤绿洲，为当地蕃族所俘，旋被释放，继续往天竺求法。这也说明，
自五代至宋初，今民勤石羊河流域为六谷蕃所居。

以上史料说明，灵州—凉州道的走向大致是：自灵州渡黄河，出贺兰山
口西行，穿腾格里沙漠，趋白亭河，并由此南下至民勤绿洲，渡白亭河而至
凉州。[③] 在这条道路上，民勤绿洲是必经之地。

西夏占领凉州后，在凉州设西凉府，属二级次等府，为西夏王朝在西部
的统治中心，有"陪都"之称。西夏地方机构为路、州（府、郡）、县、乡

---

① 陈守忠：《河陇史地考述》，兰州大学出版社，1993，第 225～237 页。
② 《宋会要辑稿》方域 21 "西凉府"条。
③ 赵贞：《敦煌文书中所见晚唐五代宋初的灵州道》，《中国历史地理论丛》2001 年第 4 期。

（堡、寨）四级，府州之下有县的建置。《多桑蒙古史》载：成吉思汗二十一年（1226），"取西凉府搠罗、河罗等县"。《元史·太祖本纪》也有此说。由此可知，西夏西凉府辖有搠罗、河罗两县。两县的位置，史料记载不详。位于西凉府东北石羊河流域下游的民勤绿洲属西凉府管辖，其境内是否设有县级机构或其他军政机构，史料中也未见记载。

西夏建立后，虽然都城兴庆府成为新的交通中心，其交通地位超过灵州，但灵州作为西平府，又是翔庆军的所在地，仍然是重要的交通中心。[①]而在这之前的灵州—凉州道，应继续作为西夏联系河西特别是西凉府的重要通道。西夏交通的特点之一，就是重要的交通干线都在监军司的保护之下。[②]灵州道就由翔庆军控制。而西夏在西凉府也设有右厢朝顺军司，负责对吐蕃和回鹘的军事行动。据《天盛改旧新定律令》，西凉府与首都中兴府同属次等司，可见朝顺监军司地位的重要。因此，灵州—凉州道应在右厢朝顺军司的控制之下，足可见这条通道的重要性。

残存在民勤境内的古城遗址，大部分始建于汉代，历经魏晋、唐，到西夏时继续沿用。从这些古城遗址发现的大量西夏时期遗迹、遗物，可以充分说明唐末至西夏这段时期，这条中西交通通道的繁荣。在这一时期，中原王朝、西夏等政权主要通过这条通道与西域等地区进行经济、文化等交流。而民勤绿洲在这条道路沿线的古城，为保障这条通道的畅通发挥了重要的作用。在以上古城遗址中，端字号柴湾古城遗址被李并成先生考证为唐白亭军驻地。而该城正在白亭海附近，在城址内也发现了西夏时期的瓷片等遗物，说明该城在西夏时期是灵州—凉州道上一处重要的驿站或军事机构。在民勤东安堡城址发现了大量的西夏时期遗物，从该城的形制、规模及发现的遗物看，该城很有可能是县一级机构的驻地。此外，像青松堡、红沙堡、永安堡、沙山城等遗址规模相对较小，可能为堡寨一类的基层机构，用以保障这条通道的畅通。这些西夏时期修建或沿用的古城遗址，在其后的明、清都有重筑、沿用，而且大部分处于明长城内侧，成为明代民勤长城边防体系的重要组成部分，同时也为研究历代民勤绿洲的开发、变迁提供了重要的参考资料。

---

① 陈育宁、王天顺主编《西夏地理研究》，甘肃文化出版社，2002，第188~189页。
② 陈育宁、王天顺主编《西夏地理研究》，甘肃文化出版社，2002，第181~182页。

第七章　墓葬

中华人民共和国成立以来，随着文物考古工作的科学开展，在西夏故地先后发现了多处墓葬，为研究西夏社会历史以及丧葬习俗提供了十分重要的实物资料。最早发现的西夏墓葬是 1909 年俄国探险家科兹洛夫在我国内蒙古额济纳旗黑水城外发现的一座塔墓，并从中发现了数以千计的西夏文献和文物。另外发现较早的是宁夏银川贺兰山北麓的帝王陵和陪葬墓、银川永宁县闽宁村野利家族墓以及银川新华北街小型火葬墓。还有一处较大的墓葬群是在陕西靖边县以及内蒙古乌审旗发现的党项夏州政权墓葬。此外较有影响的西夏墓葬就是在甘肃武威西郊发现的西夏木板画墓。

第一节　国内外研究进展

20 世纪 70 年代以来，随着武威旧城改造建设的进行，在武威西郊附近先后发现西夏墓葬 7 座，出土了木缘塔、木棺、彩绘木板画、木衣架、木桌、木椅、木瓶、瓷器、钱币等一批重要文物。武威西夏墓的发现，为研究西夏的社会历史、宗教信仰、葬俗、服饰等问题提供了第一手资料。

1977 年，在武威西郊林场发现了两座西夏墓葬，出土了木缘塔、木板画等西夏文物，原武威地区博物馆宁笃学、钟长发撰写了清理简报。[①] 1981

---

① 宁笃学、钟长发：《甘肃武威西郊林场西夏墓清理简报》，《考古与文物》1980 年第 3 期。

年 4 月，武威地区体育学校在植树时，发现了一座砖砌西夏墓，宁笃学发表了《武威西郊发现西夏墓》，介绍了墓葬情况。[①] 1989 年 6 月，武威市城建委在西郊十字路口修建地下管道时，发现了一座西夏双人合葬墓。[②] 1997 年 3 月 29 日，武威武警支队在西关修建家属楼时，发现了一座西夏砖室墓，出土了木棺、买地券以及瓷器等西夏文物。[③] 1998 年 9 月 21 日，在武威城西郊响水河煤矿家属院内打地平时，发现一座完整的西夏双人合葬墓。武威市博物馆闻讯后派人到现场进行了抢救性清理，出土了木棺、买地券等随葬品。[④] 1999 年 6 月 7 日，在武威市乡镇企业局院内发现了西夏小型砖室火葬墓一座。[⑤]

《甘肃武威西郊林场西夏墓清理简报》发表后，引起了西夏学界的高度重视，专家学者相继著文探讨西夏葬俗和历史。陈炳应在解读考释 1977 年西郊林场发现的 2 座西夏墓所出土墨书题记的基础上，介绍了 2 号墓出土的彩绘木板画，探讨了西夏的丧葬习俗。[⑥] 史金波论述了武威发现的木板画墓，以武威发现的西夏墓为例，探讨了西夏丧葬习俗。[⑦] 黎大祥在《文物精粹》以及《武威文物研究文集》中论述了武威西夏墓出土概况，并对出土的木板画、木缘塔等重要文物进行了研究。[⑧] 武威西郊林场发现的西夏墓，是除西夏王陵外出土文物最多的西夏墓葬。牛达生在《西夏遗迹》第三章"西夏陵墓"中专门阐述了武威发现的几座木板画墓。[⑨]

在武威西郊已发现的 7 座墓葬中，最受学术界关注的就是原西郊林场 2 号墓出土的 29 幅彩绘木板画。陈于柱考述了"蒿里老人""金鸡""狗"三

① 宁笃学：《武威西郊发现西夏墓》，《考古与文物》1984 年第 4 期。
② 孙寿龄：《西夏的葬俗》，《陇右文博》1996 年第 1 期。
③ 朱安、钟雅萍：《武威西关西夏墓清理简报》，《陇右文博》2001 年第 2 期。
④ 姚永春：《武威西郊西夏墓清理简报》，《陇右文博》2000 年第 2 期。
⑤ 刘斌：《武威发现西夏砖室火葬墓》，《丝绸之路》2000 年第 1 期。
⑥ 陈炳应：《甘肃武威西郊林场西夏墓题记、葬俗略说》，《考古与文物》1980 年第 3 期；陈炳应：《西夏文物研究》，宁夏人民出版社，1985；陈炳应：《西夏探古》，甘肃文化出版社，2002。
⑦ 史金波、白滨、吴峰云：《西夏文物》，文物出版社，1988；史金波：《西夏社会》，上海人民出版社，2007。
⑧ 黎大祥：《文物精粹》，甘肃文化出版社，2002；黎大祥：《武威文物研究文集》，甘肃文化出版社，2002。
⑨ 牛达生：《西夏遗迹》，文物出版社，2007。

幅彩绘木板画的源流和意义。① 陈丽伶、余隋怀则从绘画艺术的角度分析了木板画的绘画艺术风格②。徐玉萍从木板画的人物造型方面，阐释了木板画所反映的西夏服饰、发饰以及民族关系。③

关于西夏的丧葬习俗，文献虽有记载，但甚为简略。武威西夏墓的发现，为探究西夏葬俗提供了最为直接的材料。王伟④、孙昌盛⑤、蔡晓樱⑥依据武威西郊西夏墓、西夏王陵以及银川闽宁村西夏墓探讨了西夏的墓葬形制和丧葬习俗。西夏流行先火葬以及在墓葬中放置佛教咒语，是受到了尊崇佛教的影响。同时，其葬俗也烙着道教印记。于光建、徐玉萍对武威西郊西夏墓出土的两件冥契内容进行了校释，并探讨了西夏冥契源流和道教对西夏丧葬的影响。⑦

综上所述，近年来，学术界在文物考古部门的清理简报基础上，对西夏的葬俗、社会生活史等方面展开了研究，取得了丰硕的成果。但纵观整个研究成果，基本上都集中在对 1977 年西郊林场 2 号西夏墓木缘塔汉文题记以及出土木板画的研究上，而且对木板画的研究也仅仅局限于"蒿里老人""五男侍""五女侍""金鸡"等少数几块画面保存较为完整的木板画。而且，考古发掘简报对墓葬出土文物介绍简略，没有深入的研究。因此，从整体上对武威西郊西夏墓进行深入研究，具有重要意义。

---

① 陈于柱：《武威西夏二号墓彩绘木版画——蒿里老人考论》，《西夏学》第 5 辑，上海古籍出版社，2010；陈于柱：《武威西夏二号墓彩绘木版画中"金鸡"、"玉犬"新考——兼论敦煌写本〈葬书〉》，《敦煌学辑刊》2011 年第 3 期。

② 陈丽伶、余隋怀：《武威西夏木板画的遗存及其特征》，《西北工业大学学报》（社会科学版）2008 年第 1 期。

③ 徐玉萍：《武威西夏木版画的重要价值——以五男侍、五女侍木版画为例》，《陇右文博》2011 年第 2 期。

④ 王伟：《从武威西郊林场西夏墓谈西夏的主体葬俗——火葬》，《兰州学刊》2000 年第 4 期。

⑤ 孙昌盛：《略论西夏的墓葬形制和丧葬习俗》，《东南文化》2004 年第 5 期。

⑥ 蔡晓樱：《从武威的西夏墓看西夏葬俗》，《西夏学》第 7 辑，上海古籍出版社，2011。

⑦ 于光建、徐玉萍：《武威西夏墓出土西夏冥契研究》，《西夏研究》2010 年第 3 期。

第二节　西夏墓葬概况

一　西郊林场西夏墓

1977 年 6 ~ 10 月，原武威地区博物馆对在原武威县西郊林场发现的两座西夏时期的墓葬进行了清理。[①]

（一）墓室形制

两座墓均为单室砖墓，规模较小，相距 10 米。M1 在北，墓门向南；M2 在南，墓门向东。两座墓室分别长 1.3 米、1.6 米，宽分别为 1.2 米、1.3 米，高分别为 1.2 米、1.7 米。墓室四壁均为平砖叠砌，底部一层平砖，用人字形铺法。墓门分别高 75 厘米、80 厘米，宽 68 厘米、90 厘米，进深 33 厘米、39 厘米。墓门为单层砖拱形券顶，以较大卵石封门。墓顶呈圆锥形，顶距地表约 1.5 米。土质系砂土。两墓后壁底部均设二层台，宽度与墓室相等，长 60 厘米，高 14 厘米，台上用石灰抹面。

（二）出土器物

根据出土的木塔顶部题记，可知这两座墓属于西夏天庆年间刘氏家族的墓，其随葬品虽有繁简，但形制基本相同。随葬器物以木器为主。大部分木器因久为淤泥浸蚀，腐朽严重，其位置也未能保持原貌。经过整理，半数以上尚能复原和辨清形制。

2 号墓随葬品：

1. 木缘塔

件数：1 件

通高 76 厘米，置于二层台上。塔分塔座、塔身、塔顶和刹四部分。塔座四级八角形，饰红色；塔身由长 34 厘米、宽 12.5 厘米、厚 2 厘米的八块木板组成，合缝处以四角带钉的长方形铁片上下两道连接（铁片已锈蚀）。整个塔身表面涂蓝色，用黄色书写梵文咒语，计有"一切如来咒""一切如来百字咒""药师琉璃光王佛咒""圣□光天母心咒""归依三宝咒""圣无

---

① 宁笃学、钟长发：《甘肃武威西郊林场西夏墓清理简报》，《考古与文物》1980 年第 3 期。

图 7 - 1　木缘塔

量寿一百八□陀罗尼咒"等。塔身顶部另有长 12.5 厘米、宽 3.5 厘米、厚 2 厘米的八块小木板作卯榫与塔身相连接，表面涂饰红色，画有斗拱图案；塔顶也为八块近三角形弯曲的木板组成，骑缝上用同样曲形的木条粘接，每块木板表面上下部绘有云气纹，中间书写朱红色梵文一字；塔刹底部周围由八块小木板组成围栏，面涂红色。刹另制，中心有圆轴与塔顶相连，底座周围面绘卷草纹饰，上有二道相轮，刹顶略残。在塔顶八角木板上的内面墨书："故考任西经略司都案刘德仁，寿六旬有八，于天庆五年岁次戊午四月十六日亡殁，至天庆七年岁次庚辰（申）□夏十五日兴工建缘塔，至中秋十三日入课讫。"此塔除底部略有腐朽外，大体尚完好，制作精致。

2. 木条桌

件数：2 件

松木质，桌呈长方形。一件长 54 厘米，宽 30 厘米，高 30 厘米；另一件长 55.6 厘米，宽 25 厘米，高 24 厘米。表面饰土红色，桌面磨光滑，边缘处施凹形线一道。四足上方下圆，均施桌牙。前后为双撑，两侧为单撑。该桌与五代、宋时绢画中的木桌相同。

图 7 - 2　木条桌

3. 木衣架

件数：2 件

松木质，长 55 厘米，高 43.5 厘米。表面饰土红色，两立杆底端均有座，座为桥形，上有两斜杆支撑，与底座呈三角形，上面横杆两端雕成蕉叶形，与河南白沙宋墓壁画中的木衣架相同。

4. 木宝瓶

件数：2 件

松木质，口径 4 厘米，底径 3.5 厘米，高 12.2 厘

图 7 - 3　木衣架

米。表面饰土红色，喇叭口，平沿，有带塞的盖，平肩深腹，下内敛，平底。口部有三分之一部分残缺，表面有磕伤，制作精细。

5. 小木塔

件数：7 件

松木质，底径 7 厘米，高 8.7 厘米。面饰土黄色，由塔座和塔身两部分组成。塔座为覆钵状，平底，塔身有三道相轮。基本完整，塔顶微残。

6. 木笔架

件数：1 件

松木质，呈长方形槽状，长 7.2 厘米，宽 3.3 厘米，高 6 厘米。有桥形四足，上有两笔孔。其中一孔插一木笔。

7. 木笔

件数：1 件

松木质，由松木条削成，上细下粗，下端笔尖有墨迹，笔身有棱边。木笔插在木笔架中。

图 7 - 4　木宝瓶　　　　图 7 - 5　小木塔　　　　图 7 - 6　木笔架和木笔

8. 木碗

件数：1 件

松木质，口径 10 厘米，底径 6.5 厘米，高 5.3 厘米。表面饰土红色，口微敛，卷沿，足外撇，平底，腹部有两道凹弦纹。底部有两处残缺，口沿部有多处微残，内壁有凹坑。

9. 木筷

件数：2 双

松木质，细长圆形。一双长 23.7 厘米，直径 0.7 厘米；另一双长 24.7 厘米，直径 0.7 厘米。两端均有尖，一端略粗，并刻有凹弦纹数道。木质糟朽严重。

图 7-7　木碗

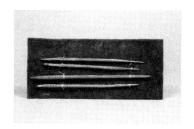

图 7-8　木筷

10. 小木壶

松木质，口径 3.3 厘米，底径 3.1 厘米，高 8 厘米。表面饰土红色，短颈折肩，直腹，下部微内敛，平底。底部微残，木质腐朽。

11. 瓷碗

件数：1 件

瓷质，口径 16 厘米，底径 5.5 厘米，高 6 厘米，表面施白釉。

图 7-9　小木壶

图 7-10　瓷碗

12. 木板画

件数：29 件（其中 4 幅画面剥蚀较为严重，难以辨识）。

最大的长 28 厘米，宽 10.5 厘米；最小的长 9.5 厘米，宽 4.5 厘米，厚仅 1~2 厘米。这些木板画除少数因剥蚀难以判断其内容以外，其余的内容分别为：老者 1 幅、随侍 4 幅、武士 6 幅、童子 2 幅、五男侍 1 幅、五女侍 1 幅、老仆 1 幅、老婢 1 幅、驭马人 1 幅、屈腰人 1 幅、太阳 1 幅、龙 1 幅、金鸡 1 幅、狗 1 幅、猪 1 幅、天上星星 1 幅等。有 8 幅画的背面或侧面有题记，分别是："蒿里老人""大六""童子""二童子""南陌人呼北陌人""天关""太阳""金鸡"等。

彩绘"蒿里老人"：柏木质，木板呈长方形，长 28 厘米，宽 10.5 厘米。以土红色打底。表面彩绘一老者，头戴黑漆高冠，穿交领右衽宽袖灰色长袍，束黑腰带，手持一细长竹杖。用墨线描绘画面轮廓，绘画线条流畅，人物形象逼真。木板侧面墨书汉文"蒿里老人"。

牵马"大六"：柏木质，木板呈长方形，长 14 厘米，宽 8 厘米，厚 1.7 厘米。以土红色打底。表面彩绘一牵马人物图。牵马人披发，着浅绿色交领短衣，束黑色腰带，一手执鞭，一手牵马；马昂首扬尾，作奔腾状，背负黄色马鞍。木板背面墨书汉文"大六"二字。

图 7 – 11　彩绘蒿里老人

图 7 – 12　牵马大六

彩绘"五女侍"：柏木质，长方形，长 21.5 厘米，宽 11.5 厘米，边缘稍有朽蚀。画面清晰，色彩艳丽，人物形象逼真。五侍女脸型丰满圆润，前四人梳着高高的发髻，最后一人披发。分别穿着红色、绛紫色、橘红色、青色不同色彩的交领窄袖长衫，其中三人手中分别捧着奁盒、托盘、拂尘，一人手提包袱，一人拱手，左肩上披长长的浴巾。五侍女看起来年纪较轻，头戴幞巾，整个画面看起来是服侍主人沐浴的情景。从画中人物的服饰和手中拿的物品可以看出，木板画的内容都是仿照墓主人生前的生活绘制的，突出了墓主人生前奴婢成群、受人尊敬的情况。

彩绘"五男侍"：柏木质，长方形，长 21.6 厘米，宽 13 厘米，完整，整体色彩艳丽，画面清晰、淡雅，五男侍脸左向，穿蓝色、赭色、绯色、黄色、灰色的圆领窄袖长袍，腰束带。分别拱手佩剑、拱手背着包袱、双手捧盆、双手捧唾壶、拱手肩披长浴巾。衣饰特点与西夏晚期安西榆林窟第 29 窟的壁画西夏供养人衣饰特点相似。窄袖长袍、腰束带这样的衣饰特点并非西夏所独有。《梦溪笔谈》记载："中国衣冠，自北齐以来，乃全用胡服。窄袖、绯绿短衣、长勒靴，有蹀躞带，皆胡服也。"

图 7 - 13 彩绘五女侍

图 7 - 14 彩绘五男侍

彩绘捧物童子：柏木质，木板呈长方形，长 16.2 厘米，宽 7.1 厘米，厚 1.6 厘米。以土红色打底。表面竖向彩绘一捧物童子图，画面轮廓用墨线描绘。童子头梳双环髻，目视前方，双手捧一黄色大盘，盘中有一红色包裹，身着交领右衽长袍，束腰带。木板左侧墨书汉文"二童子"三字。

彩绘双手捧物童子：长 15.5 厘米，宽 7 厘米。以土红色打底，表面竖向彩绘一童子像。头梳带单环饰的童髻，圆润的脸侧向左手一边，身穿交领长衫，束腰带，双手捧唾壶，下垫长巾。木板侧面墨书汉文"童子"二字。

彩绘武士：柏木质，木板呈长方形，长 17 厘米，宽 9 厘米。表面竖向彩绘一武士立像。脸侧向左边，头戴毡盔，盔顶红结绶；身着宽袖战袍，肩披掩膊，臂胸，腹有甲片保护。双手执一宝剑。木板背面墨书汉文"南陌人呼北陌人"七字。

彩绘武士：柏木质，木板呈长方形，长 17 厘米，宽 9 厘米，脸向左侧，戴毡盔，盔顶红结绶；身着宽袖战袍，肩披掩膊，臂胸，腹有甲片保护。双手执一月牙铲。汉人脸型。糟朽严重。

彩绘武士：柏木质，木板呈长方形，长 15.5 厘米，宽 7.6 厘米。脸向左侧，头戴毡盔，盔顶红结绶；身着宽袖战袍，肩披掩膊，臂胸，腹有甲片保护。双手执一宝剑。

彩绘武士：柏木质，长 15.5 厘米，宽 7.2 厘米。木板呈长方形。表面竖向彩绘一武士像，脸侧向左边，头戴毡盔，盔顶红结绶；身着宽袖战袍，肩披掩膊，臂胸，腹有甲片保护，拱手站立。

彩绘武士：柏木质，木板呈长方形，长 15.2 厘米，宽 6.5 厘米。脸向右侧，络腮胡须，大鼻头。头戴毡盔，盔顶红结绶，手持三叉戟。服饰因糟朽，画面剥落，无法辨识。

彩绘武士：柏木质，木板呈长方形，长 15.5 厘米，宽 7.6 厘米。脸向右侧，作拱手状，大鼻头。头戴毡盔，盔顶红结绶；身着宽袖战袍，肩披掩膊，臂胸，腹有甲片保护。糟朽严重。

图 7-15　彩绘捧物童子　　图 7-16　彩绘双手捧物童子　　图 7-17　彩绘武士

图 7 - 18　彩绘武士　　　　图 7 - 19　男侍　　　　图 7 - 20　男侍

　　男侍：柏木质，长 13.8 厘米，宽 6.9 厘米，厚 1.3 厘米。木板呈长方形，以土红色打底。表面竖向彩绘一老年侍者。头着黑色方巾，向脑后下垂，面侧向右臂，身穿圆领长衫，拱手，鼻子高大，鼻头尖钩，眼、耳较大。

　　男侍：柏木质，长 10.1 厘米，宽 6 厘米，厚 1 厘米。木板呈长方形，以土红色打底。表面竖向绘一男侍从，人物轮廓用墨线勾画。头戴幞头，着蓝色圆领宽袖长衫，双手拱举胸前，侧身而立。

　　屈腰人：柏木质，长 15.8 厘米，宽 6.7 厘米，厚 1.6 厘米。木板呈长方形，以土红色打底。表面竖向绘一负袱男子。头戴黄色方巾，身穿宽袖灰色长衫，弯腰弓背，头上扬，面带微笑，拱手，背负一包袱。

　　随侍：长 10.5 厘米，宽 5 厘米。脸向左，戴幞头，着圆领宽袖长衫，双手作拱手状。糟朽严重。

　　老仆：长 14 厘米，宽 7 厘米，脸向左侧，头戴巾，着圆领衫，拱手。完整。

　　随侍：长 10.5 厘米，宽 5.5 厘米。正面，戴幞头，着圆领宽袖长衫，拱手。多糟朽。

　　老婢：长 14 厘米，宽 6.5 厘米，脸向右侧，披发，服饰不清。糟朽严重。

　　随侍：长 10.5 厘米，宽 5.8 厘米。正面，戴幞头，其他因糟朽分辨不清。

　　彩绘太阳：柏木质，木板呈长方形，长 15 厘米，宽 7 厘米。以土红色打底。表面竖向彩绘太阳图案。太阳的中间绘一只站立的三足乌，太阳下面绘卷云。太阳和云彩均为红色，三足乌为黑色。侧面有墨书汉文"太阳"二字。

图7-21 屈腰人　　　图7-22 彩绘太阳

彩绘"金鸡"：柏木质，长方形，长8.5厘米，宽6厘米。以土红色打底，表面彩绘一金鸡，羽毛为黄色，作行走的姿态，木板侧面墨书汉文"金鸡"二字。

彩绘猪：长12厘米，宽7.3厘米。猪头左向，作卧状，嘴角尖长，头上和脊背有稀疏的猪毛。

彩绘狗：长10.5厘米，宽5.5厘米。头偏向左则，作卧状，张嘴，浅白色彩绘，朱红点眼睛和舌头。

彩绘双头龙：柏木质，长9.5厘米，宽4.5厘米，四周糟朽。整块板画以土红色打底，以青、红、黄、白、粉五色绘一U型双头连体龙，龙头分别处于U型上端，左右相对而视，龙体连为一体，龙头有耳无角，发须披散。龙眼凸出，张嘴吐舌，龙鳞绘制较为整齐细致，整个画面布局匀称，显得威严凶猛。

图7-23 彩绘金鸡　　　图7-24 彩绘双头龙

墨书天关木板画：柏木质，长方形，糟朽严重，画面剥落不清，侧面墨书汉文"天关"二字。

1 号墓随葬品：

1. 木缘塔

件数：2 件

木缘塔 1：松木质，高 43 厘米，底径 29 厘米。塔座缺，塔身由六角形木板组成，表面用蓝色打底，用黄色书写梵文咒语。用卯榫和木楔固定。塔顶残缺不全，六角形顶盖，木板上有墨书题记："彭城刘庆寿母李氏顺娇，殖大夏天庆元年正月卅日身殁，夫刘仲达讫"。塔顶分两层，上画红、白色云纹图案；顶呈埯形，用白底蓝边黑线勾画线条。塔身底色及咒语剥落严重，顶残缺不全，塔身为两截，底缺。此塔与 2 号墓出土的木缘塔形制一样，只是器形比 2 号墓的矮小一些。

图 7 – 25　木缘塔 1

图 7 – 26　木缘塔 1 题记

木缘塔 2：松木质，糟朽甚残，仅存塔身木板六块、塔座和一块墨书汉文塔盖。塔身表面用蓝色打底，用黄色书写梵文咒语。木缘塔内木制六边形盖子上墨书汉文："故亡考任西路经略司兼安排官□两处都案刘仲达灵匣，时大夏天庆八年岁次辛酉仲春二十三日百五侵晨葬讫，长男

图 7 – 27　木缘塔 2

刘元秀请记"。最后还有一行梵文六字真言，汉文音译为"唵嘛呢叭咪吽"。

2. 墨书木牌位

件数：1件

柏木质，未经加工。墨书汉文："彭城刘庆寿母李氏，殡天庆元年正月卅日讫"。

二　西郊体校西夏墓

1981年4月，武威地区体育学校学生在校园植树时，发现了一座砖砌西夏墓，墓室已被破坏，一部分较完整的器物也已被搬出墓室。原武威地区博物馆钟长发、宁笃学、杨福等人对其进行了清理。墓为单室砖墓，东西向，门在东，墓室长1米，前宽90厘米，中宽88厘米，后宽86厘米，残高73厘米。四壁以单砖叠砌，条形砖铺底。[①] 墓门结构已不存在，随葬品不多，完整者有以下几件。

1. 高圈足白瓷碗1件，口沿有裂痕，口径9厘米，通高5.5厘米，圈足高2厘米，呈喇叭形，全身挂釉。

2. 白瓷碗1件，口径14厘米，高5.5厘米。低圈足，仅碗内施釉。

3. 黑釉瓷瓶1件，小口，口唇有残缺，口径4厘米，高17厘米，底径9厘米。

4. 木板画1块，长59厘米，宽24厘米，厚2厘米。朽蚀严重，已裂为两半，色彩剥落严重，原位置不详。

在清理墓葬过程中，未发现人骨，看来应属于西夏舍利塔墓。墓内虽未发现纪年的器物，但就墓葬形制与出土物来看，它和1978年武威西郊林场1、2号西夏墓葬形制与所出器物基本相同，而且两处墓地相距不到500米，同处于武威西郊，因此，这座墓应属西夏晚期的墓葬。

三　西郊十字路口西夏墓

1989年6月，武威市城建委在西郊十字路口修建地下管道时，在距地面1米多深处，发现了一座西夏双人合葬墓。墓内出土了一批西夏文物，当

---

① 宁笃学：《武威西郊发现西夏墓》，《考古与文物》1984年第4期。

时被施工人员私分。武威市博物馆获悉后，派专人到现场查看，同时向公安
机关汇报。经调查，追回西夏木板画 2 件，高足瓷碟 2 件，并对残墓进行了
抢救性清理，清理出残骨灰匣 2 具。① 现将清理情况整理如下。

（一）墓室形制

墓室距地表 1 米多深，为砖室墓。长 1.2 米，宽 0.85 米，高 1.25 米，
拱顶，用砖叠砌而成。墓门高 90 厘米，宽约 70 厘米，进深 38 厘米，为单
层砖拱形券顶，大卵石封门，平砖铺地。根据出土的 2 具骨灰匣判断，应该
是双人合葬墓。

（二）随葬品

1. 高足瓷碟 2 件

Ⅰ式，白釉高足瓷碟，高 6.5 厘米，口径 10 厘米，足径 4.5 厘米。
（图 7 - 28）

Ⅱ式，灰白釉高足瓷碟，高 6.5 厘米，口径 9.5 厘米，足径 4.5 厘米。
（图 7 - 29）

图 7 - 28　白釉高足瓷碟　　　　图 7 - 29　灰白釉高足瓷碟

2. 灵骨匣

件数：2 具

由于墓葬受到破坏，两具木灵骨匣破坏甚残。

Ⅰ式：此木棺复原后为梯形，上大下小，长 64 厘米，宽 52 厘米，高约
40 厘米。

木板画：墓室残留有两块木板画，根据棺具残件判断，应该是木棺具

_____

① 孙寿龄：《西夏的葬俗》，《陇右文博》1996 年第 1 期。

的左右帮。

左帮：长方形，长 59.3 厘米，宽 4～17 厘米，厚 1 厘米。正面墨绘五男侍，立姿，面均向左，高颧骨，鼻高而尖，头顶髡发，脑后发髻垂于颈部，两鬓角发或少而飘散，或多而成绺。着圆领窄袖束腰长袍，双手握举胸前，右高左低。内侧刻画西夏文六字，前两字不清楚，后四字翻译为"九年四月"。（图 7-30）

右帮：长方形，右边缘和下边缘朽裂。长 22～26.5 厘米，宽 2.5～10.8 厘米。正面仅残存墨绘两仕女半身像，面朝左，双手握举胸前，面容清秀，高发髻，簪饰翘立。束发下垂至肩，身着右衽长袍，是典型的少数民族妇女形象。根据左帮长度，右帮壁应该有五女侍。（图 7-31）

图 7-30　墨绘五男侍　　　　　图 7-31　墨绘女侍

前案头：宽 52 厘米，高 21 厘米，呈梯形，正面书写汉字六字真言："唵没隆唵嘛弥"。

后案头：高 18 厘米，宽 40 厘米（残），上大下小，亦为梯形。

Ⅱ式：此木棺复原后，两侧带有把柄，拱形顶，长 52 厘米，宽 21 厘米，高约 35 厘米。前略大于后。

图 7-32　前案头墨书题记

前案头：高 33 厘米（残），宽 17.5 厘米，厚 2 厘米，圆弧顶。上有汉文题记，正中书："亡灵慈母吕氏"；右书："男韩奴奴，次男□□"；中书"孙□□"；左书："孙韩蔼狗（下残）"。（图 7-32）

后案头：高仅剩 17 厘米，宽 8 厘米，圆弧顶，厚 2 厘米。略小于前案头（残）。

把柄：长 60 厘米，宽 7 厘米，厚 1.5 厘米，可连接前案头与后案头。另有断、朽木帮壁数块，骨灰散落在墓中。

从两具小木棺来看，西夏男女灵骨匣大小、造型均不一样，男式略大于女式，男式呈梯形，女式为圆弧顶。

另据报案者称：还有一块木板，有五六十厘米长，宽三四十厘米，写满了笔画繁多的文字，和西夏碑上的文字很相似，一个也不认识。看来木板上的字是西夏文无疑。可惜该木板未能追回。

四　西郊响水河煤矿家属院西夏墓

1998 年 9 月 21 日，武威响水河煤矿组织施工队，在武威城西郊响水河煤矿家属院内打地平时，发现一座完整的西夏双人合葬墓。原武威市文化局及博物馆闻讯后，派人到现场进行了抢救性清理。[①]

（一）墓葬结构

墓为长方形砖室墓，长 123 厘米，宽 95 厘米，高 97 厘米。用砖叠砌而成，单层砖拱形券顶，平砖铺地。砖长 22 厘米，宽 3.4 厘米。墓门向北，墓顶为人字形拱顶，高 67 厘米，宽 44 厘米，墓门用大卵石封门。葬具为两具木质小灵骨匣，同时出土汉文朱书买地券一块、木质小木桌一张、小木椅一对、木酒壶一把、木托盏两件、木供器一件。

（二）随葬品

1. 墨书西夏文小木棺

松木质，木棺前大后小，大头为 20×21 厘米，尾部为 18×19 厘米，棺体通长 41.5 厘米，棺盖长 59.5 厘米，厚 1.5 厘米，棺盖向外延伸 18 厘米，呈梅花瓣形。前案墨书两行西夏文字，汉文译文为：墓主人儿子为其母亲所供葬。棺体由六块木板用铁钉和卯榫连接而成，棺体素面无纹饰，铁钉已锈蚀，棺底部分糟朽。

2. 小木棺

松木质，前大后小，由六块松木板钉制而成，素面无纹饰。大头为 21.5×23 厘米，尾部 17.5×22.5 厘米。棺体通长 33.5 厘米。棺盖长 43 厘米，厚 6.5 厘米。棺盖向外延伸 10.5 厘米。

---

① 姚永春：《武威西郊西夏墓清理简报》，《陇右文博》2000 年第 2 期。

图 7 - 33　墨书西夏文小木棺　　　　图 7 - 34　小木棺

3. 买地券

一件，松木质，长 31.5 厘米，宽 17.5 厘米。汉文朱书，竖写 16 行文字，上下端泛碱严重，字迹漫漶不清，部分文字难以辨识。录文如下：

维大夏乾祐廿三年岁次壬午二月□□□

二十九日壬寅直祭主男窦依凡遣于西苑

外咩布勒觅卖（买）地一段殁故龟筮□

相地袭吉安厝宅兆谨用银□九万九千九百九十九贯文兼五彩信币买地一段

东西七步南北七步东至青龙西至白

虎南至朱雀北至玄武内分勾陈分擘

掌四域丘冢（丞）墓伯封畔道路将军□

千秋百万岁永无殃咎□□于河禁者

将军亭长收付何（河）佰（伯）今以姓（牲） 牢酒饭百味香

香新共为信契财地交于分付工匠修营

安厝宅兆以后永保休吉知见人岁一保人

今日直符故气邪精不得忓客先有

居者永避万里若遗此新地府主

使自当其祸主人内外存亡悉皆吉□

总如五帝使者如（女）青律令

4. 木桌

松木质，高 21 厘米，桌面 26 × 31 厘米。

5. 木椅

两把，松木质，椅面25×26厘米，椅背高34厘米，座高19厘米。

6. 木供器

1件，松木质，口径5厘米，高11.5厘米，底径6.5厘米。

7. 木托盏

2件，松木质，口径7厘米，高5.5厘米，口部残缺，底部为木质托把，托把上面为一圆面，圆面上面为一木碗。三个部件由木胶粘接而成。

8. 木酒壶

松木质，通高12厘米，颈高5.5厘米，口径4厘米，底径5.5厘米。敞口，有唇，细颈，鼓腹，台座。

图7-35 买地券

图7-36 木桌

图7-37 木椅

图7-38 木托盏

五 城区乡镇企业局家属楼西夏墓

1999年6月7日，在修建甘肃省武威市乡镇企业局家属楼时，挖地基的过程中，发现了西夏小型砖室火葬墓一座。武威市博物馆专业人员对其进行了认真清理。①

（一）墓室形制

该墓室坐北朝南，距地面1米，长1米，进深1米，高1.5米，为正方形。墓室底垫细沙，用长34厘米、宽16厘米、厚4厘米的青砖平面铺底。四周下基用竖立青砖排挤而成。以上均用平砖错位叠砌，约20层，层与层之间用泥粘接。墓室内部为砖砌，呈下大上小、逐层缩小的塔形，顶部呈藻井形状。墓门位于墓室中部，朝南，边沿周围用竖砖排列，高70厘米，宽45厘米。

（二）随葬品

1. 小木棺

件数：2具

用松木制成，长48厘米，宽21厘米，里面装有泥瓶四个，均为手工所制，造型简单，制作粗糙，甚残。

2. 灵骨瓶

件数：1件

胶泥质，瓶高8厘米，内装有灰、白两色混合的大小不等颗粒状骨灰。

3. 木板画

棺木周围立放有数块大小不等的松木板画，因墓室渗入大量泥浆，湿度较高，木板残损严重，导致画面模糊。但从总貌观察，画面大致内容尚可辨认。图案均用墨色和大红色绘制，有若干个男女侍俑和三个穿戴盔甲战服的彩绘武士俑，色彩艳丽，人体比例匀称，人物面部表情各异，穿戴服饰具有民族特点，造型栩栩如生，绘画技法熟练。

4. 木瓶

件数：2件

墓室西北角放置有两个木瓶，高10厘米，口径2.5厘米，制作精细，小巧玲珑。损毁严重。

5. 墨书木牌位

件数：1件

松木质，为上部圆弧形、下部方形的木板，上有墨书汉文题记三行，左

---

① 刘斌：《武威发现西夏砖室火葬墓》，《丝绸之路》2000年第1期。

边题"长男唐吉祥，次男□□"，中部题"亡过弟子唐奴见"，右边落款"天庆 辛 西八年正月□□"。

6. 墨书佛教经咒

件数：5件

松木质，最长62厘米，最短54厘米，宽7~8厘米，厚1厘米，分别用汉文正楷书写"麻你钵名""□□□没莎诃"和"□□□药师留梨光佛""□□□本师释迦牟尼王佛"等，立于墓室周围。

7. 货币

件数：5枚

在墓室底部平面不同位置，放有北宋钱币嘉祐通宝、咸平元宝、治平元宝、祥符通宝等5枚。铜锈较重，呈深绿色，字体较模糊，分别用汉文楷书、行书、篆书铸成。

甘肃武威曾先后多次发现西夏墓葬，并出土了大量不同类型的西夏文物，木器文物虽有发现，但数量不多。从几次出土木器文物的情况看，都伴有骨灰，与火葬有关。这次发现的西夏小型砖室墓，是一座典型的火葬墓，尤其是墓室内部呈塔形，系首次发现。此墓对深入了解西夏的历史，研究西夏的佛教、绘画艺术、书法特点、货币流通情况，特别是进一步考证西夏时期的火葬风俗具有较高价值。

图7-39 墨书木牌位

图7-40 墨书佛教经咒

六 西关武警支队家属院西夏墓

1997 年 3 月 29 日，武威武警支队在西关修建家属楼时，发现一座西夏砖室墓，出土了木棺、买地券以及瓷器等 9 件西夏文物。①

（一）墓室形制

该砖室墓由墓室、甬道、墓门以及照墙构成。墓室用平砖叠砌，底铺一层平砖，单室。墓室长 1.4 米，宽 1.3 米，高 1.5 米。墓门高 0.71 米，宽 0.62 米，进深 0.9 米，用单层砖砌拱形顶，用较大的卵石封门。甬道长 1.2 米，宽 0.6 米，高 0.8 米。上面有高 0.8 米的照墙，以平砖叠砌。

（二）随葬品

1. 小木棺

件数：1 具

松木质。由棺身、棺盖、底座三部分构成。盖长 83.5 厘米；底座残长 67 厘米；通高 45.5 厘米；前宽 36.4 厘米；后宽 29 厘米。棺盖由五块木板组成，用木楔、铁钉固定在棺上，呈圆弧形，前端雕成连弧形。棺身从前至后逐渐缩小，底座左右两侧用两块木板穿撑棺身，外部上端施凹形线一道，下端镂雕两个壶门图案，形制独特精巧。

图 7 - 41 小木棺

图 7 - 42 买地券

2. 买地券

件数：1 块

柏木质，呈长方形，长 38 厘米，宽 25.5 厘米，厚 2 厘米，上端有水浸渍，中间有一道长约 6 厘米的裂缝，正面用朱砂楷书汉文，共 15 行 232 字，

---

① 朱安、钟雅萍：《武威西关西夏墓清理简报》，《陇右文博》2001 年第 2 期。

自左至右书写，录文如下：

维大夏乾祐十六年岁次乙巳六月壬子朔十九日庚

午直祭主曹铁驴次乙巳年四月内殁父亲龟筮

协徒相地袭吉宜于西城郭外厝宅兆谨用（钱）九万

九千九百九十九贯文兼五彩信币买地一段东西七

步南北九步东至青龙西至白虎南至朱雀北至真

武内分勾陈分擘掌四域丘承（丞）墓伯封步界畔道路

将军亭长发付河伯今次牲牢酒饭百味香

新共为信契财地交相分付工匠修营安厝已

后永保吉利

知见人岁月主

保人今日直符

故气邪精不得忏恢（客）先有居者永避万里主人

内外存亡悉皆安吉急急如五帝使者女青

律令

3. 彩绘人物木板画

件数：1 块

柏木质，长54.2厘米，宽22.8厘米，厚1.6厘米。木板呈长方形，先用淡白色打底，再用淡墨淡彩作画，表面横向彩绘四男一女图。五人站成一字形，头向各不一致，有的正面，有的略侧向一边，有的完全侧向一边。基本上都是短发（唯第二人头发蓬松隆起），后两侧各有一条短辫垂于肩部。第四人头顶左侧戴一朵白花，除第四人外均有胡须，有的络腮胡，有的八字胡，有的似五绺长须。身上均穿圆领束袖长袍，腰系丝带，双手多拱举胸前，唯第四人双手拊腹。

4. 小木案

件数：1 件

松木质，高7.4厘米，长60.3厘米，宽26厘米。用两块长方形小木板作面。制作粗糙简单，案上放置瓷碗、碟以及木瓶等器物，应该属于供桌。

图 7 - 43　彩绘人物木板画

图 7 - 44　小木案

5. 白釉瓷碗

件数：1 件

喇叭口，斜壁，圈足。口径 19.5 厘米，底径 6.8 厘米，高 8 厘米。胎质粗糙，内壁及口沿施白釉，外壁不施釉，内底有叠烧的圈足痕迹，器形较为独特，口部有小残口，腹壁有两道裂纹。

6. 瓷碟

件数：3 件

瓷碟 I

敞口，折沿，浅腹，圈足。口径 14.2 厘米，底径 5.7 厘米，高 3.7 厘米。胎质较粗糙，内壁及口沿施白釉，外壁不施釉。内底有叠烧的圈足痕迹，制作粗糙。

瓷碟 II

敞口，平沿，圈足。口径 12.7 厘米，底径 5.7 厘米，高 3.2 厘米。胎质较粗糙，内壁及口沿施白釉，外壁不施釉。内底有叠烧的圈足痕迹。

瓷碟 III

敞口，折沿，浅腹，圈足。口径 7 厘米，底径 5.6 厘米，高 3.2 厘米。胎质较粗糙，内壁及口沿施白釉，外壁不施釉。内底有叠烧的圈足痕迹。

图 7 - 45　白釉瓷碗

图 7 - 46　瓷碟

7. 小木瓶

件数：2 件

8. 货币

开元通宝 1 枚，北宋钱币 6 枚。

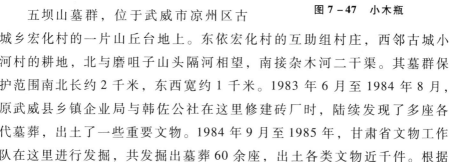

图 7 - 47　小木瓶

七　五坝山墓群

五坝山墓群，位于武威市凉州区古城乡宏化村的一片山丘台地上。东依宏化村的互助组村庄，西邻古城小河村的耕地，北与磨咀子山头隔河相望，南接杂木河二干渠。其墓群保护范围南北长约 2 千米，东西宽约 1 千米。1983 年 6 月至 1984 年 8 月，原武威县乡镇企业局与韩佐公社在这里修建砖厂时，陆续发现了多座各代墓葬，出土了一些重要文物。1984 年 9 月至 1985 年，甘肃省文物工作队在这里进行发掘，共发掘出墓葬 60 余座，出土各类文物近千件。根据发掘情况看，五坝山既是一处新石器时代的马家窑文化遗址，又是一处两汉、魏晋、西夏、元各个时期的墓葬群。

马家窑遗址中出土的彩陶，造型优美，花纹精致，属马家窑文化在甘肃西部地区的新类型。西汉中期墓葬中出土的金花，工艺水平很高，具有重要的艺术价值。西汉壁画墓中绘制的人物、山水和狩猎宴饮场面，绘画技巧娴熟，色泽鲜艳，是我国早期山水人物画的杰作。

据知情者说，这里发现的西夏墓葬均为土坑墓，出土了很有特色的小木棺及黑釉瓶之类的葬具多件。因在施工中发现，并未引起施工人员的注意。出土的西夏绿釉剔花罐和豆绿釉瓷罐以及元代白釉褐花瓶，保存完整。后由武威县（今武威市）博物馆收集保管。

1. 绿釉剔花罐

直口，宽平唇，溜肩，弧腹深长，下腹内收，暗圈足，稍外撇。内外满施绿釉，釉色温润，仅唇沿及足部露胎，胎质粗松。腹下部有一流口。高 30 厘米，口径 17 厘米，底径 13.2

图 7 - 48　绿釉剔花罐

厘米。肩部及外腹壁以剔花为装饰。肩部环饰向右摆动的莲瓣；肩与腹之间为带纹；腹部主题纹样为两朵向上开放的缠枝牡丹。构图饱满，花卉枝叶的剔刻很粗犷，但线条流畅，刀法娴熟，形象生动。既是实用器，也是一件优美的艺术品。

图 7-49　豆绿釉罐

图 7-50　白釉褐花瓶

2. 豆绿釉罐

圆口，直颈，弧腹，矮圈足，颈腹部有带状两耳，一耳残。口径 15 厘米，高 23.3 厘米，底径 13.2 厘米。内外施釉，足部露胎。釉色稳重深沉，通体匀称、圆润。

3. 白釉褐花瓶

小口，束颈，折肩，直腹修长，下部稍收，暗圈足。口径 3 厘米，高 18 厘米，底径 6.7 厘米。内外施白釉，足部露胎。釉中泛灰，外壁白釉底上绘褐色纹饰，颈、肩及腹壁中、下部各绘线纹两道，线纹之间前后各绘卷曲的草叶。绘画技法熟练，布局疏密得当，线条简练、粗犷，具有典型的元代瓷器绘画风格。

这些出土的绿釉剔花罐瓷器与武威古城塔儿湾出土的几件褐釉、豆绿釉瓷瓮相同，腹下部有流口，是一种家庭酿酒器。[①] 由此可见，在西夏时期，武威不但制瓷业发达，酿酒业也很兴盛。不只用口颈小的瓮酿酒，而且还用大口的罐作酿酒具。虽然五坝山墓群出土的西夏、元代文物不多，但它是一处文物蕴藏丰富的遗址和古墓葬群。

除以上 7 座由考古人员进行抢救性清理发掘的西夏墓外，武威城乡还发现了数座西夏墓。遗憾的是，由于这些墓葬都是在施工过程中发现的，遭到了严重的破坏，施工队也没有及时向文物考古部门报告，没有留下详细的清理报告资料。如 1989 年 7 月，武威奔马饮料厂在西夏墓群西苑小区施工时，

---

① 党寿山：《武威文物考述》，武威市光明印刷物资有限公司印制，2001，第 88~89 页。

发现一座小型墓葬，文物部门赶到现场后，仅从已被破坏的遗址处发现一件黑釉瓷瓶，宽肩鼓腹，高 28 厘米，腹径 20 厘米，口径 7 厘米，内装骨灰。这应是西夏火葬的另一种葬具——灵骨瓶，属于贫苦劳动人民所用葬具。2010 年 6 月，城建部门在解放军第十陆军医院附近开挖暖气管道时，发现一座西夏砖室墓。文物部门闻讯到场后，墓葬已经被挖掘机破坏殆尽，遗址处仅残留几枚宋代钱币。

第三节　墓葬类型

西夏的丧葬形式多种多样，有水葬、火葬、土葬、塔葬以及石窟葬等。不同的丧葬方式，体现了西夏多民族、多宗教的多种文化元素。

一　水葬

陈昆《西夏事略》卷 7 称：李继迁"寻其祖于红石峡，障水北流，凿石为穴，既葬，引水其上，后人莫知其处。"这属于水葬。《西夏书事》记载，西夏太祖皇帝李继迁在战争期间，把自己的先祖彝昌葬在榆林红石峡。他堵住河水，引向北流，再在河床的石板上凿一个穴，把死者葬入石穴后，再扒掉堵河的水坝，使河水归于故道，故后人都不知道墓穴所在。这种奇特的水葬，汉族没有过。西藏虽行水葬，那是把尸体抛入水流，而不是凿石为穴。南方山区实行悬棺葬，是将棺木悬置于临水的悬崖峭壁上，任由尸体自然风干。岩洞葬是将死者的尸体和随葬品放入一个较隐蔽的天然洞穴中，将洞口密封，不用土埋，无棺木。李继迁这样埋葬祖先，意在防止墓葬被盗掘。

二　火葬

火葬系党项的原始葬法，并长期流行。《旧唐书》卷 198《党项羌传》记载："死者焚尸，名为火葬"。西夏文宫廷颂诗中有一句："赤面祖坟白河上"。根据西夏法典《天盛改旧新定律令》卷 3 "盗毁佛神地墓门"，可知西夏境内流行的焚烧尸体的火葬方式。

一诸人尸已埋及或已烧，尸灰未舍弃，已集土而放置，如彼损毁墓场时，使与前述于地墓棺椁上动手罪同等判断。

一死人未送往地墓中，暂停放尸，放置时动手损毁，则当比于地墓上动手诸罪行减一等。若贪物，则计量物，与盗罪比依其重者判断。

一地墓丘场实未损坏，沿其根边耕种者，不治罪。地墓丘场已损坏，痕迹不明，未知所耕，刨土而出人尸，则于无碍妥善处掩埋，骨殖勿暴露。若已见骨尸不埋，随意抛掷时，无论尸主明不明，一律徒二年。

一诸人因逃难、乞丐者死，准许于官私闲地中埋烧，不准其处家主人往他人地中埋烧尸体。违律时有官罚马一，庶人十三杖，将尸体掘出，放自己地中。若地主人不告诸司，自己随意将尸体地上抛掷时，按前述耕地出他人尸体不埋法。①

由此看来，火葬是党项族本来的习俗。从武威西夏墓来看，人去世后，先将尸体火化，然后将骨灰装入小木棺、木缘塔、灵骨瓶等葬具中，再埋入墓室的丧葬方式，是西夏境内普通民众中十分盛行的主体葬俗。所谓"尸灰未舍弃，已集土而放置"。这种葬俗应该是融合了党项羌族原始宗教信仰和佛教火葬的因素，西夏建立后，这种传统一直被保留下来，和后来兴起的土葬一起成为西夏两大主要的丧葬形式。

三 土葬

《天盛改旧新定律令》卷 3 "盗毁佛神地墓门"规定："一不准诸人损毁地墓、陵、立石、碑记文等。违律时，于殿上座节亲、宰相、诸王等所属地墓上动手者徒六年，至棺椁上则徒十二年，棺椁损坏至尸者当绞杀。以下臣民等所属地墓上动手，徒三年，至棺椁上徒六年，损坏棺椁而至尸则徒八年。又损坏无尸之坛、台、陵、立石、碑文、石兽时，一律当依前比损坏地墓罪减三等。若以暴力进行数次损坏，贪取地墓中物，则按强盗、偷盗法则及毁损罪，依重者判断。"②

---

① 史金波、聂鸿音、白滨译注《天盛改旧新定律令》，法律出版社，2000，第 185～186 页。
② 史金波、聂鸿音、白滨译注《天盛改旧新定律令》，法律出版社，2000，第 184 页。

以上条文虽然是对不同程度盗毁坟墓的惩罚规定，但从文字中所记载的"地墓""陵""棺椁""棺椁损坏至尸"等信息可以看出，西夏境内也有土葬。这种土葬方式就是中原汉族地区所盛行的将尸体直接装入棺椁中，埋入修建好的陵墓之中，再在墓地上方堆积封土，墓前还建有"坛""台""立石""碑文""石兽"等附属建筑。从这些墓地建筑物来看，此类高规格的土葬方式可能仅仅是"节亲""宰相""诸王"等皇族和达官显贵死后才能享用的丧葬方式。如宁夏银川的西夏王陵以及周围的陪葬墓就属于此类葬法。"贺兰之东，数冢巍然，即伪夏所谓嘉、裕诸陵是也，其制度仿宋巩县陵而作。"① 西夏文辞书《文海》中对坟、墓二字的解释为："坟，此者弃尸场建坟地之谓"，"墓，此者墓地也"。在西夏建立前，党项贵族也实行此类土葬方式。《宋史》卷 485《夏国传上》载，李继迁曾声称其"乳母死，出葬于郊"。《续资治通鉴长编》卷 25 记载，李继迁为逃脱宋朝的羁绊，"伪称乳母死，出葬郊外，以兵甲置棺中"。李继迁死，子德明"即位于枢前"，"五月母罔氏薨……以乐迎至枢前"。② 显然，这是用棺木装尸体、埋入土中的土葬。这些材料，表明西夏境内也存在土葬。

四　塔葬

西夏除了普遍的火葬和土葬两种葬式外，还有塔葬。塔葬是用墓塔放置活佛、高僧的尸骸、遗骨和遗物，是佛教最高贵、庄严的葬法，只有高僧大德才能享此最高等级的待遇。

西夏最典型的塔葬当数拜寺口北寺塔群。它们应是西夏时期拜寺口北寺内高僧的墓塔。在塔群的不少塔基中有骨灰片出土。1909 年，俄国探险队在我国内蒙古额济纳旗黑水城遗址发现一佛塔，塔内北墙边的台座上，坐着一具骨架，并从塔内发现大量西夏文佛经、文献，塔中骸骨被科兹洛夫带到俄国，经鉴定为一女性尸骨，后来骸骨不知所踪。

甘肃省永昌县西北圣容寺西约 1 千米的龙首山余脉山脚与长城之间有一块较为平坦的坡地，这里有十几个土丘，当地人称之为"和尚坟"。其中较

①　胡汝砺编《嘉靖宁夏新志》卷 2《宁夏总志·李王墓》，宁夏人民出版社，1982。

②　《宋史·夏国传上》，中华书局，1977。

大的一个土丘已经被盗掘。经实地考察，该土丘直径约 3 米，内部全是小泥塔、善业泥以及佛像、金刚力士的泥擦擦，其中一角露出一直径约 10 厘米的木柱。从考察情况来看，这里应该是一处埋葬圣容寺僧侣的舍利塔群。由于塔是用拟制土坯修砌的，经长年风雨侵蚀，已经倒塌，仅从外表已看不出塔的形状。在该遗址西约 200 米处的烽火台底下，也是被盗掘的几处砖室墓，地表散落有汉魏子母黑铁砖、明代长方形青砖。这些砖室墓应该是汉代、明代戍守长城要塞的将士之墓。

西夏佛教徒葬在塔内，但尸体不用火化，也没有葬具，而是寂坐在台座上，这是一种非常特殊的埋葬形式，表现了佛教徒尊敬佛教的思想意识。

还有一种塔葬形式，就是在山崖上雕刻藏密须弥塔，在石刻塔腹部开凿一小石龛，放置僧侣骨灰。这种独特的丧葬遗存，在宁夏贺兰山各沟口以及内蒙古都有发现。规模最大的是甘肃省永昌县北金川西村花大门摩崖石刻塔群，有 53 座摩崖石刻塔，大部分塔为藏传佛教覆钵式须弥座塔，腹部开一20 厘米见方的石龛，以安置僧侣骨灰。

五 石窟坐化葬

1988 年至 1995 年，经国家文物局批准，敦煌研究院对莫高窟北区先后进行了 6 次考古发掘。在敦煌莫高窟北区考古中，出土了纸质文书、钱币、丝绸等各类文物 1400 多件，其中仅汉文、西夏文、蒙古文等多种民族语言的文书资料就有 500 多件。另外，通过现场考古，还发现北区洞窟的性质是多样的，有禅窟、僧房窟、廪窟、礼佛窟等供僧人修禅、日常起居、储藏物品、举行佛事等。此外，在北区部分石窟内还发现有人尸骨，应该是瘗埋僧人遗骨的瘗窟，共有 25 座。瘗窟在其他地方普遍存在，但在敦煌属首次发现，其功能主要是埋葬小和尚。[1] 说明西夏僧侣除塔葬外，还有石窟葬。在永昌县北花大门石窟中有一高 1 米多、进深 2 米的外小内大的石龛，石龛内部刻有一西夏文"佛"字、莲花、马等阴刻动植物形象。石窟内正壁前有一高约 30 厘米的石台，应该是僧侣修行坐化的瘗窟。但由于石窟仅距地面 2 米多，容易攀爬，内部已被后人破坏，没有发现尸骨等物。

---

① 彭金章、王建军：《敦煌莫高窟北区石窟》，文物出版社，2004。

第四节　墓葬形制及葬具

一　墓葬形制

武威西郊发现的西夏墓，有 6 座砖室墓和 1 座土坑墓。墓葬形制较为简单。墓室均为单室砖墓，平面呈长方形，长宽在 1~1.6 米。墓室四壁用平砖垒砌，顶呈圆锥形或拱形。墓门为拱形，以大卵石封门。较为典型的为西郊林场发现的刘仲达和刘德仁夫妇合葬墓。墓室长 1.3~1.6 米，宽 1.2~1.3 米。墓室四壁均为平砖叠砌。墓顶呈圆锥形，顶距墓室底部约 1.5 米。墓门为单层砖叠砌拱形券顶，大卵石封门。墓室后壁均砌筑有二层台，台上用白灰抹面。天庆八年唐奴见墓室虽然也是砖室墓，但较为特殊，整个墓室是用平砖叠砌的一个塔形砖室墓，墓顶为藻井型顶。土坑墓为一般平民百姓墓葬，就地掘一土坑，将火化剩余的骨灰装入一瓷瓶后埋葬，除几件简单的瓷碗、碟外，再无任何随葬品。与宁夏王陵陪葬墓以及闽宁村野利家族墓地相比较，地表无明显封土，也未发现墓道。武威发现的西夏墓没有上述西夏墓葬规格高、形制复杂，是较具地方特色的西夏墓葬。

武威西郊西夏墓虽然是小型单室砖室墓，但是有 5 座墓中同时出土了两具安放骨灰的木缘塔或小木棺。根据西郊林场 1 号墓、2 号墓木缘塔塔盖题记，可知 1 号墓、2 号墓是夫妻合葬墓。其他出现两具小木棺的墓葬，极有可能也是夫妻合葬墓。1 号刘仲达夫妇墓题记表明，夫妻死亡下葬并非同一时间，刘仲达妻子李顺娇是天庆元年身殁，而刘仲达则是天庆八年下葬。说明是李顺娇骨灰先下葬，刘仲达死亡后，其长子刘元秀又将刘仲达的骨灰灵匣放入墓中合葬，进行了二次葬。武威发现的西夏墓葬是砖室墓，也可能是为了便于夫妻合葬。

二　葬具

武威发现的西夏墓葬，葬具形制也较为特殊和多样。有八边形木缘塔，六边形"灵匣"，盖长方形的梯形木棺，盖弧形带把手的梯形木棺，盖弧形、两端镂雕云气纹和弧形纹并有镂雕壶门的底座的木棺，黑釉瓷瓶等。

（一）木缘塔

西郊林场 2 号墓木缘塔通高 76 厘米，分为塔座、塔身、塔顶和刹四部分。塔座四级八角形，饰红色；塔身由八块木板组成，合缝处以长方形四角带钉的铁片上下两道连接。整个塔身表面涂蓝色，用黄色书写梵文咒语，计有"一切如来咒""一切如来百字咒""药师琉璃光王佛咒""圣□光天母心咒""归依三宝咒"等。塔身表面涂饰红色，画有斗拱图案；塔顶也由八块近三角形弯曲的木板组成，每块木板表面上下部绘有云气纹，中间书写朱红色梵文六字真言；塔刹底部周围由八块小木板组成围栏，面涂红色。刹另制，中心有圆轴与塔顶相连，底座周围面绘卷草纹饰，上有二道相轮，刹顶略残。在塔顶八角木板上的内面墨书墓主人官职、享寿、亡殁时间以及建塔入葬时间。

西郊林场 1 号墓虽然也出土有木缘塔，但其形制却是六边形木缘塔，体型也较 2 号墓木缘塔矮小，高 43 厘米。塔身由六角形木板组成，表面用蓝色打底，用黄色书写梵文咒语。用卯榫和木楔固定。塔顶分两层，上画红、白色云纹图案；顶呈垛形，用白底蓝边黑线勾画线条。

使用木缘塔这种佛塔式葬具，表明墓主虔诚礼佛，希望死后得成正果。像这样融灵柩、佛经咒语、佛塔为一体的葬俗葬制，在我国古代一般世俗人等的葬俗中尚属首例，对研究西夏文化有着极为特殊的意义。

（二）小木棺

武威西夏墓出土的小木棺葬具也有多种形制，有的较为复杂，雕刻有花纹；有的在木棺上绘制有男女人物；有的则较为简单，为六块木板钉制而成。有的木棺上甚至墨书有西夏文或汉文的题记。

如武警支队家属院出土的乾祐十六年西夏墓，葬具是较为复杂而精致的松木质镂雕小木棺，由棺身、棺盖、底座三部分构成。棺盖由五块木板组成，用木楔、铁钉固定在棺上，呈圆弧形，前端雕成连弧形。棺身从前至后逐渐缩小，底座左右两侧用两块木板穿撑棺身，外部上端施凹形线一道，下端镂雕两个壶门图案，形制独特精巧。

还有一种葬具是彩绘人物木棺。如西郊十字路口韩奴奴父母合葬墓的葬具是彩绘人物小木棺，小木棺复原后为梯形，上大下小，左右帮壁外表都墨绘有人物。左帮正面墨绘五男仕，立姿，面均向左，高颧骨，鼻高而尖，头顶髡发，脑后发髻垂于颈部，两鬓角发或少而飘散，或多而成绺。着圆领窄袖束腰长袍，双手握举胸前，右高左低。内侧刻画西夏文六字，前两字不清楚，后四字翻译为"九年四月"。右帮右边缘和下边缘朽裂，正面仅残存墨绘两仕女半身像，面朝左，双手握举胸前，面容清秀，高发髻，簪饰翘立，束发下垂至肩，着右衽长袍，是典型的少数民族妇女形象。根据左帮长度，右帮壁应该绘有五女侍。这种形式的葬具与《马可波罗游记》中记载的西夏故地沙州的葬具极为相似："先制一匣，匣壁厚有一掌。接合甚密，施以绘画"。

响水河煤矿家属院出土的乾祐二十三年西夏墓中的小木棺则较为简单。木棺前大后小，棺体通长 41.5 厘米，棺盖向外，呈梅花瓣形。棺体由六块木板用铁钉和卯榫连接而成，棺体素面无纹饰。前案墨书两行西夏文字，汉文译文为：墓主人儿子为其母亲所供葬。

（三）灵骨瓶

武威西郊西夏墓除发现木缘塔、木棺等葬具外，还发现有用黑釉瓷瓶盛放死者骨灰的。如奔马饮料厂西苑小区发现的一座小型墓葬，就是用一件高 28 厘米、腹径 20 厘米、口径 7 厘米、宽肩鼓腹的黑釉瓷瓶装骨灰，这应是西夏火葬的另一种葬具——灵骨瓶。此类葬具与银川西新华街西夏小型火葬墓所用葬具一致，应该是贫苦劳动人民所用葬具。

武威西夏墓葬具的多样性，体现了西夏葬俗中的多种文化因素。木缘塔反映了墓主人生前信仰佛教，死后也使用了佛教的舍利塔葬，火化后将骨灰装入木塔下葬。小木棺则是受汉族将尸骨装入木棺土葬的习俗影响，也是西夏社会财富和等级身份差别的象征。木缘塔和精致的木棺是上层人士死后所用的葬具，简易的小木棺和灵骨瓶则是下层贫苦民众死后的葬俗。

第五节　西夏墓葬的特点

一　墓葬中多有木板画

在武威已发现的 7 座西夏墓中，有 5 座墓中随葬有木板画，特别是西郊林场 2 号墓中有 29 幅，不仅数量多，而且大多数保存完整，绘画技艺精湛，是西夏墓葬中较为特殊的珍贵随葬品。这些木板画采用本地杨木，最大的28×10.5厘米，最小的9.5×4.5厘米，厚1~2厘米，在木板画背面或侧面有墨书题记。木板画完全是墓主人生前生活的反映，突出其奴婢成群、生活富足、戒备森严、受人尊敬的情景，反映了墓主人幻想死去后仍能过着这种生活。随侍所捧之物，除了武器之外，只有水壶、盆、浴巾、衣服、食盒、唾壶等，全是斋戒沐浴之物，加上太阳、星星、龙、天关和整个葬俗体现出的佛教影响，则又表明了墓主人想到佛的世界中去的愿望。从1977年发现的西夏墓的木缘塔的题记看，这两座墓都为夫妻合葬墓，共埋4人，每人一座木缘塔。因难以在墓室内彩绘壁画，所以用木板作画，葬入墓穴。采用小巧的木板画，更能起到代替壁画的作用。此外，在墓葬中发现的木板画不仅反映了西夏的葬俗，也为研究西夏社会生活和绘画艺术提供了第一手实物资料。武威发现的木板画几乎都是写实的，画中的侍从、童子、奴婢、武士之类，是受唐宋葬俗的影响，依照墓主人生前生活绘制的，是西夏社会生活的真实写照。武威西郊西夏墓出土器物还有一个特点，就是出土了大量的木椅、木衣架、木瓶、木碗、木筷等木质随葬品，反映了武威当地的日常生活家具用品都是木质器物，同时，也反映出墓主人生前生活的状况，以及西夏社会"事死如生"，希望死后灵魂不死，升入天堂后继续过着富裕的生活。

二　墓葬吸收了道教丧葬仪轨

武威西关武警支队家属院出土的乾祐十六年西夏墓、西郊响水河煤矿家属院出土的乾祐二十三年西夏墓，都出土了用汉文朱书的买地券。买地券又称冥契，是反映死者家属为死者在冥界购买阴宅的一种契约文书。它是东汉以来道教在丧葬仪式中使用的一种镇墓随葬冥器。这两件买地券都提到"龟筮协徒，相地袭吉，宜于"，说明西夏在埋葬死者时，家属也要依据中原汉族道教丧葬仪式的程序，请巫师占卜，勘验选择风水好的地方作为逝者的墓地。买地券的行文格式与中原汉族在墓葬中使用的买地券基本一致。购买墓地所用钱两也是"九万九千九百九十九"这一虚数。墓地四至都是"青龙""白虎""朱雀""真武"四灵神兽镇压。而且镇墓驱邪的"丘丞""墓伯""道路将军""亭长""河伯"等都是道教神仙系统的墓葬神煞，掌管亡人灵魂，保证墓主人阴宅的安全，免遭邪魔侵袭。

西夏盛行占卜，崇尚巫术。所谓"笃信机鬼，尚诅祝"①。通常"病者不用医药，召巫者送鬼，西夏语以巫为厮也；或迁他室，谓之闪病"②。人们为了趋吉避凶，尽量找出一种办法来，希望能卜吉凶，避祸召福，这就产生了巫术和占卜。为此，西夏建立后，还专门设置了"卜算院"。③ 西夏政府任命的巫师称为"官巫"。占卜在党项人的社会生活中占有重要的地位，它既渗透于人们的日常生活中，也深深影响到西夏政府决策和政令的通行，特别是军事作战行动。这种凡事占卜的习俗，不但是党项民族的原始巫术信仰，更是内迁后吸收中原道教信仰的反映。西夏社会在崇信佛教的同时，也允许道教的传播发展。西夏道教不但比较兴盛，而且地位不低，是西夏社会的第二大宗教。西夏法典《天盛改旧新定律令》中对道教职官、机构以及道士有一套较为详备的管理制度。同时，武威张义修行洞出土的占卜文书以及黑水城文献中也发现了许多道教经典和占卜类文书，说明道教占卜风俗在西夏社会较为普遍，渗透到社会生活的各方面。在丧葬仪式中，不仅通过占卜勘察墓地，而且要通过占卜选择吉日下葬。

三　火葬是流行的丧葬形式

在西夏丧葬制度中，水葬和天葬都是个例。西夏境内普遍流行的是火葬和土葬。从武威发现的诸多西夏墓葬可以看出，西夏普通民众中盛行先火葬，然后再将骨灰装入木缘塔、木棺或者灵骨瓶中土葬的丧葬方式。佛教僧侣圆寂后，也是沿袭佛教火葬的传统，高僧大德则还要修建舍利塔进行供奉。皇族及高官显贵采用汉族传统的将尸骨入殓棺椁之中再土葬的形式。总体而言，西夏普遍盛行火葬。

西夏的这种火葬形式及仪式，直到西夏灭亡后的元代还在西夏故地流行。蒙元时期，马可波罗游历到河西地区，目睹了敦煌当地党项民众的这种丧葬仪式，基本和武威发现的西夏墓葬一致。西夏流行火葬的原因应是多方

---

① 《宋史·夏国传》，中华书局，2003。
② 《辽史·西夏外纪》，中华书局，1974。
③ 史金波、聂鸿音、白滨译注《天盛改旧新定律令》卷11"矫误门"，法律出版社，2000，第386页。

面的。第一，火葬是西北少数民族的原始葬俗。西北的羌族、吐蕃、回鹘等许多民族多流行死后焚其尸。而早在隋唐时期，党项人也是流行火葬，"死则焚尸，名为火葬"。即使内迁以后，党项人死后仍然实行火葬。如五代、宋朝时期，河东一带是党项族内迁后的聚居地之一，毕仲游《乞理会河东土俗埋葬札子》载："其俗勤于养生，怠于送死。非士大夫之家，中户以下，亲戚丧亡，即焚其尸，纳之缸中。寄放僧寺与墓户之家，类不举葬。盖虽上户，亦有不葬而焚之者。"① 第二，西夏流行火葬，也受当时社会现实的影响，有着深层次的原因。战乱时期，活人生存得都很艰难，死人后事只能从简了。火葬是西北少数民族的原始葬俗，西夏人只是沿用而已。第三，西夏流行火葬是受到佛教的影响。西夏统治地区，自佛教传入以来，就是一个佛教极为兴盛的区域，特别是河西地区，地处佛教东传和中原高僧西去求法的孔道，东来西往的僧侣也在这驻足弘扬佛法，使得佛教在这里根深蒂固。西夏建立后，自帝王将相至布衣百姓都极为崇信佛教，佛教成为西夏最大的宗教。特别是中后期以来，藏传佛教在西夏境内得到迅速传播和发展，得到统治者的大力推崇。所以，佛教中流行的火葬也就在西夏民众中落地生根，产生了很大的影响力。为了死后灵魂到西方极乐世界，来世过上太平安宁的生活，许多佛教信众遵循了佛教倡导的火葬后能够升入极乐世界的丧葬理念。所以，火葬在佛教极为兴盛的西夏境内流行，也就不是奇怪的现象。

我国古代封建统治者大都在丧葬时用各种随葬品，在奴隶社会甚至用活人殉葬。用人殉葬是一种很古老的野蛮风习，西夏时期已不再以活人为皇帝、皇室殉葬，而以俑、画像和财物代替人殉，这是西夏丧葬习俗方面的一大进步。至于以财物随葬，从皇帝、贵族到平民百姓都很普遍。武威西夏墓葬中虽然有生活器皿等随葬品，但都是较为普通和简单的一般器物，没有出现青铜器、金银器等贵重物品。这是由于西夏虽然幅员辽阔，但其社会经济却不发达，特别是矿产资源更是匮乏。所以，西夏法典《天盛改旧新定律令》中对丧葬也有较为详细和严格的规定，除帝后显贵外，丧葬都要节俭。墓葬中不能陪葬金、银、铜、铁、珠宝、绫罗绸缎等西夏境内较为紧缺的贵

---

① 黄淮、杨士奇：《历代名臣奏议·风俗》，文渊阁本《四库全书》。

重物品，更不能杀害牛、马等军需、农畜物资陪葬祭祀。所以，武威发现的西夏墓葬都是小型砖室墓，墓中陪葬物品也没有唐宋墓葬中丰富和珍贵，这也是西夏墓葬的一个特点。当然，由于官民之别、贫富差异，随葬品的数量、质量也是有差别的。但有一个共同点，那就是多种文化成分在这里有机地融合起来了。

综上所述，武威西郊墓葬是西夏考古史上的重要发现，既有官员墓，又有平民墓葬，葬具既有木缘塔，又有小木棺，还有灵骨瓶。西夏多流行先火化后土葬的丧葬风俗，墓室多为单室砖室墓，出土的随葬品在国内西夏文物中独具特色，为揭示西夏历史文化提供了十分重要的第一手实物资料。西夏葬俗在党项民族原始宗教信仰的基础上，受到了其崇信的佛教的影响，并且吸收融合了中原道教丧葬仪式的因素。武威西郊西夏墓是西夏文化的一个缩影，具有多样文化的特性。墓葬所蕴含的丰富信息，对于揭示西夏的职官、行政建制、宗教信仰、民族关系、绘画艺术以及社会生活等方面具有重要价值。

第八章　货币窖藏

清嘉庆十年（1805），金石学者刘青园在武威发现数瓮西夏流通的窖藏货币。此前，据文献记载所知的西夏钱币仅有汉文天盛元宝，至于西夏文钱更是不可识别。西夏文钱见于谱者，仅有南宋洪遵《泉志》所载一枚，但将其认为"梵字钱"。清中叶以来，特别是中华人民共和国成立后，西夏故地的宁夏、甘肃、内蒙古等处，不断有西夏钱币出土和发现，这为认识、研究西夏钱币、货币经济以及钱币文化提供了极为珍贵的资料，西夏钱币谱系及其货币轮廓逐渐清晰。由于西夏灭亡后，典籍、文献毁灭殆尽，元朝又没有为西夏修一部专门的正史，致使西夏王朝蒙上了一层神秘的面纱，其历史鲜为人知。因此，西夏钱币研究就成为西夏学研究的重要内容，成为揭示西夏社会历史的一个重要方面。

第一节　出土西夏钱币研究及介绍

钱币是社会经济发展到一定阶段的产物。我国古代钱币文化具有悠久的历史和深厚的底蕴。任何一种钱币，都是某一历史时期、某一地区的产物，摆脱不了时代烙印，摆脱不了地域限制，具有鲜明的时代特征和地域性。一枚小小的钱币背后，蕴含了丰富的社会政治、经济、文化、民族等信息。铸造发行钱币是一个政权的象征，因此，研究一个时代的钱币，对于了解这一时代的社会历史状况具有重要的价值，所谓"以钱可以证史，以钱可以补史"。西夏王朝建立以后，为了巩固政权，发展社会经济，铸造了一整套具有鲜明的民族、时代与地域特色的货币。

一　西夏钱币研究

据西夏故地出土的货币窖藏资料统计，西夏建立后，主要流通使用唐、宋货币，杂有秦汉、北朝、五代、辽金等钱。北宋钱多在80%以上，有些窖藏高达97%。而西夏铸造的钱币则不足2%，且以"天盛""乾祐""光定"钱居多，说明在西夏境内主要流通北宋钱。但局部地区也有例外，如在内蒙古准格尔旗、临河、达拉特旗等地发现的西夏窖藏却是铁钱窖藏，有的多达数吨，除有少量北宋"宣和""政和"钱外，都是"天盛元宝""乾祐元宝"铁钱。

依据出土实物，西夏铸币仿照宋钱，多以年号钱为主。最早始于毅宗福圣承道年间铸造的西夏文"福圣宝钱"。而《宋史·夏国传》记载，仁宗天盛十年（1158），"始立通济监铸钱"。目前，所见到的传世和出土的西夏钱币，西夏文钱币已经发现五种，分别是"福圣宝钱""大安宝钱""贞观宝钱""乾祐宝钱"以及"天庆宝钱"。这五种钱币正面为西夏文，背面为光背，形制都为小平铜钱，非常少见，属于珍稀的古钱币。汉文钱币有"大安通宝""元德通宝"、折二"元德重宝""大德通宝""天盛元宝""乾祐元宝""天庆元宝""皇建元宝""光定元宝"等十余种。书体以真书为主，兼有篆、行诸体，都是仿照宋代货币铸造的年号钱，并且也流通对钱。但是，西夏的对钱也有自己的特点，不仅有汉文不同书体的对钱，还有西夏文和汉文的对钱。如目前出土实物资料中汉文对钱有"元德通宝"隶楷对钱、"乾祐元宝"行楷对钱、"光定元宝"篆楷对钱；钱文为西夏文和汉文对钱的有汉文"大安通宝"和西夏文"大安宝钱"对钱、汉文"乾祐元宝"和西夏文"乾祐宝钱"对钱、汉文"天庆元宝"和西夏文"天庆宝钱"对钱。上述对钱，有的虽然在大小厚薄、文字位置、笔画粗细等方面不能完全吻合，但还是体现了一定的"对称美"。①

西夏钱币是中国货币史上的奇葩。与同时期的辽、金相比较，辽、金政权也有自己的文字，即契丹文和女真文，但没有反映在钱币上。西夏政权将

---

① 牛达生：《浅议对钱——兼述西夏对钱》，《中国钱币》1998年第1期。

本民族的文字用于铸币，成为西夏钱币最大的特点。而且西夏钱币铸造工艺精良，边廓坚挺，形制规整，钱文端庄，遒劲秀美，西夏文形式独特、史籍不载，且西夏钱币传世数量稀少，故在古泉收藏界珍稀而又闻名。

随着我国考古事业的不断深入和发展，考古研究成果证实，西夏不但铸造有一定数量的钱币，在其货币发行流通过程中，还具备了一整套完整的货币制度。

1038 年，元昊称帝，国号大夏，自称白高大夏国。其典章制度多仿唐宋。西夏创制文字，举办"番学""汉学"，大量翻译汉文典籍和佛教经典，以儒学治国，崇信佛教。为了标榜其政权的独立性，西夏建立后，受唐、宋货币文化的影响，也铸造发行了该政权的钱币，但数量较少。在享国 190 年的时间中，西夏王朝流通使用的货币以铜钱为主，兼用铁钱，少用白银，边远地区始终维持着实物货币制度。

西夏的经济以农牧业为主，手工业相应发展，商品经济相对繁荣，境内高利贷流行，刺激了西夏货币经济的发展。官吏俸禄、国家税收、财务计算、劳力计值、借贷赏罚等皆以货币计值。在与宋、辽、金的贡使贸易、榷场贸易、岁赐、和市贸易以及民间贸易中，互通有无，促进了商品贸易的流通和经济的发展。特别是西夏占领河西走廊后，控制了丝绸之路主要通道，对西州回鹘、大食等西域诸国的商人征收过境商品税，对丝绸之路贸易产生了重要影响，进一步刺激了其货币经济的发展。

西夏不仅铸造钱币，而且还制定了严格的钱币法。根据西夏法典《天盛改旧新定律令》，西夏不仅有专门的铸钱机构，还规定了详细的钱币损耗和流通法规。根据《天盛改旧新定律令》，西夏"铸钱"事归"户案"（略同于"户部"）管理；还设有"钱监院"，可能是政府专管"铸钱"的机构。《天盛改旧新定律令》还规定了铸造钱币和库存钱币的损耗率。规定铸造钱币"一两中可耗减二钱"，即损耗率为 20%。官库中的"钱朽烂"，"一缗可损耗二钱"，即 0.2%。铸钱造成损失者，要受到"黥杖"，并服"苦役"的处罚。库存钱谷交接手续，都有明确而具体的规定。还规定，其他匠人不得"铸钱、毁钱"，若违律，要受到与"到敌界卖钱"同样的处罚。由于西夏境内铜铁缺乏，铸币材料紧缺，所以在钱币流通方面也有严格的规定。禁止到敌国去卖钱；禁止在水上运钱到敌界买卖。铁钱的使用有地区的限制，设置铁钱流通区，禁止将南方的铁钱运到京师（中兴府），禁止将京师的铜钱运到南方。若违反禁令，都属犯罪行为，可按情节轻重，给予相应处罚；检举人可得到相应奖赏。

二　西夏钱币介绍

自 1805 年在西夏故地凉州发现及认定西夏钱币以来，随着我国考古事业的不断发展，在西夏故地宁夏、内蒙古、甘肃、青海等地出土了大量西夏时期流通的货币，经过国内外西夏学专家、学者研究，证实西夏铸有自己的钱币。虽然在西夏整个社会经济流通过程中，数量有限，但它却反映出了西夏党项民族自己的特色。现介绍于下。

（一）福圣宝钱

西夏文，汉文译为"福圣宝钱"。西夏毅宗福圣承道年间铸造，铜质，小平钱，径 2.35 厘米，穿 0.55 厘米，重 3.8 克。楷书，旋读。此钱是西夏的早期铸币，虽然制作粗疏，但形制工整，是西夏文钱币中较少的一种。（见图 8-1）

（二）大安宝钱

西夏文，汉文译为"大安宝钱"，西夏惠宗大安年间铸造，铜质，小平钱，径 2.35 厘米，穿 0.55 厘米，重 3.9 克。楷书，旋读。大安宝钱是西夏文钱中数量和版别都较多的一种。（见图 8-2）

（三）贞观宝钱

西夏文，汉文译为"贞观宝钱"，西夏崇宗贞观年间铸造，铜质，小平钱，径 2.51 厘米，穿 0.69 厘米。楷书，旋读。（见图 8-3）

（四）乾祐宝钱

西夏文，汉文译为"乾祐宝钱"，西夏仁宗乾祐年间铸造。铜质，小平钱。径 2.4 厘米，穿 0.53 厘米，重 3.8 克。楷书，旋读。文字清秀，制作精整，边廓坚挺。（见图 8-4）

（五）天庆宝钱

西夏文，汉文译为"天庆宝钱"，西夏桓宗天庆年间铸造。铜质，小平钱。径 2.4 厘米，穿 0.53 厘米，重 4 克。楷书，旋读。钱体美观精整，文字清晰端庄，是西夏文钱中铸制最精致的一种。（见图 8-5）

（六）大安通宝

大安通宝，西夏惠宗大安年间铸。铜质，小平钱。径 2.3 厘米，穿 0.67 厘米，重 4.1 克。"大安"为楷隶，"通宝"为隶书，直读，文字端庄，制作规整。（见图 8 - 18）

（七）元德通宝

元德通宝，西夏崇宗元德年间铸。铜质，小平钱。有大小、楷隶之分，楷书小钱径 2.2 厘米，穿 0.53 厘米，重 3.4 克。楷隶混书者径 2.4 厘米，穿 0.6 厘米，重 3.8 克。元德钱文字清秀，制作工整，楷书钱极为罕见。（见图 8 - 6）

（八）元德重宝

元德重宝，西夏崇宗元德年间铸。铜质，折二钱，与小钱元德通宝并用。径 2.9 厘米，穿 0.65 厘米，重 6 克。楷书，直读。以重宝作钱文的，在西夏钱币中，仅此一种。该钱文字秀丽，制作精美，存世极罕，系西夏钱币中的珍品。（见图 8 - 7）

（九）大德通宝

大德通宝，西夏崇宗元德年间铸造。铜质，小平钱。径 2.3 厘米，穿 0.6 厘米，重 3.2 克。楷书，直读。制作工整，存世仅数枚。

（十）天盛元宝

天盛元宝，西夏仁宗天盛年间铸造。小平钱，分铜、铁质两种。铜质径 2.4 厘米，穿 0.56 厘米，重 3.4 克。铁质径 2.4 厘米，穿 0.53 厘米，重 3.2 克。均为楷书，旋读。是西夏钱币中数量最多、铸工最好、钱文最美的品种，是西夏经济文化高度发展的象征。（见图 8 - 8、图 8 - 15、图 8 - 16）

（十一）乾祐元宝

乾祐元宝，西夏仁宗乾祐年间铸。小平钱。分铜质和铁质两种，铜少铁多。铜钱径 2.45 厘米，穿 0.57 厘米，重 4.5 克。铁钱径 2.5 厘米，穿 0.6 厘米，重 4.5 厘米。均为旋读。铜钱版别有楷书、行书两种。乾祐铜钱制作工整，文字佳妙。（见图 8 - 9、图 8 - 10、图 8 - 17）

（十二）天庆元宝

天庆元宝，西夏桓宗天庆年间铸。铜质，小平钱，径 2.45 厘米，穿 0.55 厘米，重 4.2 克。楷书，旋读。文字匀整秀气，制造精整，传世和出

土数量较少。（见图8－11）

（十三）皇建元宝

皇建元宝，西夏襄宗皇建年间铸造。铜质，小平钱。径2.5厘米，穿0.7厘米，重4.4克。楷书，旋读。字体美观，铸制精整，存世较多。（见图8－12）

（十四）光定元宝

光定元宝，西夏神宗光定年间铸。铜质，小平钱。径2.5厘米，穿0.6厘米，重4.5克。有楷、篆两种，均为旋读。楷体边廓规整，工艺精湛，钱文楷含行韵，俊逸潇洒，传世和出土较多。篆书光定元宝钱，轮廓规整，钱文玉筋，篆书娴熟，至今仅见数枚，确为珍品。（见图8－13、图8－14）

图8－1　福圣宝钱

图8－2　大安宝钱

图8－3　贞观宝钱

图8－4　乾祐宝钱

图8－5　天庆宝钱

图8－6　元德通宝

图8－7　元德重宝

图8－8　天盛元宝

图8－9　乾祐元宝

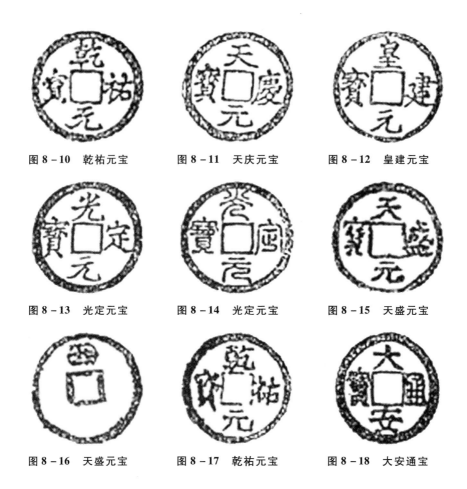

图 8-10　乾祐元宝　　　　图 8-11　天庆元宝　　　　图 8-12　皇建元宝

图 8-13　光定元宝　　　　图 8-14　光定元宝　　　　图 8-15　天盛元宝

图 8-16　天盛元宝　　　　图 8-17　乾祐元宝　　　　图 8-18　大安通宝

三　白银在西夏的流通

西夏境内除普遍使用铜铁钱外，还使用白银。西夏使者"以钱、银博易物色"；庆历八年（1048），西夏官吏高怀正因放高利贷"贷银夏人"，而被处死；天盛七年（1155），西夏仁宗对敢于直谏的尚食官阿花"赐银币奖之"。国家图书馆所藏西夏文《六祖大师法宝坛经》背面所发现的草书"西夏天赐礼盛国庆二年瓜州审判档案"，涉及债务纠纷，王静如先生和陈炳应先生曾进行了译释，内容包括："铸银近万，乃持折验，诸处为贩，无买者，此后讲便卖，未卖。"黑水城出土的西夏法典《天盛改旧新定律令》中也有许多关于赏赐银两的记载。如在卷4"边地巡检门"中规定，在边境巡查时，如果发现敌人入境并及时报告，根据入境敌人的数量，检主不仅要升官，还要赏赐银两、杂锦以及茶绢。西夏法律规定，如果官员任职三年期间没有重大失误，考核合格，依据其表现和官品，不仅要升迁，而且还要赏赐银两，予以嘉奖，赏银分别有5两、7两、10两、15两4个等级。黑水城出土的西夏文军事法典《贞观玉镜统》中规定，对将士要赏罚分明，对在战争中立有战功的将帅要奖励金碗、银碗以及银锭，赏赐的银碗重量分为10两、20两、30两、40两、50两、70两、80两、100两8个等级。不但详细记载所赏赐银碗的重量，还记载对功高者在赏赐金碗、银碗的同时，还要赏赐衣服、银腰带、金腰带、银鞍鞯、茶、绢以及银锭。

1987年9月，武威城内署东巷修建行署家属大楼，开挖地基时，在距地表3米多深处发现了一批西夏窖藏文物，其中最为珍贵的就是出土的22块银锭。根据这批银锭的特点和同时出土的瓷器、货币等文物判断，这批银锭应该是西夏通用银锭，是国内首次发现的西夏银锭实物。西夏文辞书中有"银锭"一词，来源于汉语，说明西夏的银锭和宋朝流通的银锭一样，是一种货币形态。在西夏日常的赋税征收、商品买卖、典当借贷等经济活动中，仍然是以铜、铁货币为主要形态，偏远地区则以物物交换为主，没有发展成银本位的商品货币经济，这在一定程度上体现出西夏的社会经济，特别是商品货币经济与宋、金相比还是较为落后的。

第二节 西夏货币窖藏

在西夏立国190余年的历史中，武威因其特殊的战略地位、优越的自然条件、便捷的交通孔道，在西夏兴亡中占有重要的地位。由于武威是西夏的陪都西凉府所在地，西夏许多重大政治事件都与武威有关，境内商业较为繁盛。因此，武威地上、地下都保存有丰富的西夏文化遗存。西夏钱币的出土和货币窖藏的发现，就是极为重要的考古成果。

早在清代嘉庆十年（1805），即张澍在武威大云寺发现"凉州重修护国寺感通塔碑"的第二年，著名金石学者刘青园就在凉州目睹了凉州当地人发现西夏货币窖藏数瓮，并从中捡得西夏汉文和西夏文钱币数品，即汉文钱元德通宝、天盛元宝、乾祐元宝、天庆元宝、皇建元宝、光定元宝；西夏文钱大安宝钱、乾祐宝钱、天庆宝钱诸品，并通过与"凉州重修护国寺感通塔碑"所刻西夏文字对照后，首次确认了钱谱所载"梵字钱"实际上是西夏铸造的西夏文钱。这在西夏钱币研究史上具有划时代的意义。1827 年，清代金石学家李佐贤所撰《古泉汇》记载了这次重大发现。

中华人民共和国成立后，特别是改革开放以来，我国的考古事业得到了快速发展，武威不仅发现了西夏石窟、文献、墓葬等遗址，而且伴随城乡建设的开展，西夏货币窖藏的发现层出不穷，基本上每一处西夏遗址都有西夏钱币或西夏流通货币出土。根据考古发掘资料，目前已经确认的 5 种西夏文钱币和 10 种汉文西夏钱币在武威都有发现。特别是武威发现的西夏铜铤和银锭窖藏，是国内西夏文物考古史上首次且唯一的重大发现。可以说，武威西夏钱币的发现，对于研究西夏货币文化具有极其重大的价值。但遗憾的是，由于许多货币窖藏都是在施工过程中发现的，一部分窖藏发现后被施工人员哄抢殆尽，通过古玩市场流入私人收藏者手中。本节主要根据文物考古部门科学考古发掘的西夏钱币窖藏资料，对武威发现的几处重要的西夏货币窖藏予以介绍。

一　城区大什字东文教局窖藏

1979 年 9 月，位于武威县城内大什字东侧的武威地区文教局，在平整院落时，发现一批铜钱，重 42 千克，有一万余枚，散置于距地表 50 厘米的煤灰坑中。①

这批铜钱中最早的是西汉五铢钱，还有新莽时期的货泉；唐代货币有开元通宝和乾元重宝；北宋货币有太平通宝、淳化元宝、至道元宝、咸平元宝、景德元宝、祥符元宝、天禧通宝、天圣元宝、至和元宝、嘉祐通宝、治平元宝、熙宁元宝、元丰通宝、元祐通宝、绍圣元宝、崇宁重宝、崇宁通宝、大观通宝、政和通宝、宣和通宝、宋元通宝、圣宋元宝、皇宋通宝；金代货币仅有正隆元宝，西夏钱币仅有天盛元宝一种。这批铜钱，除少量汉、唐、西夏、金货币以外，北宋货币占了绝大多数。

---

① 宁笃学，《甘肃武威县发现窖藏铜钱》，《考古与文物》1981 年第 2 期。

由于武威土质干燥，又加上铜钱原埋在炉灰坑内，保存较好，锈蚀不太严重。最晚的为西夏仁宗天盛年间铸造的天盛元宝。因此，这批窖藏铜钱的时间当在西夏仁宗以后的西夏晚期。

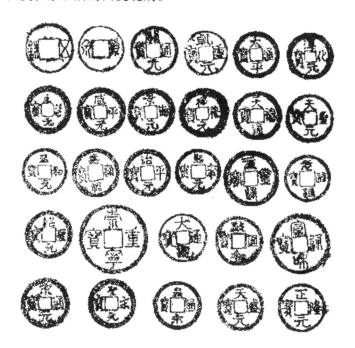

图 8 - 19　武威出土铜钱拓本

二　武威师范学校钱币窖藏

1983 年 7 月，施工人员在武威师范学校院内铺设自来水管道时，发现了一批窖藏货币。这批货币用细绳穿成串，盘成椭圆形，放置在距地表 2 米左右处。货币保存完好，字迹清晰可辨。经整理得知，这批铜钱包括汉、唐、五代十国、北宋、南宋、西夏、金等时期的货币。现分别介绍如下。

（一）汉代货币

"货泉" 1 枚。钱径 2.3 厘米，穿宽 1 厘米，重 3.1 克，有内外廓。钱文为隶书。

"五铢" 4 枚。钱径 2.5 厘米，重 3.4～3.5 克，外廓较窄。五字中间两笔弯曲，金字头作三角形。铢字头圆折。

（二）唐五代货币

背廓无饰纹的"开元通宝"142枚，背廓有月纹的"开元通宝"18枚。背廓有"昌""润""鄂""平"字的"开元通宝"各一枚。据《新唐书·食货志》载，唐武宗会昌五年（845），以州名铸钱，背文代表地名，即"昌"（扬州）、"润"（镇江）、"鄂"（鄂州）、"平"（平州）。这种铜钱，因为是唐武宗会昌年间所铸，所以称"会昌开元"。各州所铸规格大小不同，而钱面文皆为隶书。

唐肃宗乾元时期的"乾元重宝"6枚，钱径2.4厘米，重3.6~3.8克，边阔肉厚，文体为隶书。

五代前蜀王宗衍时铸的"乾德元宝"6枚，钱径2.4厘米，重3.4克，钱孔不规则，钱文也不规整。

南唐大保年间铸的"开元通宝"4枚，钱径2.4厘米，重3.6克，钱文为隶、篆两种书体，较唐开元钱文小、边阔，为对制钱。"唐国通宝"2枚，钱文篆书，很规范，轮廓深峻。

（三）北宋货币

太祖时期的"宋元通宝"3枚。背廓饰星纹的"宋元通宝"1枚。两种钱大小径寸相同，阔边。星纹钱字体笔画略瘦于无纹钱，背廓除有星纹外，还较深。

太宗时期的"太平通宝"12枚，文体楷书。"淳化元宝"4枚，钱文为行书。"至道元宝"7枚，楷、草两种文体，草体钱外廓较楷体钱宽。

真宗时期的"咸平元宝"6枚，"景德元宝"26枚，"祥符元宝"51枚，"祥符通宝"18枚，"天禧通宝"6枚。以上五种皆为真宗年号钱，钱文为楷书，规格重量大体一致。

仁宗及英宗时期的"天圣元宝"72枚，"明道元宝"7枚，"景祐元宝"32枚，"皇宋元宝"120枚，"至和元宝"9枚，"至和通宝"2枚，"嘉祐元宝"14枚，"嘉祐通宝"30枚，"治平元宝"27枚，"治平通宝"4枚。以上除"皇宋元宝"外，皆为年号钱。

至和、嘉祐、治平等年号各有"元宝"和"通宝"两种货币。这10种铜钱都是以所谓钱文的楷、篆两种文体的对制线。对制钱是宋钱的一个特点。从仁宗天圣年间起，一监之中所铸的铜钱，其铜质、大小、厚薄和内外边阔完全相同，所差异的只是钱文的书法正、草、隶、篆皆有，可以配成许多对，俗称对子钱。

神宗时期的"熙宁元宝"36枚，为楷、篆两种书体。"元丰通宝"142枚，为平钱和折二钱两种，钱文行、篆两种。

哲宗时期的"元祐通宝"68枚，"绍圣元宝"29枚，为平钱、折二钱两种。"元符通宝"7枚，文体皆为行、篆两种。

徽宗时期的"圣宋元宝"28枚，有平钱和折二钱两种，钱文为行、篆体。"崇宁重宝"6枚，大小两种，大钱边较小钱边阔，肉厚，钱文隶书。"大观通宝"6枚，钱文为瘦金体。"政和通宝"40枚，"宣和通宝"9枚，有大、中、小三种，文体为楷、篆两种。

（四）南宋货币

高宗时期的"绍兴元宝"6枚，"绍兴通宝"2枚，为大小两种，文体为宋字体、篆书两种。

（五）西夏货币

仁宗时期的"天盛元宝"9枚，钱径2.4厘米，重3.8克。襄宗时期的"皇建元宝"3枚，钱径2.5厘米，重5.5克。神宗时期的"光定元宝"3枚，钱径2.5厘米，重4.2克。以上三种货币，制作精整，钱文皆为楷书，规整有力。

（六）金代货币

海陵王完颜亮时期的"正隆元宝"7枚，钱径2.5厘米，重3.6克，文体为楷书，规整精良。

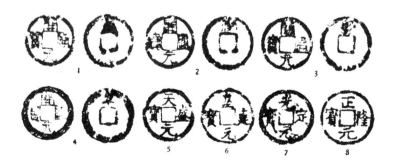

图 8-20　武威师范学校出土的铜钱拓本

武威师范学校出土的这批铜钱，数量虽不多，但品种丰富，共有43种，90个式样，有楷、行、隶、篆、草、瘦金体、宋字体7种书体，为研究我国古代货币史与书法艺术提供了一批可贵的实物资料。在出土的这批铜钱中，最早的是新莽时期的"货泉"，最晚的是西夏神宗光定年间（1211~1223）的"光定元宝"。这批货币窖藏时代，正值南宋末年，蒙古军队攻打西夏和金的时期。货币中的西夏钱币有"天盛元宝""皇建元宝""光定元宝"三品。这批铜钱虽以宋币为主，但南宋币除宋高宗时期的"绍兴元宝"和"绍兴通宝"外，未发现以后的货币，又以西夏"光定元宝"最晚，当视为西夏神宗光定年间至西夏灭亡这一段时间的通用货币窖藏。

三 古浪县干城乡窖藏

1990年8月1日，甘肃省博物馆收购到古钱币98千克，收藏者称系古浪县干城乡东大滩某农民在平整房基时发现，出土情况不明。经拣选，均为铜钱，共计105种，总数达23139枚，包括汉、新莽、唐、五代十国、北宋、南宋、辽、金、西夏各个朝代钱币，品种和数量都较丰富。[①]

（一）出土货币概况

汉代、新莽钱币：

半两2枚。五铢1枚，剪边。货泉2枚。

唐代钱币：

开元通宝1188枚，其中有"会昌开元"。乾元重宝77枚，平钱。乾元重宝1枚，折二钱。

五代十国钱币：

周元通宝11枚。汉元通宝1枚。乾德通宝7枚。篆书开元通宝15枚。篆书唐国通宝25枚。楷书唐国通宝1枚。

北宋钱币：

宋元通宝85枚。太平通宝57枚。淳化元宝93枚。行书淳化通宝99枚。草书淳化元宝88枚。楷书至道元宝159枚。行书至道元宝186枚。草

---

① 刘志华：《古浪县发现西夏时期钱币窖藏》，《甘肃金融·钱币研究》1997年第1期。

书至道元宝 181 枚。咸平元宝 496 枚。景德元宝 579 枚。祥符元宝 884 枚。祥符通宝 432 枚。天禧通宝 677 枚。楷书天圣元宝 767 枚。篆书天圣元宝 550 枚。楷书明道元宝 73 枚。篆书明道元宝 87 枚。楷书景祐元宝 160 枚。篆书景祐元宝 238 枚。楷书皇宋元宝 1399 枚。篆书皇宋元宝 1159 枚。庆历重宝 4 枚，直读。庆历重宝 2 枚，旋读。楷书至和元宝 150 枚。篆书至和元宝 136 枚。楷书至和通宝 51 枚。篆书至和通宝 31 枚。楷书嘉祐元宝 198 枚。篆书嘉祐元宝 110 枚。楷书嘉祐通宝 305 枚。篆书嘉祐通宝 248 枚。楷书治平元宝 260 枚。篆书治平元宝 249 枚。楷书治平通宝 45 枚。篆书治平通宝 41 枚。楷书治平通宝 45 枚。篆书治平通宝 41 枚。楷书熙宁元宝 1312 枚。篆书熙宁元宝 1243 枚。楷书熙宁重宝 238 枚，折二钱。篆书熙宁重宝 78 枚，折二钱。行书元丰通宝 1462 枚，平钱。篆书元丰通宝 1188 枚，平钱。隶书元丰通宝 2 枚，平钱。行书元丰通宝 274 枚，折二钱。篆书元丰通宝 358 枚，折二钱。行书元祐通宝 978 枚，平钱。篆书元祐通宝 983 枚，平钱。行书元祐通宝 110 枚，折二钱。篆书元祐通宝 52 枚，折二钱。行书绍圣元宝 347 枚，平钱。篆书绍圣元宝 422 枚，平钱。行书绍圣元宝 22 枚，折二钱。篆书绍圣元宝 17 枚，折二钱。行书元符通宝 138 枚，平钱。篆书元符通宝 132 枚，平钱。行书元符通宝 12 枚，折二钱。篆书元符通宝 6 枚，折二钱。行书圣宋元宝 332 枚，平钱。篆书圣宋元宝 303 枚，平钱。行书圣宋元宝 53 枚，折二钱。篆书绍圣元宝 46 枚，折二钱。瘦金体崇宁通宝 2 枚，折十钱。隶书崇宁重宝 85 枚，折十钱。瘦金体大观通宝 72 枚，平钱。隶书政和通宝 256 枚，平钱。篆书政和通宝 235 枚，平钱。隶书政和通宝 91 枚，折二钱。篆书政和通宝 81 枚，折二钱。隶书宣和通宝 20 枚，平钱。篆书宣和通宝 32 枚，平钱。隶书宣和通宝 77 枚，折二钱。篆书宣和通宝 100 枚，折二钱。

南宋钱币：

楷书建炎通宝 10 枚，平钱。楷书建炎通宝 20 枚，折二钱。行书建炎通宝 2 枚，折二钱。篆书建炎通宝 23 枚，折二钱。楷书绍兴元宝 17 枚，平钱。篆书绍兴元宝 1 枚，平钱。楷书绍兴元宝 39 枚，折二钱。篆书绍兴元宝 19 枚，折二钱。篆书绍兴通宝 13 枚，折二钱。楷书乾道元宝 3 枚，折二钱。篆书乾道元宝 1 枚，折二钱，缺一角。

辽代钱币:

楷隶书清宁通宝 1 枚,径 2.4 厘米,穿径 0.6 厘米,背素。咸雍通宝 2 枚,径 2.4~2.6 厘米,背素。大安元宝 1 枚,径 2.3 厘米,穿径 0.6 厘米,背素。乾统元宝 1 枚,径 2.3 厘米,穿径 0.6 厘米,背有一范线。

金代钱币:

正隆元宝 33 枚,径 2.5 厘米,穿径 0.6 厘米,背素。

西夏钱币:

西夏文福圣宝钱 1 枚,径 2.4 厘米,穿径 0.6 厘米,背素。元德通宝 1 枚,径 2.5 厘米,穿径 0.6 厘米,宽缘,背素。天盛元宝 65 枚,径 2.3 厘米,背素。天庆元宝 2 枚,平钱,径 2.4 厘米,穿径 0.6 厘米,背素。皇建元宝 4 枚,平钱,径 2.5 厘米,穿径 0.6 厘米,背素。光定元宝 10 枚,平钱,径 2.5 厘米,穿径 0.6 厘米,背素。

古浪县干城乡出土的这批西夏窖藏货币,可识别的钱币有 23038 枚,未细分版别类型。另有字迹漫漶不清的平钱 99 枚、折二钱 2 枚,共计 23139 枚。

(二)特点

在这批钱币中,除去字迹漫漶不清的 101 枚,汉、唐、五代钱币有 1331 枚,占总数的 5.78%;北宋钱币有 21438 枚,占 93%;南宋钱币有 148 枚,占 0.64%;辽、金钱币有 38 枚,占 0.164%;西夏钱币有 83 枚,占 0.36%。通过这些统计数据可以了解到,西夏的货币经济几乎完全依赖宋朝,流通的货币以北宋钱币为最多。

在这批窖藏钱币中,年代最晚的是西夏神宗光定年间(1211~1223)铸造的光定元宝。而成吉思汗攻占西凉府是在西夏献宗乾定三年(1225),当时河西诸州大旱,人民缺食。七月,成吉思汗领兵长驱直入,攻打西凉府,西夏守将斡札箦战败投降。估计这批钱币应是战争之时掩藏,后未能取出,被埋于地下七百多年。可以认定这批钱币属于西夏时期窖藏。

这次出土的钱币,种类之丰富,数量之庞大,在西北地区出土的西夏钱币窖藏中是较为典型的。出土的西夏文福圣宝钱、汉文元德通宝、天庆元宝等均系珍罕币种,尤其是元德通宝小平钱的出土,是继内蒙古乌审旗陶利窖藏中首次出土之后，有科学记录的第二次出土，用确凿的事实否定了元德通宝是安南钱的错误说法，起到了以实物补证史缺的作用。

四　武威地区行政公署家属楼窖藏

1991 年 7 月 31 日，在甘肃省武威地区行政公署家属楼施工过程中，在距地表约 1.2 米处发现一批窖藏铜钱。这批铜钱有 2000 多枚，种类达 70 多种。其中年代最早的为西汉五铢钱，最晚的为西夏乾祐元宝钱，90% 以上为北宋钱，其次为五铢钱和开元通宝钱。此外有少数几枚南宋钱，如建炎通宝、绍兴元宝，以及金的正隆元宝，西夏的天盛元宝、乾祐元宝等。钱文书体有楷、行、隶、草、篆、瘦金体等。值得一提的是，同时还出土 10 多千克已锈蚀的铁钱，可惜锈蚀十分严重，已经无法辨认。现将该窖藏钱币简述如下。

汉代的有五铢、货泉、大泉五十等 4 种。隋代的有隋五铢。唐代的有开元通宝和乾元重宝。五代的有周元通宝、唐国通宝。北宋的有宋元通宝、太平通宝、淳化元宝、至道元宝、咸平元宝、景德元宝、祥符通宝、祥符元宝、天禧通宝、天圣元宝、明道元宝、景祐元宝、皇宋通宝、至和通宝、至和元宝、嘉祐元宝、嘉祐通宝、治平元宝、治平通宝、熙宁重宝、熙宁元宝、元丰通宝、元祐通宝、绍圣元宝、元符通宝、崇宁重宝、大观通宝、政和通宝、宣和通宝等 60 种。南宋的有建炎通宝、绍兴元宝。金代的有正隆元宝。西夏的有天盛元宝及乾祐元宝两种。这批古钱中，较为罕见的有西夏的乾祐元宝钱等。这批钱币的出土，对于研究西夏河西地区的货币流通具有重要的历史价值，且为研究宋夏间的经济交往提供了一些实物资料。从窖藏最晚的铜钱可以看出，这批钱币可能是西夏末期的窖藏。

图 8 - 21　正隆元宝　　　图 8 - 22　天盛元宝　　　图 8 - 23　乾祐元宝

五　武威市文化广场电信大楼窖藏

2003 年 11 月，在武威市文化广场北侧修建电信大楼时，发现一批窖藏古钱币，共 12 千克，2500 多枚。这批古钱币埋藏在距地表 2.5 米的一口瓷缸内。由于使用大型机械施工，发现后瓷缸已经毁坏，但缸内的古钱币保存较好，锈蚀严重，排列不规则。经整理，较完整的钱币有 1115 枚。这批钱币上自新莽"货泉"，下迄金的"正隆元宝"。北宋钱币占 95% 以上，共有三十多个品种。① 现简要介绍如下。

（一）汉代货币

五铢 5 枚，钱文篆体，左右对读，直径 0.5 厘米，孔径 0.1 厘米，重 2.7 克。

新莽货泉 2 枚，钱文篆体，左右对读，直径 2.2 厘米，孔径 0.8 厘米，重 3.3 克。

（二）唐五代货币

开元通宝 125 枚，钱文楷体，对读，直径 2.5 厘米，孔径 0.7 厘米，重 3.5 克。

乾元重宝 2 枚，钱文隶体，对读，直径 2.4 厘米，孔径 0.6 厘米，重 3.4 克。

南唐唐国通宝 2 枚，钱文篆体，钱文对读，直径 2.4 厘米，孔径 0.5 厘米，重 3.4 克。

（三）北宋货币

太祖时期

宋元通宝 5 枚，钱文楷体，旋读，光背，有内外廓，直径 0.5 厘米，重 3.5 克，锈蚀严重。

太宗时期

太平通宝 9 枚，钱文楷体，面文对读，直径 2.5 厘米，孔径 0.6 厘米，重 3.5 克。

至道元宝 20 枚，钱文楷、行、草三种字体，旋读。楷体 6 枚，直径

① 宁生银：《武威市发现一批窖藏古钱币》，《陇右文博》2010 年第 2 期。

2.5 厘米，孔径 0.5 厘米，重 3.3 克；行体 6 枚，直径 2.5 厘米，孔径 0.6 厘米，重 3.8 克；草体 8 枚，直径 2.5 厘米，孔径 0.5 厘米，重 3.6 克。

真宗时期

祥符通宝 31 枚，钱文楷体，钱文旋读，光背，有内外廓，直径 2.5 厘米，孔径 0.6 厘米，重 3.6 克。

祥符元宝 46 枚，钱文楷体，旋读，光背，有内外廓，直径 2.5 厘米，孔径 0.6 厘米，重 4.5 克。

景德元宝 46 枚，钱文分别为楷、篆二体，钱文旋读，直径 2.5 厘米，孔径 0.6 厘米，重 3.6 ~ 4.6 克。其中篆体 2 枚，直径 2.5 厘米，孔径 0.5 厘米，重 4.2 克。

天禧通宝 45 枚，钱文楷体，旋读，直径 2.5 厘米，孔径 0.6 厘米，重 3.4 克。

咸平元宝 36 枚，钱文楷体，旋读，直径 3.1 厘米，孔径 0.6 厘米，重 3.5 克。

仁宗时期

天圣元宝 62 枚，钱文楷、篆二体字，旋读，光背。楷体 38 枚，直径 2.5 厘米，孔径 0.7 厘米，重 4 克；篆体 24 枚，直径 2.5 厘米，孔径 0.7 厘米，重 3.7 克。

治平元宝 52 枚，钱文楷、篆二体字，有旋读和对读两种。楷体 18 枚，直径 2.4 ~ 2.5 厘米，孔径 0.6 ~ 0.7 厘米，重 3.9 ~ 4 克。篆体 34 枚，直径 2.4 厘米，孔径 0.6 厘米，重 4.7 克。

皇宋通宝 103 枚，钱文楷、篆二体字，有旋读和对读两种，光背无文。楷体 60 枚，直径 2.5 厘米，孔径 0.7 厘米，重 4 克。篆体 43 枚，对读，直径 2.5 厘米，孔径 0.6 厘米，重 4 克。

庆历重宝 2 枚，钱文楷体，有旋读和对读两种，直径 3.1 厘米，孔径 0.7 厘米，重 7.2 克。

嘉祐元宝 11 枚，钱文楷、篆二体字，对读。楷体 8 枚，直径 2.5 厘米，孔径 0.6 厘米，重 3.4 克。篆体 3 枚，直径 2.4 厘米，孔径 0.7 厘米，重 4 克。

嘉祐通宝 10 枚，钱文楷、篆二体字，对读。楷体 8 枚，直径 2.4 厘米，孔径 0.7 厘米，重 2.3 克。篆体 2 枚，直径 2.5 厘米，孔径 0.7 厘米，重

4.1 克。

明道元宝 3 枚，钱文楷、篆二体字，有旋读和对读两种，光背无文。楷体 1 枚，直径 2.5 厘米，孔径 0.6 厘米，重 4 克。篆体 2 枚，直径 2.5 厘米，孔径 0.6 厘米，重 4 克。

至和元宝 8 枚，钱文楷、篆二体字，有旋读和对读两种。楷体 6 枚，直径 2.5 厘米，孔径 0.6 厘米，重 3.8 克。其中 2 枚对读，直径 2.5 厘米，孔径 0.7 厘米，重 3.5 克。篆体 2 枚，直径 2.5 厘米，孔径 0.6 厘米，重 4 克。

景祐元宝 20 枚，钱文楷、篆二体字，旋读，光背无文。楷体 12 枚，直径 2.5 厘米，孔径 0.7 厘米，重 3.5 克。篆体 8 枚，直径 2.6 厘米，孔径 0.6 厘米，重 3.1 克。

神宗时期

元丰通宝 135 枚，钱文行、篆二体字，旋读。行体 83 枚，直径 2.9 厘米，孔径 0.6 厘米，重 7.8 克。篆体 52 枚，直径 3 厘米，孔径 0.6 厘米，重 8~9.5 克。

熙宁元宝 85 枚，钱文楷、篆二体字，旋读。楷体 49 枚，直径 2.5 厘米，孔径 0.7 厘米，重 4.4 克。篆体 36 枚，直径 2.4~3.8 厘米，孔径 0.7 厘米，重 3.9~4.6 克。

熙宁重宝 4 枚，钱文楷、行、篆三种字体，对读。楷体 3 枚，直径 3.1 厘米，孔径 0.8 厘米，重 7.1 克。行体 10 枚，直径 3.7 厘米，孔径 0.7 厘米，重 11.6 克。篆体 1 枚，直径 3 厘米，孔径 0.7 厘米，重 7.9 克。

熙宁通宝 1 枚，钱文楷体，旋读，直径 3.5 厘米，孔径 0.8 厘米，重 13 克。

哲宗时期

元符通宝 6 枚，钱文行、篆两种，旋读，钱币轻重不同。行体 3 枚，直径 2.5 厘米，孔径 0.6 厘米，重 3.9~4.3 克。篆体 3 枚，直径 2.5 厘米，孔径 0.6 厘米，重 3.5 克。

绍圣元宝 36 枚，钱文篆、行二体字，旋读，边阔缘，有外廓。篆体 17 枚，直径 2.4 厘米，孔径 0.6 厘米，重 4.1 克。行体 19 枚，直径 2.4 厘米，孔径 0.7 厘米，重 3.8 克。

元祐通宝 75 枚，钱文行、篆二体字，旋读，光背无文。行体 43 枚，直径 2.4 厘米，孔径 0.7 厘米，重 3.5 克。篆体 32 枚，直径 2.4 ~ 2.7 厘米，孔径 0.7 厘米，重 3.3 ~ 3.7 克。

徽宗时期

大观通宝 21 枚，钱文瘦金体，对读，内外有廓，光背无文。直径 2.5 厘米，孔径 0.6 厘米，重 3.7 克。

崇宁重宝 10 枚，钱文隶体，对读，直径 3.7 厘米，孔径 0.7 厘米，重 11.6 克。

崇宁通宝 4 枚，钱文楷体，旋读，直径 3.5 厘米，孔径 0.8 厘米，重 13 克。

宣和通宝 10 枚，钱文隶、篆体二体字，旋读。隶体 3 枚，直径 3.1 厘米，孔径 0.7 厘米，重 8.9 克。篆体 2 枚，直径 3.1 厘米，孔径 0.7 厘米，重 8 克。其中 2 枚，直径 2.3 厘米，孔径 0.5 厘米，重 3.1 克。

圣宋元宝 34 枚，钱文为楷、篆二体字，旋读。楷体 24 枚，直径 3 厘米，孔径 0.6 厘米，重 8 克。篆体 10 枚，直径 2.4 厘米，孔径 0.6 厘米，重 4.2 克。

政和通宝 41 枚，钱文隶、篆二体字，对读。隶体 22 枚，直径 3.1 厘米，孔径 0.6 厘米，重 8 克；篆体 19 枚，直径 2.4 厘米，孔径 0.6 厘米，重 3.5 ~ 4 克。

政和通宝（铁钱）1 枚，钱文楷体，对读，直径 2.4 厘米，孔径 0.6 厘米，重 3.7 克。

（四）南宋货币

高宗时期

建炎通宝 3 枚，钱文篆体，对读，光背无文，直径 2.8 厘米，孔径 0.7 厘米，重 7.5 克。

绍兴元宝 1 枚，1131 ~ 1162 年铸造。钱文楷体，旋读，光背无文。直径 2.8 厘米，孔径 0.8 厘米，重 6.3 克。

孝宗时期

淳熙元宝 1 枚，钱文楷体，旋读，背面星月纹。直径 3.1 厘米，孔径 0.9 厘米，重 7.2 克。

（五）金代货币

海陵王时期

正隆元宝 4 枚，钱文楷体，旋读，光背无文。直径 2.5 厘米，孔径 0.6 厘米，重 5.2 克。

（六）西夏货币

仁宗时期

天盛元宝 3 枚，钱文楷体，文字最秀美的一品，旋读，光背无文。直径 2.4 厘米，孔径 0.6 厘米，重 3.6 克。

桓宗时期

天庆元宝 1 枚。钱文楷体，旋读，光背无文。直径 2.5 厘米，孔径 0.6 厘米，重 4.5 克。

神宗时期

光定元宝 1 枚，钱文楷体，旋读，字体潇洒，边阔俊秀。直径 2.5 厘米，孔径 0.6 厘米，重 3.5 克。

六 塔儿湾遗址窖藏

2008 年 8 月 12 日，在对武威塔儿湾西夏遗址进行勘察时，在距地表 1 米多的一处灰层中发现了大量摆放整齐的铜钱币。经现场清理，此次出土的钱币涉及唐、北宋、南宋、西夏时期近 30 个种类共计约 259 枚珍贵铜钱币。

（一）出土古钱币概况

这批古钱币，除有 2 枚因锈蚀严重难以识别外，其余经专家清洗后，钱文皆清晰可辨。兹将本次出土的钱币种类及数量按所属朝代进行分类介绍。

1. 唐代铜钱：唐代铜钱共计 27 枚，其中背廓无饰纹的开元通宝 24 枚；唐肃宗乾元时期的乾元重宝 3 枚，钱径 2.4 厘米，重 3.6～3.8 克，边阔肉厚，钱文字体为隶书。

2. 北宋铜钱：宋太祖时期的宋元通宝 1 枚，钱文字体为楷体。据清乾隆年间纪昀等所纂《钦定钱录》卷 10 载："宋太祖宋元通宝钱，《宋史·食货志》：太祖初铸钱，文曰宋通元宝，今按唐铸开元钱，《旧唐书》言欧阳询制，词曰开元，流俗读为开通元宝，然则此钱亦当自上及下读之，而史缘淳化以下诸钱多右旋读，故并此称为宋通元宝也。"故按时俗，此钱文应为

"宋通元宝"。

宋太宗时期的太平通宝 2 枚，钱文字体为楷体，其顺序自上而下为直读。太宗淳化元宝钱 2 枚，钱文字体为行体，其文序为右旋读。据《钦定钱录》卷 10，淳化元宝钱文为宋太宗御书，作真、行、草三体。

宋真宗时期的景德元宝 7 枚，钱文楷体，文序右旋读。祥符元宝 15 枚，钱文楷体，右旋读。据《钦定钱录》卷 10，祥符钱有元宝和通宝两种，此次未发现祥符通宝钱。但 1983 年 7 月，施工人员在武威师范学校院内铺设自来水管道时发现的一批窖藏货币，包括祥符元宝与通宝钱。景德元宝 24 枚，钱文楷体，右旋读。天禧通宝 8 枚，钱文楷体，右旋读。

宋仁宗时期天圣元宝 14 枚，钱文有楷体与篆体两类，文序自上及下为对读。据《钦定钱录》卷 10 图录，天圣元宝钱有楷、篆两类，为对制钱。景祐元宝 6 枚，钱文楷体，右旋读。《钦定钱录》图录记载，此钱亦为楷篆二体对制钱，此次亦未发现篆体类。明道元宝 1 枚，钱文楷体，右旋读。至元通宝 4 枚，钱文为楷、行两种，为对制钱。至和元宝 2 枚，有楷、篆两种，右旋读，属对制钱。至和通宝 1 枚，钱文楷体，自上及下对读。嘉祐钱 6 枚，有元宝和通宝两类，钱文皆有楷、篆两种文体。皇宋通宝 25 枚，钱文有楷、篆两种字体，楷体中又有笔画粗细两类，文序对读。据《宋史·食货志》，宋仁宗景祐五年改元宝元，新铸钱币文当为宝元元宝，宋仁宗鉴于此，特命以皇宋通宝为钱文。宋英宗时期治平通宝 8 枚，楷、篆二体皆有，文序为自上及下对读。

宋神宗时期的元丰通宝 32 枚，钱文有行体和篆体两种。熙宁钱有元宝和重宝两种，钱文都是篆体，且旋读，其值都为当十大钱。

宋哲宗时期的元符通宝 1 枚，钱文为行体，右旋读。绍圣元宝 3 枚，钱文行、篆二体皆有，旋读。

宋徽宗时期的圣宋元宝 6 枚，钱文篆、行二体，右旋读，为当五大钱。崇宁重宝 1 枚，字体为楷体，右旋读，其值为当十大钱。政和通宝 5 枚，钱文为瘦金体，自上及下对读。

3. 南宋铜钱：宋高宗绍兴元宝 1 枚，钱文楷体，旋读。

4. 西夏铜钱：这次在塔儿湾遗址所发现的众多铜钱中，西夏铸造的铜钱仅发现了两类。其中西夏仁宗时期的天盛元宝 1 枚，钱径 2.4 厘米，重

3.8 克；此外还有西夏神宗时期的光定元宝1枚，钱径2.5厘米，重4.2克，钱文皆为汉文楷体，右旋读。

表 8 - 1　2008 年 8 月 12 日甘肃武威市古城塔儿湾出土钱币统计表

单位：枚

朝　代	钱　　文	数　量
唐	开元通宝	24
	乾元重宝	3
北宋	宋元通宝	1
	太平通宝	2
	淳化元宝	2
	天禧通宝	8
	熙宁元宝	29
	祥符元宝	15
	景德元宝	24
	天圣元宝	14
	至元通宝	4
	景祐元宝	6
	至和元宝	2
	嘉祐元(通)宝	6
	至和通宝	1
	明道元宝	1
	皇宋通宝	25
	治平通宝	8
	元丰通宝	32
	熙宁重宝	2
	元祐通宝	29
	元符通宝	1
	绍圣元宝	3
	圣宋元宝	6
	政和通宝	5
	崇宁重宝	1
南宋	绍兴元宝	1
西夏	天盛元宝	1
	光定元宝	1
	□□□□	2

注：总计 259 枚，其中□为无法辨识者

（二）特点及意义

塔儿湾位于武威市城南 35 千米的古城乡上河村一组。这里地处杂木河上游，两岸依山。遗址分布在南岸的山坡和一片台地上，其中部分辟为农田，现已耕种。遗址东西长约 500 米，南北宽 260 米，以西为草木茂盛的山区牧场，以东杂木河两岸是开阔的平原农田。据考古发现，早在新石器时代，这里就有人类活动。因地处祁连山北麓，石羊河支流杂木河河谷地带，气候温凉，历史时期为天然的山地草原景观，植被覆盖良好，是游牧民族的理想牧场。20 世纪 80 年代初至 1993 年，武威市文物管理部门与甘肃省考古研究所先后数次在此处进行考古发掘，发现了大量的西夏时期的瓷器、房屋等聚落遗址以及唐、宋、西夏铜钱。在西夏时期，这里是党项族放牧、从事手工业生产和居住的好地方。虽然先前在塔儿湾遗址也曾发现过铜钱，但此次发现的铜钱币有以下特点。

1. 种类繁多，且不乏精品。此次塔儿湾遗址出土的铜钱，数量达259 枚，类型有 30 余种，涉及的朝代，上起唐代，下迄西夏神宗时期，尤其是北宋钱币，类型达 25 种之多，涵盖了整个宋代，可以说是宋代钱币类型的展览馆。西夏铸造的钱币，虽然仅有天盛元宝和光定元宝两类各一枚，但铸造工艺相当精细，轮廓规整，书体端正，为铜钱中的精品。

2. 出土的钱币中，圣宋元宝、宋通元宝、皇宋元宝为非年号钱，其余都是年号钱。根据钱文的多种书体，证明了宋代钱币多为对制钱的特征。

3. 尽管出土钱币中宋代钱币共计 227 枚，占 87.6% 之多，但时间最晚的为西夏神宗时期，这一时期正好是西夏统治河西的晚期，由此可以肯定，这批出土钱币为西夏时期流通的货币类型。先前其他遗址出土的西夏窖藏货币，也是西夏自己所铸货币仅占极少数，宋币占绝对多数。这也再次清楚地证明，西夏政权的主要流通货币不是自己的货币，而是北宋钱币。虽然西夏自建立至灭亡，共历十帝，除景宗、献宗、末帝未曾铸钱，其余各帝都铸有钱币，但数量都不多。这是因为西夏统治的区域严重缺乏铜矿，其铸币原料依赖于宋辽，但宋辽对西夏铜铁物资的限禁非常严格，所以在出土货币中宋币占多数，西夏币仅数枚而已。

4. 在这次出土的北宋货币中，较之其他币种，数量最多的是宋神宗元丰通宝，共 32 枚。之所以元丰通宝较多，是因为宋神宗熙宁七年颁布新规，"删去旧条，削除钱禁"，允许沿边州军钱出外界，但是每贯要征收一定的税额。

在塔儿湾遗址发现的大量货币，从一个侧面反映了塔儿湾瓷窑遗址在西夏时期瓷器生产加工贸易的繁荣。

七 武威城内署东巷银锭窖藏

1987 年 9 月，武威市城内署东巷修建行署家属大楼，开挖地基时，在距地表 3 米多深处发现一批西夏窖藏文物，其中有一批银锭。现已追回银锭 22 件和一些宋代铜钱，现藏于武威市博物馆。

（一）出土银锭特征

1. 錾刻有铭文及戳记的银锭 11 件（编号为 1~11 号）

1 号银锭面通长 15.5 厘米，上宽 8.9 厘米，下宽 9 厘米，腰宽 5.9 厘米；锭背通长 15.4 厘米，上下宽各 8.6 厘米，腰宽 5 厘米，厚 2 厘米，重 2 千克。面文顺直錾刻两行文字：1. 使正；2. □□□……夏家记。

2 号银锭面通长 13.6 厘米，上宽 8.5 厘米，下宽 8.4 厘米，腰宽 5.3 厘米，锭背通长 13.5 厘米，上下宽 7.9 厘米，腰宽 5 厘米，厚 2.5 厘米，重 2 千克。面文顺直錾刻三行文字：1. 伟　肆拾玖两捌钱（以下横着砸印），使正；2. 五十两六钱；3. 行人任应和，窦献成秤。

3 号银锭面通长 14.1 厘米，上宽 7.9 厘米，下宽 8.1 厘米，腰宽 5.4 厘米，锭背通长 13.6 厘米，上宽 7.1 厘米，下宽 7.3 厘米，腰宽 4.9 厘米，厚 2.3 厘米，重 1950 克。面文顺直錾刻三行文字：1. 官正；2. 官正（下砸印）皿；3.（左上角倒砸印）官正，（左下角顺直砸印）官正。

4 号银锭面通长 14 厘米，上下宽各 9 厘米，腰宽 5 厘米，锭背通长 13.5 厘米，上下宽各 8.1 厘米，腰宽 4.5 厘米，厚 2.6 厘米，重 2 千克。面文顺直錾刻两行文字：1. 肆拾玖两捌钱；2. 行人裴元，宋琦秤。

5 号银锭面通长 14.6 厘米，上宽 8.2 厘米，下宽 8.4 厘米，腰宽 5.3 厘米，锭背通长 13.8 厘米，上宽 7.4 厘米，下宽 7.9 厘米，腰宽 4.9 厘米，厚 2.3 厘米，重 2 千克。面文顺直錾刻四行文字：1. □□……廿二日辰□□□；2. 肆拾玖两捌钱足；3. 行人□□□，秤子杨□□；4. □□张□□。此外，在第一行和第二行中间上及第三行和第四行中间下砸有"赵铺记"戳记两个，在右上角和左下角砸有两个戳记，因锈蚀严重，分辨不清。在银锭的左侧面还有两道錾刻的印记。

6 号银锭面通长 14 厘米，上宽 8 厘米，下宽 8.1 厘米，腰宽 5.2 厘米，锭背长 13.5 厘米，上宽 7.2 厘米，下宽 7.5 厘米，腰宽 4.8 厘米，厚 2.3 厘米，重 2 千克。面文顺直錾刻两行文字：1. 肆拾玖两肆钱；2. **正行亏釜**。

图 8－24　1 号银锭　　　图 8－25　2 号银锭　　　图 8－26　3 号银锭

图 8－27　4 号银锭　　　图 8－28　5 号银锭　　　图 8－29　6 号银锭

7 号银锭面通长 14.3 厘米，上宽 8.6 厘米，下宽 8.8 厘米，腰宽 5.2 厘米，背通长 13.8 厘米，上宽 7.9 厘米，下宽 8 厘米，腰宽 5 厘米，厚 2.4 厘米，重 2 千克。面文顺直錾刻一行文字：真花银一锭。

8 号银锭面通长 15.5 厘米，上下宽各 9.7 厘米，腰宽 6 厘米，锭背通长

14.2 厘米，上下宽各 9 厘米，腰宽 5.2 厘米，厚 2.3 厘米，重 1955 克。面文顺直錾刻三行文字：1. 真花银壹锭；2. 重伍拾两一钱；3. **似人犯，徐俭作**。

9 号银锭面通长 14 厘米，上下宽各 8.5 厘米，腰宽 6.2 厘米，锭背通长 13.3 厘米，上下宽各 8.1 厘米，腰宽 5.2 厘米，厚 2.3 厘米，重 2 千克。锭面中间錾刻有 **"鸮""商尔"** 符号。

图 8-30　7 号银锭

图 8-31　8 号银锭

图 8-32　9 号银锭

图 8-33　10 号银锭

10 号银锭面通长 11.3 厘米，上宽 7.7 厘米，下宽 7.5 厘米，腰宽 5.1 厘米，锭背通长 11.1 厘米，上宽 7.3 厘米，下宽 7.1 厘米，腰宽 4.8 厘米，厚 1.6 厘米，重 950 克。面文顺直錾刻三行文字：1. 四十六两六钱四铢；2. □□运司，□伯□秤；3. 贰拾伍两捌钱。

11 号银锭面通长 12 厘米，上下各宽 7.1 厘米，腰宽 5.2 厘米，锭背通长 11.4 厘米，上下各宽 6.3 厘米，腰宽 4.5 厘米，厚 1.4 厘米，重 1040 克。面文顺直錾刻五行文字：1. 么志，贰拾肆两肆钱；2. 贰拾肆两叁钱正，宋□□秤；3. 秤子傅元、郭荣斬；4. 行人索□甘；5. **西夏钎袱**□□一廿二日，行。此外，第一行和第二行中间上角刻有 "孙" 字，下角刻有 **"夏址"**，第三行上刻有 **"夏"** 戳记。

2. 錾刻有符号的银锭 5 件（编号为 12~16 号）

12 号银锭面通长 15 厘米，上宽 8.7 厘米，下宽 8.9 厘米，腰宽 5.6 厘米，锭背通长 15 厘米，上下宽各 8.2 厘米，腰宽 5.4 厘米，厚 1.5 厘米，重 1600 克。锭面錾刻有 "凵凵" 符号。

13 号银锭面通长 14.9 厘米，上宽 8.5 厘米，下宽 9 厘米，腰宽 6.3 厘米，锭背通长 13 厘米，面宽 7.2 厘米，下宽 7.6 厘米，腰宽 5 厘米，厚 2.5 厘米，重 1800 克。锭面錾刻有 "凶" 符号。

14 号银锭面通长 14.7 厘米，上宽 9.2 厘米，下宽 9 厘米，腰宽 5.1 厘米，锭背通长 13.1 厘米，上下宽各 8 厘米，腰宽 4.4 厘米，厚 2.2 厘米，重 1950 克。锭面錾刻有 "凶" 符号。

15 号银锭面通长 14 厘米，上宽 8.4 厘米，下宽 9 厘米，腰宽 5 厘米，锭背通长 13 厘米，上下宽各 8 厘米，腰宽 4.5 厘米，厚 2.1 厘米，重 1750 克。锭面錾刻有 "凶" 符号。

16 号银锭，出土后被窃取损坏，现存一半，头宽 9.1 厘米，厚 1.5 厘米，重 700 克。锭面錾刻有 "凤" 符号。

图 8 - 34　11 号银锭

图 8 - 35　12 号银锭

图 8 - 36　13 号银锭

图 8 - 37　14 号银锭

图 8 - 38　15 号银锭

图 8 - 39　16 号银锭

3. 无铭文、无记号的银锭6件（编号为17~22号），列表如下。

表8-2　无铭文、无记号银锭统计表

长度：厘米，重量：克

编号	通长	正面上宽	正面下宽	正面腰宽	背长	背面上宽	背面下宽	背面腰宽	厚	重量
17	14	8.3	8.3	5.5	13.1	7.2	7.6	4.8	2.3	2000
18	15.3	8.5	9	56	14.9	8.2	8.7	5.5	1.9	1800
19	14.3	9.7	9.7	5.5	13.5	8.9	8.9	5	1.3	1200
20	15.1	8.7	8.7	6	15	8.2	8.2	5.9	0.9	850
21	12	7.5	7.6	5	11.6	7.1	7.1	4	2	1150
22	10	8.5		5.5	9.5			4.2	27	1300

（二）银锭铭文及錾刻符号

现存这批银锭共22件，总重量为35995克。从银锭的形制看，均为束腰形，两头圆弧线板状，背部布满蜂窝，正面砸印或錾刻文字、戳记、符号等；从大小看，分两类，大的有17块，小的有4块，银锭的薄厚、重量很不一致。从银锭的形状，表面砸印的文字、戳记以及这些文字、戳记的排列特征，可看出每块银锭各异。这说明这批银锭不是在同一个铸造点用同一个铸模所铸，而是西夏社会上流通使用的货币。银锭上錾刻的文字或戳记也都是在流通过程中砸印的。银锭上砸印的这些铭文及戳记，记录了当时西夏社会白银流通的真实情况。归纳起来，有以下几个方面。

1. 砸印"使正""官正"戳记的

1号和2号银锭各砸印有一个"使正"戳记，3号银锭砸印4个"官正"戳记。"使正"戳记在山西发现的金大定二十一年（1181）和大定二十三年（1183）的银铤上亦见出现。这种文字戳记是银锭"经官方审验后砸上去的"，[①] 这说明西夏的银锭流通制度与金有相同的方面。值得注意的是这批银锭中的"官正"戳记。如果"使正"与"官正"都是官方审验银锭后砸印的戳记，那么，"使正"与"官正"应该是两个不同的官方审

---

① 王重山、阎鸿禧、祁生：《山西发现金元时代的银铤》，《中国钱币》1988年第3期。

验机构。

2. 錾刻"行人""秤""秤子"的

2 号银锭錾刻有"行人任应和，窦献成秤"，4 号银锭錾刻有"行人裴元，宋琦秤"，5 号银锭錾刻有"行人□□□，秤子杨□□□"，10 号银锭錾刻有"□伯□秤"，11 号银锭錾刻有"宋□□秤"，"秤子傅元、郭荣靳"，"行人索□甘"。这类文字在宋和金流通的银锭上也多有发现。如四川双流县出土的宋代银锭錾刻有"库官武□行人李中"，"库官邓行人楹林嵩看"，[①] 山西金大定年间银锭砸有"行人王□□，秤子宋□□"，"行人郭智，秤子宋士显"的字样。已知这些文字表示"银业行会中人员和专司银两秤重人员的简称，錾刻其姓名、身份，以视对本银锭成色、重量承担责任"。[②] 在西夏流通的银锭中錾刻有同样内容的铭文，其作用也是相同的。由此可见，在同一时期并存的宋、金、西夏三个政权，在银币流通过程中所设置的一些管理机构、流通方式、制度是基本一致的。

3. 砸有"赵铺记""夏家记"戳记的

1 号银锭砸印有一个"夏家记"戳记，5 号银锭砸印有两个"赵铺记"戳记，这与江苏金坛茅山出土的南宋金牌、银锭上砸印的"周王铺""张周铺""王周铺""清河记""颜十记"[③] 和黑龙江阿城出土的金代银锭上砸印的"戳家记"[④] 以及湖北黄石西塞山出土的宋代银锭上砸印的"沈铺""徐沈铺""王家记"[⑤] 戳记类似。茅山、阿城与西塞山金牌、银锭上的这种戳记，被视为当时的"一个作坊字号"或"一个银店铺号"，说明这一时期在宋、金社会上，由于白银的广泛使用，"金银铺店"兴起。"银铺业的发达，在南宋的文献记载中也有反映"。[⑥] 在西夏流通的银锭中，"赵铺记"和"夏家记"的出现，也进一步说明西夏和宋、金一样，可能在当时社会上出现了一些铸造和专门经营银锭的作坊和金银店铺。

---

① 张肖马：《四川双流县出土的宋代银锭》，《文物》1984 年第 7 期。
② 詹婉容、朱蕴慧：《苏南茅山出土南宋金牌、银锭》，《考古与文物》1982 年第 6 期。
③ 詹婉容、朱蕴慧：《苏南茅山出土南宋金牌、银锭》，《考古与文物》1982 年第 6 期。
④ 黑龙江省文物考古工作队：《从出土文物看黑龙江地区的金代社会》，《文物》1977 年第 4 期。
⑤ 陈上岷：《谈西塞山出土的宋代银锭》，《中国钱币》1985 年第 3 期。
⑥ 黄成：《从考古发现谈南宋白银流通的几个问题》，《中国钱币》1989 年第 2 期。

4. 自铭银锭重量的

在发现的银锭中，2、4、5、6、8、10、11 号银锭自铭有重量。其中 2、10、11 号银锭自铭有两个重量。2 号银锭第一行刻"肆拾玖两捌钱"，第二行刻"五十两六钱"；10 号银锭第一行刻"四十六两六钱四铢"，第三行刻"贰拾伍两捌钱"；11 号银锭第一行刻"贰拾肆两肆钱"，第二行刻"贰拾肆两叁钱正"。以上铭文，2 号银锭第一行为大写，第二行为小写；10 号银锭第一行为小写，第二行为大写。用大、小两种文字，以示区别。11 号银锭虽都为大写，但从字体看来，并非出自一人之手。因此可以肯定，一件银锭所铭两个重量，后者是为校正前者之误而补刻的，重量应以后者为准。这种自铭两个重量的银锭，在四川双流出土的宋代 2 号银锭上也有发现。此类铭文还有伍拾两一钱、肆拾玖两捌钱足、肆拾玖两捌钱、肆拾玖两肆钱、贰拾叁两三钱正、贰拾伍两捌钱等。从这些重量看来，其银锭不仅规格、大小、薄厚各异，而且重量也没有统一、严格的标准。自铭重量为"伍拾两一钱"的 8 号银锭现重 1955 克，一两折合约 39 克；自铭重量为"肆拾玖两捌钱"的 2、4、5 号银锭，现重 2000 克，一两折合约 41.6 克；自铭重量为"肆拾玖两肆钱"的 6 号银锭，现重 2000 克，一两折合约 42.7 克；自铭重量为"贰拾伍两捌钱"的 10 号银锭，现重 950 克，一两折合约 37 克；自铭重量为"贰拾肆两叁钱正"的 11 号银锭，现重 1040 克，一两折合约 42.8 克。根据以上银锭的铭文和实际重量，一两折合 37~42.8 克。

5. 反映银锭成色铭文的

7 号和 8 号银锭錾刻有"真花银一锭"的铭文，在宋代银锭上也发现有砸印"渗银""京销银""花锭银""真光银""真花银"等字样，皆表示银锭含银的成色。[1] 这次发现的铭文"真花银"同样是表示银锭成色的。白银成色铭文的出现，说明白银的炼制与成色在当时已有一定要求，有利于在商业支付中形成公平的折耗，为买卖双方提供标准。[2]

6. 錾刻其他文字及符号的

5 号银锭第一行錾刻"……廿二日辰□□□"铭文，11 号银锭最后一行

---

① 陈上岷：《谈西塞山出土的宋代银锭》，《中国钱币》1985 年第 3 期。

② 黄成：《从考古发现谈南宋白银流通的几个问题》，《中国钱币》1989 年第 2 期。

錾刻 "**西夏轵礼**□□一□廿二日行**乇**" 铭文。这两行铭文都錾刻在银锭的边廓，因边廓凸起，锈蚀严重，从个别可辨的铭文内容看，应表示银锭发行的时间。11 号银锭上的 "**乇**" 可能为西夏的一个年号。这与宋、金银锭錾刻发行时间的习惯相同。2 号银锭左边錾刻 "**㐅人牙**" "**牪佘伞**" 铭文，字迹清晰，保存完整，应为当时西夏人所用的一种文字或符号，尚待进一步研究。另外，12 号银锭面錾刻 "**㘌**"，13 号银锭面錾刻 "**㑇**"，14 号银锭面錾刻 "**㑇**"，15 号银锭面錾刻 "**㑇**" 等符号，看来很规格化，应是银锭在当时西夏社会流通或交换过程中砸刻的，它可能与银锭的重量、成色、质量等有关。以上这些文字及符号，在目前发现的宋、金银锭上尚未发现，反映出这批银锭本身的特色。

（三）银锭断代

本次出土的窖藏，还伴随出土有宋代铜钱 9 枚，除 3 枚因锈蚀严重看不清钱文外，其他为：皇宋通宝 1 枚、至道元宝 2 枚、天圣元宝 1 枚、绍圣元宝 1 枚、建炎通宝 1 枚。此外，一起出土的还有金碗、钵 3 件，以及金饰、铁器和西夏瓷片等。从这些遗物，结合出土铜钱有南宋最早年号钱 "建炎通宝" 来看，这确是西夏时期的一处窖藏。宋朝建立初年，虽然在凉州（今武威）设立了西凉府，但并没有正式在凉州全境建立起自己的政权机构，实际控制凉州政权的是吐蕃六谷部及折氏家族。后来党项族兴起，其首领李继迁在辽的支持下，不断向宋用兵。至道二年（996），战争蔓延到河西一带。咸平六年（1003），党项族攻破凉州府，杀死知府丁惟清，正式在凉州设立了政权机构。从此，凉州及河西一带被西夏所统治，历时共约 190 年。这批银锭及铜钱，当为这一时期西夏通用的货币。

西夏是否通用银锭，在研究、介绍古代钱币的专著、文章中未见有人提及，至于实物更无发现。武威出土的这批银锭，在我国考古史上为首次发现。因此，它的发现为研究我国货币发展史，特别是研究西夏货币提供了可贵的实物资料，也是西夏学方面的一次重大发现。

八　武威邮电局新建大楼铜铤窖藏

（一）出土经过

1989 年 7 月 29 日下午，武威地区邮电局新建大楼开挖地基时，在距地

表 3 米多深处发现了一批窖藏铜铤。铜铤出土后，施工人员隐匿不报，在私分过程中，被邮电局职工顾元瑞同志发现。顾元瑞劝他们把铜铤交给国家。施工人员不听劝阻，将私分的铜铤当废铜卖给废品收购站。顾元瑞同志奋力夺下一块，并当即向市博物馆、公安局报案。黎大祥同志作为最早得到消息者，随即同市博物馆原副馆长孙寿龄先生和其他专业人员赶到出土地点，对现场情况进行了详细的记录及调查。市公安局接到报案后，局领导带领内保股干警在市博物馆专业人员的配合下连夜奋战，于 7 月 31 日将出土的铜铤全部追回，并移交武威市博物馆保存。

（二）铜铤的形状特征

这次出土铜铤 21 件，除 1 件现藏于中国钱币博物馆外，其余均藏于武威市博物馆。铜铤为长方形，形状、大小基本一致。长 45 厘米，宽 21 厘米，厚 5.5 厘米；每件重 22.5 ~ 23 千克。铜质为红铜，薄厚均匀，正面为素面，背面呈蜂窝状，每件的一角处均有锻压的痕迹。从这痕迹看，当为冶炼成铤时的鉴定标记。从整个发现的情况来看，这次出土的铜铤数量多，体积大，体量重。共出土 21 件铜铤，总重量为约 500 千克。一次发现这样多数量及这样大体积的铜铤，在国内尚属首次。

图 8 - 40　铜铤

图 8 - 41　铜铤

（三）铜铤的时代及价值

经现场调查分析，可以肯定这是一批西夏时期的铜铤，理由如下。

1. 铜铤埋藏在地表 3 米以下的不规则砂卵石坑中，周围布满铜生的绿锈，在铜铤的埋藏地点以及施工人员手中收集到宋代的铜钱数十枚，未见西夏以后的钱币。因此，从埋藏情况和出土的少量宋代铜钱来看，这些铜铤当为西夏晚期的遗物。

2. 这批窖藏铜铤数量很大，这样多的铜铤不是埋藏在构筑坚固的地窖中，而是埋藏在临时挖掘的土坑中，同时还伴随着一些宋代货币。因此，这批铜铤很可能是在南宋末年蒙古军队攻打西夏的时候，物主在战乱之中埋藏的。

3. 1989 年，在距铜铤出土地点 150 米处的署东巷家属院发现了西夏时期的金碗、钵、银锭等大批遗物，[①] 在距其 200 米处的水电局招待所发现大批西夏窖藏钱币，[②] 其埋藏深度及情形与这批铜铤完全一样。另外，1995 年在原武威市政府院东侧修建工程中发现西夏文银符牌，[③] 为负责宫门后勤治安将官所佩戴的腰牌。以上这些遗物，出土地点都在当时的武威地区行政公署附近。行署所在地，民国时为甘肃省第六行政督察专员公署，清时为甘凉道署。在此之前，当也是凉州行政机关驻所，西夏时也不例外。因此，这些遗物应为同一时代所藏，这批铜铤当为西夏时期的遗物。窖藏时间也应在前几次窖藏的同一时间，即西夏灭亡的 1227 年之前。因此，这是我国西夏考古史上的一次重要发现。它的发现，不仅对研究我国古代的冶金史具有重要的价值，而且为研究我国的货币制度以及西夏时期的铸币和冶炼技术提供了极为珍贵的实物资料。

第三节 从武威出土的窖藏古币 看西夏流通的主要货币

武威是最早发现西夏钱币窖藏，且有明确文献记载的西夏货币发现地，也是西夏故地发现西夏钱币最多、最为集中的地区。武威西夏钱币的发现，对于认识西夏铸币、解读西夏货币经济诸多问题具有重要意义，特别是对于研究西夏时期武威的商品贸易、货币以及武威在西夏的地位起到了重要的作用。本节内容将依据考古发现资料和学术界研究成果，在对武威境内西夏遗

---

① 黎大祥：《甘肃武威发现一批西夏流通银锭》，《中国钱币》1991 年第 4 期。

② 黎大祥：《从武威出土的窖藏古币看西夏主要流通的货币》，《中国文物报》1988 年 5 月 16 日。

③ 孙寿龄、黎大祥：《甘肃武威市出土西夏银符牌》，《考古》2002 年第 4 期。银质符牌，为长方形，长 7.5 厘米，宽 5.3 厘米。环已残，长 1 厘米、宽 2 厘米。四周有突边，边宽 0.3 厘米。两面均阴刻两行西夏文楷书，正面每行 3 字，共 6 字，为"宫门后寝待命"。背书四字，为"勒尚千狗"，应是负责宫门后勤治安将官的姓名。

址、发现的西夏钱币和西夏货币窖藏资料统计的基础上，对西夏境内流通的货币情况予以论述。

一 出土实物表

表 8 - 3 武威境内西夏流通钱币发现简表

发现时间	出土地点	西夏钱品种	其他钱币品种	资料来源	备注
1805 年	甘肃武威	元德重宝、天盛元宝、光定元宝；西夏文大安宝钱、乾祐宝钱、天庆宝钱	不详	初尚龄：《吉金所见录》卷 13，嘉庆十四年（1809）刊行	窖藏
1955 年	永昌河西堡	汉文天盛元宝 6 枚、皇建元宝 1 枚	汉至宋钱 4521 枚	陈炳应：《关于西夏钱币的几个问题》，《中国钱币》1989 年第 3 期	窖藏
1955 年	永昌河西堡侯家大庄	天盛元宝 28 枚、乾祐元宝 3 枚、皇建元宝 10 枚、光定元宝 15 枚；西夏文大安宝钱 1 枚、福圣宝钱 1 枚	汉至宋、西夏钱	陈炳应：《关于西夏钱币的几个问题》，《中国钱币》1989 年第 3 期	窖藏
1972 年 1 月	张义乡小西沟岘	天盛元宝 1 枚、铁钱乾祐元宝 5 枚、皇建元宝 1 枚、光定元宝 1 枚。另有若干无法识别的西夏文铜钱		甘肃省博物馆：《甘肃武威发现一批西夏遗物》，《考古》1974 年第 3 期	出土
1979 年 9 月	武威文教局院内	天盛元宝（数量不详）	汉、唐、宋、金货币	宁笃学：《甘肃武威县发现窖藏铜钱》，《考古与文物》1981 年第 2 期	窖藏
1983 年 7 月	武威师范学校院内	天盛元宝 9 枚、皇建元宝 3 枚、光定元宝 3 枚	汉至西夏、金钱	黎大祥：《甘肃省武威城出土一批铜钱》，《甘肃金融》1986 年增刊《省钱币学会成立专辑》	窖藏
1983 年	武威近郊	元德重宝（折二）1 枚		翁文忠：《天地有缘人须勤——成纪拾珍》，《甘肃金融》1986 年增刊	出土

续表

发现时间	出土地点	西夏钱品种	其他钱币品种	资料来源	备注
1984 年	武威红星公社	天盛元宝 2 枚、光定元宝 2 枚		陈炳应:《关于西夏钱币的几个问题》,《中国钱币》1989 年第 3 期	出土
1984 年	武威市内共和街	天盛元宝 1 枚、光定元宝 1 枚	大量宋钱	陈炳应:《关于西夏钱币的几个问题》,《中国钱币》1989 年第 3 期	出土
1985 年	武威中心广场	西夏钱币 3 枚	汉至西夏、金钱	黎大祥:《从武威出土的窖藏古币看西夏主要流通的货币》,《武威文物研究文集》,甘肃文化出版社,2002	窖藏
1986 年	武威市靶场	天盛元宝 14 枚、光定元宝 13 枚、皇建元宝 2 枚;西夏文天庆宝钱 2 枚	汉至宋钱,主要为北宋钱	陈炳应:《关于西夏钱币的几个问题》,《中国钱币》1989 年第 3 期	窖藏
1987 年	武威市水电局招待所	西夏钱币 4 枚	汉至西夏、金钱	黎大祥:《从武威出土的窖藏古币看西夏主要流通的货币》,《武威文物研究文集》,甘肃文化出版社,2002	窖藏
1987 年 9 月	武威市内署东巷	银锭 22 件,每锭大小厚薄重量不等,其中部分银锭正面铸有汉字和戳记	宋代铜钱若干	黎大祥:《甘肃武威发现一批西夏通用银锭》,《中国钱币》1991 年第 4 期	出土
1990 年	古浪县干城乡大东大滩	元德通宝 1 枚、天盛元宝 65 枚、天庆元宝 2 枚、皇建元宝 4 枚、光定元宝 4 枚;西夏文福圣宝钱 1 枚	汉至宋钱,北宋钱占 93%,另有南宋、辽、金钱	刘志华:《古浪县发现西夏时期钱币窖藏》,《甘肃金融·钱币研究》1997 年第 1 期	窖藏
1991 年 7 月 31 日	武威地区行政公署家属楼工地	天盛元宝、乾祐元宝	汉至宋钱。90% 以上为北宋钱;另有南宋、金钱	朱安:《甘肃武威出土一批窖藏钱币》,《考古与文物》1994 年第 3 期	窖藏
2002 年	武威一中家属楼	皇建元宝、光定元宝	以唐开元通宝和宋代货币为主	黎大祥:《武威发现夏汉合璧铜象棋子》,《西夏研究》2010 年第 3 期	窖藏

续表

发现时间	出土地点	西夏钱品种	其他钱币品种	资料来源	备注
2003 年	武威	元德通宝		张光华:《甘肃钱币选粹》,甘肃人民出版社,2006	出土
2003 年	武威文化广场电信大楼	天庆元宝、光定元宝、天盛元宝	12 千克,约 2500 多枚,宋代货币占 97%,另有金正隆元宝	宁生银:《武威文化广场电信大楼钱币窖藏》,《陇右文博》2011 年第 2 期	窖藏
2005 年 3 月	武威	天盛元宝(背西铁母)		张光华:《甘肃钱币选粹》,甘肃人民出版社,2006	出土
2008 年	武威市塔儿湾	天盛元宝、皇建元宝、光定元宝	共 259 枚,唐宋货币,宋代货币 227 枚	张吉林、黎大祥:《甘肃武威塔儿湾西夏遗址再现西夏流通古钱币》,《西部金融》2008 年第 10 期	窖藏

二　西夏铸造的钱币

通过对武威所发现西夏钱币的统计,最早的是毅宗时期铸造的西夏文福圣宝钱,最晚的是神宗光定年间铸造的光定元宝,出土最多的西夏钱币是仁宗时期的天盛元宝、乾祐元宝,襄宗时期的皇建元宝,神宗时期的光定元宝;发现最多的西夏文钱币是惠宗时期的大安宝钱,仁宗时期的乾祐宝钱,桓宗时期的天庆宝钱。

三　西夏流通的主要货币

从武威发现的几处西夏货币的埋藏情况看,窖藏都不是埋藏在构筑坚固的地窖中,而是埋藏在临时挖掘的土坑中,同时还伴随着一些瓷器和铁器之类的生活日用品一起出土,大多数窖藏中都有光定元宝。因此,这些货币的窖藏年代,很显然是在西夏末期,蒙古灭夏战争时候,在战乱之中埋藏的。这就告诉我们,这些货币不像是富有者埋藏在地下的金银珠宝,与社会经济生活关系不大,而是埋藏之前在整个社会经济市场上常用的通货。因此,它的发现，为探讨西夏当时主要流通的货币及其原因，提供了丰富的实物资料。

西夏建立后，不断仿效唐、宋的各项制度，深受汉文化的影响。在广泛吸取汉族生产技术和经验的基础上，西夏的政治、经济、文化得到了很快的发展。西夏创造了自己的文字，也制造了自己的货币。据有关资料统计，西夏统治时期的铸币，就其版式来说，就有 19 种之多，其中西夏文铸币就有 5 种。按常理说，西夏当然要流通自己的货币。我们把武威师范学校院内、文化广场、市水电局招待所等处发现的西夏窖藏古币，细致地进行了分类整理，发现具有以下特点。

西夏虽然自己铸有很多品种的货币，但是，这些货币在社会上流通的货币总量中仅占很小的比例。在出土的全部铜钱中，从时间的范围看，最早没有越过西汉，最晚没有突破西夏。它们包括了两汉、新莽、唐、五代后汉、后周、前蜀、南唐、北宋、南宋、金、西夏等十多个政权的货币，最早为西汉"半两"，最晚为西夏神宗时期的"光定元宝"。在这些货币中，北宋货币占有重要的地位。从数量上来看，占货币总数的 88.71%，从品种来看，几乎样样俱全，有 40 多个品种，200 多个式样，形成了一个以北宋货币为主的体系。除此之外，还有汉"半两""货泉""五铢"，唐"开元通宝""乾元重宝"，五代十国"汉元通宝""周元通宝""乾德元宝""光天元宝""唐国通宝"，南唐"开元通宝"以及南宋"绍兴元宝""建炎通宝"，金"正隆元宝"和西夏铸币，西夏文"福圣元宝"，汉文"天盛元宝""皇建元宝""光定元宝"等铭文的钱币。以上这些货币，只占总数的 11.26%。由此可见，西夏虽然自己铸造货币，但是从其建立到灭亡，在社会上流通的主要不是西夏货币，而是北宋货币。

在西夏境内为什么主要流通北宋货币呢？这是特定的历史条件和宋、夏的社会经济情况决定的。北宋初年，在西夏称国之前，党项族分布在我国西北地区，虽然形成一支强大的地方割据势力，但还是中原王朝的一部分，经济上与中原王朝来往。在西夏窖藏的货币中，就出现了汉、唐、五代及宋初的货币。在西夏称国之后，直到西夏中、后期，已经铸有十几种货币，却仍然流通北宋货币，这也与当时的历史、地理条件和宋夏经济方面的频繁往来分不开。西夏与北宋在近二百年的时间内，时战时和，但从整个历史来看，宋夏的友好往来是主流，特别是民间贸易相当频繁。畜牧业是西夏的传统经济，特别是西夏占据了自古就有"畜牧甲天下"的凉州（今武威）和甘州（今张掖）等河西走廊要地之后，畜牧业经济基础更为雄厚，发展更有条件。这里盛产羊、马、牛、驴、驼等牧畜，可将肉、乳、毛、皮等作为与北宋贸易的主要产品。驰名中原的"党项马"，除用于军事和农业生产外，还是每年与宋、辽、金进行贸易的传统商品。畜牧业和农业的发展，促进了手工业和商业的发达。采盐业也是西夏非常兴盛而又很重要的手工产业。元昊时，"数州之地，财用所出，并仰给青盐"，西夏要求宋朝每年进购西夏青盐十万担，盐成为西夏与宋、辽、金主要的官方贸易产品。西夏建立后，与北宋之间的贸易往来盛况空前。双方统治者所需求的大宗货物，首先是通过官方设置的榷场来交换，规模较大的有公元 1008 年设立的保安军榷场（今陕西延安境内）和公元 1046 年增设的镇成军高平砦榷场（今宁夏固原境内）。在这里，西夏常以驼、马、羊、玉、毡、毛、药材等换取内地的缯帛、瓷器、茶叶和货币等。宋、夏贸易成为北宋货币流入西夏境内的重要渠道。

宋神宗熙宁、元丰年间，实行新政"消除钱禁"，北宋货币大量流入西夏境内。出土货币中，从宋真宗大中祥符元年（1008）开始，到神宗元丰年间（1078～1085），北宋流入西夏的货币达到高峰。窖藏钱币中，仅祥符、皇宋、熙宁、元丰等几种货币，即占总数的 55%。北宋晚期，金人南侵，宋室南迁，整个北方的社会经济受到严重破坏，流通于西夏境内的宋币来源受到影响，市场货币量随之下降。在出土的西夏货币中，南宋币仅有"建炎通宝"和"绍兴元宝"两种，数量也仅有 12 枚。与此同时，西夏与金之间的往来，又带来了金的"正隆元宝"，但数量也极少。

西夏境内主要流通北宋货币，反映了西夏经济在一定程度上对北宋的依赖。西夏王朝所统治的地域，属于塞北地区，地理条件和物产资源以及政治、经济、文化等方面与中原王朝相比是比较落后的。加之西夏境内不产铜，而宋、辽、金又实行禁铜出境的政策，这是西夏铸币少的主要原因。

第四节　西夏银锭

1987 年 9 月，甘肃省武威市城内署东巷修建行署家属大楼，开挖地基时，在距地表 3 米多深处发现一批西夏窖藏文物，其中最为珍贵的就是一批银锭。黎大祥先生曾撰文对这批银锭的特征进行了详细介绍，并根据这批银锭的特点和同时出土的瓷器、货币等文物，提出这批银锭是西夏通用银锭。这是国内首次发现的西夏银锭实物。① 之后，陈炳应先生在《西夏货币概述》②《西夏的衡制与币制》③ 以及《西夏货币制度概述》④ 中也认为这批银锭是西夏流通银锭。牛达生先生的《西夏遗迹》⑤ 一书、党寿山先生的《武威文物考述》⑥ 等著作都赞同此观点。

尽管武威出土的这批银锭引起了学术界，特别是西夏学和文博界专家的关注和认同，但是，由于一些学者对出土情况不太了解，对这批银锭提出了质疑。1998 年在银川召开的"首届西夏学国际学术会议"上，湖北大学的王勇先生认为，出土的银锭是文物部门追缴回来的，上面的铭文以及形制都与宋代和金代银锭的铭文和性质相同，同时出土的宋代货币和西夏瓷器可能是西夏以后遗留的，认为是西夏将宋代的银锭作为货币使用，西夏是否使用金银货币未见实物。⑦ 河南师范大学历史文化学院的白秦川先生认为，武威出土的银锭形制与金代银锭相同，而且铭文格式中的行人、使正、官正、重量等都在金代银锭中出现过，该批银锭具有明显的金代银锭特征，有可能是蒙古军队在灭金后带到武威的。⑧ 2005 年，白秦川先生在"中国北方地区钱币发现与研究学术研讨会"上再次提出了这一观点，认为西夏以银为货币，只有零星的记载，是否铸为锭型，不大清楚。⑨

王勇先生和白秦川先生之所以认为武威出土的银锭不是西夏银锭，一是因为该批银锭的形制与铭文格式与金代、宋代银锭有相同之处；二是传世的

---

① 黎大祥：《甘肃武威发现一批西夏通用银锭》，《中国钱币》1991 年第 4 期，第 42~48 页。
② 陈炳应：《西夏货币概述》，《中国钱币》2002 年第 3 期，第 29~37 页。
③ 陈炳应：《西夏的衡制与币制》，《中国钱币》1994 年第 1 期，第 3~17 页。
④ 陈炳应：《西夏货币制度概述》，《中国钱币》2002 年第 3 期，第 39~42 页。
⑤ 牛达生：《西夏遗迹》，文物出版社，2007。
⑥ 党寿山：《武威文物考述》，武威市光明印刷物资有限公司，2001，第 115~123 页。
⑦ 王勇：《西夏货币研究琐议》，载《首届西夏学国际学术会议论文集》，宁夏人民出版社，1998，第 381~385 页。
⑧ 白秦川：《武威出土银锭应为金代银锭》，《中国钱币》2005 年第 3 期，第 19~20 页。
⑨ 白秦川：《金代银锭研究三题》，载《中国北方地区钱币发现与研究学术研讨会专辑》，《内蒙古金融研究》2005 年 2~3 期，第 48~53 页。

汉文典籍文献中对西夏使用和铸造银锭只有零星的记载，没有明确的实物资料。暂且不论该批银锭是否西夏铸造和流通，可以肯定的是，记载西夏铸造及使用银锭的西夏资料是非常丰富的。近年来，随着西夏学研究的逐步深入，1909 年被俄国探险家科兹洛夫盗掘走的内蒙古黑水城文献陆续公布，许多西夏典籍文献的翻译出版，为深入研究西夏社会历史、典章制度提供了第一手资料，其中就有许多关于西夏使用银锭的记载。王勇先生和白秦川先生的质疑，或许是由于没有看到相关的文献资料。

一　西夏文"银锭"一词溯源

《文海》中对"银"的解释是："𗀝𗀝𗁅𗁅𗁅𗁅𗁅𗁅"，汉语译文为："银者银也矿藏中出也"①（文海 12，172）。《同音文海宝韵合编》中对银的解释为："𗁅𗁅𗁅𗁅𗁅𗁅𗁅𗁅"，汉语译文为："银：锭左我右，矿中出宝"②（合编甲 10，182）。而锭在《同音文海宝韵合编》中解释为："𗁅𗁅𗁅𗁅𗁅𗁅𗁅𗁅𗁅𗁅𗁅𗁅𗁅"，汉语译文为："锭：金银圆右，财宝为元宝谓，汉语金银锭谓"③（合编甲 06，162）。在《同音》中解释为："𗁅𗁅𗁅"，汉译译文为："锭：金银"。可知西夏文中的锭专指金锭和银锭。而且锭字在西夏文中是一个汉语借词，其读音与汉字"定、锭"相同（同音甲 12B2）。④ 在《同音》丁中本背面的注释中也有关于锭的解释："𗁅𗁅𗁅𗁅"，汉语译文为："锭：为元宝"（同音丁 13B14 背注）。⑤

根据西夏文辞书中对银和锭的解释，可以清楚地看到，西夏人认为："银"是一种矿藏，而"锭"则特指金锭和银锭，就是通常所称的金元宝或银元宝。如果西夏社会当时没有使用流通银锭，在其当初造西夏字时也不会造这个字，其解释也不会与作为货币的银锭、金锭的概念如此一致。另外，在黑水城出土的西夏文军事法典《贞观玉镜统》中出现了西夏文"银锭"这个词。所以，从西夏文"银锭"这个词的词源与意义来看，当时的西夏

① 史金波：《文海研究》，中国社会科学出版社，1983，第 152 页。
② 韩小忙：《同音文海宝韵合编》整理与研究，中国社会科学出版社，2008，第 121 页。
③ 韩小忙：《同音文海宝韵合编》整理与研究，中国社会科学出版社，2008，第 87 页。
④ 史金波、魏同贤主编《俄藏黑水城文献》第 7 册，上海古籍出版社，1997，第 6 页。
⑤ 史金波、魏同贤主编《俄藏黑水城文献》第 7 册，上海古籍出版社，1997，第 17 页。

社会是有银锭流通的。

二　西夏法典中记载有赏赐银两的条文

关于西夏使用银币和银两的问题，除《宋史》《续资治通鉴长编》等传世汉文典籍的记载外，在黑水城出土的西夏法典《天盛改旧新定律令》中也有许多关于赏赐银两的记载。如在卷4"边地巡检门"中规定，在边境巡查时，如果发现敌人入境并及时报告，根据入境敌人的数量，检主不仅可以得到升迁，还能得到银两、杂锦以及茶绢等赏赐。

> 查觉一人至十人来，巡检主管绢一段，检人二人共绢一段。查觉十人以上至三十人来，巡检主管绫一块、银一两，巡检人绢一段。查觉三十人以上至七十人来，检主管唐呢一块、银二两、茶绢三，检人银一两、绢一段。查觉七十人以上至一百人来，主管杂锦一块、银三两、茶绢七，检人银二两、茶绢五。查觉一百以上至五百人来，主管升一官，银三两、杂锦一块、茶绢七，检人银三两、茶绢五。查觉五百人以上至一千人来，主管升二官，银五两、杂锦一块纯、茶绢十，检人一块纯、银三两、绫一块、茶绢五。查觉一千人以上来，一律检主管升三官，银七两、杂锦一块、茶绢十五，检人银五两、绫一块、茶绢七。①

此外，西夏法律规定，如果官员在任职三年期间没有重大失误，考核合格，依据其表现和官品，不仅能得到升迁，而且还能获得赏赐的银两。赏银分别有五两、七两、十两、十五两四个等级。

> 一诸司任职位人三年完毕，无住滞，不误入轻杂，则中书、枢密、经略等别计官赏，其余依次赐次中下末四等人得官赏：次等升一级，大锦一匹，银十五两，茶绢十。中等升一级，大锦一匹，银十两，绢三

---

① 史金波、聂鸿音、白滨译注《天盛改旧新定律令》卷4"边地巡检门"，法律出版社，2000，第205～206页。

段，茶四坨。下等升一级，杂花锦一匹，银七两，茶三坨，绢二段。末
等升一级，紧丝一匹，银五两，茶绢二。中书、枢密都案依下等司正法
则得官赏。①

在关于追捕逃犯的条目中，《天盛改旧新定律令》规定，对于捕获死刑
犯和判刑后潜逃者的人员，政府除赏赐绢锦等丝绸外，还赏赐给追捕有功的
人员一定的银两。

> 一等捕获死罪一至三人银三两、杂锦一匹、茶绢三中一段绢；四至
> 六人银五两、杂锦一匹、茶绢五中二段绢；七至十人银七两、杂花锦一
> 匹、茶绢七中三段绢；十一人以上一律加一官，银十两、杂花锦一匹、
> 茶绢十中四段绢。
> 一等捕获长期徒刑自一至七人银三两、杂锦一匹、茶绢三中一段
> 绢；自八至十五人银五两、杂锦一匹、茶绢五中二段绢；十六人以上一
> 律加一官，杂锦一匹、茶绢七中三段绢。一等捕获短期劳役自一至七人
> 银一两、茶绢三中一段绢；自八至十五人银二两、锦一匹、茶绢五中二
> 段绢；自十六至二十人银三两、坨呢一匹、茶绢五中二段绢；二十人以
> 上一律银三两、杂锦一匹、茶绢五中二段绢。②

虽然《天盛改旧新定律令》中有赏赐银两的记载，但赏赐的数额是有
限的，从 1 两到 10 两不等，赏赐的范围也仅限于考核合格的官员、巡边发
现敌人入侵的军士、追捕罪犯有功的人员，并没有明确指出赏赐的是银锭，
但银两在西夏的使用和流通是显而易见的。

三　西夏有银锭

在黑水城出土的西夏文献中，有一部西夏文的军事法典《贞观玉镜

---

① 史金波、聂鸿音、白滨译注《天盛改旧新定律令》卷 4 "续转赏门"，法律出版社，2000，
第 349 页。
② 史金波、聂鸿音、白滨译注《天盛改旧新定律令》卷 4 "派大小巡检门"，法律出版社，
2000，第 457～458 页。

将》。该文献记载，对在战争中立有战功的将帅要赏赐金碗、银碗以及银锭。赏赐的银碗重量分为 10 两、20 两、30 两、40 两、50 两、70 两、80两、100 两 8 个等级。对功高者在赏赐金碗、银碗的同时，还要赏赐衣服、金腰带、银腰带、银鞍鞯、茶、绢以及银锭。

> 正将在战斗中俘获人马、铠甲、旗鼓金等超过三千种以上，则一律加七官，赏五十两金碗、百两银碗、衣服一袭十带中有绎丝上服、十两金腰带一条、银鞍鞯一副、银一锭、茶绢一千份……副将俘获三千种以上，也奖赏银一锭等。[①]

在这条文献中，两次出现了"银一锭"，这里的"银一锭"就是特指银锭。一是因为西夏文辞书中对"锭"的解释就是汉语中的金银锭；二是因为在武威出土的银锭中，有一种表示银锭成色的铭文"真花银一锭"，这种"银一锭"的说法在已出土的宋、金银锭上的铭文中也经常出现；三是因为赏"银一锭"出现在赏赐银碗之后，所以应指赏赐银锭一锭，而不是赏赐银碗和银币，只不过没有详细记载所赏赐的银锭的重量。这是西夏文文献中关于银锭的明确记载，可见西夏社会在当时也使用流通银锭。如果银锭没有流通功能，不具备货币的流通价值和一般等价物的功能，也不会作为贵重物品赏赐给立有战功的将帅。

四　西夏铸造银锭

《天盛改旧新定律令》卷 20 记载，罪犯要"为官采熔金、银、铁"，据此可知，西夏存在开采银矿，冶铸白银的现象。而在卷 17 "物离库门"中，又专门规定了铸造白银的损耗标准："银损耗：上等、次等者，一律百两中各损耗五钱；中等、末等者，一律百两中损耗一两"。并明令要在各种金银器上"各自錾刻、标明两数"。在铸造好的银器上"各自錾刻、标明两数"，也应包括在银锭上錾刻重量、成色等铭文，这正好符合武威出土银锭上所錾刻铭文的特点。

---

① 陈炳应：《贞观玉镜将研究》，宁夏人民出版社，1995，第 71～75 页。

一些学者认为，武威出土的银锭上錾刻的都是汉文，与金代、宋代银锭的铭文格式相似，其他的錾刻符号不像是西夏文，根据武威出土的银锭就断定西夏也铸造银锭，很难让人信服。实际上，武威出土的银锭已经不是仅有的实物证据。《收藏界》2006 年第 8 期刊登了陈永中的《银川发现西夏银锭》一文，作者在文中介绍说，2005 年他在银川一位收藏家手中看到了一大一小两块银锭，他认为是西夏银锭。

　　大银锭，重 1750 克，长 155 毫米，顶部宽 95 毫米，腰部宽 45 毫米；顶部厚 15 毫米，腰部厚 14~15 毫米。正面中部微凸起，有上下两坑，一端部有数道小铡痕。背面微凹，不平整，两端四角处各有一长约 35 毫米的斜形刀铡深痕，中部是一长约 75 毫米的刀铡深痕，这五处刀铡痕的深度近 10 毫米。整个银锭呈褐色，色锈坚实。边角及突起的个别部分因摩擦露出了银色。

　　小银锭，重 960 克，长 115 毫米，顶部宽 65 毫米，腰部宽 45 毫米，顶部厚 15 毫米，腰部厚 14~15 毫米。正面中部微突起，布满了碎小坑洼。背面中部微凹。此银锭因为摩擦过甚，整块银锭露出了原有银色，原有锈色受到了破坏，只有坑洼中存在一些黑锈，但坑洼中的黑锈仍然十分坚实。①

除此之外，史金波先生在《西夏社会》中介绍，他曾见到一枚錾刻有西夏文的银锭。其形制与武威发现的银锭相同，为亚腰型，重约 20 两，正面錾刻西夏文两行，有的文字不甚清楚，译文为"司造"和"嵬那赏盛"，前者表示该银锭为官造银锭，后者应为人名；背面左有西夏文 1 行，译文为"天庆四年"，右方依稀见汉字 3 行，可识别的文字为"……元年春……""……匠""……百平"，这是迄今所见唯一的有西夏文年号的银锭。② 西夏天庆四年为公元 1197 年，系西夏桓宗在位时期。

　　西夏铸造流通银锭最为直接的证据就是中国国家图书馆所藏西夏文

---

① 陈永中：《银川发现西夏银锭》，《收藏界》2006 年第 8 期，第 93~94 页。
② 史金波：《西夏社会》，上海人民出版社，2007，第 171 页。

《六祖大师法宝坛经》背面的草书"西夏天赐礼盛国庆二年瓜州审判档案",这个审判案涉及债务纠纷,王静如先生和陈炳应先生曾对其进行了译释,其中有"铸银近万,乃持折验,诸处为贩,无买者,此后讲便卖,未卖。"①由此可见,西夏不仅使用流通银锭,而且还铸造有自己的银锭。

五　西夏银锭的来源

关于武威出土的西夏流通银锭与发现的宋金银锭形制及铭文格式相同的问题,也不难理解。西夏政权虽然与宋、辽、金先后并存,是一个独立的王国,但由于其国力落后于宋、辽、金,为了自身的存在与发展,西夏先后向宋、辽、金称臣。而宋、辽、金为了保证边境安宁,同意西夏称臣的要求。西夏每年通过进贡,可以从宋、辽、金获得大批的丝、绢、锦、茶、钱等岁赐物资,补充了西夏境内的物资,其中就包括大量的白银。如庆历四年(1044),宋夏双方订立庆历和议,和议规定:元昊取消帝号,接受宋朝册封;宋每年给西夏银七万二千两,绢十五万三千匹,茶三万斤;开放双方边境贸易等。是年十二月,宋朝"遣尚书祠部员外郎张子奭充册礼使,东头供奉官、阁门祗候张士元副之。仍赐对衣、黄金带、银鞍勒马、银二万两、绢二万匹、茶三万斤。册以漆书竹简,籍以天下乐锦。金涂银印,方二寸一分,文曰'夏国主印',锦绶,涂金银牌。"②岁赐的白银中可能有银锭。西夏的许多制度文化都是仿唐宋而立,货币制度也不例外,如西夏的钱币都是年号钱,而且部分钱币也实行对制钱,钱文有楷、隶、篆等字体,与宋朝货币一样。银锭的铸造,也有可能是效仿宋、金银锭的形制及铭文格式。所以,西夏银锭可能有两个来源,一是自己铸造,二是来自宋、金的岁赐。

综上所述,西夏文辞书对西夏文"银"和"锭"的解释说明,西夏文"银锭"来源于汉语,是和宋朝流通的银锭相同的一种货币形态。而西夏文文献中关于赏赐银两和银锭的记载,更充分说明西夏不仅使用银碗奖励官吏和有功者,并且有开采银矿、铸造银锭和银碗等银器的专门机构和严格的法律制度。白银在西夏不仅是一种贵金属,而且与同时期的宋、辽、金一样,

① 陈炳应:《西夏文物研究》,宁夏人民出版社,1985,第291页。
② 《宋史·夏国传》上,中华书局,1977。

白银也已经进入货币流通领域，担负着一般等价物的功能。只是在西夏社会日常的赋税征收、商品买卖、典当借贷等经济活动中，仍然是以铜、铁货币为主要形态，偏远地区则以物物交换为主，没有发展成银本位的商品货币经济。这在商品货币一定程度上体现出西夏的社会经济，特别是商品货币与宋、金相比还是较为落后的。

第五节　铜铤研究中的几个问题

1989 年在武威邮电局出土的铜铤，铤面上虽然没有文字，但经过整理分析，却从以下几个方面为我们提供了新的文化信息，具有重要的研究价值。

一　关于"铤"与"锭"名称的认定问题

根据文献记载，铤应泛指经过冶炼之后，未成器物的五金（即金、银、铜、铁、铅）原材料，换言之，是指经过冶炼后，还没有形成器物的金属坯料。它有一定形状，一般情况下铸成片状，外形长、直、平、薄。其面、背为素面，或有符号。铤出现的时代，可以追溯到东汉。这从《说文解字》和《淮南子》对铤的注释中可以看出。彭信威《中国货币史》中说："金、银铤的出现，至迟当在南北朝时候。"他的这种结论，是根据古代文献中对铤的记载得出的。如《魏书·崔浩传》记载："浩明识天文，好观星变。常置金银铜铤于酢器中，令青，夜有所见，即以铤画纸作字以记其异。"《北齐书·陈元康传》记载："世宗令元康驰驿观之，复命曰：'必可拔。'世宗于是亲征，既至而克，赏元康金百铤。"不难看出，金、银铤从东汉开始就一直是金银称量货币的基本形式。

铤是什么形状？许慎注《淮南子》中有："金、银、铜等未成器铸作片，名曰铤。"彭信威《中国货币史》中有："铤是一种长方形的东西，多呈条形，但也未必固定于某一形式。"[1] 日本学者加藤繁在《唐宋时代金银之研究》中写道："（铤）是具有条形的地金，其所以称为铤者，也如木长

---

① 彭信威：《中国货币史》，上海人民出版社，1965，第 234 页。

称梃，竹长称莛一样，故称金属地金之长为铤。……当有长而且正直的意思。古代中国人的习惯凡是长而且直的东西都称挺。"[1] 这是对铤的字面理解。

从目前考古发掘出土的实物来看，最早发现的金、银铤实物是唐代的。唐代金、银铤证实了铤的形状是长条形。1956 年，在西安市唐大明宫遗址出土了 4 件唐代银铤，其中 3 件的铭文中出现了"铤"的字样。1 号铤铭文为："天宝十载正月日税山银铤五十两正"；2 号铤铭文为："宣城郡和市银壹铤五十两专知官大中大夫使持节宣城郡"；4 号铤铭文为："郎宁郡都督府天宝二年贡银壹铤重五十两朝仪郎权怀泽郡太守权判太守兼管诸军事上柱国何如璞专知官"。1963 年，在陕西省长安县韦曲出土了一件银铤：上有铭文："天宝十三载丁课银四铤五十两"。1977 年 4 月，在山西省平鲁县屯金沟唐代金银窖藏出土了唐代金铤 82 件，其中 5 件有铭文，而且一件的铭文中有"铤"字："金贰拾两铤专知官长员外同正"。这些铭文中的"铤"字，不仅印证了铤为直形，还进一步说明铤已演变为一种单位。

宋金时期也有不少金、银铤，但铤的形状逐渐向束腰形发展。在西塞山出土的南宋银锭，上面刻的文字还多有称铤的，如第 6 号铭文为："京销铤银霸北街东沈铺"；第 11 号铭文为："京销铤银霸北街西韩宅"；第 41 号铭文为："黄字号京销铤银重拾式两半霸北左宅欧三验讫"；第 133 号铭文为："京销铤银重拾式两半赵宅渗银"。但已有在银锭上刻锭字的了，如第 25 号铭文为："帐前统治官张青今解到银柒千陆百两每锭系市称五十两重"。[2] 铤的形状、重量都随着时代的脚步不断演进，留下了各具特色的时代特征。

金德平先生在《说铤》一文中详细论述了铤的含义、形式、用途和出现的时间，重点介绍了金、银铤，令人信服。[3] 据此可以比较有把握地说，金银铤呈长、直、薄的条形。金银铤是经过冶炼后尚未制成器物的金银坯料，形态是长、直而薄的条形。至迟在东汉，金银铤这一名物即已产生。唐

---

①　加藤繁:《唐宋时代金银之研究》，中华书局，2006，第 234 页。

②　陈上岷:《谈西塞山出土的宋代银锭》，《中国钱币》1985 年第 3 期。

③　金德平:《说铤》，《中国钱币》1991 年第 4 期。

代以后，铤逐渐改称锭。宋元时期，尤其是南宋至元初，应是这一转变的关键时期。南宋至元初，铤转而称锭，铤的称谓被锭取代。称谓之所以发生改变，一是受了该时期汉语语音演变的影响，二是铤的形态大约在宋金之际逐渐发生变化，由条形逐渐演变为束腰砝码形，其重量也规格化、等级化，分为五十两、二十五两、十二两半等。

根据以上关于金银铤的史料记载和研究情况，结合出土的这批铜铤的时代、形状，特别是其数量多、体积大、体量重的特点，可知是冶炼之后、未成器物的铜坯料。依据这些情况，武威邮电局出土的这批器物的名称，应定为"铜铤"。

二 铜铤的货币属性问题

在商代和西周时期，随着奴隶制经济的发展，货币形态趋于成熟。除了贝类外，以青铜工具及青铜铤为代表的金属称量货币已在流通领域中占有主要地位。春秋战国时期，金属币出现，并迅速获得广泛的流通。这一时期的钱币式样往往源于青铜工具。空首布的造型与青铜器有关，齐国和燕国的货币样式类于青铜刀削。流通于不同地区的钱币构成各自的体系，多有纪地或纪重的面文，其计量单位和形式各不相同，货币体制相当复杂。当时的布币以三晋为中心流通地区，刀币则以齐和燕为行用中心，同时还并用圆孔钱和方孔圆钱。蚁鼻钱主要以楚地为流通范围。战国晚期，由于政治地理的变化和各地经济交流的日益密切，各种铸币的流通范围必然超出原来的地域，并在形式和计量单位方面呈现出逐步融合的趋势。行用于黄河中下游地区的圆钱和方孔钱，是当时最为先进的铸币形式。秦国铸行的圆钱，使用铢两计重，为以后货币形式的统一奠定了基础。

秦统一六国后，秦始皇顺应历史发展的趋势，在统一文字、度量衡的同时，也统一了货币。规定以"黄金"为上币，以镒（20两）为单位；以圆形方孔铜钱为下币，以半两为单位，钱文"半两"与实重相符。这种方孔圆钱从此成为中国货币的主要形式，一直沿用了两千多年。为何要采取这种形制呢？主要是因为环形便于携带，而用方孔穿绳索，铜钱不易旋转，可防磨损。也有人认为这种形制反映了古人天圆地方的宇宙观。秦朝的方孔圆钱是世界上最早的法定货币。

　　据说秦始皇为防止百姓造反，收天下兵器铸十二金人，这势必影响到铜钱的铸量。因铜价极高，货币流通量不足，故秦半两钱价值很高。汉初发生了"秦钱重（价高）难用"的问题。汉承秦制，沿用半两钱，但汉高祖时期国家财用匮乏，改铸了许多小钱，先后出现了榆荚半两、八铢半两、四铢半两等。一两为二十四铢，因对秦半两大幅减重，"半两"已名实不符。尤其是一种小半两，因形似榆树果实而称"榆荚半两"，重不足 1 克，直径不足 1 厘米。汉初还允许民间私铸与郡国铸币，引发币制混乱与通货膨胀。汉武帝即位后，"外事四夷，内兴功利"，亟须开辟财源。同时，郡国自由铸钱，造成币制混乱，物价上涨，威胁中央财政。于是汉武帝在公元前 118 年下令废除郡国铸币权，改由中央统一铸币，设"上林三官"，即钟官（掌铸钱）、辨铜（掌原料）、均输（掌制范），组成中央铸币机构，负责铸造五铢钱，也称上林钱或三官钱。五铢钱质量高，改变了货币混乱现象，有利于中央集权和经济发展。从汉武帝起，经西汉、新莽、东汉、魏晋南北朝、隋、唐，五铢钱长期为历代法定货币。

　　由于半两钱、五铢钱的大量使用，从秦汉以来，以铜为材质的铜铤在文献中少有记载，近代钱币藏家也极少谈及。因金、银坯料自身的价值，在其形成器物之前，也可直接用于贮藏和大宗支付，进而逐渐演变为贵金属称量货币。这种以红铜为材质的金属坯料，是否具有这种功能和作用，还需要进一步的研究和探讨。

　　从考古发现的情况看，早期铜铤主要有圆饼形和不规则形、青铜器形、菱形、长舌形，在长江流域的湖北大冶、安徽、吴越地区均有出土；在西安出土过西周时期的圆饼形铜铤，在湖北大冶出土过西周时期的长舌形铤和稍晚的圆饼形铤。汉唐时期铜铤也有不少出土，形状为长条形。云南泸沽湖草海北岸施工中曾发现西汉时期的长方形铜铤一件，长 17 厘米，宽 10 厘米，高 3.5 厘米，上有阴刻汉字铭文三行，锈蚀严重，仅认出一"孙"字。1976 年 2 月，四川省文物考古研究所、凉山州博物馆和西昌市文管所对西昌市黄联东坪汉代冶铜铸币遗址进行了为期 19 天的野外发掘，在一个窖藏内出土了铜钱范 5 块，铁锤 2 件，铜铤 4 块，为越嶲郡"越"字铭文铜铤。湖北宜昌黄凌庙文管所保存着一罐铜铤，共 50～60 块，为长方形薄铜片，素面，长 10 厘米，宽 5 厘米，厚 0.1 厘米。根据盛装器物陶罐的造型，可知为汉代之物。① 1972 年文物调查时，在黑龙江省东宁县大城子古城，征集到莲花瓦当、板瓦、筒瓦、铜带饰、铜镜、铜盒、铜佛、鎏金舍利函、铜铤等一批典型的唐代渤海国时期文物。在湖南洞庭湖被挖沙船挖捞上来的铜铤，长 20 厘米，重 6100 克左右。同时发现的还有一些岳州窑和长沙窑瓷器，故该铜铤应为唐宋时期之物，两边刻有铭文（较难辨认）。当时挖捞出水的有几十铤之多，并有铭文清晰者，此铜铤可能为早期的一种钱币。大足石刻博物馆保存有一件在大足出土的"大金得胜陀颂"鎏金铜铤，重 454 克，质地红铜，表面鎏金，方形，长 4.8 厘米，宽 3.8 厘米，高 2.9 厘米；正面錾刻金太祖完颜阿骨打着铠甲半身像，左右侧分别刻"龙凤呈祥"图案，背面篆书"大金得胜陀颂"6 字，径 2×1.5 厘米。

宋代以来，铜铤的形状也出现了束腰形。青州市博物馆藏北宋铜铤，为国家一级文物。长 14 厘米，重 1562.7 克，两端呈圆弧形，中部呈束腰形，表面微凹，凹部錾刻铭文，只可辨"重□五十两"等字，背面平光。这是政府的压库币，全国罕见。1988 年，湖北宜昌地区一农民在翻地时，发现 2 枚青铜质铜铤，长 1.2 厘米，束腰处宽 0.3~0.4 厘米，厚 0.3 厘米，重 1.4~1.8 克。体积极小，面阴刻"五分"，上五下分，叠书。伴随铜铤出土的有宋代的铜镜，形状与宋代银铤类似，因此，研究者认为该铜铤是宋代的遗物。②

从以上情况可以看出，在我国春秋战国之前，青铜铤充当的金属称量货币已在流通领域中占有主要地位。在此之后，由于青铜器在社会生产劳动中占有重要的地位，货币的式样往往源于青铜工具。秦汉之后，特别是秦统一了货币，以半两为单位。汉又统一铸币，铸行五铢，五铢钱长期为历代法定货币。但贵金属坯料因其自身的价值，在形成器物之前，也可直接用于贮藏和大宗支付，进而逐渐演变为贵金属称量货币。铜本身具有一定价值，在金银铤演进为正式货币的同时，这些大小不同的铜铤也进入了货币流通领域。在唐代，无论金铤还是银铤，在铸造上都或多或少地存在大小不一、厚薄不

---

① 吴愉清：《铜铤》，《中国钱币》1992 年第 3 期。
② 吴愉清：《铜铤》，《中国钱币》1992 年第 3 期。

均的不规范的缺陷，这说明唐代金银的铸造工艺还不够完善。如果从货币的角度理解，铤是一种原始的称量的货币形式，其行使的货币职能依然停留在进奉、上贡、赋税等方面。宋代，金银货币已上升为重要通货之一，在官方和民间普遍使用，且不受地域限制，也是当时纸币和铜钱的本位货币。铜铤作为我国货币的币材，同样具备这些特点、性质和功能。

三 铜铤与西夏西凉府署及王室有关，应是西凉府或西夏王室的库存

武威在西夏统治时期具有重要的历史地位。据史料记载，西凉府（今武威）是西夏的辅郡。"凉州重修护国寺感通塔碑"汉文碑文记载："大夏开国，奄有西土，凉为辅郡，亦已百载。"西夏占据凉州之后，在凉州设立了西凉府，是河西政治、军事、经济、文化的中心，其地位仅次于首都兴庆府。西夏王朝的一些重大事件和重要活动都发生在西凉府。如西夏景宗1038年十月称帝，十一月就到西凉府祀神；1073年，西夏王朝修筑西凉府城墙和沿边诸寨；因西凉府土地肥沃，祁连山雪水丰富，大力兴修水利，引水灌溉，并鼓励党项人弃牧从耕，发展农业生产，修建御仓，富国利民；1093年，西夏由皇帝、皇太后发愿，动用了大量人力、物力和财力对大云寺寺庙及塔进行了大规模的维修，第二年完工后，即立碑赞庆，将大云寺更名为护国寺，立"凉州重修护国寺感通塔碑"；1217年，蒙古军队围攻兴庆府，西夏神宗逃往西凉府。

凉州乃至河西走廊是西夏政权制驭西蕃等势力，屏蔽灵、兴京畿，南接河、湟，北通漠北的西部军事战略要地。由于宋政权采取了"以夷制夷"的对夏战略，生活于河西走廊的吐蕃各部落、回鹘势力以及西域诸国与宋结成政治联盟，构成了对西夏右厢地区的侵袭，进而对西夏京畿地区造成了战略上的威胁。河西走廊作为西夏右臂和保障京畿的重要地区，其地位在蒙古灭夏战争的关键时刻显得尤为突出。在蒙古军队数伐西夏，围困中兴府数月，决河灌之也难以攻克的情况下，西征的蒙古军队挥师东进，相继攻陷了西夏右厢的黑水镇燕军司、甘州、西凉府、沙州等地。河西走廊的失陷，使西夏左厢尤其是京师地区完全暴露于蒙古军队的西部前锋之下，切断了对京师中兴府的军事物资供给，也割断了西夏的退守之路。这样一来，整个西夏京师处于四面包围之中，也决定了西夏政权即将退出中国历史舞台的命运。

西夏占领河西走廊之后，鉴于河西地区的重要战略地位，在军事区划上将河西走廊划归右厢。西夏立国初期设置了 12 个监军司，位于河西地区的有黑水镇燕监军司（今内蒙古额济纳旗黑水城）、右厢朝顺军司（治所在西凉府，今甘肃省武威市凉州区）、甘州甘肃监军司（治所在甘州，今甘肃省张掖市甘州区）、瓜州西平监军司（治所在瓜州，今甘肃省酒泉市瓜州县东南锁阳城）4 个监军司。由于战略形势的需要，后来还设置了"沙州监军司"。今瓜州县榆林石窟第 29 窟的题记中有"沙州监军司"一名。在政区划分方面，西夏在河西地区沿用唐制，设置了凉、甘、肃、瓜、沙五州，后又将凉州升格为西凉府，作为西夏的陪都。

从经济上来看，西凉府是西夏经济来源的重要地区之一，被称为"天府之国"，土地肥沃，物产丰富。早在李继迁时，就看准了凉州这块肥田沃地。他认为，凉州府库之盈余，完全可以供给西夏大军南征北战，调济民食。他对儿子德明说，得凉州是"大夏势成，而灵州永固矣。盖平夏以绥、宥为首，灵州为腹，西凉为尾，有灵州则绥、宥之势张，得西凉则灵州之根固，况其府库之积聚，足以给军需、调民食，真天府之国也。"在李继迁的眼里，西凉府是"天府之国"，是得天下的根本。另外，凉州盛产名马，对于马背上打天下的党项民族来说尤为重要。李继迁曾说："凉州畜牧甲天下，我心谋已久，借以可养成锐气。"驰名中原的"党项马"，除用于军事和农业生产外，也是每年与宋、辽、金进行贸易的传统商品。

从地理位置来看，凉州乃至河西走廊处在丝绸之路孔径地段。河西走廊归西夏控制后，继续在西夏的对外贸易、军需物资转运、政令传达、内部交流等方面扮演着交通枢纽的角色。无论是进关陇、走灵武，还是通西域、连河湟、接漠北，无不由此经过。有研究者认为，由于西夏对过往境内的商旅或课以重税，或劫掠其财物，使传统的丝绸之路河西段阻塞。近几年，随着大批西夏出土文献的发现和西夏学研究的深入，对西夏地理的研究也取得了可喜的成果，许多学者也改变了这一认识，而是认为，西夏时期并不是丝绸之路的衰落和低迷阶段，相反，出于战略上的考虑，西夏形成了以兴庆府为中心的四通八达的交通网，而且还开辟了许多新的线路。仅就河西走廊来说，就形成了以凉州和甘州为中心的交通网络。以凉州为中心的线路有：凉州——长安南道；凉州——长安中道；凉州——长安北道；凉州——西域道。以甘州为中心的线路有：甘州——青唐道；甘州——黑水城道。总之，在西夏控制河西走廊的时期，虽然以河西走廊为干线的丝绸之路曾一度受到影响，但就整个西夏时期来说，河西走廊仍然发挥了不可替代的交通枢纽和中继站的作用。[1]

由于西凉府在西夏时期重要的历史地位，在武威出土大批银锭、铜铤及金碗、金钵、银符牌等绝非偶然。同时，一次出土这样多的铜铤（总重量超过 500 千克），且一件铜铤的重量就达 23 千克左右，这不仅在西夏考古史上是首次，即使在中原王朝宋朝统治区域内的考古发现中，这样重的铜铤也十分罕见。因此，可以推断这批铜铤的主人当与西夏西凉府署及西夏王室有关。很可能是在 1226 年蒙古军队攻占西凉府前夕，守卫西凉府的西夏将领斡札箦等在率众投降蒙古前埋藏的，也可能是西夏王室在此前逃到西凉府时埋藏的。这些铜铤很可能是西夏西凉府或西夏王室大宗支付用的库帑。

第六节 武威西夏钱币考古的重要价值

西夏时期，武威作为其陪都，是西夏西部地区的经济中心，所谓"大夏开国，奄有西土，凉为辅郡，亦已百载"[2]，其经济地位对于西夏是十分重要的。正如顾祖禹所论："夏得凉州，故能以其物力扰关中，大为宋患。"[3] "凉州重修护国寺感通塔碑"汉文碑文所载"武威当四冲地，车辙马迹，辐辏交汇，日有千数"[4]，反映了当时武威交通便捷、商品货币经济较为发达的情况。在西夏统治的近 200 年中，在武威留下了许多珍贵的文物遗迹，成为探究西夏历史的第一手资料。自清代嘉庆年间以来，武威屡有西夏钱币发现和货币窖藏出土，为研究西夏货币形态和货币经济提供了极为珍贵的资料。历次武威西夏考古活动中，基本上都有西夏时期流通的货币及西夏自己铸造的钱币出土。可以说，武威西夏钱币的发现，在西夏钱币考古史

---

① 于光建：《西夏时期河西走廊区位特点试析》，《兰州教育学院学报》2009 年第 4 期。
② 张澍：《西夏天祐民安碑》，见《凉州府志备考》卷 8，三秦出版社，1998。
③ 顾祖禹：《读史方舆纪要》卷 63《甘肃镇》，上海书店，1998。
④ 陈炳应：《西夏探古》，甘肃文化出版社，2002，第 25～26 页。

上占有重要的地位，武威西夏钱币考古对于研究西夏货币经济，甚至整个西夏学，都具有十分重要的意义。

一 武威是最早有明确文献记载的西夏钱币发现地

早在清嘉庆十年（1805），金石学者刘青园在武威发现了几坛窖藏钱币，从中发现了西夏"元德、天盛、乾祐、天庆、皇建、光定诸品"，他根据"凉州重修护国寺感通塔碑"上的文字，判断其中的梵字钱即"西夏文钱"，这是西夏钱币考古史上第一次有明确文献记载的重大发现。嘉庆十四年（1809），著名金石学家初尚龄在其著作《吉金所见录》中，对这次重大发现进了详细的记述和系统的著录。其文载："刘青园曰：'凉州土人掘地，得古钱数瓮，其中开元最多，北宋、辽钱及西夏元德、天盛、乾祐、天庆、皇建、光定诸品亦复不少，而此等梵字钱亦有数品，余共拣得千余枚。又尝于凉州大云寺访得古碑，阳面正作此等字。碑阴真书，扪读之，则天祐民安五年所立，乃知此钱为西夏梵书。景岩作《泉志》，是即不之识。数百年后破此疑窦，亦快事也。'"① 凉州古钱的出土，是西夏钱币的重大发现，对研究西夏钱币具有重要的意义。这使得西夏钱币在钱谱中粗具规模，形成系列，成为人们进一步研究的基础，从而改变了人们以为西夏钱币只有一种"天盛元宝"的认识。刘青园当时在武威发现的西夏文钱币，除"大安宝钱"一品外，还有"乾祐宝钱"和"天庆宝钱"两品。②

二 武威西夏钱币窖藏的发现，证实了西夏在天盛以前就铸造货币

据《宋史·夏国传》记载，绍兴二十八年，即西夏仁宗天盛十年（1158），西夏"始立通济监铸钱"。③ 史学界据此认为，西夏在仁宗天盛时期才开始铸造货币。而1805年在武威发现的西夏窖藏货币，特别是出土的天盛以前的西夏钱币诸品，充分证明西夏在天盛以前就铸造发行了自己的货币，而史书所记载的天盛十年铸造货币一事，实际上是指开始铸造天盛铁

---

① 初尚龄：《吉金所见录》卷13"宋伪品西夏"。
② 吴峰云：《西夏钱币》，宁夏人民出版社，2003，第12～13页。
③ 《宋史·夏国传》下，中华书局，1977。

钱。这是因为西夏统治的区域是严重缺乏铜矿的地区，其铸币原料依赖于宋、金，但宋、金对西夏铜币及铜有非常严格的限禁，而西夏境内却有丰富的铁矿。甘肃瓜州榆林窟中的西夏壁画"鼓风锻铁图"，说明西夏已经具有较高的炼铁铸造技术，所以天盛时期开始铸造铁钱，来弥补铜钱不足对货币流通所造成的影响。另外，《西夏书事》记载："自茶山铁冶入于中国，国中乏铁，常以青白盐易陕西大铁钱，及金人占据关右，置兰州等处榷场，若以中国钱贸易，价辄倍增，商人苦之。仁宗乃立通济监，命监察御史梁惟忠掌之，铸天盛（元）宝钱，与金正隆通宝通用，金主禁之，仁宗再表请，乃许通行"。[①] 在西夏诸品钱币中，也只有西夏仁宗时期的"天盛元宝"和"乾祐元宝"铸造有铜质和铁质两种材质的钱币。而在历次的西夏钱币发现中，只有在仁宗时期铸造了铁钱。

三　武威乃至河西走廊不受铁钱流通区限制，是铜铁钱流通区

为了对西夏实行经济制裁，严禁铜币流入西夏境内，宋、金都划有铜钱区和铁钱区。西夏同样也设置有铁钱区和铜钱区，《天盛改旧新定律令》卷7"敕禁门"规定了"诸人不允将南院黑铁钱运来京师，及京师铜钱运往南院"[②] 的货币流通制度，以防止铜钱流入宋、金境内。对此，牛达生先生依据内蒙古临河、包头、达拉特旗、准格尔旗黄河一线曾出土数千斤甚或万斤西夏时期流通的铁钱，认为《天盛改旧新定律令》中的南院应该是北院，北院应该在西夏与金接壤的北部，即今内蒙古河套一带，是西夏的铁钱流通区。[③] 夏金对峙时期，武威以及河西走廊地区是铜钱区还是铁钱区，文献没有记载。从考古角度来看，武威历次出土的西夏钱币中也有铁钱。事实上，西夏仁宗朝以后是夏、金、南宋鼎立之时，武威所在的河西走廊地区是西夏的西部疆域，南部为吐蕃，北部是已经崛起的蒙古。西夏设立铁钱区与铜钱区主要是针对金，所以在西夏西部的河西走廊可能不会有铜钱区或铁钱区的禁限。在武威发现的西夏钱币窖藏中，虽然没有像河套地区那样规模的铁钱

---

① 吴广成撰，龚世俊等校证《西夏书事校证》卷37，甘肃文化出版社，1995。

② 史金波、聂鸿音、白滨译注《天盛改旧新定律令》，法律出版社，2000，第287页。

③ 牛达生：《浅论西夏铁钱及铁钱专用区的设置》，《中国钱币》2004年第4期。

窖藏，但也有天盛元宝铁钱、乾祐元宝铁钱，[①] 说明武威是铜铁钱流通区。从武威出土的文献以及货币窖藏看，西夏时期武威商品货币经济较为发达，商品贸易、日常借贷等经济活动中是以货币支付为主，武威有可能不受铁钱区限禁。西夏故地张掖、酒泉、敦煌等地也发现过铁质"天盛元宝"小平钱。如 20 世纪 90 年代，在张掖市民乐县南丰乡铁城子故城遗址曾出土 100 多千克西夏"天盛元宝""乾祐元宝"和北宋"宣和通宝"铁钱。[②] 所以，西夏统治下的河西走廊有可能是不受铜铁钱区划分限制的。

四　银锭的出土为研究西夏白银货币经济提供了珍贵的资料

西夏境内除流通使用铜铁钱币外，还使用白银。传世文献和出土的西夏文献中，都有大量使用白银的记载。但西夏是否自己铸造并流通银锭，没有实物证据。1987 年 9 月，武威城内署东巷修建行署家属大楼时，在距地表 3 米多深处发现一批西夏窖藏文物，其中最为珍贵的就是 22 块银锭。根据这批银锭的特点和同时出土的瓷器、宋代货币等文物，可知其应该是西夏通用银锭。尽管这批银锭的性质及铭文特征与出土的宋代和金代银锭极为相似，学术界也对其时代属性以及是否为西夏自己铸造提出了质疑，但这确实是在西夏境内流通使用的银锭，是国内首次且唯一发现的西夏银锭实物，为研究西夏白银货币形态提供了极为珍贵的资料。

五　铜铤的出土为研究西夏货币的铸造材料提供了珍贵实物

1989 年 7 月 29 日，武威地区邮电局大楼开挖地基时，在距地表 3 米多深处发现了一批窖藏铜铤。出土铜铤 21 件，现均藏于武威市博物馆。铜铤为长方形，形状、大小基本一致。长 45 厘米，宽 21 厘米，厚 5.5 厘米，每件重 22.5～23 千克。铜质为红铜，薄厚均匀，正面为素面，背面呈蜂窝状，每件的一角处均有压痕。从该痕迹看，当为冶炼成铤时，为鉴定铜铤质量所为。从整个发现的情况来看，这次出土的铜铤数量多，每件铜铤的体积和重量都很大，21 件铜铤的总重量为约 500 千克。一次发现这样多数量、这样

---

①　于光建：《略论武威西夏钱币考古的重要价值》，《河西学院学报》2010 年第 6 期。

②　陈之伟、张秀莲：《民乐铁城子遗址》，《民主协商报》2010 年 2 月 12 日第 3 版。

大体积的铜铤，为国内首次，尤其是在武威地区出土，更为罕见。因此，这是我国西夏考古史上的一次重要发现。它的发现，不仅对研究我国古代的冶金史具有重要的价值，而且为研究我国的货币制度以及西夏货币铸造工艺和冶炼技术提供了极为珍贵的实物资料。

西夏是我国历史上一个神秘而辉煌的政权，在近两个世纪的时间里，创造了神奇独特的西夏文化，是悠久而灿烂的华夏文明的重要组成部分。西夏铸造的货币独具特色，在中国货币史上占有重要地位。自公元 1038 年元昊称帝，铸造了西夏第一枚钱币"天授通宝"以来，共历十帝，总计使用了32 个年号。从目前西夏货币存世情况和钱谱著录拓本来看，西夏共铸有 16类货币，其中西夏文钱有 5 种，即：福圣宝钱、大安宝钱、贞观元宝、乾祐宝钱、天庆宝钱；汉文钱有大安通宝、元德通宝、元德重宝、元德元宝、天盛元宝、乾祐元宝、天庆元宝、皇建元宝、光定元宝 9 种，共有数十个版别，而且全部为年号钱。随着今后西夏考古的新发现，相信还会有新的版别问世。西夏钱币是西夏多元而独特的历史文化的重要载体，研究西夏钱币不仅对于探究西夏商品货币经济具有十分重要的意义，而且对于深入研究西夏社会政治、经济、文化等方面都具有举足轻重的作用。西夏钱币研究是西夏学的重要内容。目前，西夏钱币研究已经取得了丰硕的成果，基本上建立起了西夏钱币的谱系，但还有许多问题，如陈炳应先生提出的西夏文"福圣宝钱"应译为"禀德宝钱"的问题，[①] 以及西夏钱币真伪鉴定等问题。武威曾是西夏的陪都，在西夏兴亡中扮演了十分重要的角色。[②] 同时，作为近代西夏学的发祥地，武威历次西夏钱币的考古发现都促进了西夏钱币研究，为研究西夏商品贸易、货币流通以及西夏学的其他问题提供了最为可信的第一手实物证据。

---

① 陈炳应：《关于西夏钱币的几个问题》，《中国钱币》1989 年第 3 期。
② 于光建、张吉林：《试论武威在西夏王朝的历史地位》，《丝绸之路》2009 年第 14 期。

第九章　金属器窖藏及官印、符牌、象棋

随着西夏考古工作的不断深入发展，在西夏故地发现的各种金属器，是研究这一时期冶炼技术的珍贵实物资料。西夏冶炼技术在当时已很先进，金属制品很精致，除了有高超的锻铸技术外，还与先进的鼓风设备分不开。据安西榆林窟第3窟西夏《锻造图》，西夏当时已采用较为先进的双扇竖式风箱来提高火炉温度，不仅提高了锻造速度，同时也提高了产品质量。西夏制造的武器质地精良，甲胄"皆冷锻而成，坚滑光莹，非劲弩不可入"，"夏国剑"闻名遐迩，被誉为天下第一，连宋钦宗也随身佩戴。西夏设立铁工院，专门管理铁矿的开采冶炼和铁器的制造，文思院专门管理金、银、犀、玉等高级用品的制造。

第一节　西夏金属器的出土及研究状况

西夏的冶金术非常发达。西夏工匠已掌握了较高的金属冶炼铸造技术和工艺，尤其是铸造器物成型的制模、浇铸、焊接、抛光和鎏金等工艺。西夏政府机构中设有文思院，专门负责管理金银器的制造。当时，西夏人能制造一种衣金，就是把金拉成丝，然后织到衣物之中。据文献记载，西夏官吏戴金冠，更有甚者"人马皆衣金"。在西夏王陵及西夏故地宁夏、内蒙古、甘肃等地出土的各种金属器，反映了西夏发达的冶炼技术。

一　西夏王陵出土金属器研究

根据考古发现，西夏金属器主要出土于西夏王陵。党项民族尚武，所以西夏兵器制造得很精良。史书记载，西夏甲胄"皆冷锻而成，坚滑光莹，非劲弩不可入"，"凡锻甲之法，其始甚厚，不用火，冷锻之，比元厚三分减二，乃成。"6 号陵出土的铁剑虽已锈蚀残断，但经复原，仍可测出其长度超过 1 米。当时"夏国剑"被称为天下第一，十分名贵，别的地方虽然仿效其技法，也造不出那么好的剑来。《鸡肋集》记载，苏轼曾获西夏剑，极其欣赏，便命晁补之作歌赞之："红妆拥坐花照酒，青萍拔鞘堂生风。螺旋铓锷波起脊，白蛟双挟三苍龙。试人一缕立褫魄，戏客三招森动容。"就连宋钦宗也常佩戴夏国剑。由此可见西夏剑之锋利与名贵。西夏刀制造得也非常出色。当时"契丹鞍、夏国剑、高丽秘色，皆为天下第一，他处虽效之，终不能及"。西夏的"神臂弓"是一种威力极大的兵器，此弓"其实弩也，以㮕为身，檀为弰，铁为枪镫，铜为机，麻索系扎丝为弦"，于三百步外，能洞穿重札，最为利器。

西夏王陵出土了重达 188 千克的鎏金铜牛。这尊卧牛，铜铸空心，外表鎏金。牛头微昂，双角弯曲，鼻梁高起，椭圆形，双耳横张，二目圆大，作远眺状，其跪卧姿势与体形、底座浑然一体。形态粗壮强健，造型生动逼真。西夏王陵还出土了甲片，制作精细，薄厚均匀，孔眼划一，有的外表有鎏金。

3 号陵东碑亭出土的铜镜残片，背纹分别有云龙纹、双鱼文和弦纹。铜铃分方形和圆形两种，方铃平顶，肩部小，下摆大且加厚，呈弧状，四角尖锐；圆铃敞口直壁。它们当分属不同的建筑或不同的部位。当时的浇铸工艺相当娴熟，铃体外表规整美观，至今仍锈蚀不大，铜质密度好，沙眼很少。

西夏 8 号陵残存的部分金银饰品，如花瓣形镂空金饰、鎏金兽面银饰等均为附属饰件、形体小但制作精美，小巧玲珑。镶绿松石鎏金银饰，呈菱形莲花状，花蕊上镶嵌一颗绿松石，做工精细，且镶嵌工艺高超。金带饰上镂刻三串葡萄，不但果实特别饱满，而且叶子也很生动，叶果相称，给人以厚实的感受。西夏的美术作品，给人的印象总是活泼的生活气息和生动的写实效果。正是金黄色这种"色彩的美，光亮的美"，给人以庄严、神秘和富丽的感觉。所以，西夏王陵中出土的许多器物为金制，更多的则是镀金或鎏金，大至佛像、铜牛，小至帽饰、木盘边沿、鞍带饰等。这些器物不仅给人以美的享受，也使人想见了西夏统治者的豪阔与奢侈。

二 武威及其他地区出土的金属器状况及研究

西夏金属器除在西夏王陵有发现外，在宁夏灵武石坝和内蒙古高油房、甘肃武威等地均有发现。

（一）宁夏、内蒙古地区

1976 年，在宁夏灵武横山石坝出土了西夏银盒、银碗和银钗。银盒 2 件，皆素面，周围铸压同心圆凸弦纹，里面装有珍珠、小石珠等。银碗共 6 件，内外素面，直唇沿，高颈敞口，浅曲腹，小平底，其中 2 件内壁底墨书西夏文，译文为"三两"。1958 年，在内蒙古自治区临河县高油房西夏城址出土了西夏金莲花盘和金碗。金莲花盘由足、盘、莲花托三部分构成，通高 5 厘米，最大直径 12.8 厘米，喇叭口圈足，中间为宽唇狭边平底浅盘，俱分十瓣。盘中部刻十瓣或空心莲花托，边沿、盘底饰西番莲花纹。金碗敞口浅腹，喇叭口，小圈足，口径 10.7 厘米，高 3.5 厘米，碗心刻凤凰、团喜，碗腹刻芍药、牡丹、西番莲花各一枝，口一周为连枝牡丹，圈枝边沿是一组卷浪纹。这些出土的西夏金银器，其造型、花纹是研究西夏时期金银制作的珍贵实物资料。

1980 年，在内蒙古伊金霍洛旗大型陵墓中出土了西夏农具，有犁、锄、镰、锹、锨、耙头等，还出土了大量的生活用具，有锅、凿、釜、剪刀、灯、勺、铲、臼、杵和斧等。这些普通的生活用具中，有的也使用了极为复杂的冶炼技术，如出土的铁锅的制造工艺比现在的制造工艺还要复杂、考究。西夏故地出土的西夏铜铸货币、官印、符牌，制作工艺都十分精致。1986 年 4 月，宁夏银川新华百货大楼扩建工程打地基时，发掘出了一个窖藏坑，出土了 10 件青铜器（其中鎏金铜造像 7 尊，长颈双耳六棱瓶 2 个，龙首八卦钟 1 座）。这批窖藏文物的发现，堪称宁夏文物考古史上一次十分重大的发现。尤其是其中的 7 尊鎏金铜佛像，品相之好、造型之优美、人物形象之生动、工艺之精细、个体之大，均可列为宁夏文物考古之最。

（二）甘肃武威地区

武威是出土西夏金属器较多的地区之一。1971 年 9 月，在原武威县（今武威市凉州区）建国街发现了西夏窖藏，除出土瓷器、石磨及少量北宋货币外，还出土了盘口方流铜壶 1 件，铜观音像 1 件，造型独特，铸造精美，充分说明了西夏冶铜业的先进水平。

1980 年 5 月，在武威城内针织厂厂房工程建设中，又发现了一批西夏遗物，出土了一件西夏提梁铜锅和一尊铜炮。从出土的瓷器看，特别是敞口卷沿、腹两侧圈足、四耳的豆绿釉扁壶是具有鲜明特点的西夏遗物。由此可以断定，同时出土的铜炮是目前发现的世界上最古老的金属管形火器。

1987 年 5 月，在武威市新华乡缠山村亥母洞寺发现的铁制三叉戟，长 35 厘米，宽 28 厘米，由叉刺、叉柄两部分锻打后焊接而成。它的外形和鱼叉相似，只是柄很短，与古代渔民打造的投掷器相类。同时还出土了长方形银质镂空器一件。

1987 年 9 月，在武威市署东巷发现了一批西夏窖藏遗物，出土金碗 2 件，金钵 1 件，金饰、珍珠、银锭 22 件和其他西夏文物。经研究考证，这批窖藏属于西夏时期。出土的西夏金碗、金钵、银锭是研究西夏政治、经济、社会的重要的第一手实物资料。

1989 年 7 月，武威地区邮电局新建大楼时，在距地表 3 米多深处发现了一批窖藏铜铤，共 21 件，总重量约 500 千克。一次发现如此数量及体积的铜铤，在国内尚属首次。

武威出土的铜火炮、铜铤、盘口方流铜壶、铜观音像、银锭、金碗等，证明西夏工匠已掌握了制模、浇铸、焊接、抛光和鎏金银等高超的金属冶炼铸造技术和工艺。到目前为止，在武威出土的西夏金属器有：铜锅、铜符牌、铜印、铜象棋、铜镜、铜钉泡、铜塔顶、铜观音像、铜塔范等。这些金属器物是研究西夏冶炼技术以及社会经济的重要实物资料。

第二节　署东巷窖藏金属器

1987 年 10 月，武威市第三建筑公司在城区东大街署东巷（今武威市东大街市政府东）修建行署家属楼时，在距地表 3 米多深的地层中挖出了一批窖藏西夏文物。这批文物出土后，除部分文物由该公司交市博物馆外，大多在施工工地流散。经文物、公安部门通力协作，多方调查，连同该公司已交的部分文物，共收集到金器 5 件、银锭 22 件，还有珍珠、孔雀蓝石珠及铜币、瓷器残片多件等，现藏于武威市博物馆。

一　窖藏金属器介绍

金杯。2 件。侈口，直壁，平底，薄胎。杯心在三道弦纹中锻压两枝左右交错的牡丹团花，杯口内沿锻压连续的连枝菊花图案。高 4.7 厘米，口径 9.1 厘米，底径 3.2 厘米。

金钵。1 件。直口，浅腹，平底，薄胎。钵心分内外两层锻压花卉图案。内层一组为莲花、牡丹、海棠组成的团花，外层一组为连枝海棠。钵口外沿为连续的忍冬图案。

金钏。1 件。刚出土后呈螺旋形三角体，头部为勺状，肩宽，至尾部渐细。通长 41.5 厘米。

珠饰金链。2 件。用金丝穿珍珠、孔雀蓝石珠制成。长 11.5 厘米。

孔雀蓝石珠。16 粒。不规则形，长 0.5~2.5 厘米，中间穿一小孔，孔径 0.2~0.5 厘米。

珍珠。181 粒。直径 0.2~0.5 厘米，中间穿孔，孔径 0.1 厘米。

银锭。22 件。形制完全相同。均前后两端外弧，左右两侧呈束腰形内弧；正面周缘折起，中心略下凹；四周边缘部分有细波纹数道。大部分侧、背呈蜂窝状麻面。银锭大小、轻重不等，大体分两种：一种重量在 50 两左右，一种重量在 25 两左右。这批银锭不仅数量多，内容也十分丰富，22 件银锭中，除 5 件外，其余 17 件锭面均有铭文及戳记、符号。铭文包括：银锭的成色、质量、重量，铸银时间，行人、秤银人、秤子的称谓及姓名；戳记符号有官府押印、作坊字号和目前尚难识读的各种符号等。后文将详细介绍，兹不赘述。

此外，还出土了瓷器残件和钱币数枚。瓷器为豆绿釉罐口沿残片，1 片。敛口，平唇连肩，唇面刮釉，和塔儿湾出土的西夏瓷器相同。共采集到铜币 9 枚，皆为北宋钱币。除 3 枚钱文不清外，其余 6 枚为北宋"至道元宝""大圣元宝""皇宋元宝""嘉祐通宝""绍圣元宝"各 1 枚，南宋"建炎通宝"1 枚。

二　初步研究

自唐代以来，封建统治阶级逐渐普遍使用金银器皿，其造型多样，纹饰华丽，为世所罕见。到宋代，在金银制造业进一步发展的同时，金银更为商品化。据《东京梦华录》记载，宋代不仅皇室宫廷、王公大臣、富商巨贾享用着大量的金银器，甚至上层庶民和酒肆的装饰品和饮食器皿都使用金银器，可见宋代金银工艺十分发达。随着金银器的商品化、社会化，宋代金银器在造型和纹饰方面上较唐代都有了较大的变化。宋代人喜欢追求造型美。宋代的瓷器和素漆虽然表面朴实无华，但往往以其优美的造型被人们所珍视。在出土的宋代金银器中，也有不少表面不施纹饰，而以造型素雅大方来取胜。在纹饰上则一反唐代富丽之风，而变得素雅和富有生活气息。如福建邵武市故县村出土的鎏金银八角杯，以压印的凸花技法，在八面压印出类似近代连环画的画面，充满了诗情画意。四川遂宁出土的菱花银盘，平面呈与宋代镜相似的菱花形，盘内錾刻花卉纹。茂盛的折枝花卉，姿态各异，奔放洒脱，生动自然，犹如一幅精妙的工笔写生画。1987 年 9 月，在武威市署东巷出土的金碗、金杯、金钏、金链以及银锭，汽修厂出土的嵌绿松石金耳环、金饰等器物制作十分精美，有些器物是国内罕见的，可见西夏金银器产品的工艺水平极高。金杯、金钵不仅胎体均匀细薄，做工精致，而且器心和器壁的花卉图案也十分优美。金杯中心，两枝左右交错的牡丹，虽然各自背靠背竞相怒放，但茎叶、花瓣相互搭配得十分恰当；尽管只有两枝花，但由于花叶茂盛，结构严谨，线条流畅，画面展现出的却是繁花似锦的效果。金钵中心，在直径只有 5 厘米的圆形内，就布置了两组花卉图案：里面一组团花，直径仅有 3.3 厘米，在这样小的范围内，就有大片的荷叶，朵朵盛开的荷花、牡丹、海棠等多种花卉。空间虽小，安排的花卉却多；构图杂而不乱，与外围一组疏朗、活泼的海棠，形成鲜明对比，使图案疏密相间、丰富多彩。

金钏，有的学者把它称"长柄金撮"[1]，这是不恰当的。1987 年 10 月，武威市第三建筑公司在东大街署东巷发现一批窖藏金银器后，除一部分流失

---

[1]　陈炳应：《西夏探古》，甘肃文化出版社，2002，第 130 页。

外，有一部分由该公司派专人交至市博物馆。其中就有一件金钏。当时笔者在场，见该金钏不是长柄，而是一件凹形圆头，细颈，体身内平、外凸，呈三角形的螺旋状金器。它与珠饰金链、珍珠、孔雀蓝石珠一起出土，与量器毫无关系。后来，有学者将金钏体身拉直，称之为"长柄金撮"。金钏，形似《番汉合时掌中珠》中所说的"腕钏"。也称"条脱""条达""跳脱"，为臂饰类饰物。其特点是绕臂、绕腕，含有多的意思。

据史料记载，西夏政府机构中设有文思院，其职能是"掌造金银犀玉，金彩绘素，以供舆辇册宝之用"。所以，西夏金银器大都造型轻巧，外表光莹，厚薄均匀，做工精细。西夏金器的铸造有"生金熔铸""熟再熔""熟打为器"等多种工艺。《天盛改旧新定律令》载有"生金熔铸：生金末一两耗减一字。生金有碎石圆珠一两耗减二字"，"熟再熔一番为熟板金时：上等一两耗减二字。次等一两耗减三字"，"熟打为器，百两中耗减二钱"等。西夏的黄金拉丝工艺水平很高。文献记载，西夏官吏戴金冠，更有甚者"人马皆衣金"。"衣金"就是衣"金锦"。"金锦"就是把黄金拉成丝，织到毛、丝、棉织物中去。金属拉丝是技术性极高的工艺，十分复杂，这充分显示了西夏金银铸造的技术和工艺。

有关西夏金银器的制作，史籍中记载很少。根据考古发现，西夏金银器主要出土于西夏王陵、灵武石坝和内蒙古高油房、甘肃武威等地。1976年，在宁夏灵武横山石坝出土了西夏银盒、银碗和银钗。银盒2件，皆素面，周围铸压同心圆凸弦纹，里面装有珍珠、小石珠等。银碗共6件，内外素面，直唇沿，高颈敞口，浅曲腹，小平底，其中两件内壁底墨书西夏文，译文为"三两"。西夏王陵8号陵墓中出土的金银饰，有鎏金银饰、镂孔金饰、金扣边、金鞍饰等。内蒙古自治区临河县高油房西夏城址出土了西夏金莲花盘和金碗。金链花盘由足、盘、莲花托三部分构成。以上是目前发现的西夏金银器，其造型、花纹是研究西夏时期金银器制作工艺的珍贵实物资料。武威发现的西夏金器，是我国西夏考古史上发现金器数量和品种最多、制作工艺最复杂、成色最好的，具有重要的研究价值，是一次重大的考古收获。黄金饰品的含金量不同，呈现的色泽也不同。黄金以赤黄色为纯，含金量在95%以上。而这批金器正是赤黄色，金光灿烂，充分显示出它很高的自身价值。这批金器的发现，为研究西夏时期金器制作工艺提供了珍贵的实物资料。

图 9 – 1　金杯

图 9 – 2　金钵

图 9 – 3　金钏

图 9 – 4　珠饰金链

第三节　官印

官印，是古玺印的一种，是封建王朝各级机构、各部门长官行使权力的凭证。根据西夏法典《天盛改旧新定律令》记载，西夏文书用印有一套严格的制度：只有任仪官、头主以上官职的人才能请赐官印，任仪官、头主以下官职者无权请赐官印。如果违反规定，要受罚马或杖打的处罚。西夏对寺院中的僧人请印也有制度。"诸人请官印者，为威臣、头主等可请封印，当用于簿册及诸司告状中。比其官小者不许请官印。诸寺僧监司者可请印，变道中不得请印。若违律时，有官罚马一，庶人十三杖。"[1] 看来不是所有官员都可以请到官印，有无官印是西夏官吏地位高低、权力大小的象征。宋朝与西夏交战时，有关于缴获西夏官印的规定，可能俘虏的官吏级别高低、数量多少是宋朝对将士论功行赏的标准之一。

《天盛改旧新定律令》规定："一诸司行文书时，司印、官印等纯金、

---

[1]　史金波、聂鸿音、白滨译注《天盛改旧新定律令》卷10"官军敕门"，科学出版社，2000。

纯银及铜镀银、铜等四种，依司位、官品等，分别明其高下，依以下所定为之。"可知，西夏的官印分为司印和官印，司印是皇太子和中书、经略司、正统司等政府部门的印章；官印是三公、诸王、宰相等各级官员的印章。质地有纯金、纯银、铜镀银、铜四种。受唐宋文化影响，各依司位、官品等级颁发，并规定了各等级印的质地、重量和尺寸。

> 一诸司行文书时，司印、官印等纯金、纯银及铜镀银、铜等四种，依司位、官品等，分别明其高下，依以下所定为之。
>
> 司印：皇太子金重一百两。中书、枢密银重五十两。经略司银重二十五两。正统司铜上镀银二十两。次等司铜上镀银十五两。中等司铜上镀银十二两。下等司铜重十一两。末等司铜重十两。僧监、副、判、权首领印等铜重九两。
>
> 官印：三公诸王银重二十五两。有及授官中宰相铜上镀银重二十两，其余铜十五两。有及御印官者铜重十二两。有惠臣、柱趣官者铜重十两。有威臣、帽主官者铜重九两。[①]

西夏官印大小与唐宋官印略同，所用字体也为唐宋九叠大篆。"一前述司印、官印者，上等中书、枢密之长宽各二寸半，经略司二寸三分，正统、有及授官等二寸二分，次等司二寸一分，中等司及有'及御印'官等二寸，下等司及有威臣、帽主官等一寸九分，末等司一寸八分，僧监、副、判、权首领印一寸七分。"

如果假冒、伪造或采取其他办法得到印章，一旦查实，要进行处罚。还规定：各部门的官印必须由该部门官位高的官员保管，其他管员无权保管官印。官印亡失，不管什么情况都要追究责任，以示惩罚。凡伪造及偷盗官印的，主谋以剑斩，从犯判无期徒刑；伪造信牌及偷盗信牌者，造意绞杀，从犯判12年徒刑。各部门的告牒投状等文书都要加盖该部门的官印，不盖官印的文书没有法律效力；与周边政权进行贸易往来时，不仅要在文书上加盖官印，而且在实物上也要加盖印章，以便各部门、各地方检验，防止贸易过

---

① 史金波、聂鸿音、白滨译注《天盛改旧新定律令》卷10"官军敕门"，科学出版社，2000。

程中出现调换或公私混杂的情况；国内社会管理方面的文书也要用印；如果
由于文书不盖官印而造成迟误，则要追究首领的责任：迟误五天以内不治
罪；迟六天至一月罚马一匹；迟误超过一个月的判 2 年徒刑。如果是由于下
属迟误，则对首领不治罪，只对下属治罪。

目前西夏文物中，官印的数量很多，有一百多方，凡有纪年可考的都是
西夏崇宗、仁宗、桓宗统治时期的。现在所发现的，大部分为铜印，这些官
印，大都是具有世袭身份的族长所使用的，他们在西夏政府或部族中担任武
职或其他相应的官职。西夏官印的印文多为西夏文九叠篆"首领"或"正首
领"。20 世纪 70 年代中期，西夏学专家黄振华先生将此种印文九叠篆文译释
为"首领"二字，从此学术界就将此类官印称为"首领印"。西夏部分官印为
四字、六字篆文。印背除印纽上刻一西夏文"上"表示方向外，印背左右还
要錾刻上受印的时间以及持印者的姓名。从目前已发现的西夏首领印来看，
印是翻砂浇铸而成，印背的时间和姓名为受印以后錾刻的。早在 20 世纪初，
就已经发现了西夏官印，引起了金石学家的重视。罗振玉的《唐宋以来官印
集存》和《贞松堂唐宋以来官印集存》、罗福苌的《西夏国书略说》收集了
25 方西夏官印。之后，罗氏父子所见和收集的官印逐渐增多，刊行了《西夏
官印集存》一书，对官印年款专门进行了考释。之后，《西夏研究》第 1 辑收
录了王静如《新见西夏官印考释》一文，介绍并考释了 17 方西夏官印。[①] 20
世纪 80 年代，我国考古事业取得了飞速发展，在西夏故地出土的西夏文物
日渐增多，其中就包括许多西夏官印。1982 年，罗福颐《西夏官印汇考》
一书出版，收集刊布了 97 方西夏官印，成为收集、刊布西夏官印资料最多
的著作。作为西夏故地的甘肃武威也有西夏官印出土。

一　元德六年首领印

2004 年 4 月，武威市凉州区南营乡南营村 78 岁高龄的魏英向武威市博
物馆交来西夏铜印一方。据其介绍，二十多年前，他在南营古城遗址处建房
挖地基时发现该印。

该铜印边长 5 厘米，微外弧，中间宽 5.2 厘米，边厚 0.6 厘米，印柄高

---

① 史金波：《西夏官印姓氏考》，《中国民族古文字研究》第 2 辑，1993。

2.2 厘米，与印相连处有直径 0.5 厘米的圆孔。印面为九叠篆书西夏文"首领"。字上下排列，面宽 4.3 厘米，边宽 0.5 厘米。

图 9 - 5　首领印

图 9 - 6　首领印

印柄上端和两侧均刻有西夏文字。印柄顶刻一"𦥑"，即"上"字；柄右刻四字，汉译为"元德六年"（1124）；柄左刻三字，汉译为"苟途万"（图 9 - 5）。从整个铜印的特点来看，有制印的时间、首领的姓名及确定印上下方向的标记等，与已发现的西夏首领印的制印方法、内容及风格基本一致，制法严谨，西夏文字刻制规整，充分显示了西夏的篆刻技艺。苟途万是西夏的将军，为党项人。该印章的发现，不仅为研究西夏时的制印方法及篆刻艺术提供了珍贵的实物资料，而且为研究西夏中后期的军事、政治以及确定沿边堡寨西凉府南营城的镇守将领提供了第一手资料。

西夏建立后，面临吐蕃的威胁。为了加强对吐蕃的防御，西夏景宗时期对沿边堡寨进行了修筑。到西夏惠宗时，梁太后为了确保西凉府的安全，在天赐礼盛国庆五年（1073），下令修筑西凉府城墙及沿边堡寨，南营城也是当时修筑的堡寨之一。

南营古城遗址位于武威市城南 15 千米的祁连山麓，处于山区与平原相接处。古城以南是水草肥美的山区牧场，为古代少数民族的驻牧地；古城以北是开阔的平原农田，自古以来就是当地人民耕作并赖以生存的肥田沃土。因此，南营一带从很早开始就是多民族共同生活的地方。在西夏时，对于西凉府来说，南营是军事要冲，直接受到吐蕃卯（没）藏部的威胁。若南营城破，吐蕃军队可长驱直入攻击西凉府。西凉府失守，则兴庆府危急。西夏还视银（州）、宥（州）为首，兴（州）、灵（武）为腹，凉州为尾，若尾受侵，则首尾不能相顾。所以，为了加强西凉府的防御，西夏需要强化在南营城的军事设防。这方铜印很有可能是西夏当时驻守城池的军队留下的遗物，即驻守西凉府南营城的首领之印。因此，据这方印章可知，西夏元德六年（1124），守卫南营城的是一位将军，他的名字叫苟途万，党项人。

元德六年（1124）是西夏崇宗统治时期，当时金兵大举南下，辽节节败退，危在旦夕。当时的形势，对西夏来说比较有利。因为金的主要目的是灭辽攻宋，进取中原，夺取皇权。为了达到这个目的，只有对西夏采取割地议和之策，来稳定西夏军民之心。相对来说，当时西夏还是比较安定的。西夏也认识到金国割地议和是暂时的，他们将大量生力军集结于西夏、辽、宋、金边界，以防金的突然袭击。越是在这种情况下，越是不能放松对吐蕃的防御。因而，西夏进一步加强了一些军事重镇的防御。这方铜印的发现，充分说明了这一点。

西凉府是西夏的大后方，其府库之盈余，足以给军需、调民食。若西凉府失守，则兴庆府难保（得凉州则得天下，失凉州则失天下）。所以，当时西夏派一个将军级的人驻守南营城，是出于战略层面的决策。同时，也说明西凉府的南营城在西夏时是非常重要的关隘之一。

元德六年苟途万首领印的发现，为研究西夏政治、军事及文化、书法、篆刻艺术提供了具有重要价值的史料。

二　天祝县首领铜印

20世纪80年代，在天祝藏族自治县出土了一方首领印。该印比较特殊，具有重要的研究价值。该印为正方形，边长5.3厘米，高3.1厘米，印背右侧刻有"应天龙兔年"。"应天"是西夏襄宗的年号之一。该印是迄今所知西夏官印中时间最晚的。"龙兔年"与汉族、藏族和已知的西夏纪年法都不相同。一般来讲，或者是龙年，或者是兔年，而不应为"龙兔年"。实际上，此处的读法应为"应天龙，兔年"，而不是"应天，龙兔年"。因为西夏襄宗是篡位登基的，为了掩饰弑君篡位的行为，标榜自己是受天命而立的，是真龙天子，故将年号改为"应天"，自称"应天龙"。此处的兔年当指丁卯年，即公元1207年。天祝县首领铜印的发现，为西夏史的研究提供了极为珍贵的实物资料。该印为国家一级文物，现藏于甘肃省博物馆。

图 9 - 7　天祝县首领铜印

图 9 - 8　天祝县首领铜印

第四节　符牌

　　符牌起源于春秋战国时代，是古代用于传达命令和调兵遣将的凭证。西夏时，符牌的应用更为广泛，除调兵遣将外，还用于执法环节。它是权力和

图 9 - 9　西夏文"宫门后寝待命"
银符牌

法令的象征。西夏时，官府行使公务、执行法令法规时，所派遣的执法人员必须要带符牌。西夏法典《天盛改旧新定律令》对执符者的要求具体而又严格，若同时派数人，职位最高者才可带符牌。带符牌者称为执符，倘若失职，便会引来杀身之祸。西夏时的符牌种类也较多，已发现的有"宫门后寝待命牌""敕燃马牌""防守待命牌""宿卫牌""宫门守御牌"等。

　　1995 年夏，在武威市人民政府大院东侧修建施工过程中，出土了一件西夏银质符牌，又名腰牌。该符牌为长方形，长7.5 厘米，宽5.3 厘米。环已残，长1 厘米，宽2 厘米。四周有凸边，边宽0.3 厘米。两面均阴刻两行西夏文楷书，正面每

图 9 – 11　西夏文"宫门后寝待命"银符牌

图 9 – 10　西夏文"宫门后寝待
命"银符牌

行 3 字，共 6 字，为"宫门后寝待命"。背面 4 字，为"勒尚千狗"，应是负责宫门治安将官的姓名。

从已公布的西夏符牌看，有"敕燃马牌""宫门守御牌"；还有"文宿卫牌""内宿待命"（均为私人收藏物）等，形状有马蹄形、长方形、圆形等，均为铜质。银质符牌尚属首见。以前亦曾出土过此类符牌，据知情者称也是银质，铭文不详，已流失。这次出土的银符牌为宫门守御牌类，应是宫中所用之物。

西凉府（今武威）是西夏的辅郡。"凉州重修护国寺感通塔碑"汉文碑文记载："大夏开国，奄有西土，凉为辅郡，亦已百载"，明确记载了这一点。在距银符牌出土地不远处，还发现过一些金银器和窖藏西夏钱币等。凉州是西夏辅郡，又是西夏皇帝常来常往之地。这件西夏银符牌的出土，为研究西夏历史、文化等提供了新的资料。

第五节　夏汉合璧铜象棋子

2002 年 10 月，在武威城区达府巷一中家属院发现了一批西夏时期的窖藏货币。据知情者称，这批货币数量很大，因为施工人员未向文物部门报告，货币出土后被哄抢私分，并拿到武威市邮电局门前的古货币市场出售。市新华书店职工刘杰收购了一部分，并送往相关机构进行鉴定。在整理中发现，这些都是宋代货币，其中有西夏的汉文钱"皇建元宝"和"光定元宝"。值得注意的是，同时还发现了一枚西夏的铜象棋子。笔者认为，这是一批西夏时期的货币窖藏，与其同时发现的棋子当为西夏时期的铜象棋子。该棋子为圆形，直径2.5厘米，厚0.4厘米；两面阳刻文字，一面为西夏文"𦤚"（见图9-12），另一面为汉文"士"（见图9-13）。西夏文"𦤚"有两种含义，一为"条""篇"，一为"吏""佐"。这枚夏汉合璧象棋子的另一面为汉字"士"，故西夏文"𦤚"在此处应该表示处在将帅周围、护卫并辅助将帅的官吏，正相当于中原象棋中的"士"。它的发现，为研究象棋在我国的发展和形成以及西夏的文化娱乐等提供了珍贵的实物资料。

图9-12　棋子正面西夏文"𦤚"拓片　　　图9-13　棋子背面汉字"士"拓片

　　象棋在我国具有悠久历史，从文字记载来看，可追溯到战国时期。《离骚》中就曾明确提到了象棋。《楚辞·招魂》中记载："菎蔽象棋，有六博些"。《太平广记》引唐人《玄怪录》，汝南岑顺梦观金象将军与天那军会战，军师进曰："天马斜飞度三止，上将横行击四方，辎车直入无回翔，六卒次第不乖行。"所描述的象棋对弈的步法已与后世略同。自秦汉直至唐代，象棋仅有将、车、马、卒四个兵种。云南省文物考古研究所考古队近期在对重庆市万州区老棺丘古墓群一东汉合葬墓进行发掘时，在墓道中发现了一枚陶制象棋棋子，这枚棋子直径2.9厘米，厚1.3厘米，上面用阴文刻有"车"字样。这是我国目前出土的最早的象棋实物。随着军事的发展和火器的普遍使用，作为偏裨将的士、象和炮也在象棋中出现。这样，模仿战斗场面的象棋开始拥有了将、车、马、炮、士、象、兵七个兵种，和现代象棋的兵种基本相同了。象棋的定型时期约在北宋末南宋初。1972年，在甘肃省西和县南村出土了一副完整的宋代铜象棋（现藏于西和县博物馆）。该象棋为青铜铸造，圆形片状，大小相同，直径 2.7 厘米，厚 0.3 厘米。边沿有廓，双面铸有阳文楷书"将""仕""象""相""车""马""炮""卒"。一组字面涂有红色，棋子完整成套，共 32 枚，分红、黑二色。这幅宋代的铜象棋保存完整，棋子成套，字口清晰，与现在的象棋完全相同，是国内古代象棋遗物中的精品，被国家文物鉴定专家组定为国家一级文物。

象棋起源于中国，这是毋庸置疑的事实。但近年来，有关象棋起源的争论在国外却骤然升温，其中"印度起源说"已对"中国起源说"构成极大威胁。实际上，象棋起源于中国战国时的六博戏，之后的演变顺序为塞戏、北周象戏、唐代象戏、北宋象棋，定型于北宋末年。这一过程已因充足的证据而被广大专家接受，并逐步形成共识。象棋演进到唐代，整体形制开始清晰起来。由于现存文献和考古资料及少量实物遗存，对象棋的研究有了进一步的深入。白居易在诗中写道："何处春深好，春深博弈家。一先争破眼，六聚斗成花。鼓应投壶子，兵冲象戏车。弹棋局上事，最妙是长斜。"描写出长安市民生动、绚丽的世俗游乐画卷。"兵冲象戏车"就是指象棋。另外，牛僧孺所著《玄怪录》里的传奇故事《岑顺》中记载了唐代前期的象戏形制，即棋子立体象形、金铜成型。有王、车、马、卒、士、将六个兵种。从兵种上看，已与现代象棋非常相似。因故事发生在宝应元年，后世称之为"宝应象棋"。唐代象棋的棋盘为正方形 8×8 的 64 格，现存的唐代棋书书画图案织锦实物可以证实。宋代是象棋的大变革时期。这期间，出现过司马光的"七国象戏"，民间流传的"广象戏"和"大象戏"，无论是棋盘还是棋子，都有较大的变化。棋子由立体象形改为平面图形或平面文字，或一面有汉字，一面有图形的平面棋子。棋子的组成中增加了炮。不再使用 64 小方格黑白相间的方形棋盘。棋子由在棋盘方格中活动改为在纵横直线和交叉线上活动。总之，几经演变，至北宋末年定型，出现了双方各有棋子 16 枚，棋盘纵 10 路横 9 路，有河界、九宫，将（帅）、士只许在九宫内活动的现代象棋。从考古资料看，这一时期象棋棋子大量出现：杭州一井中出土了木制象棋，所刻字体为晋代流行的玉箸篆，内贴金箔，木材已出现炭化。估计为北宋之物，弥足珍贵。另外，南宋官窑瓷制棋子的大量发现，说明南宋是中国象棋空前繁荣的时期。在哈尔滨市阿城区的金上京遗址中，就发现了铜象棋子，有大小两种，大的直径 3~3.1 厘米，小的直径 2.5~2.7 厘米，比古代铜钱略厚。更令人感兴趣的是，棋子正面有楷书的汉字，背面又雕刻有图像。以上发现的这些象棋都是零乱的残棋。甘肃西和县南村出土了一副宋代的铜象棋，保存完整，与现在的象棋完全相同，是宋代象棋的实物。武威发现的西夏铜象棋子，虽仅有一枚，但棋子一面为汉字，一面为西夏文，且汉字"士"与西和县出土的宋代棋子上的"仕"有所不同，为研究我国古代象棋的形成和发展提供了珍贵的实物资料。

由于与中原王朝的相互往来，西夏在政治、经济、文化、社会制度和一些生活习俗上深受汉文化的影响。1036 年元昊称帝后，为了巩固民族语言文化，增强民族意识，仿汉字创造了西夏文字，颁行境内，尊为国字，大力推广，"凡国内文艺诰牒尽易蕃书"。西夏曾用这种文字大量编纂字书和韵书，编写历史和法典，创作文学作品，翻译佛经和汉文典籍，用于文移往来。现存的西夏文献文物有佛经、儒家典籍、文学作品、历史著作、字典辞书、官府文书、民间契约、杂记便条、法律典籍、军事著作、历日、占卜辞、医药处方和医书、官印、符牌、钱币、铜镜、瓷器、石窟题记、碑刻木牍、审判记录等。总之，在社会生活的各个方面，凡是需要使用文字的地方，都有使用西夏文字的情况。可以看出，由于统治者的重视，西夏在短时间内创造出来的新文字，很快在西夏境内普遍应用。象棋是我国传统的文化娱乐活动，西夏建立后，其境内是否有象棋这种娱乐活动，史料没有明确记载，在此之前也缺乏实物资料和研究成果。武威发现的铜象棋子，填补了这一方面的空白。这说明古代象棋不仅在中原大地得到了发展，而且在西北少数民族中也得到了传播。它的发现，不仅说明西夏民族继承了中华民族这一优秀的传统文化活动，而且这枚棋子的一面为西夏文，另一面为汉字，反映了西夏的文化特点。武威发现的这枚象棋子，是研究西夏文化娱乐活动的珍贵实物资料。

第六节　铜火炮的断代及研究

1980 年，在武威城北门针织厂厂房建设过程中，出土了一批西夏窖藏文物，特别是出土的铜火炮具有重要的研究价值，兹对其进行分析研究。

一　武威炮与早期管形火器相比较更为原始古拙

现已发现的最早有明确纪年的金属管形火器，为元至顺三年（1332）铜火铳和至正十一年（1351）铜火铳①。1970 年在阿城、1974 年在西安又先后出土了铜火铳和铜手铳。② 研究者认为，西安手铳是元代中期的遗物，阿城火铳也有可能是金元时代所遗留，不晚于元世祖至元二十七年（1290）。武威炮与上述四件火铳虽有相同之处，但也有其独特之处。第一，体积大、重量大。长度是最长的至正铳（43.5 厘米）的 2.29 倍，重量是最重的至顺铳（6.94 千克）的 16 倍。第二，构造简单、工艺粗糙。至正铳和西安铳通身铸有多道固箍，武威炮虽然体积大，也由前膛、药室和炮尾三部分构成，但除口沿铸有固箍外，其余部分均无固箍；在铸造工艺方面，武威炮表面凹凸不平，而且有明显的不规则范缝，有的缝上还留有扉边，而至正铳、西安铳、阿城铳，则边缘整齐，铸造规范。第三，至顺铳、至正铳体积小，却铸有铭文和年号，而武威炮虽体积大、重量大，却无铭文和年号。第四，其形制比较原始，虽与阿城铳基本相似，但阿城铳前膛长而尾銎短，并且前膛与尾銎同粗，通身修长，显得轻便灵巧，而武威炮则前膛与尾銎基本同长，并且前膛到尾銎逐渐变粗，通身浑厚粗犷，显得笨拙质朴。阿城铳若系金元时代遗物，武威炮的时间也许要比阿城铳更早些。

二　与铜火炮同时出土的共存物具有西夏（宋）特征

敞口、卷唇、腹三面、两侧圈足的二系、四系扁壶，与武威南营喇嘛湾出土的西夏褐釉扁壶③及宁夏灵武窑发现的西夏褐釉剔花扁壶④，在器形、胎质等方面十分相似。底部加一圈足，平、立均可放置的扁壶，与武威古城塔儿湾出土的三足扁壶，无论造型，还是釉色、大小完全一样，已收入

---

① 王荣：《元明火铳的装置复原》，《文物》1962 年第 3 期。
② 魏国忠：《黑龙江阿城县半拉城子出土的铜火铳》，《文物》1973 年第 11 期；晁华山：《西安出土的元代铜手铳与黑火药》，《考古与文物》1981 年第 3 期。
③ 甘肃武威文物队：《武威出土一批西夏瓷器》，《文物》1981 年 9 月。
④ 马文宽：《宁夏灵武窑》图 83 ~ 图 86，紫禁城出版社，1988。

《西夏文物》①。这类扁壶，在宁夏灵武、甘肃武威多有发现，是西夏瓷器的重要代表之一。

直口、平唇、溜肩、深腹瓮，与宁夏灵武窑出土的西夏褐釉敛口瓮极为相近。② 宽平唇褐釉剔花罐与武威塔儿湾出土的西夏同类罐造型、装饰无大差别。③ 尤其覆莲瓣、波浪卷草纹，在武威西夏瓷器中多见。

卷唇、高颈、鼓腹、四系黄绿釉瓮与武威塔儿湾出土的西夏褐釉瓮十分相似。④ 特别是卷唇器物在西夏壶、瓮、碗等瓷器中屡有发现。

豆绿釉小口瓶，质地、釉色以及肩部饰弦纹、腹下露胎等特征，与武威各地出土的西夏瓷器一致。高颈、圈足双耳罐，除口沿外，整个造型与宁夏石嘴山省崴城遗址出土的褐釉双耳罐⑤、甘肃武威南营乡喇嘛湾出土的黑釉双耳罐⑥基本相同。

两件铜锅上的提梁附于器身两侧的叶形纽饰上，这种装饰手法与山西襄汾县出土的宋代提梁铜罐完全一样。⑦

三 从时代背景分析西夏晚期已铸造和使用铜火炮

早在公元904年郑璠攻打豫章（今江西南昌）时，就曾用发机飞火烧龙沙门（路振《九国志》）。所谓"飞火"，北宋初许洞的《虎钤经》解释："飞火者，谓火炮、火箭之类也"。敦煌莫高窟发现的佛教绢画降魔变（现藏于法国巴黎吉美博物馆）中，有一个头顶上伸出三条蛇的异人，右手平端着一个管形器，左手将一根长棍子塞到管内去，似在点火，管形器前端的口部冒着炽烈的火焰，显然这是一件管形喷火器。据考证，该画的创作时间在公元950年左右。⑧ 由这幅绢画可知，在五代末期，我国就有了管形火器的设想。

---

① 史金波、白滨、吴峰云：《西夏文物》图版283，文物出版社，1988。
② 马文宽：《宁夏灵武窑》图92，紫禁城出版社，1988。
③ 孙寿龄：《武威发现西夏大批瓷器》，《中国文物报》1992年11月1日。
④ 孙寿龄：《武威发现西夏大批瓷器》，《中国文物报》1992年11月1日。
⑤ 史金波、白滨、吴峰云：《西夏文物》图版279，文物出版社，1988。
⑥ 史金波、白滨、吴峰云：《西夏文物》图版280，文物出版社，1988。
⑦ 襄汾县文化馆：《山西襄汾县出土宋代铜器》，《文物》1977年第12期。
⑧ 杨泓：《降魔变绢画中的喷火兵器——探寻古代管形射击火器发明时间的新线索》，《文物天地》1986年第4期。

北宋时，生产力和手工业技术有了很大的发展，军器制造技术有了新的突破。吕振羽在《简明中国通史》之"五代两宋的经济发展和变化"中是这样记述的："官府的军器制造、铸钱、采矿、冶钱、采茶、煮盐、印刷、造船、纺织、制锦、造纸等等大手工坊场，均使用成千上万的雇佣工人；私家手工坊场除兵器的火箭、火炮、火药等外，也普遍到了各种部门。特别是火药铳炮制造、罗盘针、活字印刷术、金属分析（以药分解铜锡等合金）、火寸（火柴）制造术的发明和改进……可表现手工业技术和生产发展的程度"①。

"北宋发明火药铳炮后，到南宋火药制造成了专门技术。……投放的枪身和炮身，枪用精钢炼制，炮用生铁铸泻"②。

在五代末期，管形火器还是设想。北宋时，就能够制造和使用火药铳炮了。因此，到南宋时，开始用铜铁制造枪炮，这也并不突然。在这样的社会背景下，先于南宋52年亡国的西夏，在亡国前用铜铸火炮，也不是没有可能的。

四　从西夏重要的战略地位来看武威有使用铜火炮的可能

西夏统治的基本地区为河西走廊及黄河河套一带，"其地饶五谷，尤宜稻麦"③。甘州（今甘肃张掖市北）、凉州（今甘肃武威市）一带水利发达，"以诸河为溉"④，水草丰美，向为西夏粮食和良马的产地。尤其是凉州地区，"善水草，宜畜牧"，素有"凉州畜牧甲天下"⑤ 之誉，在经济上显得特别重要。顾祖禹《读史方舆纪要》云："西夏得凉州，故能以其物力侵扰关中，大为宋患"⑥。因此，西夏得凉州后，一直将凉州作为其辅郡，到西夏天祐民安五年（1094）时，已有百年之久。"凉州重修护国寺感通塔碑"汉文碑文记载："大夏开国，奄有西土，凉为辅郡，亦已百载。"

---

① 吕振羽：《简明中国通史》，生活·读书·新知，三联书店，1948。
② 吕振羽：《简明中国通史》，生活·读书·新知，三联书店，1948。
③ 《宋史·夏国传下》。
④ 《宋史·夏国传下》。
⑤ 《金史·西夏传》。
⑥ 顾祖禹：《读史方舆纪要·凉州卫》。

为了加强凉州的防御能力，保卫具有重大战略意义的凉州，西夏惠宗于天赐礼盛国庆四年（1072），特别整修了凉州城及其附近诸寨。[①] 西夏光定七年（1217）十二月，成吉思汗进攻西夏，包围了西夏国都中兴府（今宁夏银川市），西夏神宗"命太子德任居守，己出走西凉。已而，遣使请降，蒙古兵退始还"[②]。西夏神宗在其国都被蒙古军队包围的危急时刻，自己逃到凉州避难，说明凉州比较安全，有较强的防御力量。除有其他的兵力部署和军事装备外，当也包括炮兵和火炮在内。

公元 1225 年，成吉思汗西征胜利。次年，先后攻陷肃州、甘州，随后攻打西凉府。凉州守军将领斡札箦因力量不支，率城中百姓投降。铜炮等器物出土于城北针织厂内，距离现存城垣仅 400 米左右。这些器物，很可能是凉州失陷前，驻守凉州城的官兵们埋藏在地下的。

五 关于与文献记载不符及武威与古浪出土扁壶相同的问题

前面已经介绍，黑龙江阿城铳也有可能是金元时代的遗物，这里要和元联系起来，不能限于金代；武威炮尽管造型比黑龙江阿城铳较为原始（三部分比例与后代的不同、口沿太细等），只能说"应是元代前期产物"[③]，不能说成是西夏之物。金属管形火器的诞生和使用，"可能在元代初年，也可能在南宋末年或大蒙古时期"[④]，不能再向前推，也就是说不能越过 1259 年这个分界线。这是为什么？笔者认为，除证据还不确凿外，主要还是因为与文献记载不符。具体地说，首先，与《宋史·兵志》的记载不符。南宋开庆元年（1259），寿春府创制了以巨竹为筒的突火枪，这只是管形火器的雏形，还没有使用金属枪管。何况当时金已灭亡 20 多年，西夏已灭亡 30 多年。其次，大量的汉文和西夏文文献中只记载西夏使用过抛石机，而没有关于火器创制和使用的记载。

上述理由不无道理。如何去解释这个问题呢？我们可否这样认为：当时既有金属管形火器，又有竹制管形火器。由于竹制者轻便灵活，造价低廉，

---

① 戴锡章：《西夏纪》卷 15。
② 吴广成撰，龚世俊等校证《西夏书事校证》卷 40，甘肃文化出版社，1995。
③ 陈炳应：《甘肃出土的几件铳炮研究》，《陇右文博》1999 年第 1 期。
④ 陈炳应：《甘肃出土的几件铳炮研究》，《陇右文博》1999 年第 1 期。

被大量制造并广泛使用，相关资料较多，故得以载入《宋史》；金属管形火器虽然威力大，利于作战，但制造困难，使用不便，并未公开或大量生产，相关资料较少，故《宋书》失载。这种史书失载或记载错误，而被后来的考古新发现所补充、纠正的事例，还是多见的。以火炮为例，《明史·兵志》记载："古所谓炮，皆以机发石。元初得西域炮，攻金蔡州城，始用火。然造法不传，后亦罕用"。这里说得很清楚：元初我国使用的金属管形火器，是由西域传来的，由于不得法，还不能制造。到 15 世纪，才由越南得到神机枪炮法，学习制造枪炮。《明史·兵志》对此是这样记载的："至明成祖平交趾，得神机枪炮法，特置神机营肄习"。如果完全相信史书的记载，则元至顺、至正铜火铳和阿城、西安铳的发现，又如何解释呢？

另外，也并非没有这方面的文献记载。吕振羽先生的《简明中国通史》反复强调北宋时期火药铳炮的发明和制造，并且还把火药铳炮的制造列在罗盘针、活字印刷、金属分析、火柴制造术的发明和改进之前，来说明北宋手工业和生产力发展的程度。吕振羽先生虽未指出相关资料的具体出处，但作为有较高权威的史学家，在这个问题上应该有其依据。

在甘肃省古浪县发现的两件四系扁壶，上刻有"泰定□年"四字，与武威针织厂出土的四系扁壶造型完全一样。因此，有人认为"与此炮同出一窖的瓷器不是西夏的，而是元代的"①。这条资料是属实的。不过，古浪扁壶不但不能否定武威扁壶是西夏的，恰恰相反，它倒能证明武威扁壶确是西夏的。古浪县博物馆收藏的两件扁壶，都用汉字阴刻纪年文字，一件在一侧圈足内顺时针刻"至大贰年"，另一件则在一侧腹部沿圈足外沿刻"泰定元年"。至大二年（1309）与泰定元年（1324）均属元代，两件器物相距 15 年，是元代瓷器无疑。值得注意的是，第二件扁壶在汉文"泰定元年"下面，还刻写西夏文二字，孙寿龄先生认为，汉译文当为"项姻"，可能是党项羌人的姓名。这给我们提供了一个重要的佐证，即这种造型的扁壶是西夏党项羌人使用的。元代中期，古浪地区的党项羌人还在烧制他们本民族常用的瓷扁壶，当然，数量可能很少。

综上所述，凉州自宋咸平六年（1003）被西夏占领后，被西夏统治一

---

① 陈炳应：《甘肃出土的几件铳炮研究》，《陇右文博》1999 年第 1 期。

百九十多年，公元 1226 年被蒙古军占据。这批窖藏器物中的瓷器，多与武威塔儿湾出土的瓷器相同或类似。塔儿湾瓷器中有墨书题记"光定四年四月卅日郭善狗家瓮" 13 字，光定为西夏神宗年号。塔儿湾出土的瓷器，大部分应为西夏晚期制造，因此，武威针织厂出土的瓷器，多数也应为西夏光定年间前后之物。我们推断，这批窖藏遗物的时代当为西夏晚期。

古代的金属管形火器，称炮或铳。明邱濬《大学衍义补》卷 122 中记载："近代以火药实铜铁器中，亦谓之炮，又谓之铳"。也有根据大小区别的。《清会典》记载："凡火器之小者曰铳"，如此则大者为炮。铳与炮大小不同，作用也不一样。火铳轻便，利于攻；火炮笨重，威力大，利于守。这种大小的区别，决定了后来枪和炮的不同发展方向。我国的金属管形火器，也就是后来的枪和炮的制造起于何时？确切时间无法考证。目前发现的最早的铜火铳，当推黑龙江阿城铜火铳。而武威炮则是现已发现的世界上最早的铜火炮。

火炮内遗存的黑火药，经取样分析，除有火药的主成分木炭、硫黄、硝石外，还掺入了大量的硅酸盐等杂质。现存火药中的元素含量已经发生变化，失去了爆炸性能，但在高温下仍能燃烧。古代火药保存至今，十分难得。据《火药的发明和西传》记载，1947 年在察哈尔曾发现陶罐一只，内装火药，可能是 12 世纪末的一种火器；1974 年 8 月，西安出土的元代铜手铳中装有火药，由于手铳沉入水池，火药呈褐色粉末的致密结块。武威炮内的火药虽少，因保存地点干燥，未经水浸，至今仍呈粉末和小颗粒状，是迄今发现的世界上最早用于金属管形火器中的黑火药。

古代火炮发射的弹丸有石弹、铅弹和铁弹，但用于火器中的早期弹丸极为罕见。黑龙江齐齐哈尔发现的清康熙铜炮内遗留的实心铁弹[1]，广西牛排岭发现的清代铅弹[2]，虽然年代较晚，都是重要的实物资料。元顺帝至正十九年（1359）的绍兴之战中，交战双方就使用了火筒发射铁弹丸。然而，当时的弹丸仅见于文献记载。武威炮中发现的铁弹丸，也是已发现的世界上最早用于火器中的子弹。

---

[1] 齐齐哈尔建华机械厂沙俄侵华史研究小组、黑龙江博物馆历史部：《康熙十五年"神威无敌大将军"铜炮和雅克萨自卫反击战》，《文物》1975 年第 12 期。

[2] 黄培奇：《广西牛排岭之战及其出土铅弹》，《文物》1979 年第 8 期。

结　　论

大夏开国，凉为辅郡。作为西夏辅郡的西凉府（今武威市），经济发达，文化昌盛，在西夏兴亡中具有十分重要的战略地位。武威地区分布着众多西夏时期的石窟、寺院、墓葬、故城等遗址。在武威发现的西夏时期的文物，不仅数量众多，而且具有鲜明的地域和民族特色。其中"凉州重修护国寺感通塔碑"、泥活字版西夏文佛经、木缘塔、木板画、金碗、银锭等文物，都是国内外所藏西夏文物中绝无仅有的。凉州护国寺、圣容寺、天梯山石窟、修行洞、亥母洞寺闻名于世。对武威地区西夏遗址的调查研究，展现了西夏王朝在武威这段雄浑而又辉煌的历史。

一　武威是西夏辅郡，在军事上具有重要的战略位置

"凉州重修护国寺感通塔碑"汉文碑文记载："大夏开国，奄有西土，凉为辅郡，亦已百载。"这是西夏天祐民安五年（1094）重修护国寺宝塔时的记载，说明"凉为辅郡"距西夏建立已逾半个世纪。为什么西夏把凉州作为它的辅郡呢？

（一）重要的战略位置

武威地处河西走廊东端，自古以来就是"通一线于广漠，控五郡之咽喉"的战略要地。经历代开发经营，至唐代已经是"商旅往来，无有停绝"的富庶之地。1003 年，党项夏州政权首领李继迁定都西平府（今宁夏灵武）后，

以王者的战略眼光，认识到夺取凉州是巩固其霸王基业的根本。武威从地理位置来看，可东进关陇、西通西域、南连河湟、北控大漠，是中西交通要道。"凉州重修护国寺感通塔碑"汉文碑文记载："武威当四冲地，车辙马迹，辐辏交会，日有千数"，这不仅反映了当时武威商贸经济的繁荣，也反映了武威是东西往来的交通枢纽。清代史学家、《西夏书事》的作者吴广成在论及西夏重视凉州时说：西夏"立国兴、灵，不得西凉，则酒泉、敦煌诸郡势不能通，故其毕世经营，精神全注于此"。在1036年元昊占领河西走廊之前，党项族虽然建立了夏州政权，但其势力局限于夏、绥、银、宥、灵、兴、环、庆等州，而上述几个州又多为与宋或辽政权长期争夺的地区。因此，夏州政权当时虽有其根据地，却没有一个稳固的后方。加之凉州吐蕃六谷部与甘州回鹘与宋王朝保持着贡使联盟关系，常抄掠夏州政权的灵、环、庆等州，为其后患，所以继迁、德明、元昊祖孙三代决心夺取河西首府凉州，以断宋右臂。

（二）政治、军事地位

西夏建立前，这一区域基本上以畜牧业为主，农业生产很落后，随着战争的开展，常常出现"军兴粮匮"的拮据情况。凉州一带却是一个理想的农业和畜牧业基地，史书记载："甘、凉诸州，地饶五谷，尤宜稻麦"。特别是自两汉开始，即开凿渠道，引祁连山雪水灌田，"岁无旱涝之虞"。[①] 凉州尤以"畜牧甲天下"闻名于世。当时凉州所产的健马，在西夏的军事活动中，更是发挥着巨大的作用。顾祖禹论及凉州说："唐之盛时，河西、陇右三十三州，凉州最大。土沃物繁而人富乐。其地宜马。唐置八监，牧马三十万匹。汉班固所称凉州之畜为天下饶，是也。西夏得凉州，故能以其物力侵扰关中，大为宋患。然则凉州不特河西之根本，实秦陇之襟要矣。"

为了巩固和加强武威的重要地位，西夏取得凉州后，积极建立凉州的行政机构和军事防卫组织。

1. 建立西凉府，并为辅郡

凉州是一个多民族地区。宋初，汉、吐蕃、回鹘、党项势力在凉州地区相互争夺。公元960年，北宋建立，凉州由吐蕃六谷部及折氏家族控制。至

---

① 《宋史·夏国传》。

道元年（995），宋朝任命丁惟清为凉州知府。1002 年，李继迁攻取西北重镇灵州（今灵武），改为西平府。1003 年，迁都西平府之后，制定了"绥、宥为首，灵州为腹，西凉为尾，得西凉则灵州之根固"的战略。是年底，李继迁袭杀知府丁惟清，占领了西凉府。1004 年，李继迁之子德明嗣位，集中力量向西方开拓，"西掠吐蕃健马，北收回鹘锐兵"，继续扩大割据范围。宋天圣六年（1028），德明派其子元昊攻取甘州。天圣八年（1030），瓜州回鹘首领率部归附。明道元年（1032）九月，德明遣元昊从回鹘手中收回凉州。同年，德明死，子元昊立，相继攻取瓜、沙、肃三州，将整个河西走廊纳入西夏版图，为西夏王朝的正式建立奠定了基础。1038 年十月，元昊即皇帝位，国号大夏，改元天授礼法延祚，定都兴州，升兴州为兴庆府、凉州为西凉府，随后又将西凉府定为辅郡。并采取了一系列治国方略：改革官制、兵制；升州郡、益边防；更定礼乐、服饰、姓氏、文字等，从此揭开了党项历史发展的新篇章。

2. 建立西夏西部军事首脑机构——右厢监军司

1035 年（宋景祐二年、西夏广运二年），元昊在西夏"置十二监军司，委豪右分统其众"。监军司，为军事防御机构。根据《宋史》记载，监军司分左厢和右厢，每厢六监军司，共十二监军司。左厢监军司有：左厢神勇、石州祥祐、宥州嘉宁、韦州静塞、西寿保泰、卓啰和南；右厢监军司有：右厢朝顺、甘州甘肃、瓜州西平、黑水镇燕、白马强镇、黑山威福。[①] 左厢和右厢监军司不似其他监军司那样配以地名，而是称为左厢神勇、右厢朝顺，应是左右两厢监军司之首。根据其所处的地理位置分析，左厢神勇当在灵州，右厢朝顺应在凉州。宋朝知熙州（今甘肃临洮）范育曾上奏宋神宗："臣观夏贼之为国，自奄有西凉，开右厢之地，其势加大"。[②] 这里所说的右厢就是指凉州。这说明凉州是西夏西部的军事首脑机构所在地，地位十分重要。

为了加强凉州的防御能力，防止吐蕃的进攻，1068 年（宋熙宁元年、西夏乾道元年）五月，在原唐代凉州七城、周 45 里的基础上，对西凉府城

---

① 《宋史》卷 486。
② 《续资治通鉴长编》卷 460，哲宗元祐六年六月丙午条。

及周围塞堡进行了大规模的加固修建。经过修建加固，城中宫殿堂坊、园池台榭、庙宇塔阁等建筑林立，街衢相通，闪烁着西夏陪都绚丽多姿的色彩。现在分布在武威地区的一些重要城障、堡寨、长城烽燧，如高沟堡故城、西营石城山等古城遗址，大多是经过了西夏修建或重建。武威凉州区、古浪县出土的西夏瓷蒺藜、针织厂窖藏的西夏铜火炮及炮内装的火药铁弹丸，说明武威已装备有当时最先进的金属管形火器①。

3. 设立西夏西部最高的军政机构——西路经略司

后来，武威在西夏的地位又有新的提升。据《天盛改旧新定律令》记载，西夏不仅将中兴府、大都督府、西凉府同列为仅次于中书、枢密的次等司，②而且在凉州还设有经略司。《天盛改旧新定律令》记载，西夏有东南经略使、西北经略使。经略使是经略司的最高长官。经略司是京师以外主管若干州郡军民事务的机构，掌握军政大权，级别比中书、枢密稍低，而高于诸司。东南经略司在西夏首都中兴府南部的灵州（今宁夏吴忠），而西北经略司即西经略司应在中兴府的西面。而在中兴府西面的大城市，那就是凉州。1977 年，在武威西郊林场发现的西夏晚期砖室墓，墓主人分别为西经略司都案刘德仁和西经略司兼安排官□两处都案刘仲达③，也可证明西夏的西经略司设在武威。

综上所述，党项正式在凉州设立西凉府以后，凉州在西夏西部地区一直具有重要的政治、军事战略地位。

二　武威是西夏经济的大后方

《西夏书事》的作者吴广成在评论李继迁攻占凉州时说："西夏势成而灵州永固矣。盖平夏以绥、宥为首，灵州为腹，西凉为尾，有灵州则绥、宥之势张，得西凉则灵州之根固。况其库府积聚，足以给军需、调民食，真天府

---

① 党寿山：《武威文物考述》，武威市光明印刷物资有限公司，2001。
② 史金波、聂鸿音、白滨译注《天盛改旧新定律令》卷 10 "司序行文门"，法律出版社，2000，第 363 页。
③ 宁笃学、钟长发：《甘肃武威西郊林场西夏墓清理简报》，《考古与文物》1980 年第 3 期。

之国也。"① 西夏之所以能与宋、辽、金相抗衡，享国二百余载，一个重要的原因就是西夏有物资富庶的武威绿洲作为其后方。西夏的经济以畜牧业、农业为主，也有一定规模的手工业生产和商业贸易。特别是与军事活动有关的冶金铸造业，与畜牧业有关的皮毛加工业和酿酒业，生产出了远近闻名甚至是"天下第一"的产品。瓷器生产比较普及，品种、釉色丰富多彩。西凉府因宜耕宜牧的良好自然条件，地处丝绸之路孔道的便捷交通，不仅农牧业发达，且工商贸易兴盛，手工业经济也比较繁荣，为西夏源源不断地提供着军需、民用物资，成为西夏社会经济的大后方。

（一）发达的经济、商业贸易的都会

武威在西夏时期虽然不像唐代高僧玄奘所说的那样"凉州为河西都会，襟带西番，葱右诸国，商旅往来，无有停绝"，但当时也是"武威当四冲地，车辙马迹，辐辏交会，日有千数"②。这里车水马龙，每天来往的车马数以千计，可见商业贸易的繁荣程度。

在黑水城出土的西夏文《大方广佛华严经》封套的裱糊残纸中，发现了15件有关西夏商贸的文书。有的文书上记载有"南边榷场使"，可能是指《天盛改旧新定律令》中的南院转运司。西夏文中的南院，即汉文中的右厢，右厢即凉州。这些文书中记录的多种货物，是在凉州进行交易，并经检验，按例纳税后发放凭证的。这些物品包括：丝织品、茶叶、调料、文具、瓷器等③。其中不少货物系南方宋地所产。

武威的酿酒业历史悠久，是武威的传统产业。武威古城塔儿湾出土了许多不同釉色和装饰的西夏瓶、壶、瓮等瓷器④，既可以盛水，又可以盛酒。有的瓷瓮，腹下部有流口，有一件露胎处还墨书"光定四年四月卅日郭善狗家瓮"一行13字，当为郭善狗家定做的酿酒用的瓷瓮。可以看出，家庭酿酒在西夏已很普遍。在黑水城出土的文书中有"本府住户酒五斤"的记载，这里说的"本府"，应指西凉府，说明当时凉州不仅大量酿酒，而且出现了酒的贸

---

① 吴广成撰，龚世俊等校证《西夏书事校证》，甘肃文化出版社，1995。
② "凉州重修护国寺感通塔碑"汉文碑文。
③ 史金波、魏同贤、克恰诺夫主编《俄藏黑水城文献》第6册，上海古籍出版社，2000。
④ 党寿山：《武威文物考述》，武威市光明印刷物资有限公司，2001。

易。这里贸易的酒是葡萄酒还是蒸馏酒不得而知，但可以肯定，西夏时的凉州已有蒸馏酒。安西榆林窟第 3 窟东壁壁画中的《酿酒图》，两妇女旁置酒壶、贮酒器、木桶各一，其中一妇女手持陶钵，在烧锅旁酿酒，真实而生动地再现了西夏家庭酿酒的情景。① 图中的酿酒装置，系当时先进的烧酒蒸馏器。武威作为管领沙州的西经略司、西凉府所在地，作为有悠久酒文化的地区，应该也较早发明了酿造烧酒的技术。酿酒业的发展，促进了商业、贸易的发展。

"凉州重修护国寺感通塔碑"汉文碑文中有："特赐……钱一千缗，用为佛常住。又赐钱千缗，谷千斛，官作四户，充番汉僧常住。"武威小西沟岘山洞发现的汉文欠款条中有"李伴初欠钱叁吊伍佰文"和"刘的的欠钱贰吊贰佰伍拾文"。② 这里还出土了一份西夏文会款单，记西夏天庆寅年（1194）民间男女 10 人集钱入会，分别出 150 钱、100 钱、50 钱不等，共集 750 钱，以货币计算。武威署东巷发现窖藏大小两种银锭 22 件，一种约 50 两，另一种约 25 两，除 5 件外，其余 17 件锭面均錾刻文字和戳记，铭文有银锭的成色、重量、秤银人，戳记有官府押记、作坊字号及类似画押的符号。这批银锭应是西夏时期的遗物。③ 西夏各地区货币的使用不平衡，黑水城出土的很多买卖契约、众会契约，多用实物粮食计算，而上述多种文献记载，武威地区使用货币。由此可以看出，当时凉州的货币经济要比偏远的黑水城发达。

随着商业、贸易的发展，西夏设立了专门的铸钱机构——通济监，铸造自己的钱币，以供市场流通。在武威出土了大量西夏时期流通的货币，其中西夏文钱有福圣宝钱、大安宝钱、乾祐宝钱、天庆元宝等四种，汉文年号钱有十余种，还发现了大量西夏时期作为货币流通的银锭。西夏流通货币中有大量宋、金钱，说明西夏与宋、金贸易往来频繁。西夏文书中保存有党项人的卖地文契、典麦契残卷及有关经商的占卜辞。如在武威出土的西夏文卜辞"辰日买卖吉"和"戌日得利倍"，反映了当时商业活动的情况。西凉府商贾云集，辐辏交会，日有千数，成为西夏重要的商业贸易都会。

---

① 白滨、史金波：《莫高窟、榆林窟西夏资料概述》，《兰州大学学报》1980 年第 2 期。
② 甘肃省博物馆：《甘肃发现一批西夏文物》，《考古》1974 年第 3 期。
③ 党寿山：《武威文物考述》，武威市光明印刷物资有限公司，2001。

（二）先进的手工业是经济发达的重要支柱

发达的手工业是西夏时期武威经济的重要组成部分。文献记载和出土文物明显地反映出，当时武威的制瓷、冶金铸造等行业都有较高的水平。

1. 高超的制瓷工艺

自 1971 年以来，先后在武威建国街复兴巷、文化文场、西郊林场、针织厂以及韩佐五坝山、吴家井、上泉等地发现了西夏瓷器。出土瓷器比较多的有两处：1978 年，在武威南营乡出土瓷器 30 多件①；1982 年以来，在武威古城乡塔儿湾陆续出土瓷器 115 件②。1984～1986 年，中国社会科学院考古研究所对宁夏灵武窑进行三次发掘后，对宁夏乃至广大西北地区古瓷生产的情况，有了概括的了解，认为宁夏灵武崇兴乡、海原县、甘肃武威、内蒙古伊金霍洛旗等地出土的瓷器，与该地所出土的器物相似，可能是该窑的产品。③ 在新材料发现之前，这种推断不无道理。然而，1982 年以来，在武威塔儿湾出土了大量的西夏瓷器，特别是发现了生产瓷器的作坊遗迹和窑址、窑具。从塔儿湾南的白土沟向北，各种瓷片在杂木河两岸随地可见。面对这种情况，武威各地所出土西夏瓷器的产地，就有必要进行研究。我们认为：塔儿湾附近的瓷窑，应该是武威西夏瓷器的主要烧造地。如果宁夏灵武瓷窑称为"灵武窑"，则甘肃武威凉州区的瓷窑应称为"凉州窑"。凉州窑出土的这些西夏瓷器，不仅数量多，而且器物类型和器形多样、色彩丰富、装饰技法纯熟，具有很高的艺术价值。

武威地区出土的西夏瓷器，无论剔刻、点彩和印花、堆塑等装饰，均形象生动，线条流畅，手法娴熟，不仅具有西夏的民族特色，而且具有武威的地方特色，充分反映了武威工匠们高超的工艺水平，是中国瓷器中的艺术珍品，从而也反映出西夏时期武威手工制瓷业的发达。

2. 先进的冶金、铸造技术

武威的冶金铸造技术，历史悠久。早在新石器时代晚期，这一地区就出

---

① 钟长发：《武威出土一批西夏瓷器》，《文物》1981 年第 9 期。
② 党寿山：《武威文物考述》，武威市光明印刷物资有限公司，2001。
③ 张连喜、杨国忠、马文宽：《宁夏灵武县磁窑堡瓷窑址发掘简报》，《考古》1987 年第 10 期。

现了铜锥、铜刀等红铜质的小铜器和大型铜镀等铜器。汉唐时期，武威地区的冶金铸造技术就已经相当成熟。雷台汉墓出土的以铜奔马为代表的铜车马仪仗俑，造型生动，制作精美；唐代凉州大云寺铜钟，重约 6 吨，形制古朴，声音洪亮，是武威冶金铸造史上的杰作。

西夏时期，武威仍有金属冶铸基地。1964 年，在敦煌莫高窟第 65 窟西壁佛龛南侧边饰上发现了一行西夏文墨书题记，经抄录翻译，其中有"墨勤，原籍凉州，为找料石，来到沙州地界"之语。"料石"，在西夏文字典《文海》中的解释为："矿石，料石也，铁种种宝生处也。"显然，"料石"是各种矿石的泛称。因为西夏时的凉州有金属冶铸基地，为了维持和发展生产，才派人到处寻找新的矿藏。

当时的武威，不仅有冶铸基地，而且还有比较先进的生产工具。安西榆林窟第 3 窟西夏壁画中的锻铁图，图中的鼓风箱是形体高大的双扇活门立式木风箱，在一侧的箱板上，安设两扇活门、两块推拉板，由一人操作，轮流推拉，可以不间断地鼓风入炼炉，增加风量，提高炉温，从而加快冶炼速度，提高产量和质量。这是迄今所知我国当时最先进的鼓风箱。当时武威作为管领沙州的西经略司、西凉府所在地，自然在使用这种先进工具。① 武威古城乡塔儿湾出土了一件坩埚。坩埚是我国古代的三种冶金炼炉之一。坩埚虽然设备简单、容量小、产量低，但易于操作、成本低、质量好，适于小规模生产，而且如果使用很多个坩埚进行生产，也可以提高产量。

武威在西夏时期的冶铸业，除冶铁业外，还有金、银、铜等有色金属的铸造业。

铁器生产方面，当时西夏有"天下第一"的名优产品。《续资治通鉴长编》卷 132 记载，西夏军队的"甲胄皆冷锻而成，坚滑光莹，非劲弩不可入"。宋代太平老人撰写的《袖中锦》一书，列出了当时大中国的"天下第一"名优产品，其中就有"夏国剑"。尽管未说明这些甲胄、宝剑出自何地，但武威当时有先进的冶铁鼓风设施，这些先进的军用武器，应该与武威有密切的联系。

武威新华乡亥母洞出土的铁叉，水利局招待所出土的铁杵臼，双城镇、

---

① 史金波、白滨、吴峰云：《西夏文物》，文物出版社，1988，第 39 页。

高坝镇出土的铁釜等，都很有特色。尤其是铁釜，敛口，直颈，弧腹，圆底，宽平肩外突，既是肩，又是耳，十分特别，与塔儿湾出土的酱釉瓷釜形状相似。

武威金银器的工艺水平极高。武威署东巷出土的金碗、金杯、金钏、金链以及银锭，汽修厂出土的银手镯、银饰等器物，十分精美。这些器物是国内罕见的。

武威署东巷发现的 22 件银锭，总重量超过 30 千克，是迄今国内仅见的在西夏流通使用过的银质货币，对于研究西夏的货币、度量衡和社会经济，有着十分重要的价值。

在铜器制造方面，武威有两大发现是举世瞩目的。一是武威出土的西夏钱币是全国最早、最著名的。清嘉庆、道光年间，武威就有西夏元德、天盛、乾祐、天庆、皇建、光定诸品发现。[①] 中华人民共和国成立以来，又先后发现西夏窖藏钱币十多次，每窖发现的钱币有多至十万枚、数百斤者。二是武威针织厂出土的西夏铜火炮，是现已发现的世界最早的金属管形火器。[②] 与铜炮同一窖穴出土的瓷器有 7 件（而不是"只有两件瓷扁壶"）[③]。提梁铜锅上的提梁附于器身两侧的叶形纽饰上，这种装饰手法与山西襄汾县出土的宋代提梁铜锅完全一样。[④] 窖穴内除另有部分西夏瓷器残片外，再未发现后代遗存。所以，针织厂出土的铜火炮为西夏铜火炮是毋庸置疑的。南宋开庆元年（1259），宋朝还在用"巨竹为筒"的"突火枪"，而早在西夏亡国（1227）前，武威这里就已经开始使用当时最先进的金属管形火器了。这反映了西夏工匠高超的创造才能。

除钱币、铜炮和提梁铜锅外，武威建国街出土的铜壶（《西夏探古》作针织厂出土，误）、铜观音像，文化广场出土的铜塔范，古城乡塔儿湾出土的铜牙具、铜镜等，都是西夏文物中所罕见的，是西夏冶金铸造技术的见证。

（三）新兴的棉、毛纺织业和印染业

中国早期的棉纺织生产起源于岭南和新疆，宋末元初时才分别传入内

---

① 丁保福：《古钱大辞典》下篇，中华书局，1982，第 137 页。初尚龄：《古今所见录》卷 13《宋伪品·西夏》，北京出版社，2000。

② 党寿山：《武威文物考述》，武威市光明印刷物资有限公司，2001。

③ 陈炳应：《甘肃出土的几件铳炮研究》，《陇右文博》1999 年第 1 期。

④ 襄汾县文化馆：《山西襄汾县出土宋代铜器》，《文物》1977 年第 12 期。

地。武威虽在汉、晋时就有棉花传入，但并未种植及用于纺织。安西榆林窟西夏壁画中绘有棉花图像，《番汉合时掌中珠》中有"白"一词，西夏法典中有"织布匠"之名，说明西夏时期，棉花的种植和纺织技术已传入武威，为进而向关中、中原传播奠定了基础。

西夏建立以后，在原有的皮毛加工业的基础上，逐步建立和发展了纺织手工业。纺织业生产领域，除传统的毛织品外，还出现了罗、绩、锦等丝绸织物，这些产品除满足本地需要外，还用于贸易。马可波罗途经西夏故地时，称当地出产的驼毛布为"世界最丽之毡"。在西夏王陵中发现的茂花闪色锦，织制工艺十分精湛。从武威亥母洞出土的唐卡、粗布鞋、细布鞋、绣花鞋、双色团花蓝绸、白花绿绸、五彩绢印佛像，塔儿湾出土的大量陶、石纺轮，小西沟岘出土的打纬木刀、毡片等，都可以看出，西夏时期的纺织印染业已有相当高的水平。

亥母洞出土的6件翘尖鞋，是目前国内外西夏文物中所仅见的。它形象别致，鞋似鸟形，鞋尖部分尤为突出，尖尖的嘴巴翘起，像一只回首的鸟头，整体看去，恰似鸳鸯戏水；有两只鞋面上还绣有折枝牡丹，武威民间有"鸳鸯绣花鞋"之说，当是由此而来。这6只鸟鞋，虽同出在地砖下面的一个地层中，但大小、质地也不尽相同。1991年9月出土的1件粗布鞋，当为洞窟内男性苦行僧穿过的；而1989年9月出土的5件细布鞋，是一种"袖珍鞋"，做工十分精巧。这种鸟形鞋，与安西榆林窟第29窟西壁南侧西夏女供养人画像所穿着的鸟形鞋完全一样。[①]

亥母洞发现的双鱼纹团花蓝绸、白花绿绸的印花织品，经纬细密，花纹清晰，十分精致，反映了西夏的纺织业已经从最普遍的毛纺织业，向更先进的棉纺织业和印染业的方向迅速发展。

（四）以寺院建筑为主体的建筑业

历史上，武威的建筑业是全国著名的。前凉营造的姑臧城，在中国建筑史上具有深远的影响。其布局模式，影响了北魏兴建的洛阳城以及隋唐时的长安城。前凉王张天锡所建的宏藏寺及七级木浮图，即西夏时重修的护国寺

---

① 史金波、白滨、吴峰云：《西夏文物》，文物出版社，1988，第66页。

和感通塔，结构巧妙，气势宏伟。到西夏时，佛教盛行，武威以寺院建筑为主体的建筑业得到了空前的发展。由于大量"佛宇遗址"的重修，培养和造就了一大批能工巧匠，所以在重修护国寺感通塔时才能"众匠率职，百工效技"。重修后的感通塔，质量很高，碑文说它"金碧相间，辉耀日月，焕然如新，丽矣壮矣，莫能名状"。西夏文《护国寺歌》[①] 这样描写重修后的护国寺和感通塔：

> 从高上近宫室，
> 头上金瓶云中耀；
> 美高处寺舍建，
> 耳中铃动空中鸣。
> 碧瓦连连览波光无限；
> 回廊绵绵看飞鸟盘旋。
> 诸多瑞林相聚美山峰；
> 院内相合聚集莲花池。
> 大梁美如凤凰胸；
> 檩梁赛过孔雀尾。
> 此照彼照，玉碧妙如锦上花；
> 一耀再耀，金柱堪比天上星。

在今甘肃永昌县北的西夏千佛阁遗址，原是一座阁中有塔、塔周及阁内四壁绘有"千佛"的楼阁建筑，设计独特，构思巧妙。[②] 这种塔阁结合、专门供奉千佛的建筑，在全国也是罕见的，反映了当时武威建筑设计者和工匠们高超的水平。

现存的清凉庄道署大堂，其主体木构保留了西夏时的建筑格局，当为西夏西凉府署大堂。平面呈长方形，面阔五间，进深四间，为两面坡硬山顶。

---

① 《俄藏黑水城文献》第 10 册，《宫廷诗集》第 10 首。
② 党寿山：《被埋没的西夏千佛阁遗址》，《西夏学》第 7 辑，上海古籍出版社，2011，第 225～231 页。

大堂既继承了唐代建筑简朴、浑厚、雄壮的风格,借鉴了同期宋、辽、金广泛运用阑额和"减柱法"的方法,又有西夏精美华丽、结构严谨的特征。1927 年,武威绝大多数明清建筑都毁于八级地震,县署被夷为平地,而有八百多年历史的西凉府署大堂却奇迹般地幸存下来,西夏武威工匠的高超技艺令人赞叹。

三 武威是西夏西部地区的文化中心

武威在历史上就是一个多民族杂居的地方,特别是自汉代至唐代,多种民族文化在这里相互交流,西域文化、佛教文化、五凉文化互相融合,使这里成为多民族文化交汇的熔炉;西凉乐、凉州词闻名遐迩。唐朝边塞诗人岑参的"凉州七里十万家,胡人半解琵琶"和"胡地三月半,梨花今又开"等诗句中所说的"胡人""胡地",指的就是武威的各族人民。西夏时,武威不仅有汉、党项,还有吐蕃、回纥等民族。西夏的主体民族党项羌人原来过着原始的游牧生活,其文化自然是原始、单调、质朴的。后来由于接触了汉族、吐蕃、回鹘等民族的文化,以及佛教文化,西夏文化成为多种文化的融合体,既保存了本民族的一些文化习俗,又比本民族原有文化有较大的发展。西夏建立后,由于西夏文字的创制和广泛使用,西夏文化得到了进一步发展。西夏文化由于吸收了多方面的营养,比党项固有的文化内容更加丰富和绚丽多姿。从文献记载和武威出土的西夏文物来看,当时的西凉府是西夏西部地区的文化中心。

(一) 发达的文化教育事业

由文献资料和出土文物可知,西夏时期,武威不仅在教育方面发展迅速,而且在文化、艺术方面也有较高的成就。

1. 重视儒学教育

西夏时期,在汉文化的影响下,西夏人在继承党项族传统文化的基础上,借鉴并发展了汉族的儒学,实行蕃学、汉学并重。西夏崇宗命令于蕃学之外"特建国学"(即汉学),以儒学选拔官吏、人才,把儒学作为治国之本。1144 年,西夏仁宗颁令在各州县设立学校,教授儒学,尊孔子为"文宣帝",各州、郡立庙祭祀。与此同时,大量译、著儒学书籍,传播推广儒学精神,使儒学深入人心。塔儿湾出土的印花黑釉扁壶,腹面上就模印有图书字画图案,可见儒学不仅深深铭记在儒士们的脑子里,而且在普通老百姓的心里也扎了根。

西夏统治者大量借鉴汉族的政治、文化制度。1147 年,西夏仿照中原科举制度开科取士,儒家思想实际上成为西夏统治的主导思想。此时的西凉府,文教兴盛,蔚然成风,涌现出以权鼎雄、张政思、浑嵬名遇、斡道冲、斡札篑、高智耀等为代表的著名凉州籍儒士。

西夏仁宗时的斡道冲,家族世代掌修西夏国史,年 5 岁时以《尚书》中童子举,精通五经,译《论语注》,作《论语小义》20 卷,又作《周易卜筮断》,以蕃字写成,流行夏境。天盛三年(1151)为蕃汉教授,乾祐二年(1171)被擢为中书令,后又任国相,辅佐西夏仁宗稳定政局。他死后,西夏仁宗图画其像,从祀于学宫,并使郡县遵行。斡道冲成为西夏儒学的一代宗师。其子斡札篑,亦掌国史,后守西凉,因力量不支,率城中父老降于成吉思汗。西夏灭亡后,斡道冲的曾孙朵儿赤,看见凉州文庙殿庑中有其祖斡道冲从祀孔子的遗像,求人临摹画像,藏之于家。元代著名学者虞集看到后,如获至宝,作《西夏相斡相公像赞》,并把该文和斡道冲的画像收入《道园学古录》。从西夏尊孔及朵儿赤从凉州文庙中临摹了斡道冲画像的记载可知,西夏仁宗时期,武威就建有文庙。

权鼎雄,凉州人,天庆年间参加科举,中进士。他文学水平高,全国闻名,被授予翰林学士,后升任吏部尚书。他刚正耿直,不徇私情,为后人所称道。

高智耀,河西人,西夏末期右丞相高良惠之孙。1226 年中进士。西夏灭亡后,"皇子阔端镇西凉,儒者皆入役"。高智耀请求免除儒者的劳役,皇子阔端"从其言",使西凉地区的儒士首先被解救出来。元宪宗时,因高智耀上言,宪宗下令免除天下儒士劳役。后高智耀被任命为翰林学士,巡行郡县,解救了数千名儒士。

嵬名遵顼,西夏第八代皇帝,西夏崇宗的曾孙,"齐国忠武王彦宗之子"。年少时,天资聪颖,勤奋好学。长大后,博览群书,通晓经史,在书法上工于隶篆,颇有造诣。西夏桓宗天庆十年(1203)参加科举考试,在廷试中唱名第一，被西夏桓宗点为状元，成为西夏唯一考中进士、高中状元的皇室宗亲。1203 年，其父齐王嵬名彦宗病故，嵬名遵顼奉旨袭其父齐王爵位，不久又擢升为大都督府主，统领全国军事。宋嘉定四年（1211），西夏襄宗去世，嵬名遵顼继位，是为西夏神宗。西夏神宗是中国历史上唯一的状元皇帝。

《宋史·夏国传》记载："（宋）宝庆二年春，遵顼死，年六十四。"经考证，西夏神宗出生于凉州。宋宝庆二年为 1226 年，时西夏神宗 64 岁，由此可以推算出西夏神宗生于 1163 年。1156～1170 年，西夏神宗的父亲齐王嵬名彦宗受国相任得敬诬陷，被贬守凉州，在此任职 15 年之久。西夏神宗出生的 1163 年，正好在其父镇守凉州的这段时间内。因此，西夏神宗极有可能是在凉州出生的。直到 1170 年任得敬因谋反分国被诛，其父才被召回京师。西夏神宗在凉州生活了 8 年，在凉州度过了他的童年，在此期间接受了很好的启蒙教育，为其后在科举考试中摘得状元功名，奠定了良好的基础。

2. 繁荣的文学艺术

西夏的文学作品，一类为考古发现的作品，如黑水城出土的西夏文诗集和宁夏拜寺沟方塔出土的汉文诗集，以及武威小西沟岘出土的西夏文《四言杂字》等；另一类为西夏时期的表章、碑刻、题记、序文和发愿文等。这些作品由于受到中国传统文学的影响，多用对仗工整的骈体文；文句精练，寓意深刻，风格华美或清绮；诗歌、谚语也采用赋、比、兴的写作手法；多用形象生动的画面表现大自然或人民的心声等。因而，西夏出现了不少内涵丰富、思想性和艺术性都相当高的作品。从在武威发现、保存和与武威有关的几件作品中，也可窥见当时武威的文学发展水平。

雕版书籍《四言杂字》，武威张义小西沟岘出土，残存两页，其中有一段译文是：

坐卧驰走，好胜勇□。父母智慧，选择师傅，种□□□，□□便通，立便改正，欢喜踊跃，夜夜设筵，朝朝祭神，报庆□□，乐人歌舞，吹笛鸣鼓，哗笑报喜，□奴仆隶，厮僮奴婢，孤儿寡母，孤老□□，寡妇再醮，来来往往，观者不绝，承迎奉送，敬礼鞠躬。

这段文字用四言诗体叙述了一个人的一生，文字精练、流畅，对仗工整，如"夜夜设筵，朝朝祭神"等。由此可见，西夏人普遍喜欢诗歌体的文学作品，喜欢故事小说。

《俄藏黑水城文献》第10册所收西夏文行书《宫廷诗集》第10首，是歌颂西夏皇家寺院护国寺的诗歌，共有3个图版，总计41句文字。这是一首优美的抒情诗。通过对凉州护国寺形象的描述，抒发了作者对美好生活的向往和追求。诗歌一开头就大气磅礴，用星辰日月、江河湖海等引入主题："九霄白风旋转，日月星辰层层耀；十地黑海去围，山岳江河广相邻"。用工整对仗的排比句，寓意凉州护国寺及它所护祐的国家与日月同辉，像山河恒久。在描写护国寺时，笔法更是生动传神："从高上近宫室，头上金瓶云中耀；美高处寺舍建，耳中铃动空中鸣。碧瓦连连览波光无限；回廊绵绵看飞鸟盘旋"。文笔精练，神采飞扬，使读者如临其境，如闻其声。在结尾处，作者发出祈祷："上圣君，四海之内祈弘福；下军民，八山之上承共乐"，"千世有情罪且减，万类众生福可寻"，愿天下众生万物幸福快乐。这首诗歌言简意赅，层次分明，文笔流畅，是一篇难得的文学作品。

"凉州重修护国寺感通塔碑"汉文碑文更是学术界公认的优秀文学作品。通篇文意清晰，重点突出，比喻生动，引人入胜。碑文在简要叙述了凉州佛塔的来历之后，紧接着用"大夏开国，奄有西土"八个字，突出了西夏王国的强大，很有气势。碑文善用对偶句，既对仗工整，流畅顺口，又使通篇作品的韵律抑扬顿挫，起伏变化。如"上世最安，一一急急往者少；下狱酸楚，千万趋趋至者多"等。碑文中的比喻形象生动："木干覆瓦如飞鸟，金头玉柱安稳稳。七珍庄严如晃耀，诸色妆饰殊美好。绕觉奇宝光奕奕，悬壁菩萨活生生"。短短几十个字，就把塔上饰物的名称、质地、姿态及其色、光等都刻画出来，文句生动流畅而又绚丽多彩，确实难能可贵。

（二）精湛独特的音乐舞蹈

武威自古以来就是音乐舞蹈之乡。西凉乐舞就是汉唐以来产生于古凉州，在中原广泛流传的著名乐舞。北魏文学家温子升的《凉州乐歌》有

"远游武威郡，遥望姑臧城。车马相交错，歌吹日纵横"；唐代边塞诗人岑参的诗句"凉州七里十万家，胡人半解弹琵琶"，都说明历史上武威地区经济繁荣、居民富庶，人们经常处在歌舞升平的欢乐氛围中。西夏时，虽然没有这方面的明确记载，但西凉府、西经略司所管领的沙州莫高窟、榆林石窟壁画，却为我们提供了这方面的资料。各石窟出现的西夏乐器比较多，突出的有以下几种。

莫高窟第61窟甬道女子斜抱弹奏的琵琶，是曲颈四弦琵琶，无相无品无两仪（月牙），弹拨处画莲花，这是中原琵琶所未见的。据研究，唐贞观年间（627~649），裴洛儿始创新的弹拨琵琶法——不用木拨而用手拨，称为"掐琵琶"。这幅乐伎图即用手弹拨，反映的正是这种变革。当然，西夏壁画中也有中原式的琵琶和木弹拨的，如莫高窟第327窟中的壁画等。

榆林窟第10窟壁画中的坐式飞天所拉的嵇琴，又称奚琴，据记载原是辽国所属奚族的乐器，用竹片制成，马尾为弦，可能是二胡的雏形。榆林窟壁画中的嵇琴与陈旸《乐书》中的奚琴图相似，但琴的头、杆、码、千金、弓的造型有所改进。这是辽国文化、奚族文化传入西夏的重要依据。榆林窟第3窟壁画中的凤首箜篌和扁鼓更是他处未见的，相当珍贵。

壁画还展示了西夏乐队的编队方式，有以下三种。

有的作"一"字形排列，如莫高窟第164窟中的壁画，队形为：拍板、舞伎、拍板。有的作"二"字形排列，如莫高窟第400窟中的壁画，北壁队形的前排为：横笛、拍板、腰鼓、笙；后排为琵琶、笙、筝、竖笛。有的作"八"字形排列，如莫高窟第400窟南壁的"童子伎乐图"，8个童子排成"八"字形，分别演奏拍板、笙、横笛、竖笛、筚篥、筝、琵琶等乐器，边演奏边跳舞。

总的来说，西夏乐队比唐宋乐队规模小，队形变化少，但注意对称、平衡。

西夏舞蹈相当优美。莫高窟第164窟北壁经变中就有两身舞伎，都是两手舞动长绸带于前身，挥洒自如。右脚着地，左脚腾起于右脚后面，斜向而下，可能是两脚轮流跳踏，身姿略呈"S"形，轻盈优美。两名舞伎的服饰不同，使整个画面显得丰富多彩。榆林窟第3窟《乐舞图》中的两个舞伎，两手舞动长带于背后，左边舞者吸右腿，右边舞者吸左腿，相对而舞，身体也呈"S"形，但舞姿与前者不同，显得刚劲有力，颇有游牧民族的风格。东千佛洞第2窟两个舞伎裸体披"S"形长带，一手弯曲上举，一手斜直下垂，一腿着地，一腿微屈，在花树下跳舞，造型奇特优美。

另外，在"凉州重修护国寺感通塔碑"的碑额两侧各有一身线刻伎乐天，正在跳舞。身体丰腴健美，五官端丽妩媚。头戴宝石冠，裸上身，颈佩璎珞宝珠，垂于胸前。下身穿窄管裤，系带，赤足，腰身略向左右倾斜（一左一右）弯曲，一腿微屈，着地，另一腿抬起离地，脚尖向上。双手各持一条长绸带，一手举到头上，另一手屈于腹前，作挥舞绸带的姿态，掀起美丽的波浪式绸花，舞姿奔放而优美，展现了西夏人健美的舞姿。

武威张义小西沟岘出土的墨书汉文文书中，有一件与西夏音乐有关的重要文书，残存文字为："西路乐府□勾管所。光定二年九月日监乐官西凉府……监乐官府"。又有一张请假条："患伤寒，行履不能，本卡并无□□手力不……乐人"。这两件文书虽然都已残缺，但说明西夏在西路（治所在凉州）或路一级政府中设有音乐管理机构——"乐府□勾管所"，设有"监乐官"和"乐人"。官府的乐人不能随便外出表演，有病或有事要请假，这是迄今所知国内独一无二的珍贵音乐文献资料。

武威张义小西沟岘出土的西夏文《四言杂字》也记载，在喜庆的日子，有钱人家要请"乐人歌舞，吹笛鸣鼓，哗笑报喜"。看来当时武威的普通百姓也可以看到歌舞、戏曲表演。在武威出土的佛经中，还有墨绘的铃一件，基本完整，也是难得的。

（三）精美的书画和雕塑艺术

1. 独具魅力的书法艺术

西夏人的智慧和创造才能令人赞叹。他们不仅仿效汉字，创造出了西夏文，发展出楷、行、草、篆等多种书体，而且学习了汉族对文字的审美观念和文字结构、书写方法的特点，并加以运用。保存至今的很多西夏文碑刻、铭文和写本、印本文献，多是书法艺术的精品。

"凉州重修护国寺感通塔碑"的汉文和西夏文碑文都有两种书体，碑额用小篆，正文用楷体。其中西夏文碑额竖刻，两行八字，每行四字，笔画虽无波折和起落笔之分，但每一笔婉转曲折，扭曲的弧度和姿势各异；各笔画又连接组成一个近似圆角的方块字，从而使这种字整体上显得规整、典雅、充实，而笔画又有流动感。目前发现的这种西夏文书体非常少，仅见于西夏王陵寿陵残碑和武威这块碑。

"凉州重修护国寺感通塔碑"的西夏文碑文为楷书体，与汉文楷书一样，笔画都有起笔、运笔、落笔三个环节；点、横、竖、撇、捺、勾、提表现清晰，富有变化。字的形体方正，各部分结构严整，布局高低合适，笔画有力，体现出很高的艺术水平。在武威发现的楷书体西夏文很多，都写得很好。如在天梯山石窟出土的墨书发愿文、雕版西夏文《观弥勒菩萨上升兜率天经》，在小西沟岘出土的西夏文墨书医方、雕版印本《四言杂字》等，都是西夏书法艺术的珍品。

西夏文和汉文行书体的文书在武威也出土了很多，主要是应用文，写得流畅、洒脱。如小西沟岘出土的木牍上的施食放生文、会款单、汉文"西路乐府□勾管所"的文书、请假条等。此种书体兼采楷书和草书的某些特点，写出的字处于楷、草之间，随意自然，挥洒自如，便于表现书写者的个性和爱好，既易于识读，又可提高书写速度，很受欢迎。

西夏文草书主要用于书写官府文书、契约、书籍等。天梯山石窟发现的一页西夏文草书十分精美，笔画简约、随意、流畅、飞动，结构匀称、自然、美观，墨色浓烈淳厚，是西夏文草书中的珍品。

西夏官印的印文是另一种篆书体——九叠篆，笔画屈曲折叠，结构规整致密，显得神秘、庄严。如在天祝县发现的"首领"官印，就是这种书体。

我国古代的书写工具多种多样，主要是毛笔。西夏也以毛笔作为主要的书写工具。在武威小西沟岘出土的两支竹笔，是把竹子的一端削成笔尖，在笔尖中间划开一道缝隙，与现在的蘸水笔相似。其中一支被使用过，笔尖残留墨痕。这是迄今所知全世界西夏藏品中所仅见的，非常珍贵。

2. 精湛的绘画艺术

已发现的西夏绘画作品主要有三大部分。一是敦煌莫高窟、安西榆林窟等许多石窟和建筑的壁画、藻井、花边图案；二是在黑水城出土的500多幅绘画作品，包括绘于丝、麻、棉布、纸张和木板上的图画、壁画和雕版印画；三是在武威发现的木板画、雕版佛经画、唐卡、瓷器上的绘画等。数量很多，反映了西夏时期武威精湛的绘画艺术水平。

　　敦煌石窟中的西夏壁画，前期主要受到汉族和回鹘石窟艺术的影响，题材承袭宋画，显密兼容。后期则又受到汉族和吐蕃密教的影响，藏密内容增多。西夏壁画题材内容丰富，风格多样，创造出了适应本地区多民族信仰和审美情趣的独特而成熟的绘画艺术。其画风既有游牧民族剽悍、雄放的气概，又有中原唐宋传统的细密、绮丽、抒情的意韵。

　　在黑水城和武威出土的唐卡，是藏传佛教绘画吸收融合东印度波罗风格绘画而形成的"波罗西藏风格"，其主要特征是：人物身形苗条、夸张、扭曲，宝石装饰特殊，头戴尖顶冠，臂上戴三角形装饰，强调线条形体等。而雕版佛经卷首的佛画，则是藏、汉风格的结合，反映了西夏人在平衡两种区别明显甚至互相冲突的图像艺术风格和佛教体系方面异常高超的能力。[①]

　　武威出土的西夏绘画作品种类比较多，内涵丰富。其中最重要的是，自1977年以来，在武威西郊、西关一带，先后发现了7座西夏火葬墓，出土木板画35幅，是其他省区罕见的，又多是世俗生活的写照，非常珍贵。其中西郊林场2号墓出土29幅，3号墓出土3幅，武威体校出土1幅，西郊十字路出土2幅，西关武警支队家属楼出土1幅。这些木板画最大的为59×24厘米，最小的为9.5×4.6厘米。大多是人物画，有侍从、武士、老仆、童子等，也有太阳、金鸡、猪、龙、狗的画面。这35幅木板画具有较高的史料价值和艺术价值。画中的人物形象、服饰和发式是多民族特点的再现。墓主人是汉人，因而画中主要表现的是汉族的脸型、服饰和发式，但画中也不乏其他民族的形象，如大鼻头的，应是党项人；梳桃形高髻的应是回鹘人；披发的应是吐蕃人；长络腮胡子和大钩鼻的应是中亚、西亚地区的人等。在木板画中能表现出这么多民族，是当时武威地区多民族和睦相处的真实写照。

　　画中的人物形象自然大方，比例适中，不仅注重形似，还特别注重神似。墓主人庄重自持，武士雄健威严，侍者恭敬哀戚。

　　这些画继承了唐代以来以线描为主的勾勒画法，线条是刚劲有力的铁线描，用笔流畅而又富有变化。色彩基本上是平涂，也有简单的晕染，与唐宋传统画法是一致的。

---

　　① 　谢继胜：《黑水城出土唐卡研究述略》，《民族研究》2002年第1期。

此外，亥母洞出土的唐卡"上乐金刚双身像""十一面观音像"和五方佛头冠残件，小西沟岘出土的佛经中的雕版印刷菩萨像、高僧像、孩童像，墨绘的摇铃等，也都比较精美，是武威多民族文化的反映。

3. 泥塑为主的雕塑艺术

武威有传统的雕塑艺术，雷台汉代铜车马俑、汉唐木雕及造像闻名于世。西夏继承了传统遗风。由于西夏崇奉佛教，"熔塑彩缋，泥土沙砾，无不为之，故浮图梵刹，遍满天下"①。在大规模修葺和装饰佛教建筑的过程中，不仅涌现出了大批具有建筑才能的能工巧匠，也培养了不少精通泥塑绘画的艺术人才。他们的作品形象生动，极富神韵。当时治所在武威的西经略司所辖境内，遗留下许多非常珍贵的精品。如黑水城遗址出土的泥塑佛头像，敦煌莫高窟第 491 窟的女供养人塑像，第 236 窟、第 265 窟的比丘、菩萨塑像②，武威建国街出土的铜观音像、亥母洞寺出土的米拉日巴塑像和各种泥、陶塑像等，有的眉清目秀，面带微笑，和善慈祥；有的身材苗条，婀娜多姿，体态优美，都是不可多得的艺术佳作。

武威古城乡杂木寺的摩崖石刻，是一组别具特色的雕塑作品。规模虽然不大，但在构图上是几排坐佛与几排立马的组合。这种把马与佛刻画在一起的题材，在别处是罕见的。雕刻手法纯熟，高浮雕、浅浮雕、线刻并用，造像的立体感很强。

（四）兴盛的佛教文化

自十六国的前凉以来，凉州一度成为北中国佛教的中心，除开凿石窟、修建寺庙外，许多著名高僧在这里长期停留，开坛讲经，翻译著述，留下了许多遗迹遗物。西夏把佛教奉为国教，凉州又是西夏西部的佛教中心，因此，"佛宇遗址，只椽片瓦，但仿佛有存者，无不必葺"。西夏时武威修葺和新建的佛教建筑，现存者已寥寥无几。根据文献记载、碑碣铭文和考古调查资料，西夏时武威地区主要有以下佛教建筑。

1. 著名的佛教石窟、塔、寺

天梯山石窟。又称大佛寺。开凿于北凉，后代陆续扩建。由于地震，洞

---

① "凉州重修护国寺感通塔碑"汉文碑文。
② 史金波、白滨、吴峰云：《西夏文物》，文物出版社，1988。

窟损坏严重。据明正统十三年（1448）《重修凉州广善寺碑铭》记载，当时尚有 26 窟。1959 年天梯山石窟搬迁时，仅剩 19 窟。其中 5 窟造像壁画全毁，其余 14 窟中的 11 窟都经西夏重修。西夏时武威天梯山石窟的兴盛，由此可见一斑。

在天梯山石窟曾发现一批西夏文佛经，其中《圣胜慧到彼岸功德宝集偈》和发愿文是西夏显密法师、功德司副周慧海在天梯山石窟翻译的。说明天梯山石窟当时有西夏高僧主持，有党项人、吐蕃人、汉人在那里共同生活。

石佛崖石窟。开凿年代不详。这里清溪茂林，风景优美。在悬崖绝壁上，现存洞窟 12 个，多数洞窟开凿在半山腰，不易攀登。1985 年，在底层洞窟中发现已毁的塑像、壁画残片及散落在洞窟内外的小型泥塑罗汉一身和泥塑头像两件，随即将这三件文物采集，交武威县博物馆收藏。根据造型、发式，初步确定这三件文物为西夏作品。因此，虽然整个石窟的建造年代、重修经过有待进一步考察研究，但西夏时对石佛崖石窟进行了重修则是肯定的。

亥母洞石窟。又称亥母寺。在洞中出土了一大批西夏文文书、经卷，帛画，绣花鞋，藏文、回鹘文经等文物。特别是一号洞窟，除发现大量西夏文物外，还有各种泥、石造像，以及瓷器、铁器、丝织物、壁画残片等，另有四座喇嘛塔和被掩埋的木梯。在洞中发现的《维摩诘所说经》下卷是全国最早的极为罕见的西夏泥活字版佛经。"西夏乾定申年典糜契约"中有"立文约人没水何狗狗，向瓦国师处典一斛米"的记载。据考证，萨迦派第三祖师扎巴坚赞的弟子迥巴瓦国师，曾被西夏人奉为上师。但在西夏已知的 13 位国师中没有他，那么，契约中这位瓦国师就是第十四位国师吐蕃迥巴瓦国师了。[①] 一位国师在亥母寺担任主持，可见当时亥母寺地位之高。

张义乡修行洞。在该洞发现了一批西夏文物，总计近百件。有西夏文佛经、发愿文、四言杂字、医方、占卜辞、木牍；汉文文书、报告、请假条；藏文佛经、文书；竹笔、木打纬刀、石纺轮、铜苦修像、泥苦修像等。是中华人民共和国成立以来国内首次发现的大宗西夏文物，有些还是世界西夏文

---

①　孙寿龄：《西夏乾定申年典糜契约》，《五凉文化研究》1993 年创刊号，第 54～55 页。

物中所罕见的。其中一个洞有门，洞里有佛座、小土塔、壁画、题记、残毁佛像和西夏文、藏文的佛经、文书及简陋的生活用品；出土的铜铸、泥塑苦修像后面为背光，中为苦修僧，都骨瘦如柴，两腿盘坐，作静修状。这都说明，这是西夏修行洞，是信仰苦修成佛的苦行僧修行、生活的地方。

护国寺感通塔。护国寺在西夏很受皇室重视，天祐民安四年（1093）六月到天祐民安五年（1094）正月，西夏皇帝、皇太后命三司和南院监军司的长官负责，"众匠率职，百工效技"，用了大约半年时间，对护国寺感通塔进行了大规模的重修。重修后的塔寺"妙塔七节七等觉，严陵四面四河治"；"绕觉金光亮闪闪，壁画菩萨活生生"；"细线垂幡花簇簇，白银香炉明晃晃；法物种种俱放置，供应一一全已足"。[1] "金碧相间，辉耀日月，焕然如新，丽矣壮矣，莫能名状"。[2]

千佛阁。千佛阁，是一座阁中有塔，塔身及阁内四周绘有千佛的建筑，这种专门供奉千佛画像、塔与阁结合的建筑，在河西地区乃至全国也是罕见的。1978年8月，经武威地区文物工作队考古发掘，从清理的遗迹中可以看出，这是一座平面呈正方形，面宽、进深均为六间，周围绕廊，高约21米的楼阁建筑。土塔底层以上的表面及楼阁墙体内壁原来都绘有以千佛为题材的多层壁画，惜大多已毁。土塔底层有多处汉、藏、回鹘、西夏文题记，其中有"大德己未五年二月二十九日灵武人巡礼到千佛阁"的汉文题记。这一题记不仅说明了巡礼者到此的时间是西夏崇宗大德己未五年，而且说明这座建筑的名称是"千佛阁"。

圣容寺。寺内的依山瑞像，雕造于北魏孝明帝正光元年（520）。北周武帝保定元年（561），朝廷调集"凉、甘、肃三州力役三千人造寺，至三年功毕"，初敕名"瑞像寺"。隋大业五年（609），炀帝西征，"躬往礼敬厚施，重增荣丽，因改旧额为感通寺，故令模写传形"[3]。根据千佛阁题记"圣容佛至千佛阁记"，西夏时这里称为"圣容寺"或"圣容佛"。千佛阁信徒来往不绝，圣容寺更是香火不断。"凉州重修护国寺感通塔碑"汉文碑

---

[1] "凉州重修护国寺感通塔碑铭"西夏文碑文。
[2] "凉州重修护国寺感通塔碑铭"汉文碑文。
[3] 释道宣：《续高僧传》卷25，《大正新修大藏经》第50册，（日本）大藏出版株式会社，1988。

文提到圣容寺是由曾担任行宫三司正的"解经僧"药乜永铨管理的。可见，圣容寺在当时规模很大，是非常重要的寺院。现存依山雕造的石佛瑞像身躯、佛头和大小唐塔各一座，正是"凉州重修护国寺感通塔碑"汉文碑文中提到的圣容寺遗址。

2. 大量的西夏文佛经

在武威西夏遗址发现的西夏文佛经很多。有在天梯山石窟中发现的写本《妙法莲华经》、陀罗尼经咒和发愿文，刊本《佛母大孔雀明王经》《圣胜慧到彼岸功德宝集偈》《大般若经》《三胜之说缘五》等；有在小西沟岘修行洞中发现的西夏文佛经《佛说观弥勒菩萨上生兜率天经》《现在贤劫千佛名经》、乾祐十六年施经发愿文、写本《妙法莲华心经》《圣观自在大悲心总持功德依经录》、天盛己巳元年文殊师利行愿经等；有在武威新华乡亥母洞遗址中发现的西夏文刻本《星宿母陀罗尼经》《金刚般若波罗蜜多经》《佛说大白伞盖总持陀罗尼经》《圣胜慧到彼岸功德宝集偈》，泥活字本《维摩诘所说经》下卷、《志公大师十二时歌注解》、多种写本佛经集和《五更转》等；有在武威西郊林场西夏墓中出土的木缘塔上所写的数种梵文经咒，其中写在塔壁上的有《归依三宝咒》《圣王无量寿一百八名陀罗尼咒》《一切如来百字咒》《药师琉璃光王佛咒》《圣日光天母心咒》；写在塔顶上的有《阿弥陀佛咒》。

由这些流传在武威地区的西夏文佛经可知，西夏佛教有多元、多宗的信仰；武威是汉传佛教与藏传佛教最早交汇的地方，汉传佛教和藏传佛教是武威佛教信仰的两大体系。武威对藏传佛教的信仰，为蒙古西凉王阔端与萨迦班智达的凉州会谈奠定了坚实的基础。

3. 盛大的佛事活动

凉州护国寺感通塔是西夏最高统治者调拨大量钱财和人力进行维修的，竣工之后，又给予了大量赏赐，并举行了隆重的庆典和佛事活动。碑文记载：

诏命庆赞，于是用鸣法鼓，广集有缘，兼启法筵，普利群品。仍饭僧一大会，度僧三十八人。曲赦殊死罪五十四人，以旌能事。特赐黄金一十五两，白金五十两，衣着罗布六十段，罗锦杂幡七十对，钱一千缗，用为僧常住。又赐千缗，谷千斛，官作四户，充番汉僧常住，俾晨借番火者有所资焉，二时斋粥有所取焉。

乾祐二十四年（1193）西夏仁宗去世后，西经略使在凉州组织大法会，请匠雕印《拔济苦难陀罗尼经》番、汉文两千余卷散施，邀请文武臣僚，共舍净物，恭请护国宝塔下禅师、提点、副使、判使，在家、出家诸大众等三千余员，令净恶趣，各自烧施道场供养等，七日七夜，命读诵番、汉、西番三藏经各一遍，救贫、放生、施放神幡。[①] 其规模之大，参加法会的人数之多，是一般地区所没有的。

（五）独具特色的民风民俗

武威是西夏的重要地区，在武威发现的西夏文物，体现着当时的风俗习惯。

1. 质朴尚义的民族特性

武威张义小西沟岘修行洞出土的《四言杂字》中提到西夏的民族特性："坐卧驰走，好胜勇悍"，"欢喜踊跃，夜夜设宴"。勇悍、豪爽、善于交际，是党项人追求的一种风范。党项人的质朴尚义，凉州籍人余阙在《青阳集》中的描述可为代表。

其性大抵质直上义，平居相与，虽异姓如亲姻。凡有所得，虽箪食豆羹，不以自私，必招朋友。朋友之间有无相共，有余，即以予人；无，即以取诸人，亦不少以属意。百斛之粟，数千百缗之钱，可一语而致具也。岁时往来，以相劳问。少长相坐，以齿不以爵，献寿拜舞，上下之情怡然相欢。醉，即相与道其乡邻亲戚，各相持涕泣以以为常。予初以为，此异乡相亲乃尔，及以问夏人，凡国中之俗，莫不皆然。[②]

这种人与人之间相亲相爱、和睦相处的良好风尚，值得后世借鉴。

---

① 俄罗斯圣彼得堡东方学院研究所手稿部藏黑水城文献。
② 余阙：《送归彦温赴河西廉使序》，《青阳集》卷4，文渊阁本《四库全书》。

2. 独特的发式、服饰

男子秃发，是党项的明显特点。西夏早期曾下秃发令，不从者，许众共杀之。在武威石佛崖石窟发现的一件泥塑头像，就是这种秃发。男子除秃发外，还有披发和辫发的。武威西郊林场西夏墓出土的木板画中有一幅驭马图，图中驭马人披短发，两鬓头发如飞鸟状。另有五男侍图，五人发式均为披发，两鬓头发也为飞鸟状。吐蕃等民族原有披发习俗。西夏时期，河西走廊一带有很多吐蕃人，因此，这些男侍有可能是吐蕃人的形象。这些男子身着不同颜色的交圆领窄袖长衫，腰束带，肩上披巾。

木板画中有五侍女图，前四人身材高大，头梳高髻，脑后飘下长发、带子。身穿不同颜色的交领窄袖长衫，腰束带。最后一人较矮，披发，身穿圆领窄袖白色长衫，腰束带。

木板画中也有童侍像，童子服饰与汉族相同，头梳双髻、单鬟髻，身穿交领衫，腰束带。

武威张义小西沟岘修行洞出土的生牛皮鞋，结构简单，是苦修僧生活简朴的真实体现。武威缠山亥母洞出土的有补丁的破旧粗布大鞋，与另5只细布单色袖珍鞋及鸳鸯绣花鞋，形成鲜明的对比。破旧的粗布大鞋当是亥母洞一般僧人所穿过的。单色鞋及绣花鞋未见穿过的痕迹，当是献给寺院的一种供品。这两种鞋有一点是相同的：都是尖头鸟形鞋。这是西夏特有的一种鞋的装饰。

3. 多种文化融合的葬俗

在武威发现了多座西夏墓葬，为研究西夏葬俗提供了珍贵的资料。

武威先后在西郊林场、体校、西郊十字路口、奔马饮料厂、武警支队发现了7座西夏墓葬。墓主人可能都是汉人。都是火葬墓，但又含有土葬、塔葬的成分。火葬的葬具多种多样，有八边形木缘塔、六边形"灵匣"（或六边形塔内再装有"灵匣"）、盖长方形的梯形木棺、盖弧形带把手的梯形木棺、盖弧形两端镂雕云气纹和弧形纹并有镂雕壶门底座的木棺、黑釉瓷瓶等；随葬品有瓷器、木质冥器、木板画和钱币，各墓随葬品多少不等，种类也不一定齐全。

永昌县圣容寺东侧的花大门石刻，实际上是一处具有浓郁佛教色彩的摩崖塔葬。在一座长近1千米、高20米的山崖上开凿佛龛50余个，龛内以浅浮雕与线刻雕刻成塔形，塔中间开一方窟，藏有圣容寺僧骨灰。这种葬式，与宁夏银川西夏王陵塔葬、武威木缘塔塔葬如出一辙。所不同的是，它既是塔葬，又是山葬。这种塔葬与山葬相结合的埋葬习俗，在国内是极为罕见的。

从武威西夏墓葬可以看出，在西夏晚期或整个西夏时期，在武威甚至西夏全境，多使用小型火葬墓。这种风俗不仅源于羌俗、佛俗，而且与当时宋朝盛行的火葬之风有关。由于信仰佛教的程度不同，葬具也有所不同；由于官民、贫富之差异，随葬品的数量、质量也大不一样。但有一点是明确的，那就是多种文化在这里有机地融合起来了。

附　　录

一　西夏时期武威大事辑要

996 年（宋至道二年），李继迁劫掠西凉府蕃部。

1003 年（宋咸平五年），李继迁建都西平府，袭杀宋西凉府知府丁惟清，占领西凉府。

1004 年（宋景德元年），西凉府潘罗支诈降，联合六谷吐蕃袭击李继迁，李继迁中流矢亡，子李德明袭位。

1004 年（宋景德元年）六月，李德明率兵攻打西凉府者龙族，杀朔方节度使，复取凉州。

1007 年（宋景德四年）九月，李德明出兵攻六谷，不果行。再攻西凉府，无果而还。

1008 年（宋大中祥符元年）三月，李德明复遣万子等族袭西凉府、甘州，大败。

1011 年（宋大中祥符四年）九月，李德明攻略凉州样丹族，不克。

1012 年（宋大中祥符五年），李德明夺取西凉府。

1016 年（宋大中祥符九年），党项凉州守将苏守信死，回鹘乘机攻陷凉州，掳其族帐百余，斩级三百，杀马匹甚众。

1017 年（宋天禧元年）秋八月，李德明大将啰麻请取凉州，不克。

1028 年（宋天圣六年）九月，元昊从回鹘手中收回凉州。

1036 年（宋景祐三年），元昊以凉州为基地，先后攻取甘、肃、瓜、沙四州，尽有河西之地。

1038 年（宋宝元元年、西夏天授礼法延祚元年）十月，元昊即皇帝位，国号大夏，改元天授礼法延祚，并定都兴庆府，升凉州为西凉府，并将凉州定为陪都。

1038 年（西夏天授礼法延祚元年）十一月，元昊率文武百官亲往西凉府祀神祭祖。

1047 年（西夏天授礼法延祚十年）六月，辽北路军行军都统耶律敌鲁古率兵南下进攻凉州。

1049 年（西夏延嗣宁国元年）十月，辽北路军直趋凉州，西夏以三千骑阻击，击杀乌古敌烈部详稳萧慈氏奴，南克耶律斡里等。

1050 年（西夏天祐垂圣元年），辽征西夏，至西凉府，获羊百万，橐驼二十万，牛五百。

1068 年（西夏乾道元年），西夏加固西凉府城及周围寨堡。

1081 年（西夏大安八年），吐蕃攻凉州，大云寺感通塔显瑞。

1084 年（西夏大安十一年）秋七月，银、夏等州遭遇大旱，颗粒无收，民大饥，西夏惠宗令以甘、凉诸州粟济之。

1092 年（西夏天祐民安三年），凉州大地震。

1093 年（西夏天祐民安四年），西夏崇宗及其母梁太后下诏修缮凉州大云寺。

1094 年（西夏天祐民安五年），凉州大云寺及感通塔修缮竣工，皇帝下诏改大云寺为护国寺，举行盛大法会，立"凉州重修护国寺感通塔碑"。

1130 年（西夏正德四年），西夏开凿了武威亥母洞石窟寺。

1140 年（西夏大德五年），西夏灵武人至凉州圣容寺礼佛，留下"大德己未五年二月二十九日灵武人巡礼到千佛阁"题记。

1145 年（西夏人庆二年），西夏设立太学，西夏仁宗临太学"释典礼"。

1146 年（西夏人庆三年），西夏仁宗尊孔子为文宣帝，下令各州郡修建孔庙，西凉府文庙创建。

1156 年（西夏天盛八年），西夏神宗之父齐王嵬名彦宗因反对任得敬擅权而被贬斥于凉州。

1163 年（西夏天盛十五年），西夏神宗出生于凉州。

1170 年（西夏天盛二十二年），任得敬分国阴谋败露被诛，齐王彦宗复入朝为马步军太尉，不久病死，谥齐忠武王。

1176 年（西夏乾祐七年），凉州、甘州、肃州、瓜州、沙州等地发生旱灾、蝗灾。

1193 年（西夏乾祐二十四年），西夏仁宗去世后，西经略使在凉州护国寺组织大法会，请匠雕印《拔济苦难陀罗尼经》番、汉文两千余卷散施，并举行法会，聚会文武臣僚，共舍净物，恭请护国宝塔下禅师、提点、副使、判使，在家、出家诸大众等三千余员，令净恶趣，各自烧施道场供养等，七日七夜，命读诵番、汉、西番三藏经各一遍，救贫、放生、施放神幡。

1217 年（西夏光定七年），蒙古军队进攻西夏首都，西夏神宗命太子留守，自己逃往西凉府，并遣使请降。

1226 年（西夏乾定三年）五月，凉州及河西诸州大旱，民无所食。

1226 年（西夏乾定三年）七月，蒙古军队围攻西凉府，西夏守将斡札箦率领军民拼死抵抗，后力屈而降，凉州归蒙古统治。

1226 年（西夏乾定三年），蒙古军队攻取西凉府搠罗、河罗等县。

1227 年（西夏宝义元年），西夏末主投降蒙古，西夏灭亡。

二　武威西夏文物考古大事记

1804 年（清嘉庆九年），著名学者张澍在大云寺发现了"凉州重修护国寺感通塔碑"，揭开了湮没已久的西夏历史。

1805 年（清嘉庆十年），金石学者刘青园在武威发现了西夏窖藏货币，其中西夏钱币有元德、天盛、乾祐、天庆、皇建、光定诸品。

1898 年（清光绪二十四年），法国人戴维理亚对"凉州重修护国寺感通塔碑"的西夏文碑文进行了考订。

1932 年，著名学者罗福成在《国立北平图书馆馆刊》第 4 卷 3 号（西夏文专号）全文发表"凉州重修护国寺感通塔碑"的汉文、西夏文碑文及西夏文碑文的译文。

1934 年，贾坛、唐发科将"凉州重修护国寺感通塔碑"移置于武威文庙。

1952 年，在武威天梯山石窟发现一批西夏文献及文物。

1957 年，敦煌研究院、甘肃省博物馆在搬迁天梯山石窟时发现一批西夏文献、藏文文献及其他西夏文物。

1961 年，"凉州重修护国寺感通塔碑"被国务院公布为第一批全国重点文物保护单位。

1964 年，罗福颐在《文物》第 4～5 期上对"凉州重修护国寺感通塔碑"进行了详细介绍和考证。

1964 年，日本学者西天龙雄在《西夏语之研究》中，重新对"凉州重修护国寺感通塔碑"之西夏文碑文进行了翻译，纠正了罗振玉的一些错误。

1972 年，在张义乡小西沟岘修行洞出土了西夏日历、占卜辞、请假条、西夏文佛经、铜佛像等文物。

1972 年，在长城乡高沟堡发现一座西夏墓，出土莲花纹灰陶碗、石砚台、宋代钱币以及瓷器等文物。

1976 年，史金波先生在对"凉州重修护国寺感通塔碑"进行考察后，发表《凉州感通塔碑西夏文校译补正》。

1985 年，陈炳应先生在《西夏文物》一书中对"凉州重修护国寺感通塔碑"的汉文碑文、西夏文碑文、西夏文译文进行了新的释录和研究。

1977 年，在武威西郊林场发现了两座西夏天庆年间的砖室墓，出土了木缘塔、29 幅彩绘木板画、木器以及瓷器等随葬品。

1978 年，武威市文物管理委员会在南营青嘴喇嘛湾发现了黑釉梅花斑点碗等文物。

1980 年，在武威市天祝藏族自治县出土了西夏"应天辰卯年首领印"，现藏于甘肃省博物馆。

1980 年 5 月，在武威城内针织厂厂房工程施工过程中，出土了西夏铜火炮及西夏瓷器等遗物。

1981 年，武威凉州区南营乡南营村魏英在南营古城遗址处发现一枚元德六年西夏文首领印。

1983 年 7 月，武威师范学校在铺设自来水管道时，发现了一批西夏窖藏货币，其中有天盛、皇建、光定诸品。

1984 年，在武威西郊发现一座西夏墓，出土木器残件数件。

1984 年，在长城乡十二墩村发现西夏瓷扁壶、宋代铜钱等文物。

1985 年，武威市文物管理委员会在金山乡第五山调查时，发现了石佛崖石窟，其中有西夏时期遗存。

1985 年，甘肃省文物工作队在对武威五坝山进行考古发掘时，发现了几座西夏墓，出土了西夏剔花瓷罐等文物。

1986 年，武威市文物管理委员会在对长城乡高沟堡古城进行文物调查时，出土了西夏绿釉瓷扁壶、剔花瓷罐及西夏钱币。

1986 年，在武威城区中心文化广场出土了铜观音头像、西夏文"地境沟证"符牌、西夏瓷器以及货币等文物。

1987 年 9 月，在武威市署东巷施工过程中，在距地表 3 米多深处发现了西夏窖藏文物，出土了金碗、金钵、金撮、银锭等珍贵文物。

1987 年，新华乡群众在对亥母寺遗址进行清理时，发现了一大批西夏文物，经市文物管理委员会整理，出土了西夏文文书、西夏文和藏文写经、唐卡、鸟型绣花鞋，泥塑、石刻造像、印花绢帛残片和麻、毛织品，以及多种纹样的陶范、梵文残碑、各种塔婆、瓷扁壶、藏文木牍、瓦当等大批文物。

1989 年 7 月 29 日，武威地区邮电局新建大楼开挖地基时，在距现地表 3 米多深处发现了一批窖藏铜锭。

1989 年 8 月，新华乡缠山村村民在洞窟中挖土时发现了一批西夏文物，市文物管理委员会对洞窟进行了清理，发现了泥活字版《维摩诘所说经》等重要文物。

1991 年 7 月 31 日，在武威地区行政公署家属楼施工过程中，在距地表约 1.2 米深处发现了一批窖藏铜钱。这批铜钱有 2000 多枚，种类达 70 多种。其中年代最早的为西汉五铢钱，最晚的为西夏乾祐元宝钱，90% 以上为北宋钱，西夏钱币有天盛元宝、乾祐元宝等。同时还出土了超过 10 千克已锈蚀的铁钱。

1992 年 9 ~ 10 月，甘肃省考古研究所对古城乡塔儿湾遗址进行发掘，出土了一批西夏瓷器等文物。

1993 年 4 ~ 5 月，甘肃省考古研究所再次对古城乡塔儿湾遗址进行发掘，出土了大批西夏瓷器等文物。

1994 年，武威市文物管理委员会在调查遗址、墓葬保护情况时，在古城镇上古城村和长城乡采集到 2 枚瓷制火蒺藜及大量瓷片、窑具等文物。

1995 年夏，在武威市人民政府大院东侧施工过程中，出土了一件西夏银质"宫门后寝待命"符牌。

1997 年 3 月 29 日，武威武警支队在西关修建家属楼时，发现了一座西夏砖室墓，出土了乾祐十六年买地券等西夏文物 9 件。

1998 年 9 月 21 日，在武威城西郊响水河煤矿家属院内发现了一座完整的西夏双人合葬墓，出土乾祐二十三年买地券、墨绘五男侍、五女侍等一批西夏文物。

2002 年 10 月，在武威一中家属楼施工时，发现了一批西夏时期的窖藏货币，有西夏的汉文钱"天庆元宝""皇建元宝""光定元宝"，还发现了一枚夏汉合璧铜象棋子。

2002 年，甘肃省考古研究所对塔儿湾西夏遗址进行了第三次考古发掘，出土了一批西夏瓷器等文物。

2003 年，在武威市文化广场北侧修建电信大楼时，发现了一批西夏窖藏货币，完整的有 1115 枚，其中北宋货币占 95%，发现西夏汉文天庆元宝 1 枚、天盛元宝 3 枚、光定元宝 1 枚。

2008 年 8 月，武威文化、文物部门在对古城镇塔儿湾遗址进行调查时，发现了西夏白瓷马头、绿釉瓷罐、黑釉瓷臼及一批西夏流通货币。

2009 年 8 月，在凉州区西营石城发现了一批西夏羊胛骨卜骨。

2010 年 6 月，在解放军第十陆军医院附近铺设暖气管道时，发现一座西夏砖室墓，可惜被挖掘机破坏殆尽，遗址仅残留几枚宋代钱币。

2010 年 9 月，在凉州区大柳乡桥坡村发现一处西夏遗址，出土铜塔刹、绿釉瓷罐、黑釉瓷扁壶等文物。

2012 年 5 月，武威市博物馆、武威市文物考古研究所、古浪县博物馆在古浪县丰古乡寺亢山调查时，确认寺亢山遗址是一处西夏至元代的大型藏传佛教寺院遗址，采集到西夏瓷碗、瓷罐以及板瓦、筒瓦、瓦当等建筑构件，特别是在一处暴露出建筑构件的堆积层中，采集到了一佛二弟子的灰陶瓦当，这种类型的瓦当在国内尚属首次发现。

参 考 文 献

一 专著

《南史》，中华书局，1975。

《隋书》，中华书局，1973。

《旧唐书》，中华书局，1975。

《新唐书》，中华书局，1975。

《旧五代史》，中华书局，1987。

《新五代史》，中华书局，1992。

《宋史》，中华书局，1990。

《辽史》，中华书局，1983。

《金史》，中华书局，1975。

《元史》，中华书局，1983。

（宋）王钦若：《册府元龟》，中华书局影印本，1982。

（宋）司马光：《资治通鉴》，中华书局，1956。

（宋）李焘：《续资治通鉴长编》，中华书局，1992。

（西夏）骨勒茂才著，史金波等整理《番汉合时掌中珠》，宁夏人民出版社，1998。

（清）吴广成撰，龚世俊等校证《西夏书事校证》，甘肃文化出版社，1995。

（清）张澍辑录，陕西省古籍整理办公室编《凉州府志备考》，三秦出版社，1988。

（清）顾祖禹：《读史方舆纪要》，上海书店，1998。

（清）张绍美等纂，张克复等校注《五凉全志·武威县志》，甘肃人民出版社，1999。

（清）钟赓起著，张志纯等校点《甘州府志》，甘肃文化出版社，1995。

戴锡章撰，罗矛昆校《西夏纪》，宁夏人民出版社，1988。

俄罗斯科学院东方研究所圣彼得堡分所、中国社会科学院民族研究所、上海古籍出版社编《俄藏黑水城文献》，上海古籍出版社，1998。

宁夏大学西夏学研究中心、国家图书馆、甘肃省古籍文献整理编译中心编《中国藏西夏文献》，甘肃人民出版社、敦煌文艺出版社，2005。

白滨：《西夏史论文集》，宁夏人民出版社，1984。

白滨：《寻找被遗忘的王朝》，山东画报出版社，2010。

陈炳应：《西夏文物研究》，宁夏人民出版社，1985。

陈炳应：《西夏谚语》，山西人民出版社，1986。

陈炳应：《西夏探古》，甘肃文化出版社，2002。

陈育宁、汤晓芳：《西夏艺术史》，上海三联书店，2010。

〔意〕马可波罗著，陈开俊等译《马可波罗游记》，福建科学技术出版社，1981。

崔永胜：《张澍研究》，天津古籍出版社，2009。

崔红芬：《西夏河西佛教研究》，人民出版社，2010。

党寿山：《武威文物考述》，武威市光明印刷物资有限公司，2001。

杜建录：《西夏经济史研究》，甘肃文化出版社，1998。

杜建录：《西夏经济史》，中国社会科学出版社，2002。

杜建录主编《二十世纪西夏学》，宁夏人民出版社，2004。

杜建录：《〈天盛律令〉与西夏法制研究》，宁夏人民出版社，2005。

杜建录主编《说西夏》，宁夏人民出版社，2009。

杜建录、史金波：《西夏社会文书研究》，上海古籍出版社，2012。

杜建录：《中国藏西夏文献研究》，上海古籍出版社，2012。

敦煌文物研究所编《中国石窟·敦煌莫高窟》，文物出版社，2011。

敦煌研究院编《中国石窟·安西榆林窟》，文物出版社，1997。

敦煌研究院、甘肃省博物馆：《武威天梯山石窟》，文物出版社，2000。

〔日〕高楠顺次郎、小野玄妙等修纂《大正新修大藏经》，大正一切经刊行会，1934。

高荣主编《河西通史》，天津古籍出版社，2011。

韩荫晟编《党项与西夏资料汇编》，宁夏人民出版社，1983。

韩小忙、孙昌盛、陈悦新：《西夏美术史》，文物出版社，2001。

韩小忙：《〈同音文海宝韵合编〉整理与研究》，中国社会科学出版社，2008。

韩小忙：《西夏道教》，甘肃文化出版社，1998。

韩小忙：《西夏王陵》，甘肃文化出版社，2002。

杭天：《西夏瓷器》，文物出版社，2010。

刘光华主编《甘肃通史》，甘肃人民出版社，2009。

李范文：《同音研究》，宁夏人民出版社，1986。

李范文：《夏汉字典》，中国社会科学出版社，2008。

李范文：《西夏通史》，宁夏人民出版社，2007。

李范文：《李范文西夏学论文集》，中国社会科学出版社，2012。

李并成：《河西走廊历史地理》，甘肃人民出版社，1995。

李蔚：《西夏史研究》，宁夏人民出版社，1989。

李蔚：《简明西夏史》，人民出版社，1997。

李蔚：《中国历史·西夏史》，人民出版社，2009。

黎大祥：《文物精粹》，甘肃文化出版社，2002。

黎大祥：《武威文物研究文集》，甘肃文化出版社，2002。

马文宽：《宁夏灵武瓷窑》，文物出版社，1988。

宁夏文物考古研究所：《闵宁村西夏墓地》，科学出版社，2004。

宁夏文物考古研究所、银川市西夏王陵管理处：《西夏6号陵》，科学出版社，2013。

牛达生：《西夏遗迹》，文物出版社，2007。

牛达生：《西夏活字印刷研究》，宁夏人民出版社，2004。

聂鸿音：《西夏文〈新集慈孝传〉研究》，宁夏人民出版社，2009。

聂鸿音：《西夏文〈孔子和坛记〉研究》，民族出版社，2009。

任继愈主编《中华大藏经》（汉文），中华书局，1994。

史金波、白滨、黄振华：《文海研究》，中国社会科学出版社，1984。

史金波、黄振华、聂鸿音：《类林研究》，宁夏人民出版社，1993。

史金波：《西夏佛教史略》，宁夏人民出版社，1988。

史金波、白滨、吴峰云：《西夏文物》，文物出版社，1988。

史金波、魏同贤、克恰诺夫主编《俄藏黑水城文献》（第 1～14 册），上海古籍出版社。

史金波、聂鸿音、白滨：《天盛改旧新定律令》，法律出版社，2000。

史金波、雅森·吾尔守：《中国活字印刷术的发明和早期传播——西夏和回鹘活字印刷研究》，社会科学文献出版社，2000。

史金波：《西夏出版研究》，宁夏人民出版社，2004。

史金波：《西夏社会》，上海人民出版社，2007。

孙彦、萨仁高娃等选编《敦煌学研究》，国家图书馆出版社，2009。

汤晓芳、陈育宁主编《西夏艺术》，宁夏人民出版社，2003。

孙伯君编《国外早期西夏学论集（一）》，民族出版社，2005。

杨福：《甘肃武威西夏二号墓木板画》，重庆出版社，2000。

杨蕤：《西夏地理研究》，人民出版社，2008。

杨蕤：《破译天书》，宁夏人民出版社，2010。

杨富学、陈爱峰：《西夏与周边关系研究》，甘肃民族出版社，2012。

吴天墀：《西夏史稿》，广西师范大学出版社，2006。

吴峰云：《西夏钱币》，宁夏人民出版社，2003。

张宝玺：《武威西夏木板画》，甘肃人民美术出版社，2001。

钟侃、吴峰云、李范文：《西夏简史》，宁夏人民出版社，2007。

二 论文

白滨、史金波：《〈大元肃州路也可达鲁花赤世袭之碑〉考释》，《民族研究》1979 年第 1 期。

白秦川：《武威出土银铤应为金代银铤》，《中国钱币》2005 年第 3 期。

白秦川：《金代银铤研究三题》，《内蒙古金融研究·钱币文集》第 8 辑，2006。

陈炳应：《甘肃武威西郊林场西夏墓题记、葬俗略说》，《考古与文物》

1980 年第 3 期。

陈炳应：《天梯山石窟西夏文佛经译释》,《考古与文物》1983 年第 3 期。

陈炳应：《关于西夏钱币的几个问题》,《中国钱币》1989 年第 3 期。

陈炳应：《西夏货币概述》,《中国钱币》2002 年第 3 期。

陈炳应：《西夏的衡制与币制》,《中国钱币》1994 年第 1 期。

陈炳应：《甘肃发现的几件铜火炮》,《丝绸之路》1999 年第 1 期。

陈炳应：《西夏与敦煌》,《西北民族研究》1991 年第 1 期。

陈炳应：《西夏人对活字印刷术的杰出贡献》,《西夏学》第 1 辑, 宁夏人民出版社, 2006。

陈爱峰、杨富学：《西夏印度佛教关系考》,《宁夏社会科学》2009 年第 2 期。

陈永中：《银川发现西夏银锭》,《收藏界》2006 年第 8 期。

崔红芬：《僧人慧觉考》,《世界宗教研究》2010 年第 4 期。

崔红芬：《英藏西夏文〈圣胜慧到彼岸功德宝集偈〉残叶考》,《宁夏师范学院学报》（社会科学版）2008 年第 1 期。

崔红芬、文志勇：《西夏皇帝尊号考略》,《宁夏大学学报》（人文社会科学版）2006 年第 5 期。

党寿山：《被埋没的西夏千佛阁遗址》,《西夏学》第 7 辑, 上海古籍出版社, 2011。

杜建录：《西夏高利贷初探》,《民族研究》1999 年第 2 期。

杜建录：《中国藏西夏文献碑刻题记卷综述》,《西夏学》第 1 辑, 宁夏人民出版社, 2006。

杜建录：《中国藏西夏文献概论》,《西夏学》第 2 辑, 宁夏人民出版社, 2007。

杜建录：《俄藏西夏天庆年间典粮文契考释》,《西夏研究》2010 年第 1 期。

杜建录、于光建：《敦煌研究院藏 0669 号西夏文〈金刚般若波罗蜜多经〉考释》,《敦煌研究》2012 年第 5 期。

杜建录、于光建：《武威藏西夏文〈志公大师十二时歌〉译释》,《西夏研究》2013 年第 2 期。

段玉泉：《甘藏西夏文〈圣胜慧到彼岸功德宝集偈〉考释》，《西夏学》第 2 辑，宁夏人民出版社，2007。

段玉泉：《中国藏西夏文文献未定名残卷考补》，《西夏学》第 3 辑，宁夏人民出版社，2008。

段玉泉：《西夏文〈圣胜慧到彼岸功德宝集偈〉考论》，《西夏学》第 4 辑，宁夏人民出版社，2009。

宁笃学、钟长发：《甘肃武威西郊林场西夏墓清理简报》，《考古与文物》1980 年第 3 期。

宁笃学：《武威西郊发现西夏墓》，《考古与文物》1984 年第 4 期。

晃华山：《西安出土的元代铜手铳与黑火药》，《考古与文物》1981 年第 3 期。

胡小鹏：《元朝统治下的西夏故地》，《西北师大学报》（社会科学版）2000 年第 6 期。

胡玉冰：《论张澍的西夏学成就》，《西北第二民族学院学报》2004 年第 3 期。

霍熙亮：《莫高窟回鹘和西夏窟的新划分》，敦煌研究院编《1994 年敦煌学国际学术研讨会论文提要》，1994。

关友惠：《敦煌宋西夏石窟壁画装饰风格及其相关的问题》，《2004 年石窟研究国际学术会议论文集》下册，上海古籍出版社，2006。

李蔚：《西夏文化的若干问题刍议》，《丝绸之路》2011 年第 18 期。

李蔚：《略论西夏的儒学》，《兰州大学学报》（社会科学版）1992 年第 3 期。

李华瑞：《关于西夏儒学研究的几个问题》，《西夏学》第 6 辑，上海古籍出版社，2010。

李并成：《西夏时期河西走廊的农牧业开发》，《中国经济史研究》2001 年第 4 期。

刘玉权：《敦煌西夏石窟琐言》，《敦煌研究》2009 年第 4 期。

刘玉权：《敦煌莫高窟、安西榆林窟西夏洞窟分期》，《敦煌研究文集》，甘肃人民出版社，1982。

刘玉权：《敦煌西夏洞窟分期再议》，《敦煌研究》1998年第3期。

刘玉权：《榆林窟第3窟〈千手经变〉研究》，《敦煌研究》1987年第4期。

刘玉权：《榆林窟第29窟水月观音图部分内容新析》，《敦煌研究》2009年第2期。

刘建丽：《西夏时期河西走廊佛教的兴盛》，《宁夏大学学报》（社会科学版）1992年第3期。

刘建丽：《论儒学对西夏社会的影响》，《西北师大学报》（社会科学版）2000年第3期。

刘再聪：《西夏时期河西走廊的教育》，《宁夏社会科学》2005年第5期。

黎大祥：《甘肃武威发现一批西夏通用银铤》，《中国钱币》1991年第4期。

黎大祥：《武威西夏碑的发现对西夏学研究的重大意义》，《发展》2008年第9期。

梁松涛、杨富学：《西夏圣容寺及其相关问题考证》，《内蒙古社会科学》（汉文版）2012年第9期。

梁继红、高辉：《亥母洞遗址考察报告》，《陇右文博》2010年第2期。

梁继红：《论西夏对凉州的经营》，《固原师专学报》2006年第2期。

梁继红：《西夏时期藏传佛教在凉州的传播与影响》，《西北民族大学学报》（哲学社会科学版）2007年第5期。

牛达生：《西夏钱币的发现与研究》，《宁夏社会科学》1990年第5期。

牛达生：《西夏文泥活字印本〈维摩诘所说经〉及其学术价值》，《中国印刷》2000年第12期。

牛达生、牛志文：《西夏铜火炮：我国最早的金属管型火器》，《寻根》2004年第6期。

牛达生：《西夏石窟艺术浅述》，《宁夏社会科学》2007年第2期。

聂鸿音：《西夏遗文录》，《西夏学》第2辑，宁夏人民出版社，2007。

聂鸿音：《西夏译〈孙子传〉考释》，《中国民族古文字研究》第3辑，天津古籍出版社，1991。

聂鸿音：《〈孟子传〉的西夏文译本》，《民族古籍》1991 年第 3 辑。

聂鸿音：《西夏文献研究小史》，《北京师范大学学报》1990 年第 3 期。

聂鸿音：《西夏译本〈论语全解〉考释》，《西夏文史论丛》第 1 辑，宁夏人民出版社，1993。

史金波：《西夏文〈过去庄严劫千佛名经〉译证》，《世界宗教研究》1981 年第 1 期。

史金波、白滨：《莫高窟榆林窟西夏文题记研究》，《考古学报》1982 年第 3 期。

史金波：《凉州感应塔碑西夏文校译补正》，《西北史地》1984 年第 2 期。

史金波：《西夏文概述》，《中国民族古文字研究》，中国社会科学出版社，1984。

史金波：《西夏佛教新探》，《宁夏社会科学》2001 年第 5 期。

史金波：《西夏的藏传佛教》，《中国藏学》2002 年第 1 期。

史金波：《西夏的佛教》，《法音》2005 年第 8～9 期。

史金波：《中国藏西夏文献新探》，《西夏学》第 2 辑，宁夏人民出版社，2007。

史金波：《西夏时期的武威》，《西夏学》第 7 辑，上海古籍出版社，2011。

史金波：《西夏的佛教与儒学的地位》，《中国社会科学报》2010 年 7 月 15 日第 7 版。

史金波、吴峰云：《元代党项余氏及其后裔》，《宁夏大学学报》1985 年第 2 期。

史金波、吴峰云：《西夏后裔在安徽》，《安徽大学学报》1983 年第 1 期。

史金波：《也谈西夏文字》，《历史教学》1980 年第 10 期。

史金波：《西夏皇室与敦煌莫高窟刍议》，《西夏学》第 4 辑，宁夏人民出版社，2009。

沙武田：《莫高窟第 61 窟甬道壁画绘于西夏时代考》，《西北第二民族学院学报》2006 年第 3 期。

孙修身、党寿山：《〈凉州御山石佛瑞像因缘记〉考释》，《敦煌研究》1983 年第 3 期。

苏航：《西夏时期的〈圣胜慧到彼岸功德宝集偈〉版本研究》，《辽金西夏元古文献国际研讨会会议论文》，2008。

孙寿龄：《武威发现国内最早的泥活字版西夏文佛经》，《陇右文博》1991 年第 1 期。

孙寿龄：《西夏泥活字版佛经》，《中国文物报》1994 年 3 月 27 日。

孙寿龄：《西夏的葬俗》，《陇右文博》1996 年第 1 期。

孙寿龄：《西凉府与西夏》，《河西学院学报》2005 年第 3 期。

孙寿龄：《泥活字的制作方法》，《中国专利》2005 年 11 月 16 日。

孙寿龄：《西夏文水陆法会祭祀文考析》，《西夏学》第 1 辑，宁夏人民出版社，2006。

孙寿龄、黎大祥：《甘肃武威市出土西夏银符牌》，《考古》2002 年第 4 期。

孙寿龄、于光建：《武威石城山出土西夏卜骨考证》，《西夏学》第 5 辑，上海古籍出版社，2010。

孙伯君：《西夏文〈妙法莲华心经〉考释》，《西夏学》第 8 辑，上海古籍出版社，2011。

汤开建：《元代西夏人物表》，《甘肃民族研究》1986 年第 1 期。

汤开建：《元代西夏人的历史贡献》，《青海社会科学》1987 年第 6 期。

王勇：《西夏货币研究琐议》，《首届西夏学国际学术会议论文集》，宁夏人民出版社，1998。

魏国忠：《黑龙江阿城县半拉城子出土的铜火铳》，《文物》1973 年第 11 期。

徐锐：《蒙元时期西夏遗民高氏及其后裔》，《宁夏大学学报》2008 年第 3 期。

杨富学：《沙州回鹘及其政权组织》，《1990 年敦煌学国际研讨会文集》，辽宁美术出版社，1995。

杨富学：《西夏与回鹘势力在敦煌的兴替》，《西夏研究》第 3 辑，中国社会科学出版社，2006。

杨富学：《〈述善集〉与西夏遗民研究》，《宁夏大学学报》2003 年第 1 期。

杨国学：《安西东千佛洞取经壁画新探》，《南亚研究》2002 年第 2 期。

姚永春：《武威西郊西夏墓清理简报》，《陇右文博》2000 年第 2 期。

于光建、闫婷婷：《西夏时期河西走廊区位特点试析》，《兰州教育学院学报》2006 年第 4 期。

于光建、张吉林：《试论武威在西夏王朝的历史地位》，《丝绸之路》2009 年第 14 期。

于光建、张吉林、黎大祥：《略论天盛元宝版别及武威西夏钱币考古的重要价值》，《丝绸之路》2009 年第 22 期。

于光建、徐玉萍：《武威西夏墓出土冥契研究》，《西夏研究》2010 年第 3 期。

于光建：《略论武威西夏钱币考古的重要价值》，《河西学院学报》2010 年第 6 期。

于光建、黎大祥：《武威市博物馆藏西夏文〈维摩诘所说经〉上集残叶考释》，《西夏研究》2010 年第 4 期。

于光建、徐玉萍：《武威博物馆藏 6721 号西夏文佛经定名新考》，《西夏学》第 7 辑，上海古籍出版社，2011。

于光建、黎大祥：《武威博物馆藏 6746 号西夏文佛经〈圣胜慧到彼岸功德宝集偈〉考释》，《敦煌研究》2011 年第 5 期。

于光建、黎大祥：《大夏辅郡——武威西夏历史文物陈列大纲》，《陇右文博》2012 年第 2 期。

于光建、黎大祥：《2008 年甘肃武威塔儿湾西夏遗址调查简报》，《陇右文博》2013 年第 1 期。

于光建、黎大祥：《夏神宗遵顼生于凉州考》，《吴天墀教授百年诞辰纪念文集》，四川人民出版社，2013。

于光建、黎大祥：《关于西夏银锭的几个问题》，《吴天墀教授百年诞辰纪念文集》，四川人民出版社，2013。

钟长发：《武威出土一批西夏瓷器》，《文物》1981 年第 9 期。

钟长发：《略谈凉州西夏碑与西夏文创始》，《西北史地》1994 年第 6

期。

张宝玺：《西夏瓜州旱峡石窟》，《西夏学》第 7 辑，上海古籍出版社，2011。

张宝玺：《瓜州东千佛洞石窟坛城壁画考述》，《丝绸之路》2011 年第 18 期。

张先堂：《瓜州东千佛洞第 5 窟西夏供养人初探》，《敦煌学辑刊》2011 年第 4 期。

张先堂：《瓜州东千佛洞第 2 窟供养人身份新探》，《敦煌学辑刊》2006 年第 4 期。

朱安、钟雅萍：《武威西关西夏墓清理简报》，《陇右文博》2001 年第 2 期。

张吉林、黎大祥、于光建：《甘肃武威塔儿湾遗址再现西夏时期流通古钱币》，《西部金融》2008 年第 10 期。

后　　记

　　20 世纪初，因黑水城西夏文献的发现而兴起的西夏学，历经百余年发展，已成为一门国际显学。可以说，西夏学是随着西夏文物考古的发现而兴起、发展起来的。西夏故地文物考古事业的新发现，为揭开西夏神秘的面纱提供了新的资料。武威是西夏时期西凉府、凉州、南院、西路经略司、右厢朝顺军司的驻地，是除首都兴庆府（今宁夏银川）之外最重要的城市，曾经在党项与西夏兴亡的历程中发挥了重要的作用。由于西凉府在蒙古灭夏的战争中投降蒙古，武威得免战乱及屠城的破坏，境内留下的西夏遗存也相对较多。不仅有目前保存最为完整的夏汉合璧碑刻——"凉州重修护国寺感通塔碑"，而且还是中华人民共和国成立以来，首次发现大批西夏文献文物的地区。武威是西夏遗址及文物较为丰富的地区，这里的西夏文物考古发现在西夏考古领域占有重要的地位。历次的西夏文物考古发现，都为西夏学研究者带来了惊喜，被学术界所关注。因此，对武威地区的西夏遗址进行一次全面而系统的调查研究，为学术界全面了解武威的西夏文物考古情况提供较为科学的基础资料，是非常有必要且很有意义的课题。同时，西夏文化是甘肃省委省政府在华夏文明传承创新区建设工程中所确立的重要文化板块之一，课题的完整也将对研究西夏文化、宣传武威丰富的西夏文化起到积极作用。

　　在众多专家学者的无私帮助和支持、各级部门的通力协作下，经过课题组历时三年的努力，如今书稿终于完成了。当然，还存在许多不尽如人意、有待继续补充完善的地方。

　　本课题得以顺利完成，首先要感谢著名西夏学专家、中国社会科学院西夏文化研究中心史金波先生。史先生是国内外知名的西夏学大家，自 20 世纪 60 年代就开始关注武威西夏遗址和文物文献，不仅对武威出土的西夏文献、文物有专门的研究，而且还多次到武威考察访问，与武威文博系统建立了深厚的友情。史先生对"凉州重修护国寺感通塔碑"西夏文碑文的释读翻译研究，是目前为止最为全面的成果，也是学术界研究引用的权威资料，对宣传武威的西夏文化发挥了重要作用。史先生对西夏陪都武威的关注和研究是情有独钟的。每次召开西夏学的学术会议时，史先生总是询问这次武威来了几个人，都是谁，提交了什么文章，最近有没有新发现等。在这些暖人心扉的问候中，包含着史先生对武威学者整理、挖掘、研究武威西夏历史文化的期望，更蕴含着史先生对武威西夏学研究人才的培养和提携。在国家社会科学基金特别委托项目"西夏文献文物研究"立项之后，史先生更是对武威这个西夏文物大市极为关心。这种关心既表现在科研经费的支持，又表现在学术上的时时指导和鼓励。此外，宁夏大学西夏学研究院院长杜建录教授，对本课题的选题、内容架构以及后期的修改都提出了宝贵的意见，使本书内容更加充实而有特色。

　　"武威地区西夏遗址调查与研究"课题组最主要的工作就是野外遗址的调查，由于许多遗址都是在深山峻岭、沙漠戈壁当中，车辆无法直接到达，故野外调查基础工作充满了艰辛，且具有挑战性。野外调查组有时早晨出发，直到半夜才能回来；有时出去调查一天，甚至一无所获。尽管如此辛苦，但经过近两年的田野遗址调查，课题组在田野工作方面还是取得了新的成果，发现了许多新的西夏遗址，排除了一些存疑的西夏遗址，成为本课题一个新的亮点。在野外遗址调查过程中，得到了原武威市文化旅游局、原武威市住房和城乡建设局张吉林局长的大力支持。张局长多次为课题组协调安排考察车辆，提供各种便利，保证了野外工作的顺利开展。

　　原武威市博物馆党寿山馆长、孙寿龄副馆长，既是武威文博系统的前辈，又是武威地方文博专家，是武威西夏文物考古发现的亲历者、参与者、保护者，是中华人民共和国成立以来，武威本地西夏学研究的开创者和奠基人，也是武威文化系统的一面旗帜，为保护、整理、挖掘武威西夏文化遗存做出了杰出的贡献。如今，两位老领导虽年逾古稀，但依然为挖掘整理武威地方文化发挥余热。当得知"武威地区西夏遗址调查与研究"这一课题获得由史金波先生、杜建录先生主持的国家社会科学基金特别委托项目"西夏文献文物研究"立项资助时，两位前辈也非常高兴。通过这个课题，可以对武威地区的西夏遗址进行全面的普查和系统的研究，这也是他们多年的夙愿。在课题推进过程中，两位前辈也倾注了大量的心血，不仅撰写了相关章节内容，还对当年参与西夏遗址清理发掘的情况进行了详细的回忆和讲述，提供了许多宝贵资料。为了保证研究内容的科学性，两位前辈更是不顾年迈，多次亲自到遗址现场测量调查。如此敬业的精神，使人在为之感动的同时，更多的是致敬。他们永远是武威文博系统后辈学习的榜样。

同时，凉州区文体局、民勤县博物馆、古浪县博物馆、天祝藏族自治县博物馆、永昌县博物馆、景泰县博物馆等兄弟单位，在我们进行遗址调查期间也给予了许多支持，不仅为我们提供了当地详细的文物普查资料，还专门派人担任向导。对这些兄弟单位所提供的无私帮助，我们在此表示衷心感谢。

在书稿修改过程中，原宁夏回族自治区文物局雷润泽局长、宁夏回族自治区文物考古研究所牛达生研究员在对书稿内容给予充分肯定的同时，也提出了许多宝贵而中肯的修改意见，使书稿增色不少。在此向他们表示衷心的感谢，祝愿二位先生健康长寿。

本课题是武威市文博系统业务骨干合力完成的集体成果，具体分工情况如下：

课题组负责人：黎大祥、张振华

课题组成员：黎大祥、张振华、党寿山、孙寿龄、于光建、黎树科、徐玉萍、党菊红、高辉

田野调查组：黎大祥、张振华、于光建、黎树科

通稿：黎大祥、于光建、黎树科

根据调查研究情况，本书采取分工撰写的方式完成，各章节撰写者如下：

绪论：黎大祥、于光建

第一章：第一节、第三节：黎大祥、于光建；第二节：于光建、高辉；第四节：于光建；第五节：黎树科；第六节：黎大祥

第二章：第一节、第三节：党寿山；第二节：于光建、黎大祥；第四节：党寿山、黎大祥

第三章：第一节：黎大祥；第二节：黎树科、党菊红；第三节：党寿山、黎大祥

第四章：第一节、第七节：黎大祥；第二节：党寿山；第三节：于光建、黎大祥；第四节：党菊红；第五节、第六节：黎树科

第五章：第一节、第三节、第四节、第五节、第六节：黎树科；第二节：高辉

第六章：黎树科

第七章：于光建

第八章：黎大祥、于光建

第九章：第一节、第五节：黎大祥；第二节、第六节：党寿山；第三节、第四节：黎大祥、于光建

结论：党寿山

附录：于光建

各章节间的概述、总结及修改、编辑由黎大祥完成，照片由各章节撰写者提供。

武威地区的西夏遗址不仅类型丰富，出土的西夏文物数量较多，而且分布较广，又多地处偏僻，要想在本书中将其一一详细论述清楚，难度很大。另外，由于课题组学识水平有限，加之时间紧迫，书稿中难免存在错误和疏漏之处，敬请诸位专家学者批评指正，以便将来修订。

编　者

2016 年 5 月 28 日

图书在版编目（CIP）数据

　武威地区西夏遗址调查与研究／黎大祥，张振华，
黎树科著. －－北京：社会科学文献出版社，2016.6
　（西夏文献文物研究丛书）
　ISBN 978 - 7 - 5097 - 8540 - 9

　Ⅰ.①武…　Ⅱ.①黎…②张…③黎…　Ⅲ.①文化遗
址 - 研究 - 武威市 - 西夏　Ⅳ.①K878.04

　中国版本图书馆 CIP 数据核字（2015）第 302753 号

· 西夏文献文物研究丛书 ·

武威地区西夏遗址调查与研究

著　　者／黎大祥　张振华　黎树科

出 版 人／谢寿光
项目统筹／宋月华　袁清湘
责任编辑／马续辉　周志宽

出　　版／社会科学文献出版社·人文分社（010）59367215
　　　　　地址：北京市北三环中路甲 29 号院华龙大厦　邮编：100029
　　　　　网址：www. ssap. com. cn
发　　行／市场营销中心（010）59367081　59367018
印　　装／北京季蜂印刷有限公司

规　　格／开本：787mm×1092mm　1/16
　　　　　印 张：29.5　字 数：481 千字
版　　次／2016 年 6 月第 1 版　2016 年 6 月第 1 次印刷
书　　号／ISBN 978 - 7 - 5097 - 8540 - 9
定　　价／128.00 元

本书如有印装质量问题，请与读者服务中心（010 - 59367028）联系